21世纪应用技能型精品规划教材 · 财经系列

审计基础

AUDIT BASICS

理论 · 实务 · 案例 · 实训

窦洪波 李贺 李园园 / 主编
路萍 吴霞 / 副主编

上海财经大学出版社

图书在版编目(CIP)数据

审计基础:理论·实务·案例·实训/窦洪波,李贺,李园园主编.—上海:上海财经大学出版社,2016.1

(21世纪应用技能型精品规划教材·财经系列)

ISBN 978-7-5642-2355-7/F·2355

Ⅰ.①审… Ⅱ.①窦…②李…③李… Ⅲ.①审计学-教材 Ⅳ.①F239.0

中国版本图书馆CIP数据核字(2016)第013771号

□ 责任编辑 汝 涛

□ 书籍设计 杨雪婷

SHENJI JICHU

审 计 基 础

窦洪波 李 贺 李园园 主 编

路 萍 吴 霞 副主编

上海财经大学出版社出版发行

(上海市武东路321号乙 邮编200434)

网 址:http://www.sufep.com

电子邮箱:webmaster @ sufep.com

全国新华书店经销

江苏省句容市排印厂印刷装订

2016年1月第1版 2016年1月第1次印刷

787mm×1092mm 1/16 19印张 486千字

印数:0 001—4 000 定价:39.00元

前 言

为适应社会经济发展和审计人才培养的需求，我们依据审计学专业并结合会计学等相关经济、管理学科专业的一般培养目标与方案要求编写了此教材，以作为高等院校培养审计专业人才学习掌握审计基本理论、基本方法的入门教材。

作为一本面向应用型会计与审计专业人才培养的教材，本书具有以下主要特点：

(1)以注册会计师审计为基础编写。审计监督体系由国家审计、内部审计和注册会计师审计构成。其中，注册会计师审计最具代表性和社会影响力，而且其执业准则体系最为完善、执业行为最为规范。为此，我们以注册会计师审计为基础，依据《中国注册会计师审计准则》编写本书。

(2)突出了职业判断能力的培养要求。审计的专业核心能力是职业判断能力。为实现职业判断能力培养这一目标，本书在系统介绍基本审计程序与方法的基础上，精心设计了技能案例。技能案例以能力训练为主，通过测试训练，有助于学习者准确理解并恰当应用相关准则和审计程序，逐步形成相应的职业判断能力。

(3)满足了应用型会计人才培养的基本需求。应用型会计人才培养的特点要求教学活动应当遵循"理实一体"的原则，更加注重教育的实践性和务实性。为此，本书基于审计工作的需要，突出理论与实际相结合，而且内容翔实、语言通俗易懂，具有较强的实践性和可操作性。

(4)渐进性。鉴于我国大学生尤其是审计专业初学者的实际情况，我们本着易学易懂的原则，在阐述相关内容时遵循了由简单到复杂、由具体到抽象的渐进过程。从了解审计历史和认识审计本质入手，培养学习者认识、发现、分析和解决审计问题的能力。全书按照导入审计概念、传授审计语言、认知审计理论、掌握审计技能与实务的审计教学与学习规律，逐渐带领学生渐进地、准确地、深入地理解并掌握审计职能、审计目标和审计假设等问题，帮助学生在专业学习一开始就初步搭建一个相对完整的审计知识体系。

本书分为上下两篇：上篇为审计基础理论，下篇为业务循环，共十四个项目，四十九个任务。全书在结构安排上，尽可能考虑到财经类专业的不同层次，每一个项目都有"知识目标"、"技能目标"；内容上含有"同步案例"；课后编排的"应知考核"包括单项选择题、多项选择题、技能案例，这样使读者在学习每一项目内容时做到有的放矢，增强学习效果；"应会考核"练习对学生所学知识的巩固加深大有裨益，同时"项目实训"又使学生加深对审计学的理解，学会在实际工作中把审计学的基本理论和应用技巧付诸实践。

本书适合会计、审计、财务管理等专业的学生使用，同时也可作为专升本，或者相关方向的人员培训和自学的参考用书。本书由窦洪波、李贺、李园园主编。其中，窦洪波编写项目一至项目三，项目十；李贺编写项目四、项目五、项目十一和项目十二；李园园编写项目十三和项目十四；路萍编写项目六和项目七；吴霞编写项目八和项目九。本书最后由李贺总纂并定稿。本书在编写过程中，参阅了不少教材、著作，同时得到了上海财经大学出版社的大力支持，在此一并表示衷心的感谢！由于编写时间仓促，加之编者水平有限，本书难免存在一些不足之处，恳请专家、学者批评指正，以便日后改进与完善。

编　者

2015 年 10 月

目　录

下篇 业务循环

上 篇
审计基础理论

项目一　审计概述

知识目标

理解：审计的概念及特征、审计产生的基础和客观依据。
熟知：审计的对象、审计的主体、审计理论结构。
掌握：审计的基本假设、审计的分类、审计的职能与作用。

技能目标

能够结合目前社会经济发展，对不同类型审计活动如何发展形成一个初步的认识。

知识支撑

任务一　审计认知

一、审计的概念

在我国，“审计”一词最早见于《宋史》。从词义上解释，“审”为审查，“计”为会计账目，“审计”就是审查会计账目。“审计”一词的英文单词为“Audit”，被注释为“查账”，兼有“旁听”的概念。由此可见，早期的审计就是审查会计账目，与会计账目密切相关。

审计发展至今，早已超越了查账的范畴，涉及对各项工作的经济性、效率性和效果性的查核。《中华人民共和国审计法实施条例》第二条对审计所下的定义是：“审计是审计机关依法独立检查被审计单位的会计凭证、会计账簿、财务会计报告以及其他与财政收支、财务收支有关的资料和资产，监督财政收支、财务收支真实、合法和效益的行为。”显然，这个概念是在总结我国国家审计经验的基础上提出来的，也较为符合我国国家审计的现状。

二、审计的特征

审计与经济管理活动、非经济监督活动以及其他专业性经济监督活动相比较，主要具有以下几方面的基本特征。

（一）独立性

审计的本质是独立性的经济监督活动。审计的独立性是保证审计工作顺利进行的必要条件。审计关系必须由审计委托人、审计人和被审计人三方面构成（见图1－1），缺少任何一方，独立的、客观公正的审计都将不复存在。这是由财产所有权与经营管理权相分离而决定的。财产所有者对企业拥有所有权但不亲自参与经营管理，为了保护自身的利益，委托审计人对财产经营者受托经济责任的履行情况进行审查就显得非常有必要，而这种审查由独立于他们的第三者进行才能得到正确、公允、可靠的结果,这就是审计的独立性。

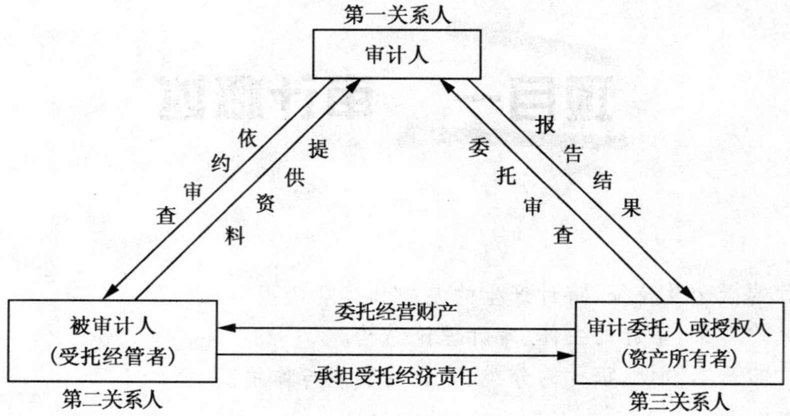

图 1—1　审计关系

为了充分体现审计的属性,在审计机构的设置和审计的工作过程中,必须遵循独立性原则,具体包括如下几个方面。

1. 机构独立

为确保审计机构独立地行使审计监督权,对审查的事项作出客观公正的评价和鉴证,充分发挥审计的监督作用,审计机构应当独立于被审计单位之外,这样才能更有效地进行经济监督。

2. 经济独立

审计机构或组织从事审计业务活动,必须要有一定的经济收入和经费来源,以保证其生存和发展的需要。经济独立是指审计机构或组织的经济来源应有一定的法律、法规作保证,不受被审计单位的制约。

3. 人员独立

审计人员执行审计业务,必须按照审计范围、审计内容、审计程序进行独立思考,坚持客观公正、实事求是的原则,做出公允、合理的评价和结论,不受任何部门、单位和个人的干涉。

(二)权威性

审计的权威性,是保证有效行使审计权的必要条件。审计的权威性总是与独立性相关,它离不开审计组织的独立地位与审计人员的独立执业。

各国法律对实行审计制度、建立审计机关以及审计机构的地位和权力都作了明确规定,这样使审计组织具有法律的权威性。我国实行审计监督制度在《宪法》中作了明文规定,《审计法》中又进一步规定:国家实行审计监督制度。国务院和县级以上人民政府设立审计机关。审计机关依照法律规定的职权和程序进行审计监督。

(三)公正性

从某种意义上说,没有公正性,也就不存在权威性。审计的公正性,反映了审计工作的基本要求。审计人员理应在第三者的立场上,进行实事求是的检查,做出不带任何偏见的、符合客观实际的判断,并做出公正的评价及进行公正的处理,以正确地确定或解除被审计人的经济责任。审计人员只有同时保持独立性、公正性,才能取信于审计授权者或委托者以及社会公众,才能真正树立审计的权威形象。

三、审计的对象

审计对象是指审计监督的客体，即审计监督的内容和范围的概括。描述审计的对象，必须明确与审计对象有关的基本问题：一是审计的主体，即审计监督的执行者。二是审计的范围。审计的范围是指审计监督客体的外延，它是审计对象的组成部分。具体来说，就是被审计单位。三是审计的主要内容。审计的主要内容构成审计对象的内涵，即财务收支及其经营管理活动。四是审计所依据的信息来源。审计所依据的信息是指形成审计证据的各种文字、数据以及存储在一些电子介质里面的资料。根据以上所述，审计的对象可以概括为以下内容。

（一）被审计单位的财务收支及相关的经营管理活动

不论是传统审计还是现代审计，不论是国家审计还是社会审计（又称注册会计师审计、民间审计、独立审计）与内部审计，都要求以被审计单位客观存在的财务收支及相关的经营管理活动为审计对象，对其是否公允、合法、合理进行审查和评价，以便对其所负受托经济责任是否认真履行进行确定、证明和监督。根据宪法规定，我国国家审计的对象为国务院各部门和地方各级政府的财政收支、国家财政金融机构与企事业组织的财务收支。内部审计的对象为本部门、本单位的财务收支及相关的经营管理活动。

（二）被审计单位各种作为提供财务收支及相关经营管理活动信息载体的会计资料和其他有关资料

审计对象主要包括记载和反映被审计单位财务收支、提供会计信息载体的会计凭证、账簿、报表等会计资料以及有关计划、预算、经济合同等其他资料。提供被审计单位的经营管理活动信息的载体，除上述会计资料、统计资料等其他资料以外，还有经营目标、预测方案、决策方案、经济活动分析资料、技术资料等其他资料，计算机的硬盘等会计信息载体。以上这些，都是审计的具体对象。

综上所述，审计的对象是指被审计单位的财务收支及相关的经营管理活动以及作为提供这些经济活动信息载体的会计报表和其他有关资料。会计报表和其他有关资料是审计对象的现象，其所反映的被审计单位的财务收支及相关的经营管理活动才是审计对象的本质。

四、审计的主体

审计主体是指依法行使审计职能的独立的专职机构和专业人员，具体包括国家审计机关、内部审计机构、社会审计组织与人员。

（一）国家审计机关

国家审计机关是代表政府行使审计监督权的机构。当前，世界各国的国家审计机关按隶属关系不同，可分为下列几种类型。

1. 立法型

立法型的国家审计机关隶属于立法部门，依照国家法律赋予的权力行使审计监督权。一般直接对议会负责，并向议会报告工作。目前，世界上大多数国家的最高审计机关属于立法型审计机构。例如，奥地利审计院直接隶属国民议会，每年向国民议会提交工作报告；美国审计总局（署）隶属国会，不受任何行政当局干涉，独立行使审计监督权。立法型审计机关地位高、独立性强，不受行政当局的控制和干预。

2. 司法型

司法型的国家审计机关隶属于司法部门，拥有很强的司法权。例如，意大利的审计法院对公共财务案件和法律规定的其他案件有裁判权，审计法院直接向国会两院报告审查的结果；西班牙审计法院拥有自己的司法院；法国审计法院也有一定的审判权。司法型审计机关可以直接行使司法权力，具有司法地位和很高的权威性。

3. 行政型

行政型的国家审计机关隶属于政府行政部门，它是政府行政部门中的一个职能部门，根据国家赋予的权限对政府所属各级、各部门、各单位的财政财务收支活动进行审计。它们对政府负责，保证政府财经政策、法令、计划、预算的正常实施。例如，沙特阿拉伯的审计总局是对首相负责的独立机构，年度报告应呈递国王；瑞典审计局认为有必要报告有关情况，则应首先向负责部门或有关机构报告，如认为无此必要，可直接向政府报告。行政型审计机关依据政府法规进行审计工作，其独立地位较低。我国的国家审计署隶属于国务院，也属于行政型审计机关。

另外，有些国家的最高审计机关介于立法、司法及行政部门之间，称为独立模式。例如日本会计检察院既不属于议会，对内阁也具有独立的地位，而只向天皇负责。会计检察院认为其检查报告需要向国会申诉，可由检察官出席国会，或用书面说明。德国联邦审计院是联邦机构，是独立的财政监督机构，只受法律约束。联邦审计院的法定职能是协助联邦议院、联邦参议院和联邦政府作出决议。一般来说，这类审计机关只受法律约束，而不受国家机关的直接干预。

（二）内部审计机构

内部审计机构是指在部门、单位内部从事审计工作的机构，主要对本部门或本单位的财政财务收支、经营管理活动及其经济效益进行审核和评价。世界各国的内部审计机构按其隶属关系不同，可以分为主计负责制型、首长负责制型和董事会负责制型。

1. 主计负责制型

主计负责制是指内部审计机构受本单位主计负责人领导。由于受到主计负责人的局限，内部审计机构在进行全面审计或经济效益审计时，难以协调各职能部门之间的关系，不易取得各职能部门的配合与支持，审计难度较大。

2. 首长负责制型

首长负责制是指内部审计机构受本单位行政最高负责人直接领导。由于内部审计均不受各职能部门的制约，因而审计的独立性与权威性比主计负责制型更强。但由于其受到行政主要负责人的制约，内部审计机构的独立性与权威性难以充分体现。我国内部审计机构属于首长负责制型。

3. 董事会负责制型

董事会负责制是指内部审计机构受本单位董事会或其下设的审计委员会领导。由于内部审计不受行政负责人的制约，因而其独立性与权威性都较强，能较好地发挥内部审计作用。

（三）社会审计组织与人员

在我国，社会审计组织主要指会计师事务所。会计师事务所是注册会计师依法承办业务的机构。综观注册会计师行业在西方的发展，会计师事务所主要有独资、普通合伙制、有限公司制、有限责任合伙制四种组织形式。

1. 独资会计师事务所

独资会计师事务所是由具有注册会计师执业资格的个人独立开业，承担无限责任。

优点是：对执业人员的要求不多，容易设立，执业灵活，能够在代理记账、代理纳税等方面很好地满足小型企业对注册会计师服务的需求，虽承担无限责任，但实际发生风险的程度相对较低。

缺点是:无力承担大型业务,缺乏发展后劲。

2. 普通合伙制会计师事务所

普通合伙制会计师事务所是由两位或两位以上注册会计师组成的合伙组织,以各自的财产对事务所的债务承担无限连带责任。

优点是:在风险的牵制和共同利益的驱动下,促使事务所强化专业发展,扩大规模,提高规避风险的能力。

缺点是:建立一个跨地区、跨国界的大型会计师事务所要经过一个漫长的过程;同时,任何一个合伙人执业中的错误与舞弊行为,都可能给整个会计师事务所带来灭顶之灾。

3. 有限公司制会计师事务所

有限公司制会计师事务所是由注册会计师认购会计师事务所的股份,并以其所认购股份对会计师事务所承担有限责任。会计师事务所以其全部资产对其债务承担有限责任。

优点是:可以通过公司制形式迅速聚集一批注册会计师,建立有一定规模的大会计师事务所,承办大型业务。

缺点是:降低了风险责任对执业行为的高度制约,弱化了注册会计师的个人责任。

4. 有限责任合伙制会计师事务所

有限责任合伙制会计师事务所是事务所以全部资产对其债务承担有限责任、各合伙人对个人执业行为承担无限责任。

它的最大特点在于,既融入了普通合伙制和股份有限公司制会计师事务所的优点,又摒弃了它们的不足。

这种组织形式,是为了顺应经济发展对注册会计师行业的要求,于20世纪90年代初期兴起的。有限责任合伙制会计师事务所已成为当今注册会计师职业界组织形式发展的一大趋势。

社会审计人员主要是指注册会计师。注册会计师是依法取得注册会计师证书并接受委托从事审计和会计咨询、会计服务业务的执业人员。注册会计师执行业务,应当加入会计师事务所。

五、审计理论结构

审计理论结构是由构成审计理论的诸要素组合而成的,而且诸要素之间有着合乎逻辑的内在联系并形成一个有机整体。对于审计理论结构的具体内容存在不同的观点,本教材采用王砚书在《审计理论专题研究》中的观点。他认为审计理论体系的构成要素包括:审计本质、审计目标、审计环境、审计假设、审计风险、审计规范、审计质量和审计理论研究方法。如图1—2所示。

1. 审计本质

审计本质就是审计本身所固有的,决定审计方法、审计职能和发展的根本属性。它不是任何人主观臆断的产物,也不是任何外部因素所能强加的,而是审计固有特性的反映,具有客观性。

2. 审计目标

审计目标是审计工作的出发点和归宿。它是审计机构和人员通过审计实践活动所期望达到的理想境地或最终结果,是审计实践活动的定向机制。审计目标包括总体审计目标和特定项目审计目标,具有阶段性和发展性,并保持一定时期的稳定性。

3. 审计环境

审计环境是审计主体之于审计客体行为的主、客观条件。审计与审计环境的关系是本体

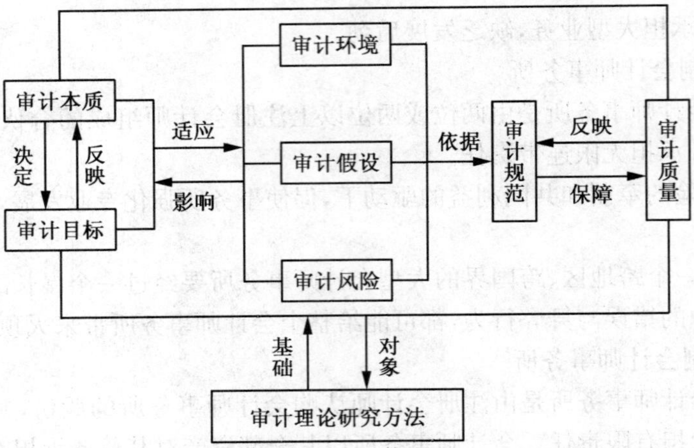

图 1—2 审计理论结构图

与客观环境的关系。审计本体是内因，审计环境是外因。

4. 审计假设

审计假设是审计的前提基础。对于审计理论来说，审计假设是审计理论研究的前提，是构建审计理论体系的重要组成部分，是演绎审计理论的基础，为推导其他审计理论命题做了必要的准备，为解决审计实践中出现的新问题、新领域提供了研究的依据；对审计实践来说，审计假设是审计实践中最一般的规定，没有这些假设，审计活动将很难规范，审计实务也不会沿着规则的道路发展。

5. 审计风险

审计风险是指因报表存在重大错报或漏报，审计人员审计后发表不恰当意见的可能性。

6. 审计规范

审计既是一种技术工作，也是一种社会行为，因而整个审计过程中必须遵守特定的技术规范与社会规范，这两类规范统称为审计规范——审计主体在审计工作中应当遵循的业务标准和行为准则。

7. 审计质量

审计质量是审计主体执行的审计行为满足客户需要的程度，具体表现为审计工作和审计报告质量。

任务二 审计的产生与发展

一、审计的产生

自从有了社会经济管理活动，审计作为一种经济监督活动，就必然在一定意义上存在了。在社会发展的各个时期，由于生产力发展水平不同，社会经济管理方式不同，审计的广度、深度和形式自然也各不相同。会计中需要审核稽查的因素，并非是促使审计产生的根本原因。审计是因授权管理经济活动的需要而产生的，受托经济责任关系是审计产生的基础。

在生产力低下的原始社会不需要审计。在经济不发达的时候，对于小规模的经营，生产资料的占有者可以亲自管理。生产资料的所有者，也是生产资料的经营者和监督者，当然也不需要第三者去审计。随着社会生产力的提高和社会经济的发展，社会财富日益增多，剩余的生产产品逐渐集中在少数人手中。当生产资料的所有者不能直接管理和经营其所拥有的财富时，就有必要授权或委托他人代为管理和经营，这就促使了生产资料所有权与经营管理权的分离，从而也就产生了委托和受托代理之间的经济责任关系，并为以监督检查为职责的审计的诞生奠定了基础。

当社会生产力发展到一定的水平，奴隶制国家疆土的扩大与财富的增多促使了统治者分封王族、功臣和贵族到各地做诸侯，这些诸侯受命于国王，管理国王的土地，并向国王缴纳一定的贡赋。这种土地国有制与经营权的分离，也即是国家授权管理的开始，它使国王与各路诸侯之间不仅存在政治依附关系，也出现了经济责任关系，官厅审计工作正是基于这种经济关系而产生的。

社会审计最早产生于合伙制企业出现后。这是因为企业合伙人授权或委托部分合资者经营管理企业，需要监督和检查经营管理者履行合伙契约的情况，同时，这也要得到参加经营管理的合伙人的认可。正因为企业的所有权与管理权有了一定程度的分离，而需要委托第三者审查，所以就促使了中介组织审计的诞生。当企业生产规模进一步发展以后，股份有限公司的企业组织开始出现，生产资料的所有者和经营者得到了进一步分离，企业授权管理的范围更加扩大，股东与债权人为了维护自身的经济利益、公司经营者为了维护自己的信誉，均需要委托第三者对企业财务状况及有关经济活动进行审计，这更促进了社会审计的飞速发展。

科学技术的进步，不仅使企业、事业单位及行政管理机关的规模逐渐扩大、业务范围更加广泛，也促使了授权管理方法的普遍使用、授权层次的增加和授权范围的扩大。这样部门和单位的最高管理当局就有必要对其下属各层次管理者履行职责的情况进行监督检查，部门和单位的内部审计也就因此而产生。

二、我国审计的发展

（一）我国国家审计的发展

我国审计历史源远流长，从国家审计发展过程看，大体经历了古代审计、近代审计和现代审计三个阶段。

1. 古代审计

公元前 11 世纪至 1840 年为我国古代审计阶段。我国国家审计产生于西周时期，其主要标志是“宰夫”一职的出现。在周朝官制天官系统中，大宰、小宰和司会等官职均与审计职责有关。大宰为天官之长，其中有“以八法治官府”之审计职掌，即就会计之中有失考断之；大宰还受计岁会，每三年还要对各级官吏进行一次全面考核，并根据功过进行奖惩。小宰为大宰属员，协助大宰审计。小宰的属员宰夫是周代官厅审计的主持者，是主管“治朝之法”的官员，不掌管任何财物收支，只负责对各官府的财政收支进行全面审查，就地稽查财物收支情况，监视群吏执行朝法，以维护最高统治者的利益，如发现违法乱纪之事，可越级向天官乃至最高统治者报告，加以惩罚，对用财得当者，给予奖励。

秦汉时期是审计与会计由合一而渐次分离、走向独立的阶段。秦代实行御史制度，国家设御史大夫直接辅佐皇帝，行使对国家政治和财政的监督工作。在全国 36 个郡设监御史，负责郡、县的政治和财政监察工作，全国上下形成了完整的网络。汉承秦制，仍由御史大夫兼上计之职，行使监察大权，并制定了有关上计实行办法的“上计律”，更加完善了自春秋战国时期以来所形成的上计制度，从而使我国审计与法相联系，成为我国审计立法的开端。

隋唐时期，在“刑部”下设“比部”进行审计。比部是独立的审计组织，独立于财政部门之外，行使司法审计监察权，专管“勾稽天下财赋”。

宋朝，除在刑部之下设有比部外，北宋初期还在太府寺内设审计司，并在宋太宗淳化三年（公元992年）设诸军诸司专勾司，专门审查军政开支，后于南宋改“诸军诸司专勾司”为“审计院”，从此，“审计”一词不仅成为我国审计机构的命名，而且成了我国财政财务监督的专用名词。

元朝取消了比部，户部行使审核会计报告权。明清时期，比部职权虚有其名，另设六科、十三道监察御史，构成独立的监察系统，即所谓的科道制度。事实上，元、明、清三代基本上未设专门的审计机构，审计处于衰落时期。

2. 近代审计

1840年至1949年为我国近代审计阶段。辛亥革命以后，1912年，北洋政府在国务院下设“中央审计处”，并公布一系列的审计法规。1914年，改审计处为“审计院”，颁布《审计法》和《审计法实施规则》。1928年，国民政府公布《审计院组织法》，仍设“审计院”。1931年，改“审计院”为“审计部”，隶属监察院。国民政府时期审计的一个重要特点是：审计法规的完备达到空前的程度。一方面，它突破了历代将审计内容附于其他刑事法规之内的习惯做法，公布了大量专门的审计法规；另一方面，所颁布的审计法规涉及审计的各个方面，形成了审计法规的体系。

新中国成立以前，在中国共产党领导下的革命组织和根据地工农政权中也实行了审计制度，既有一定的审计组织，也颁布了一些审计法规。第一次国内革命战争时期，1925年7月建立的省港罢工委员会中就设有审计局。第二次国内革命战争时期，革命根据地于1934年公布了《苏维埃共和国中央苏维埃组织法》，规定设立中央审计委员会，并在省和直属市分设审计委员会，重点是审查开支是否节约、有无损失浪费问题。抗日战争和解放战争时期，在边区行署、专区、县均设有审计委员会。

3. 现代审计

新中国成立后，我国审计步入现代审计阶段。新中国成立初期，全国学习苏联的经验，以会计检查取代了审计，国家未设立独立的审计机构。一方面赋予会计人员以监督财政、财务收支的职权；另一方面实行由主管部门对所属单位进行不定期的会计检查，对财政、税务、银行进行业务监督。但这些检查监督既不能自行监督，也不能互相监督，更不能适应经济发展的需要。

在实行经济体制改革过程中，人们开始认识到建立社会主义的审计制度、完善社会主义的经济监督体系的必要性。这种必要性主要出于健全民主与法制、服务宏观调控、维护经济秩序、保障所有者权益、促进廉政建设、提高经济效益的需要。1982年12月，第五届全国人民代表大会第五次会议通过了《中华人民共和国宪法》，规定了在我国建立审计机构，实行审计监督制度。1983年9月，国务院设立了审计署，县以上的各级人民政府也相继成立了审计局，独立行使审计监督权。1984年12月17日，中国审计学会成立。1985年8月公布了《国务院关于审计工作的暂行规定》，同年10月又公布了《审计工作试行程序》。1994年8月31日，国务院通过了《中华人民共和国审计法》，对审计监督的基本原则、审计机关和审计人员、审计机关职责、审计机关权限、审计程序、法律责任等作了全面规定。1997年，国务院又发布了《中华人民共和国审计法实施条例》。2005年9月30日国务院常务会议讨论通过了《中华人民共和国审计法修正案(草案)》;2006 年 2 月 28 日正式通过颁布实施。此次修订涉及 30 余项条款,在健全审计监督机制、完善审计监督职责、加强审计监督手段和规范审计行为等方面作了进一步的明确。为了进一步推动《审计法》的贯彻落实,完善我国审计监督制度,加强和规范审计工作,2010 年 2 月 21 日国务院公布了修订后的《审计法实施条例》,并于 2010 年 5 月 1 日起正式实施。新的《审计法实施条例》在审计机关的监督范围与监督权限、对审计机关的监督等方面进行了明确的规范。

(二)我国社会审计的发展

20 世纪以来,随着民族工商业的发展,我国社会审计应运而生。北洋政府于 1918 年颁布了《会计师章程》,1921 年在上海开始设立会计师事务所,接受委托执行审计工作;以后又颁布了《会计师注册章程》、《会计师复验章程》、《会计师章程》等,规范了社会审计的业务范围和要求。

新中国成立以后很长一段时间取消了社会中介审计。十一届三中全会以后,为了适应发展商品经济的客观要求和贯彻对内搞活、对外开放总方针的需要,各省、市于 1979 年开始陆续设立会计顾问处。1980 年,我国财政部颁布了《关于成立会计顾问处的暂行规定》,同年 5 月开始筹备上海公证会计师事务所,于次年正式开业,接受国内外企事业单位的委托,承办会计和审计的有关业务。我国 1985 年公布的《中华人民共和国会计法》第 20 条规定:经国务院财政部门或者省、自治区、直辖市人民政府的财政部门批准的注册会计师组成的会计师事务所,可以按照国家有关规定承办查账业务。这是新中国成立以来第一次通过法律形式对注册会计师的地位和任务所作的规定,它有力地推动了社会审计的发展。根据《会计法》的规定,1986 年国务院又发布了《中华人民共和国会计师条例》,1993 年 10 月 31 日全国人大常委会通过了《中华人民共和国注册会计师法》,1995 年财政部批准发布了《中国注册会计师独立审计基本准则》、《独立审计具体准则》第 1 号至第 7 号、《独立审计实务公告》第 1 号。这些法规与准则的公布,有力地推动了我国注册会计师行业的发展及规范化。

从 1983 年起,审计部门领导下的审计师事务所在全国陆续组建。1987 年 1 月审计署颁布了《关于进一步开展社会审计工作若干问题的通知》,具体明确了开展审计工作的一些重要问题,然后在审计条例中又进一步规定了社会审计组织的性质和业务范围。

根据《注册会计师法》、《审计法》的有关规定和国务院的有关指示,经财政部、审计署研究决定,中国注册会计师协会与中国注册审计师协会实行统一联合,从 1995 年起我国社会审计事业逐步走上了统一发展的道路。

近年来,中国注册会计师行业在"两会"联合、清理整顿、脱钩改制、自律监管、诚信建设、队伍建设、专业标准建设、自律体制建设以及对外交流与合作等方面做了大量的工作并取得了卓著的成就。

截至 2015 年 6 月 30 日,我国已有会计师事务所 8 331 家。我国注册会计师有 20 多万人,其中执业注册会计师突破 10 万人,遍及工商、金融、证券、政府部门和学术界、教育界;非执业会员 10 万多人,全行业从业人员 30 多万人。

【视野拓展 1-1】

旧中国时期的四大会计师事务所

1918 年 6 月,谢霖上书北洋政府,要求推行注册会计师制度。同年 9 月,农商部颁布了我国第一部注册会计师法《会计师暂行章程》,并于同年批准谢霖为我国第一位注册会计师。谢霖于1918年末到1919年初创立正则会计师事务所，先期在北京，后在天津等地设立分所，这是我国社会审计的起源。此外，潘序伦于1917年创办了潘序伦会计师事务所，1928年改名为立信会计师事务所，是当时影响最深、规模最大的会计师事务所，1986年复业。徐永祚于1921年创办了徐永祚会计师事务所，抗战期间更名为正明会计师事务所，1954年前后歇业。奚玉书于1936年秋创立了公信会计师事务所。它们被誉为新中国成立前的四大会计师事务所。

新中国成立初期，“四大”的会计师被出身于立信会计师事务所、时任上海市财政局和税务局局长的顾准延揽，为新中国的税制建设贡献良多。之后，随着国家推行计划经济，“四大”逐渐萎缩，会计师业务趋于停顿，会计师除自谋出路外，大多由政府采取包下来的政策，另行安排工作。今天，“四大”名称延续下来的只有两家：立信会计师事务所，1986年复业后，2014年收入20多亿元；四川正则会计师事务所有限责任公司，现演变为一个几十人规模的事务所。

（三）我国内部审计的发展

我国早期的皇室审计、寺院审计均属于内部审计的范畴。现代内部审计在民国时期就已诞生，在铁路、银行系统，有了较为健全的内部稽核制度。新中国成立初期，我国一些大型专业公司和厂矿企业也曾设有内部审计部门，一些中型企业也设有专职的审计人员，在1953年全面学习苏联后被撤销。

我国社会主义内部审计是从1983年以后逐步建立起来的。1985年12月，审计署颁布了《审计署关于内部审计工作的若干规定》，进一步明确了在暂行规定中所阐述的内部审计问题；后来在《审计条例》中，又规定了内部审计的机构设置、隶属关系及审计范围等；当内部审计工作开展后，各业务主管部门（部、厅、局）又针对本系统情况作出了系统内部审计的一些具体规定。上述的一些制度和规定，促使了内部审计机构的迅速建立和内审工作广泛而又深入地开展。

1994年通过的《审计法》第29条规定：国务院各部门和地方人民政府各部门、国有金融机构和企业事业组织，应当按照国家有关规定建立健全内部审计制度。各部门、国有金融机构和企业事业组织的内部审计，应当接受审计机关的业务指导和监督。根据《审计法》的要求，审计署于1995年7月14日颁布了《审计署关于内部审计工作的规定》。随着我国经济体制改革的深入和内部审计的迅速发展，2003年3月4日颁布了新的《审计署关于内部审计工作的规定》。根据《审计法》修改意见，国务院国有资产监督管理委员会于2004年8月公布了《中央企业内部审计管理暂行办法》，规范了中央企业的内部审计工作。

30多年来，我国内部审计工作走过了一段起伏不定的历程。随着人们对经济管理的重视和对内部审计作用的认识，到了21世纪，我国内部审计步入了稳定发展阶段，走上了行业管理的轨道。自2002年中国内部审计学会更名为中国内部审计协会以后，团体会员已发展到近千个。从2003年起，中国内部审计协会又积极开展了内部审计人员资格认定工作，全国已有20多万人获得了内部审计人员岗位资格证书。近几年来，中国内部审计协会积极开展对外交流工作，不仅提高了我国内部审计的国际地位，同时也使我们学到了国外的一些先进经验和技术。从1998年开始，我国开展了国际注册内部审计师考试工作，现已成为参考人员最多的国家。

三、西方国家审计的发展

（一）西方国家国家审计的发展

西方一些国家的审计，既具有悠久的历史，又具有各国的特色，更体现了现代商品经济发展的需要。据考证，在奴隶制度下的古埃及、古罗马和古希腊时代，就有了官厅审计机构及政府审计的事实。审计人员以“听证”(Audit)的方式，对掌管国家财物和赋税的官吏进行考核，他们从事的即是具有审计性质的经济监督工作。在西方的封建王朝中，也设有审计机构和人员，对国家的财政收支进行监督。例如，法国在资产阶级大革命前就设有审计厅，在资产阶级大革命后，拿破仑创建的审计法院，至今仍是法国政府实施事后审计的最高法定机构。

在资本主义时期，随着社会的发展和资产阶级国家政权组织形式的完善，国家审计也有了进一步的发展。欧洲的许多国家于 19 世纪在宪法或特别法令中规定了审计的法律地位，确立了国家审计机关的职权、地位和审计范围，授权其独立地对财政、财务收支进行监督。现代资本主义国家大多实行立法、行政、司法三权分立的国家政权组织形式，议会为国家的最高立法机关，并对政府行使包括财政监督在内的监督权。为了监督政府财政收支、执行财政预算法案、维护统治阶级的利益，西方大多数国家在议会下设有专门的审计机构，由议会或国会授权，对政府及公营事业单位财政财务收支进行审计监督。

英国的审计具有悠久的历史，是近代审计的发源地。英国的王室财政审计制度早在 13 世纪就正式建立起来了，至今有 700 多年的历史。在 11 世纪和 12 世纪，英王一直把持国家的财政大权。在威廉一世时代和亨利一世时代，封建统治者在财政部门内设置了审计监督部门，即上院(收支监督局)和下院(收支局)执行审计监督。1215 年英国《大宪章》的颁布，制约了英王的权力，奠定了英国国家审计制度产生和发展的政治基础。1785 年，根据《检查和审计国王公共账目的法案》，取消了国库审计官，组建了五人审计委员会。1834 年，颁布了修订审计制度的法案，特别审计院长负责国库公款的监督，院长系终身职务。1861 年，开始在众议院设决算审查委员会，第一次真正建立了统一的、独立的审计机构。1983 年 1 月 1 日，通过了《国家审计法案》，取消了英国国库审计部，正式更名为英国国家审计署。英国国家审计署独立于行政部门，代表议会对政府进行监督，向议会报告工作。

西方国家除了立法型的审计体制以外，还有司法型审计体制、行政型审计体制等。如法国审计法院是独立于立法机构(议会)与行政部门(内阁政府)的一个司法机构，审计法院的院长由总统任命，为终身制；审计法院的裁决为终审判决，且具有法律效力。西方国家的国家审计立足于保证国家审计机关拥有独立性和权威性，以便不受干扰，客观而公正地行使审计监督权。

第二次世界大战以后，西方国家不仅在审计体制上有了较大的发展，更重要的是在审计理论和实务上也有了较大的发展，即把经济监督和经济管理相互结合，从传统的财务审计向现代的“3E”(Economy，Efficiency，Effectiveness)审计、绩效审计方面发展。

(二)西方国家社会审计的发展

西方国家的社会审计，是随着资本主义经济的兴起而形成并得到迅速发展的。16 世纪末期，由于地中海沿岸商品贸易得到了发展，便出现了由许多合伙人筹资，委托给某些人去经营贸易的商业运行方式。这样，就带来了财产所有者与经营权的分离，对经营者进行监督就有了必要。当时便有部分财产所有者聘请会计工作者来承担该项监督检查工作，这便有了社会审计的萌芽。1720 年，查尔斯·斯奈尔(Charles Snell)受托对英国南海股份有限公司破产案进行审查，并编制了一份审计报告书，从此，审计正式走向了社会。

英国工业革命以后，产业规模日益扩大，以发行股票筹集资金为特征的股份公司大量涌现。公司所有权与经营权相分离的现象十分普遍，对经营管理者进行监督也成了英国社会的普遍需要，现代社会审计制度便应运而生。1853 年在苏格兰的爱丁堡创立了世界上第一个职业会计师团体——爱丁堡会计师协会。英国实行特许会计师制度，取得会计师资格必须经过严格的考试和实践。英国职业会计师的主要业务是审计，此外还兼做编制财务报表、税务、财务和管理咨询等业务。英国早期的社会审计没有系统的理论依据和方法体系，只是根据查错防弊的审计目的，对大量的账簿记录进行逐笔检查，即采用详细审计方法，后来人们称之为英国式审计。

美国独立战争以后，工业得到发展，为了加强股份公司的会计工作，以代理记账为专业的会计师应运而生。19世纪后半叶，随着英国资本的大量输入，英国的社会审计也传入了美国。1886年美国纽约公布了《公证会计师法》，1887年成立了"美国公共会计师协会"，后改为"美国注册公共会计师协会"，成为当今美国最大的会计师团体。美国最初的会计师业务，主要是对合并时的资产进行验证、设计会计制度和为信用目的而进行审计，并非为了维护投资者的利益。20世纪初，出于银行信贷业发展的需要，有必要对贷款企业的资产负债表进行分析性审计，借以判断企业的偿债能力，于是美国的会计师突破了详细审计的做法，创立了资产负债表审计，即美国式的信用审计。经济大萧条后，1932年美国公布了《证券法》，次年公布了《证券交易法》，规定上市公司必须向交易所提出经过会计师审查鉴证的财务报表（资产负债表和损益表），这就推动了证券交易审计的诞生。从此，美国社会审计的重点由资产负债表审计发展为以损益表为中心对整个财务报表进行审计，即为财务报表审计。西方主要国家社会审计鉴定如表1—1所示。

表1—1　　西方主要国家社会审计鉴定

国家	应当接受审计的单位	审计师的选任	审计目标或目的	审计准则
法国	所有股份公司、所有大型的有限责任公司	每6年一届，由股东选举	查证所有报告和财务报表是否与现有的法律规定一致，并正确地加以运用	没有规范的标准；由法律规定，并由法国注册审计师协会主办的《指南》推荐
英国	所有有限公司以及有关当事人可要求对独资企业、合伙企业进行"私人审计"	股东大会上多数票通过后任命	对财务报表进行独立的审查，并提出独立意见，以符合法律规定，并与真实、公正的审核原则相一致	公司法和会计机构咨询委员会的审计实务委员会发布的审计准则
德国	公司、保险公司、银行和政府主管的企业	股东年会选出	确定财务报表符合德国相关法律和规章	主要是商法，其次是经济审计师协会发布的职业准则和指南
加拿大	符合审查规模的私营和公营公司、地方政府、大学和医院	股东选举	查证管理部门提供的财务报表公正与否	加拿大公司法，加拿大特许会计师协会的《手册》中所列的公认审计准则
美国	在证券交易委员会登记的所有公司	股东在年度大会上选举	对反映公司的经营结果和财务状况的财务报表发表公正性意见	一般公认审计准则，美国注册会计师协会审计准则说明书和解释，该协会行业指南，证券交易所会计期刊指南

续表

国家	应当接受审计的单位	审计师的选任	审计目标或目的	审计准则
日本	股本5亿日元以上的公司、股票在200亿日元以上的公司、公开发行的股票和债券超过1亿日元的公司、在股票交易所或场外交易机构注册过的公司、准备将股票上市的公司、申请小额贷款的团体和教育机构	按商法典规定，审计师和审计官员由股东大会指定。按证券交易法规定，审计师由董事会任命	商法典未说明审计的目的；证券交易法指明审计是为了保护股东和贷款人利益，为了确认财务状况和结果，并按企业报表原则编制这些报表	商法典中没有规定，证券交易法中有规定

【同步案例 1－1】

英国南海股份有限公司审计案例——西方社会审计的产生

1710 年，从事海外贸易业务的英国南海股份有限公司成立，公司最初 10 年经营业绩平平。公司董事会为了使股票达到预期价格，开始对外散布各种所谓的好消息，即南海公司在年底将有大量利润可实现，并预计在 1720 年的圣诞节，公司可能要按面值的 60％支付股利。这一消息促进了股票转换，进而带动了股价上升。1719 年，南海公司股价为 114 英镑，到了 1720 年 3 月，股价飙升至 300 英镑以上，到了 1720 年 7 月，股票价格已高达 1 050 英镑。此时，南海公司老板又想出了新主意：以数倍于面额的价格，发行可分期付款的新股。同时，南海公司将获取的现金，转贷给购买股票的公众。这样，随着南海股价的扶摇直上，一股投机浪潮席卷全国。

英国议会为了制止国内"泡沫公司"的膨胀，于 1720 年 6 月通过了《泡沫公司取缔法》，随之一些公司被解散。许多投资者开始清醒，并抛售手中所持股票。随着投机热潮的冷却，南海公司股价一落千丈，从 1720 年 8 月 25 日到 9 月 28 日，南海公司的股票价格从 900 英镑下跌到 190 英镑，到 12 月份最终仅为 124 英镑。投资者因此遭受巨大损失。年底，英国政府对南海公司资产进行清理，发现其实际资本所剩无几。而后，南海公司宣布破产。投资者要求英国议会严惩欺诈者，并赔偿损失。1720 年 9 月，英国议会组织了特别委员会，对"南海泡沫"事件进行秘密查证，特邀资深会计师查尔斯·斯奈尔对南海公司的会计账目进行检查。查尔斯·斯奈尔通过对南海公司账目的查询、审核，于 1721 年以会计师名义提交了一份会计账簿检查意见。在该份报告中，查尔斯指出了南海公司存在舞弊行为、会计记录严重不实等问题。英国议会根据这份查账报告，将南海公司董事之一的雅各希·布伦特及其合伙人的不动产全部予以没收。

1828 年，英国政府根据国内经济发展对资金的高度需求，重新认识了股份公司的经济意义，撤销了 1720 年的《泡沫公司取缔法》，重新恢复了股份公司这一现代企业制度的形式。通过设立社会审计的方式，将股份公司中因所有权与经营权分离所产生的不足予以制约，完善了股份制这种现代企业制度。

（三）西方国家内部审计的发展

西方国家的内部审计同样可以追溯到古代和中世纪，由于受托经济责任关系和授权管理的产生，经济组织中的内部经济监督也就有了必要，庄园审计、宫廷审计、行会审计等也就因此而产生。不过，早期的内部审计与外部审计并无原则上的区别。

20世纪前后，资本主义经济获得了极大的发展，生产和资本高度集中，托拉斯式的大型企业大量出现，企业内部只能采取分级、分散管理体制。这就促使了大型企业内部要设立专门的机构和人员，由最高管理当局授权，对其所属分支机构的经营业绩进行独立的内部审计监督，近代内部审计也就因此而产生。第二次世界大战以后，资本主义经济得到了空前的发展，竞争更加激烈。企业为了在竞争中求生存、求发展，十分重视加强内部经济监督，实行事前预防性控制，现代内部审计随着内部控制的加强而产生和发展起来。现代内部审计涵盖了内部控制评价、风险评估、经营审计和管理审计。其发展呈现出以下趋势：从制度导向审计到风险导向审计，从风险识别到环境分析，从回顾历史到着眼未来，从评价现状到预测未来，从关注当前事项到多角度并行关注，从强调独立到注重管理价值增加，从掌握审计知识到掌握经营管理知识，从经营审计到战略审计，从供给审计到需求审计，从说服接受到协商改进。此外，内部审计工作外包由社会审计来承担，也是一种重要的发展趋势。

美国内部审计分为政府内部审计和企业内部审计两个方面。在美国联邦政府各部门和地方政府都设有稽核长办公室，执行内部审计。美国很多大中型企业从20世纪30年代就设立了内部审计。1941年内部审计师协会建立起来，后来发展成了一个国际组织。美国企业内部审计机构有直属总经理领导、副总经理领导、主计长领导三种形式。近年来，有的企业内部审计机构受主计长和审计委员会的双重领导，有较大的独立性。英国的内部审计由部门审计和企业审计组成，一般由部门或企业最高负责人领导，它的主要职责是对内部控制制度进行监督评价，并提出改进建议。

受托经济责任关系内涵的丰富和范围的扩大，不仅促进了国家审计、社会审计和内部审计的全面发展，而且加速了审计目的、审计特征、审计体系、审计内容、审计方法和审计规范方面的变化，促进了现代审计的形成。

四、审计产生和发展的客观依据

从上述中外审计产生和发展的历史中可以看出，审计的产生和发展有其客观依据。

（一）维系受托经济责任关系是审计产生和发展的基础

在奴隶社会和封建社会中，无论是奴隶主、封建主、皇室宫廷由代理官员所从事的会计行为和财政经济活动，或者是个别奴隶主、封建主私有财产由代理人所作记录及其所反映的收支活动，都有必要授权给独立于财税、会计活动以外的官员来进行审查，对代理人所经手的钱、财、物、账予以勾稽核实，证明代理人是否诚实地承担了自己的受托经济责任。中外古代审计都是在这样的客观条件下产生的。

随着社会的发展和生产规模的日益扩大，资本主义社会出现了以股份有限责任公司为主要形式的生产经营组织形式。股东对公司的财产拥有所有权但并不直接参与企业生产经营管理，而委托经理行使管理的职能，这时，财产的所有权与经营管理权日益分离。公司经理人员对股东的委托经济责任大大加强了，经理人员要以财务报表的形式定期向股东汇报公司的经营情况和财务成果，这些财务报表是否真实、正确，能否证明管理人员尽忠职守，切实地履行了他所承担的经济责任，更需要作为第三者的审计人员进行审查，以保证股东和债权人的正当权益不受侵犯，这时社会审计便应运而生。

20世纪20年代以来，经济贸易活动日趋国际化，跨国公司不断增加。这时，总公司的经理人员已不可能亲自搜集各种经营管理所需信息，不可能对各级管理层次和各个管理区域的管理者进行监督。为审查各级管理者在所有权统一的前提下对总公司最高管理者和经理人员所承担的受托经济责任，内部审计便产生和发展起来。

在社会主义市场经济体制下，国有企业对国家担负着及时、足额上缴利税，确保资产完好和增值等受托经济责任，国家为了保护全体人民利益，维护企业的合法权益，必须由独立的权威机构审查企业的财务收支情况，以保证会计资料的准确可靠和经济活动的合法合理，确定和解除有关责任人的受托经济责任。社会主义国家的政府、人民团体和事业单位虽然不是生产经营组织，但它们负有节约财政开支、减少经费支出和提高工作效率的受托经济责任，因此，国家也要审查其财政、财务收支的合法性、合理性和真实性。

因此，从审计行为的萌芽状态到国家审计、社会审计和内部审计机构的形成，从奴隶社会、封建社会到资本主义社会和社会主义社会，都同财产所有权与经营管理权相分离而产生的受托经济责任关系有关。没有这种受托经济责任关系，就不可能产生审计行为。

（二）加强经济管理和控制是审计发展的动力

人类社会在生产活动中，力求以较少的劳动消耗和劳动占用取得最大的劳动成果，以不断提高劳动效率和生产效果，这是社会进步和发展的客观要求。要实现这一目标，就需要对生产过程和一切经济活动进行严格的管理和控制，对各种计划和方案进行评价，对计划和方案执行的效益性进行审查。而审计作为独立的经济监督活动，可以对企业内部控制系统和经济活动进行客观、公正的评价，为管理者提供正确有用的资料和审计结论。由于审计所处的独立的第三者地位，审计一般不带有任何偏见，审计结论容易被社会所接受，能作为评价一个部门或单位财务状况和经营成果的依据。

早期的、传统的审计，只局限于审查账目和财务报表，通常称为财务审计，其目的仅仅在于检查、揭露差错和弊端。但是，随着企业规模的扩大、生产的发展，管理方法和技术日趋复杂，审计对企业生产经营、管理和控制也就更加重要。审计的目的，不仅在于审查账目和财务报表，而且包括评价企业的生产经营管理，并及时提出积极、合理的建议，如哪些环节和步骤存在不合理的开支、哪些制度不适应生产的发展、增加企业收入的途径有哪些、怎样改善企业的经营管理状况等。事前审计、经营审计、管理审计、经济审计、效率审计和效果审计都是适应上述需要而发展起来的审计种类和方式。

（三）现代科学技术为审计的发展提供了方法和手段

现代科学技术为现代审计的发展提供了方法和手段。这不但表现为审计领域的不断扩展，而且更重要的是审计方法的不断发展，如财务审计经常使用统计抽样法，经济效益审计广泛采用现代管理方法和数学方法及有关预测、决策及分析方法等。同时，在审计过程中运用系统论、信息论、控制论等原理对审计事项进行总体的全面验证和综合分析，使审计结论向着更加精确、可靠和卓有成效的方向发展。特别是计算机应用于管理和会计系统，使传统的手工数据处理系统转变为电算化数据处理系统后，审计的对象发生了重大变化，对电子数据处理系统的审计方法的研究，形成了一门会计、审计和计算机交叉的边缘学科——电子数据处理系统审计。随着网络技术在社会经济生活中的广泛运用，网络审计和即时审计也应运而生。

任务三 审计的分类

审计可以从不同的角度加以考察，从而作出不同的分类。对审计进行合理分类，有助于加深对审计的认识，从而有效地组织各类审计活动，充分发挥审计的积极作用。

一、按审计的主体分类

按审计主体,可以将审计划分为国家审计、社会审计和内部审计。

(一)国家审计

国家审计(又称政府审计)是指由国家审计机关实施的审计。

国家审计的主要特点是法定性和强制性,拥有和管理国有资产的单位都必须依法接受国家审计的监督。审计机关作出的审计决定,被审计单位和有关人员必须执行。审计决定涉及其他有关单位的,有关单位应该协助执行。

(二)社会审计

社会审计又称注册会计师审计、民间审计或独立审计,是指由依法成立的社会组织接受委托人的委托而实施的审计。社会审计组织根据承办业务双方签订的审计业务约定书,对被审计单位的财务报表及其有关资料进行独立审查和鉴证,并出具审计报告,或者承办客户有关注册资金验证、代理企业纳税申报、提供会计及管理咨询服务等业务。社会审计的特点表现为以下几点:

1. 独立性

社会审计组织完全独立于审计委托人和被审计人之外,注册会计师对审计对象不带任何偏见,对依靠审计结果的人保持客观态度。

2. 委托性

社会审计组织所要办理的每一个审计项目及其审计的内容和目的,均取决于委托人的要求。

3. 有偿性

社会审计组织实行企业化管理方式,根据"有偿服务、自收自支、独立核算、依法纳税"原则,对其接受委托承办的独立审计业务,要按规定的收费标准向委托人收费。

社会审计组织出具的审计报告具有法律效力,在社会上具有公证作用。

(三)内部审计

内部审计是指由部门和单位内部设置的审计机构或专职审计人员对本部门、本单位及其下属单位进行的审计。内部审计的特点表现为以下几点:

1. 内向性

内部审计根据本部门、本单位自身的需要而建立,处于部门或单位内部,在本部门、本单位主要负责人的直接领导下开展工作,为本部门、本单位服务。内部审计实际上是本部门、本单位管理机构的一部分。

2. 广泛性

内部审计不仅对财务收支进行审计监督,而且还对内部控制、生产经营等各个方面的经济活动进行检查、分析和评价,开展经济效益审计,其范围十分广泛。

3. 及时性、针对性和经常性

内部审计人员因常年在本部门、本单位进行审计监督活动,对本部门、本单位情况非常熟悉,并可以随时了解企业的经济动态和信息,能够随时针对本部门、本单位的实际需要和存在的问题,有针对性地开展审计工作,及时提出改进措施并督促执行。

4. 相对独立性

由于内部审计的执行主体隶属于被审计单位,因而决定了其独立性不如社会审计,其审计报告主要供内部管理部门使用,对外不起公证作用,但为了确保内部审计机构和人员在组织上和行使职权上能够具有相对的独立性,它在机构设置上不应隶属于单位内部的其他职能部门,更不能隶属于财会部门。

二、按审计的内容分类

按审计的内容，可以将审计划分为财政财务审计、财经法纪审计和经济效益审计。

(一)财政财务审计

财政财务审计是指对被审计单位的财政财务收支活动进行的审计。其目的在于检查财政财务收支的真实性、合法性，借以保护国有资产安全完整、维护各方的合法权益并促进加强财政和财务管理。

1. 财政审计

财政审计是指由国家审计机关对本级财政预算的执行情况和下级政府财政预算的执行情况，以及预算外资金管理和使用情况的真实性、合法性进行的审计监督。财政审计的内容主要有：财政部门批复预算、预算执行调整、预算收支变化情况，财政、海关、税务等部门依法组织预算收入情况，财政部门拨付预算支出资金情况，财政部门拨付地方支出和办理结算情况，财政部门管理内外债还本付息情况，政府各部门执行年度预算情况，各级国库办理预算资金收纳和拨付情况，专项支出和总预备费使用和管理情况，其他财政收支(预算外资金和财政有偿使用资金)情况。

2. 财务审计

财务审计是指由国家审计机关、社会审计组织和内部审计机构对各级政府部门、金融机构、企事业单位的财务收支及有关经济活动的真实性、合法性进行的审计监督。以企业财务审计为例，其审计的内容主要包括：企业执行的财务会计核算办法是否符合国家颁布的有关财务会计法规、制度的规定；被审查的会计资料是否真实公允地反映了企业在一定时期内的财务状况和经营成果。

(二)财经法纪审计

财经法纪审计是指由国家审计机关和内部审计机构对某单位严重违反财经法纪的行为进行的专案审计。对被审计单位一般的经济舞弊行为，通常可以在财政财务审计中进行审查和提出审计意见，但对金额较大、情节严重，致使国有资产遭受严重损失以及严重危害社会主义经济建设或对社会风气造成恶劣影响的违反财经法纪的行为，则必须专门立案进行审计。这种必须专门立案进行审计的项目属于财经法纪审计。与财政财务审计相比，财经法纪审计更加突出合法性目标。

(三)经济效益审计

经济效益审计是由审计人员对被审计单位或项目的经济活动进行综合、系统的审查分析，对照一定的标准来客观评价单位的经济效益状况和潜力，确定其经济管理的效率性、效果性和经济性，并提出合理化建议以促使被审计单位改善管理，提高经济效益。

三、按审计的范围分类

按实施审计的范围，可以将审计划分为全面审计与局部审计。

(一)全面审计

全面审计是指对被审计单位审计期内的全部财务收支及有关经济活动的真实性、合法性和效益性进行审计。以制造业为例，全面审计审查的范围包括采购、生产、销售、货币资金、财产物资、结算、借款、资本金、税金和利润等各个项目增减变化情况，涉及计划、生产、供销、技术、财务等各个职能部门。

全面审计的特点是审查详细彻底，容易查出问题，有利于促进被审计单位改善经营管理，提高经济效益，但审计工作量大，费时费力，审计成本较高。一般仅适用于规模较小、业务量较少或内部控制制度不健全、存在问题较多的单位。

（二）局部审计

局部审计是指对被审计单位审计期内的部分财务收支及有关经济活动的真实性、合法性和效益性进行审计。审计人员可以根据审计任务以及被审计单位的内部控制状况，有针对性地选择部分业务或项目进行审计，如审查企业现金收支业务、产品销售收入业务或进行货币资金审计、税金和利润审计等。

局部审计的特点是范围小、审查重点突出、针对性强、省时省力、审计成本较低，但审计覆盖面有限，较容易遗漏问题。

四、按审计的时间分类

按实施审计的时间，可以将审计划分为事前审计、事中审计与事后审计。

（一）事前审计

事前审计是指审计人员在被审计单位的财政财务收支和经济业务发生之前进行的审计。这种审计主要是对计划、预算和决策进行审查，包括对被审计单位的计划、方案和预算的编制，投资方案的选择，经营决策的制定及其可行性研究报告等进行审查。事前审计可以起到预防作用，有助于减少决策失误，实现决策的科学化。

（二）事中审计

事中审计是指审计人员在被审计单位的财政财务收支和经济业务执行过程中进行的审计。例如，在固定资产投资项目施工过程中，对施工进度、投资完成情况进行审计；对各级政府部门财政预算执行情况进行审计。事中审计实效性较强，可以及时查明经济目标和预算的实现程度，有助于被审计单位及时采取措施纠正偏差，改善管理，保证目标和预算的实现。

（三）事后审计

事后审计是指审计人员在被审计单位的财政财务收支和经济业务完成之后进行的审计，如对某建设工程项目竣工交付使用的审计、年度财务决算审计、领导干部任期经济责任审计等。事后审计的资料齐全，能对所有已经发生的财政财务收支和经济业务的真实性、合法性和效益性作出全面评价。由于事后审计能审查整个经济活动，因而其监督作用较强，对于研究问题、纠正错弊、挽回已经造成的损失和改进工作都具有重要意义。

五、按审计的地点分类

按执行审计的地点，可以将审计划分为就地审计与报送审计。

（一）就地审计

就地审计是指由审计机构派出审计人员到被审计单位所在地进行的审计。就地审计又可以分为专程审计、驻地审计和巡回审计三种。专程审计是指审计组织依据审计计划和审计方案要求，指派审计人员到被审计单位进行的审计。驻地审计是指审计组织根据审计工作的需要，派出审计机构或审计人员长期驻在被审计单位，进行定期的、经常性的审计。巡回审计是指审计组织派审计人员到所属地区或单位巡回进行的审计。

（二）报送审计

报送审计又称送达审计，是指被审计单位按审计机关要求，将需要审查的资料按时送交审计机关进行的审计。报送的资料包括会计凭证、会计账簿、会计报表，以及其他与财政财务收支有关的资料。实行报送审计有助于审计机关对被审计单位进行经常性的审计监督，并有助于严肃财经纪律，提高审计机关的权威性。目前，我国主要是对国家行政机关和部分事业单位的决算进行报送审计。

六、按审计的动机分类

按实施审计的动机，可以将审计划分为强制审计与任意审计。

（一）强制审计

强制审计是指根据国家法律规定，必须执行的带有强制性的审计。我国的政府审计即属于强制审计，这种审计按照审计机关制订的审计工作计划进行，而不问被审计单位是否愿意接受审核检查。再比如，我国《外商投资企业法》、《公司法》等规定，三资企业或股票上市的股份公司每年必须接受中国注册会计师审计。

（二）任意审计

任意审计是指被审计单位出于某种自身的需要，自愿要求审计机构对其实施的审计。例如，企业为了取得银行贷款，自愿聘请社会审计组织对其财务报表进行审计鉴证。

任务四　审计的基本假设

一、假设与审计假设

审计假设是20世纪60年代由美国学者莫茨（Robert Mautz）和夏拉夫（Hussein Sharaf）在《审计哲理》中首次提出的。要理解“审计假设”的概念，首先要理解什么是假设。

（一）假设

假设是哲学和逻辑学中的一个概念，是进行演绎推理或科学论证的先决条件。假设是任何科学产生和发展的先导。因为对任何科学的研究都会产生一系列未被确知，并难以直接论证的问题，而任何科学的原理、定律及结论的产生，都要依赖于某种特定的假设。即首先建立假设，再进行实验、实践，做进一步的验证，然后才能形成科学的理论。提出切合实际而又符合情理的假设，既是进行科学研究的必要，又是指导社会实践的必要。假设一般具有如下特征：

1. 假设并不证明其自身的正确性

任何假设都不能对它本身做直接的验证，但可以对由假设所演绎的结论进行验证，因此假设的正确性要由其推演结论的正确性来验证。

2. 假设是推论的基础

假设是一种人们可以接受的公理，它具有一定的科学性。人们借助于假设进行推导、实践或实验，如果假设正确，其推导的结论或实验的结果也正确。

3. 假设是发展变化的

假设虽然是科学产生和发展的先导，但它产生于一定的政治、经济、文化和技术环境之中，势必要随着它们的发展而有所变化，即旧假设可能会消失而新假设不断涌现，只有这样才会推动科学在理论上与实践上不断向前发展。

(二)审计假设

审计假设是人们从长期的审计实践中总结出来的,是对审计工作及其涉及的有关方面所做的合乎逻辑的论断,是公认的理性认识,它是审计工作的前提,是审计理论的基石。审计实践是形成审计假设的客观基础;审计假设是一种公理,而不是一种定理,无法从逻辑中证明其正确性;审计假设是审计实践经验的结晶,具有较高的正确性。作为从审计实践中抽象出来的审计假设,一般具有以下四个特点:

1. 概括性

审计假设是从大量的审计实践中归纳、总结出来的,理应具有综合性和代表性,是对审计工作及其涉及的有关方面所做的高度概括。同时,审计假设的表述也应该简明扼要、言简意赅。

2. 系统性

从审计实践中高度概括出来的审计假设有各种各样的内容,共同构成了审计假设的体系。存在于审计假设体系中的各种假设,虽然不能相互包含、互相重复,但它们之间却存在着逻辑上的联系,具有鲜明的系统性。随着审计实务的发展,审计假设体系也会不断完善。

3. 实用性

审计假设是对审计实践的理性认识,可以用来指导审计实务工作,具有一定的实用性和可操作性。如果审计假设只是一种空洞的、无意义的理论表述,其本身就不能称为审计假设。

4. 相对性

审计假设指导审计实务的有效性只是相对的,而不是绝对的。在特殊情况下,它不一定有效或正确;随着审计实务的发展,原来的一些假设也可能失去作用,必须进行不断的修正、补充或提出新的假设。

审计假设对于建立审计理论与指导审计工作具有特别重要的作用。很多审计理论的建立,首先要提出假设,这种假设以大量的实践资料为依据,然后去推定,在实践中去验证,即收集充分而有力的审计证据,再证实假设与客观的相符性。从一定意义上讲,没有审计的假设,就无法进行审计工作,审计人员总是在充分而有效的假设指导下开展和推进审计工作的。整个审计过程,可以说是一个提出假设、验证假设、肯定或否定假设以及推出新的假设的过程。

二、西方国家的审计基本假设

审计假设的研究起步于美英审计理论界。其代表性人物有莫茨和夏拉夫、托马斯·李(Thomas Lee)和弗林特(David Flint),他们的研究成果分别代表国外的三种相互联系的审计假设体系。

(一)莫茨和夏拉夫的基本假设

莫茨和夏拉夫在1961年出版的《审计哲理》中提出了八条审计假设,并认为假设是不能直接加以验证的公理。著名的《蒙哥马利审计学》(第十版)第五章中也引述了这些假设,并指出假设作为推理的起点不能被直接证明,但从它们所推得的命题能表明假设的正确性。八条基本假设内容如下:

1. 财务报表和财务数据是可以验证的

作为审计的主要对象,财务报表和财务数据如果不能验证,则审计的存在就失去了必要性。这一基本假设确立了审计存在的意义和其主要目的,并为建立财务审计方法和审计程序提供了明确的目标。

2. 审计人员与被审计单位管理者之间没有必然的利害冲突

作为审计的主体只有保持超然独立的地位，才有可能进行公正的审查和对财务报表的公允性表示审计意见，从而使财务报表的使用者根据这些信息的可靠程度做出相应的决策。尽管社会审计工作不可能完全避免与被审计单位之间的利害冲突，但整个审计工作仍然必须建立在可避免利害冲突的假设之上。如果审计人员与被审计单位之间存在着必然的利害冲突，审计的独立性就无从谈起，审计也就失去了存在的价值。

3. 送审的财务报表和其他资料不存在串通舞弊和其他不正当的舞弊行为

财务审计的主要目的之一就是查错防弊，而偏重于对一般会计差错的检查。如果认为被审计单位存在共谋和其他舞弊行为，其送审的资料必然不可能反映被审计单位真实的经济活动情况。串通舞弊现象是存在的，但毕竟是少数的特殊现象，一般的审计程序和审计方法应建立在无共谋、舞弊现象的假设上。

4. 完善的内部控制制度可以减少错弊发生的可能性

健全的内部控制制度，可以保证各项经济业务在各个部门中得到规范的处理，它既有预防功能，也有发现与检查纠正功能。企业有了完善的内部控制系统，就会减少错误和弊端发生的可能性。审计人员可以根据这一基本假设，实施制度基础审计方法，从而减少对会计数据和经济活动的审查测试。

5. 公认会计原则的一致运用可使财务状况和经营成果得到公允表达

公认会计原则是在长期的会计实践中逐渐形成的，并经会计职业团体归纳整理而成的会计惯例和方法及处理会计实务的准则。会计公认原则往往经过政府管理部门的认可而成为权威性的文件。会计业务处理及会计报表的编制，如果始终遵循公认会计原则，就会被认为公允地反映了企业的财务状况和经营成果。审计这一基本假设，确立了对审计对象衡量的标准。

6. 如无确凿的反证，被审计单位过去被认为真实的情况将来仍为真实

这个假设说明，如果以前年度的审计有了结论，现在没有发现相反的证据，依然要承认以前的结论是有效的，也就是说，没有必要重新进行审查。当期审计应以当期的审计对象为内容，只有出现了相反的证据时，才有必要对过去进行追溯性审查。

7. 审计人员有能力独立地审查财务资料并发表意见

审计人员为了表示公允的意见，自然要保持独立的身份，客观地进行检查和评价。如果审计人员与被审查的单位及被审查的事项有利害关系，则应回避。审计人员只有在从事审计业务时才有必要保持其应有的独立性，而提供管理咨询服务时，则另当别论。

8. 独立审计人员的职业地位负有相应的职业责任

审计人员所具有的独立地位，使人们相信其有能力做出客观公正的审计结论，因此，审计人员的审计意见对利用审计信息者的决策有重大影响。与此同时，审计人员也应承担与其地位相适应的责任。审计人员如因渎职而导致被审计单位或其他有关人员的经济损失，有可能承担民事责任甚至是刑事责任。因此，审计人员理应始终保持职业上的审慎态度，严格按照审计准则的要求工作。

莫茨和夏拉夫所提出的八项审计假设开创了审计假设研究的先河，对后来者的研究产生了重要的影响，有的将其顺序略作改动，有的将其条目进行增删，有的改变了其表述方式，有的则做了进一步的发展。正如莫茨和夏拉夫在提出审计假设时所强调的那样，必须对这些基本假设不断地加以重新审阅，看它们在新的环境下是否能继续成立。

(二)托马斯·李的审计假设

托马斯·李发展了莫茨和夏拉夫的审计假设理论,他在《公司审计》一书中将审计假设分为审计必要性假设、审计行为假设和审计职能假设共三类十三条。

1. 审计必要性假设

(1)未经审计的会计信息缺乏足够的可信性。

(2)最迫切的要求是对企业财务报表中的会计信息进行验证,以提高会计信息的可信性。

(3)根据法律要求和职业规范进行审计,是提高会计信息可信性的最好办法。

(4)外部审计可以验证和提高会计信息的可信性。

(5)股东和其他财务报表使用者,通常不能自己验证会计信息的可信性。

2. 审计行为假设

(1)在审计人员和管理部门之间不存在妨碍审计人员对会计信息可信性进行验证的利害冲突。

(2)对于审计人员来说,没有什么法律会妨碍其对会计信息可信性的验证。

(3)审计人员在精神和组织上完全处于独立的地位,能够客观地对会计信息的可信性进行验证。

(4)审计人员具有胜任审计工作的技能和经验,能够圆满地达到既定的审计目标。

(5)审计人员应对其工作质量和所发表的审计意见负责。

3. 审计职能假设

(1)审计人员可以在合理的时间和成本范围内,搜集和评价充分、有效和可靠的证据材料。

(2)内部控制的存在,可使会计信息中不存在重大的舞弊和差错。

(3)公认的会计概念及与企业业务相适应的会计基础,如果能得到恰当与一致的使用,审计人员就会对会计信息提出公允的审计意见。

托马斯·李的审计假设,第一部分五条((4)、(5)两条也可以合并为一条)说明了产生审计的理由;第二部分五条说明了对审计人员的要求;第三部分三条说明了履行审计职能的基本条件。特别是第一部分内容,发展了莫茨和夏拉夫的审计假设,但仍不尽合理。

(三)弗林特的审计假设

弗林特教授在1988年出版的《审计理论导论》一书中,提出了如下七条审计假设。

(1)审计以经济责任关系或公共经济责任的存在为首要前提。

(2)经济责任关系内涵十分模糊、复杂,解除经济责任非常重要,而这一切要靠审计予以解释和解除。

(3)审计的本质特征在于其地位的独立性和不受约束地进行调查与报告。

(4)审计对象的内容,如行为、业绩、成果、业务记录、经济业务或与此有关的事实或说明,都可以通过证据予以证实。

(5)可以对行为、业绩、成果和信息质量等确立责任标准,并对上述信息质量的实际情况予以计量,与已确立的标准进行比较,计量与比较过程需要专门的技能,并需要主观判断。

(6)应明确财务报表和其他资料的意义、重要性和目的,通过审计可对其可信性做出清晰的表示与传递。

(7)审计可产生经济效益和社会效益。

弗林特的审计假设是根据现代审计的发展,从社会的观点提出来的,一改过去仅从财务审计角度进行审计假设研究的做法,从而为建立广义的审计理论结构提供了有关的参考。但是由于这些假设过于抽象,其实用性和有效性会受到限制。

三、我国的审计假设

(一)审计基本假设

审计基本假设,是指适用于各种审计项目与审计全过程的假设,它是建立审计制度与进行审计工作的基础,主要反映审计必要性、审计对象可证实性等方面的假设。

1. 审计必要性假设

当生产资料所有者与经营者分离以后,经营者接受所有者的资源,为所有者管理受委托的事项,这样经营者对所有者就负有经济责任或会计责任。人们普遍认为财产的经营者对财产的所有者应负的这种经济责任是理所当然的。正是因为这种经济责任和经济责任人的存在,审计工作才有存在的必要,才具有鲜明的目的性与针对性。审计就是监督和检查被审计单位是否履行了它的经济责任或会计责任,并借此加强被审计单位的会计责任感。

2. 审计对象可证实性假设

审计工作之所以能进行,就是因为大家假设:会计资料及其他经济资料、经济业务与经营活动是可以查得清的,对经营人员应负的经济责任是能够确定的。如果没有这样的假设,也就没有进行审计的必要,因为被审计的对象无法证实,审计人员也就无法对被审计对象表示任何意见。有了可证实性假设,审计人员就可以使用有效的审计方法,去搜集能证实问题的各种审计证据;这同时也促使了对审计证据与审计方法的理论研究和经验总结。证实是否存在、证实优劣状况、证实责任大小等,均要凭严格的证据说话。而整个审计过程实质上也就是取得充分证据,并据以判明受审对象状况与责任归属的过程。

3. 错误与弊端存在性假设

从审计对象整体上看,一般假设为内部控制健全可以减少错误与弊端,现代审计的检查范围和使用方法,则取决于被审计单位内部控制是否健全和完善。如果没有这样的假设,认为不论在什么样的单位内、在什么样的情况下,错误和弊端无处、无时不存在,那就无法进行合理的审计。事实上,只要内部控制措施实施严密并得到良好的贯彻,无意识的错误和有意识的合伙舞弊现象必然会减少。根据错误和弊端存在可能性的假设,在进行审计时,应首先检查内部控制的健全与贯彻情况,然后根据评价结果决定进一步审计的范围、重点、程序和方法,这样有利于提高审计工作效率,把审计人员从大量的"数字游戏"中解放出来。

对错误和弊端的假设,除根据内部控制状况进行假设外,还可以根据业务性质、业务重要程度及经手人员素质等方面进行假设。如收支频繁的业务发生差错的可能性大;货币资金与可变现物资收支业务发生舞弊的可能性大;大金额业务收支发生差错的可能性大;工作马虎、经验不足的管理人员发生差错的可能性大;思想品质不好又缺乏一定经验的管理人员发生舞弊的可能性大;经手钱、物的人比其他管理人员发生差错和舞弊的可能性大;差错有主观因素造成和客观因素导致的两种情况,有意识造成的差错难以查明……总之,依据审计项目与具体对象的不同,错误与弊端的假设也会多种多样。

4. 行为衡量标准假设

这里主要是指依据什么衡量会计人员行为的假设。会计人员进行记录、计算与报告时理应遵循公认的会计准则,即要正确地运用会计原理、原则与方法,客观地、前后一贯地如实反映单位的财务状况与经营成果。审计人员在进行审计时,如果发现被审计单位的会计工作是按照会计的原理、原则与方法进行反映与报告的,各时期所采用的会计标准又是先后一致的,则可以认为其会计报告和会计资料是真实与公允的。

5. 无反证判定假设

审计理应重证据,但有时又很难找到合理的证据。在这种情况下,如果对于准备判定的问题提不出任何反对的证据,则可以"提不出反对证据"为理由进行判定;在另一种情况下,如果难以找到正面证据,倒有很多反面证据,则可以根据反面证据进行判定。

根据上述假设,可以认为过去已被认为是真实的问题,在以后未发现任何明显的反证时,则还保持这种看法,例如,审计人员过去检查过的问题,在以后检查时未发现明显的反证,则可以认为过去的检查是可信的。有了以上假定,可使审计工作具有连续性,前后一致,并使审计人员的责任有一个合理的界限,以降低审计风险。

(二)审计特种假设

审计特种假设,主要是指适用于特定对象和特种场合的有关假设,如审计主体假设、审计方法假设、审计证据假设和其他方面假设等。

1. 审计主体假设

审计主体假设,是指对审计人员素质与其专业职责要求相称方面的假设。其主要内容是对审计人员可信性与胜任性及承担责任方面的假设。

2. 审计方法假设

审计方法假设,是指导审计方法运用条件及其使用成效方面的假设。审计假设与审计方法存在着十分密切的关系,无论是总体方法的使用,还是个别技术的使用,均离不开对特定对象与方法使用效果的假设。审计方法方面假设的内容很多,主要有抽查法使用、程序法使用及询证法使用等方面的假设。

3. 审计证据假设

审计证据假设,是指对审计证据进行搜集、判断、评价时所运用的各种假设。这种假设的内容很多,主要包括四个方面:一是证据力的一般假设;二是证明力的一般假设;三是合理证据的假设;四是取证方法对证据力影响方面的具体假设。

4. 其他方面假设

其他方面的假设,是指审计过程中,遇到一些能够解决的具体问题,从而需要做出特别处理的种种假设。例如,某些具体问题性质的假设、产生原因的假设及影响的假设等;又如,对一些作案手段的假设、对案件涉及的范围及有关人员责任方面的假设;再如,具体项目审计成本、审计效益及审计风险方面的假设等。

任务五　审计的职能与作用

一、审计的职能

审计职能是审计自身所具有的内在功能。审计职能不是一成不变的,它是随着客观环境的变化而发展变化的。一般认为,审计职能包括:经济监督职能、经济鉴证职能和经济评价职能。

(一)经济监督职能

审计的经济监督职能,主要是指通过审计,监察和督促被审计单位的经济活动在规定的范围内、在正常的轨道上进行;监察和督促有关经济责任者忠实地履行经济责任,同时借以揭露违法违纪、稽查损失浪费、查明错误弊端、判断管理缺陷和追究经济责任等。审计工作的核心是通过审核检查，查明被审计事项的真相，然后对照一定的标准，做出被审计单位经济活动是否真实、合法、有效的结论。从依法检查，到依法评价，再到依法做出处理决定以及督促决定的执行，无不体现了审计的监督职能。

（二）经济鉴证职能

审计的经济鉴证职能，是指审计机构和审计人员对被审计单位会计报表及其他经济资料进行检查和验证，确定其财务状况和经营成果是否真实、公允、合法、合规，并出具书面证明，以便为审计的授权人或委托人提供确切的信息，并取信于社会公众的一种职能。

审计的经济鉴证职能，包括鉴定和证明两个方面。例如，会计师事务所接受中外合资经营企业的委托，对其投入资本验资，对其年度财务报表进行审查，或对其合并、解散事项进行审核，然后出具验资报告、查账报告和清算报告等，均属于审计执行经济鉴证职能。再如，国家审计机关对领导干部进行经济责任审计、对国际组织的援助项目和世界银行贷款项目的审计等，也属于经济鉴证的范围。

（三）经济评价职能

审计的经济评价职能，是指审计机构和审计人员对被审计单位的经济资料及经济活动进行审查，并依据一定的标准对查明的事实进行分析和判断，肯定成绩，指出问题，总结经验，寻求改善管理、提高效率和效益的途径。

审计的经济评价职能，包括评定和建议两个方面。例如，审计人员通过审核检查，评定被审计单位的经营决策、计划、方案是否切实可行、是否科学先进、是否贯彻执行，评定被审计单位内部控制制度是否恰当和有效，评定被审计单位各项会计资料及其他经济资料是否真实、可靠，评定被审计单位各项资源的使用是否合理和有效等；同时，根据评定的结果，提出改善经营管理的建议。评价的过程，也是肯定成绩、发现问题的过程，其建议往往是根据存在问题提出的，以利于被审计单位克服缺点、纠正错误、改进工作。经济效益审计是最能体现审计评价职能的一种审计。

二、审计的作用

审计作用是指行使审计职能、完成审计任务、实现审计目标过程中所产生的作用。审计对于宏观经济管理和微观经济管理均能发挥以下三个方面的作用。

（一）审计的制约作用

1. 揭露背离社会主义方向的经营行为

党和国家的各项方针、政策及法规制度，是千百万个企事业单位能够按照社会主义方向正确经营的保证。审计通过检查监督，能够发现被审计单位贯彻方针政策和法规制度的情况，能够揭露和制止违反国家法规的行为。

2. 揭露经济资料中的错误和舞弊行为

会计资料及其他各种经济资料，应该真实、正确、合理、合法地反映经济活动。但不少单位的经济资料不仅存在错误，而且存在着有意造假现象，以图掩饰非法的经济行为。通过审计的检查监督，不仅可以揭露出经济资料的错误和舞弊，而且可以揭发经济业务中的错误和舞弊行为，从而进一步追究有关负责人的责任和考查有关管理人员的政治、业务素质。

3. 揭露经济生活中的各种不正之风

不论是财政财务审计，还是经济效益审计，都可以通过对经济活动的审查监督，揭露出社会上不正当的经济关系、经济思想和经济行为，进行必要的处理，提出改正意见，刹住不正之风，促进廉政建设。

4. 打击各种经济犯罪活动

各种审计特别是财政财务审计，可以发现和查明贪污、行贿、受贿、偷税、漏税、骗税、走私、造假账、化预算内为预算外、化大公为小公和化公为私，以及损失浪费等经济犯罪行为，并配合党的纪律检查工作、行政纪律监察工作、法院和检察机关的司法侦查工作，以及各种临时检查工作，进行查证与鉴定，以充分发挥审计的特有作用。

（二）审计的促进作用

1. 促进经济管理水平和经济效益的提高

通过财政财务审计和经济效益审计，可以发现影响被审计单位财务成果和经济效益的各种因素，并针对问题的所在提出切实可行的改善措施，从而有助于被审计单位改善物质技术条件和人员管理素质，进一步挖掘潜力，提高经济效益。

2. 促进内控制度建设和协助风险管理

通过对内部控制制度的审计和评价，可以发现制度本身的完善程度、履行情况及责任归属等问题，并向有关方面反馈信息，以促进内部控制制度的进一步完善和协助管理者进行风险管理。

3. 促进社会经济秩序的健康运行

审计部门作为对国有资产的监督部门，通过微观审计和宏观调查，可以发现社会主义经济生活中一些违法乱纪和破坏正常经济秩序的现象及行为。审计机关和人员不仅有向有关领导和宏观管理部门反映信息的义务，而且有提出处理意见和改进措施的权利，从而有利于维护正常的经济秩序，保证国民经济健康发展。

4. 促进各种经济利益关系的协调

无论是微观审计还是宏观调查，都可以发现一些在处理国家、地区、集体、个人之间经济利益关系方面存在的问题。这些问题的存在使一些单位和个人获得了一些不正当的经济利益，也挫伤了一部分人的积极性，更严重的是损害了国家利益。审计通过信息反馈和提出一些改进意见，有利于协调各方面的经济利益关系，使责、权、利更加密切地结合在一起。

三、审计的证明作用

证明作用是通过审计，证明被审计单位报出的各种信息资料的合法性和公允性，从而提高会计信息资料的真实性和可靠性。需要注意的是，审计对被审计单位会计信息的真实、可靠有保证作用，是强调审计要促进经济监督和经济鉴证职能作用的发挥以达到使被审计单位信息资料真实可靠的目的。

【视野拓展 1—1】

国际四大会计师事务所及对中国的业务

国际四大会计师事务所指的是普华永道（PWC）、毕马威（KPMG）、德勤（DTT）和安永（EY）。

1. 普华永道

普华永道由普华国际会计公司（Price Waterhouse）和永道国际会计公司（Coopers & Lybrand）于 1998 年 7 月 1 日合并而成，1999 年 1 月公布的年收入为 131.30 亿美元，总部位于英国伦敦。主要国际客户有埃克森、IBM、日本电报电话公司、强生公司、美国电报电话公司、英国电信、戴尔电脑、福特汽车、雪佛兰、康柏电脑和诺基亚等。到1998年年底为止，普华永道国际会计公司在中国北京和上海有两家中外合作会计师事务所。此外，1996年12月，普华国际会计公司吸收北京的张陈会计师事务所为其中国成员所。1997年11月，永道国际会计公司吸收广州羊城会计师事务所为其联营所。

2. 毕马威

1999年1月公布的毕马威国际会计公司年收入为90亿美元，在全球共有合伙人6 561人、专业人员59 663人、办事机构844个。总部位于荷兰阿姆斯特丹。主要国际客户有美国通用电气、壳牌公司、辉瑞制药、雀巢公司、奔驰公司、百事可乐、花旗银行等。1983年10月在北京设立了第一家常驻代表机构，也在广州、上海和深圳等地设有常驻代表处。1992年7月毕马威国际会计公司与北京的华振会计师事务所合作开办了毕马威华振会计师事务所，并于1998年12月在上海设立了上海分所。

3. 德勤

1999年1月公布的德勤会计师事务所年收入为74亿美元，全球共有合伙人5 145人、专业人员52 520人、办事机构695个。总部位于美国纽约。主要国际客户有微软公司、美国通用汽车公司、沃达丰公司、克莱斯勒公司等。1983年10月在北京设立了第一家常驻代表机构。在广州、大连、天津、南京等地有常驻代表处。1992年12月与上海会计师事务所在上海合作开办了中外合作会计师事务所——沪江德勤会计师事务所，并于1998年6月在北京设立了北京分所。

4. 安永

安永会计师事务所(Ernst & Young)为世界上最大的专业服务公司之一，它的前身是1903年成立于美国克利夫兰的恩斯特·恩斯特(1979年后合并为恩斯特·惠尼)会计师事务所和1906年成立于美国纽约的阿瑟·杨会计师事务所。安永在全球140个国家、700个城市拥有服务据点，共有员工135 000位。总部位于英国伦敦。主要国际客户有英国石油、俄罗斯石油公司、美国邮政、ABB、西门子、华纳兄弟唱片、可口可乐、苹果公司、佳能、美国电话电报公司、美国航空、英国航空等。1992年7月，安永国际会计公司与北京的华明会计师事务所在北京合作开办安永华明会计师事务所。

资料来源：百度百科，有删改。

★★★ 应知考核 ★★★

一、单项选择题

1. 审计产生的前提条件是(　　)。

A. 私有制的产生　　B. 受托经济责任关系的确定

C. 社会化大生产的形成　　D. 市场经济的形成

2. 我国“审计”这个名词正式出现是在(　　)。

A. 西周　　B. 汉朝　　C. 宋朝　　D. 清朝

3.《中华人民共和国审计法》正式实施的时间是(　　)。

A. 1994年8月31日　　B. 1995年1月1日

C. 1995年7月14日　　D. 1995年7月19日

4. 一般认为，世界上第一个会计师职业团体是(　　)。

A. 爱丁堡会计师协会　　B. 美国注册公共会计师协会
C. 东京会计师协会　　D. 蒙特利尔会计师协会
5. 审计性质应当表述为(　　)。
A. 经济监督　　B. 财政、财务收支的审查
C. 会计检查　　D. 独立性的经济监督
6. 按审计的范围不同，审计可分为(　　)。
A. 全部审计和局部审计　　B. 详细审计和抽样审计
C. 全部审计和抽样审计　　D. 局部审计和详细审计
7. 按审计执行地点的不同，可以将审计划分为(　　)。
A. 报送审计和就地审计　　B. 强制审计和任意审计
C. 内部审计和外部审计　　D. 预告审计和突击审计
8. 与国家审计相比，内部审计的特点是(　　)。
A. 法定性　　B. 强制性　　C. 有偿性　　D. 经常性
9. 由审计机构派出审计组或审计人员到被审计单位所在地进行的审计是(　　)。
A. 送达审计　　B. 初次审计　　C. 任意审计　　D. 就地审计
10. 国家审计机关依法对被审计单位作出审计处理处罚决定，体现了审计的(　　)。
A. 经济监督职能　　B. 经济鉴证职能　　C. 经济评价职能　　D. 经济服务职能

二、多项选择题

1. 审计产生和发展的社会基础的含义是指(　　)。
A. 受托经济责任关系出现　　B. 社会财富分配不合理
C. 资源财产所有权与经营管理权分离　　D. 经济责任授权人无法直接经常进行监督检查
2. 审计的独立性主要表现在(　　)。
A. 机构独立　　B. 人格独立　　C. 经济独立　　D. 生活独立
3. 下列职能不属于我国审计职能范畴的是(　　)。
A. 经济监督　　B. 经济司法　　C. 经济鉴证　　D. 经济预测
4. 审计的作用可以概括为(　　)。
A. 公允性作用　　B. 防护性作用　　C. 建设性作用　　D. 综合性作用
5. 根据审计关系理论，与审计对象息息相关的是(　　)。
A. 审计主体　　B. 审计范围
C. 审计的主要内容　　D. 审计所依据的信息来源

三、简述题

1. 简述审计的概念、审计的特征。
2. 简述审计产生和发展的客观依据。
3. 简述审计的分类。
4. 简述我国审计假设的基本内容。
5. 简述审计的职能与作用。

四、技能案例

在日常生活中，很多人认为审计就是查账。事实仅是如此吗？请看下面的实例：

实例一：当你在超市里购买商品时，围绕所购买的商品，营业员会不断地介绍相关的信息，其目的只有一个——让购买者认为商品是物美价廉的，购买行为物有所值。当然，大家可能对营业员喋喋不休的推介表示反感，对其所披露的信息表示怀疑。在难以决定是否购买时，如果有一个第三者介入，并表示营业员所披露的信息是真实的，你可能很快做出购买的决定。

实例二：庐山公司向长江银行提出贷款申请，长江银行要求该公司提供与贷款相关信息，如公司历史沿革、行业及产品分析、商业模式介绍、财务状况、资金预算及公司前景等方面信息，以判断贷款的风险。庐山公司按要求提供了相关资料，但银行还需要有第三方对该公司资料的鉴证文件，以判断这些资料的可靠性。

实例三：张某已经担任某县县长五年了，刚刚获得调令去另一个地区任职。在其离任前，需要对其任职以来的经济责任进行判断，因此，有关部门委托审计部门对其任职期间相关经济责任进行调查，并出具了相关的报告。

实例四：2016 年 2 月，大华公司根据股东大会要求，安排公司内部审计人员对公司 2015 年度预算及各项计划完成情况进行了审计，并对该公司 2015 年度基建项目进行了决算。

思考与讨论：什么是审计？审计的基本职能是什么？审计有何特征？如何理解审计？

★★★ 应会考核 ★★★

【考核项目】

审计对象。

【背景资料】

嘉鸿化工有限公司委托星海会计师事务所对其 2015 年度财务报表进行审计，经双方协商达成以下约定：

(1)星海会计师事务所接受嘉鸿化工有限公司的委托，对嘉鸿化工有限公司按照《企业会计准则》编制的 2015 年 12 月 31 日的资产负债表、2015 年度的利润表、股东权益变动表和现金流量表以及财务报表附注(以下统称财务报表)进行审计。

(2)星海会计师事务所通过执行审计工作，对财务报表的下列方面发表审计意见：财务报表是否按照《企业会计准则》的规定编制；财务报表是否在所有重大方面公允反映嘉鸿化工有限公司的财务状况、经营成果和现金流量。

(3)审计服务的收费按照《关于规范会计师事务所服务收费标准的通知》计费标准，并依据星海会计师事务所不同职务级别工作人员在本次审计工作中所耗费的时间为基础来计算。星海会计师事务所预计本次审计服务的费用总额为贰拾柒万元人民币。

(4)星海会计师事务所按照《中国注册会计师审计准则第 1501 号——对财务报表形成审计意见和出具审计报告》和《中国注册会计师审计准则第 1502 号——在审计报告中发表非无保留意见》规定的格式和类型，于 2016 年 3 月 12 日出具审计报告。

【考核要求】

根据上述背景资料，请指出审计主体、审计客体、审计依据、审计目标和审计内容。

★★★ 项目实训 ★★★

【实训项目】

审计对象、基本假设、审计职能。

【实训目的】

通过实践，掌握审计对象、基本假设、审计职能。

【实训情境】

请以你所在的实习单位为背景，进行调查研究，分析上述目的。

【实训要求】

就以上的情况分析之后，说明审计的作用。

项目二　审计执业规范

知识目标

理解：审计监督体系的构成、审计监督体系内各组织的关系。

熟知：注册会计师审计组织及鉴证业务、注册会计师职业道德规范、注册会计师的法律责任。

掌握：国家审计组织及国家审计规范、内部审计组织及内部审计规范。

技能目标

能够掌握注册会计师审计、国家审计和内部审计的异同；能够正确判断审计业务独立性，熟练运用独立性概念框架解决独立性问题。

知识支撑

任务一　审计监督体系

一、审计监督体系的构成

从国内外审计的历史和现状来看，审计按不同主体可划分为国家审计、内部审计和注册会计师审计（社会审计），并相应地形成了三类审计组织机构，共同构成审计监督体系。

国家审计是由国家审计机关代表政府依法进行的审计。国家审计主要监督检查各级政府及其部门的财政及公共资金的收支、运用情况。内部审计是由各部门、各单位内部设置的专门机构或人员实施的审计。内部审计主要监督检查本部门、本单位的财务收支和经营管理活动。注册会计师审计是由经政府有关部门审核批准的注册会计师组成的会计师事务所进行的审计。三类组织机构互不隶属，共同构成中国审计监督体系。

二、审计监督体系内部各组织的关系

（一）国家审计与注册会计师审计的关系

相对于审计客体而言，国家审计和注册会计师审计均是外部审计，都具有较强的独立性。两者的主要区别如下：

1. 审计目标不同

国家审计是对部门或机构的财政收支或财务收支的真实性、合法性和效益性依法进行的审计；注册会计师审计是注册会计师对财务报表是否按照适用会计准则和相关会计制度编制进行的审计。

2. 依据的审计标准不同

国家审计是审计机关依据《审计法》和国家审计准则等进行的审计；注册会计师审计是注

册会计师依据《注册会计师法》和中国注册会计师审计准则进行的审计。

3. 取证权限不同

国家审计机关有权就审计事项的有关问题向有关单位和个人进行调查，并取得有关审计证据，可以强制取证；注册会计师在获取证据时很大程度上依赖于被审计单位及相关单位或个人的配合和协助，不能强制取证。

4. 对发现问题的处理方式不同

国家审计机关具有处罚权，有权对违反有关法规的行为做出审计处理决定或者向有关主管机关提出处理、处罚意见；注册会计师对审计过程中发现的问题只能提请被审计单位调整、披露或发表保留意见、否定意见，不具有行政强制力。

5. 经费或收入来源不同

国家审计是无偿审计，国家审计的经费通过政府财政拨款解决；注册会计师审计是有偿审计，注册会计师收入来源于审计客户。

(二)内部审计与注册会计师审计的关系

内部审计与注册会计师审计都是审计监督体系的组成部分。从我国情况看，内部审计与注册会计师审计主要存在以下区别：

1. 审计目标不同

内部审计的目标是建立健全内部控制，并评价内部控制的有效性，促进组织内部财务信息的真实完整，并促进组织内部经营活动效率的提高；注册会计师审计的一个重要目标是对被审计单位财务报表的合法性和公允性发表审计意见。

2. 独立性不同

内部审计接受组织内部的领导，因而独立性较弱；注册会计师审计独立于被审计单位，也独立于委托人，所以独立性较强。

3. 审计标准不同

内部审计人员遵循的是内部审计准则；而注册会计师遵循的是注册会计师审计准则。

4. 接受审计的自愿程度不同

内部审计是代表治理层或管理层实施的组织内部监督，是内部控制制度的重要组成部分，是自觉实施的监督；注册会计师审计是以独立的第三方对被审计单位进行的审计，委托人可自由选择会计师事务所，是受托审计。

5. 审计的时间不同

内部审计定期或不定期对组织内部进行审计，时间安排根据组织内部管理的需要来确定；而注册会计师审计的一个重要工作是年度财务报表审计，它是定期进行的。

尽管两者存在很大的差别，但是注册会计师在审计时，需要了解内部审计的情况并利用内部审计的工作成果。

任务二　国家审计组织及国家审计规范

一、国家审计组织及职责权限

(一)国家审计机关及其设置

国家审计机关是指代表国家行使审计监督权的行政机关，具有宪法赋予的独立性和权威性。我国《宪法》第91条规定："国务院设立审计机关，对国务院各部门和地方各级政府的财政收支，对国家的财政金融机构和企事业组织的财务收支进行审计监督。审计机关在国务院总理的领导下，依照法律规定独立行使审计监督权，不受其他行政机关、社会团体和个人的干涉。"国家审计机关的设置，目前世界各国大致可以分为四种主要模式：

1. 立法型模式

这种模式是国家审计机关隶属于立法机关，直接对议会负责并报告工作，完全独立于政府，主要审计政府财政。立法机关一般为议会或国会，国家审计机关在议会的领导下开展工作，对政府的财政收支活动及国有企事业单位的财务收支活动实施审计监督。此种模式独立性最强，是目前世界审计制度的主流。英国、美国、加拿大、澳大利亚等国属于这种模式。

2. 行政型模式

这种模式是国家审计机关隶属于国家行政序列，是国家行政机构的一部分，对政府负责并报告工作。有的国家在国务院下设审计机构，有的国家甚至在财政部下设审计机构。此种模式独立性稍弱。目前，实行这种模式的主要有瑞典、沙特阿拉伯和中国等国家。

3. 司法型模式

这种模式是国家审计机关隶属于司法部门，审计机关除具有审计职能外，还拥有一定的司法权限，显示了国家对法治的强化。审计官员享有司法地位，他们除了对所审计事项提出审计报告以外，还能直接对违反财经法规和造成重大损失的案件进行处理，使国家审计机关具有很强的权威性。这种模式起源于法国，西班牙、意大利等国也属于这种模式。

4. 独立型模式

审计机关不隶属于任何权力部门，即国家审计机关独立于立法权、司法权和行政权之外，这种模式可以确保国家审计机关不带政治偏向地、公正地行使其审计监督职能。这种模式以德国为典型代表，德国设立了联邦审计院，独立于立法、司法和行政部门之外，直接对法律负责。这种模式从形式上看是独立于三权之外，实际上它更偏重并服务于立法部门。

我国审计机关体制属于行政型模式。目前，国家审计机关分为四级：国家审计署，是国务院的一个职能部门，在国务院总理的领导下开展工作；省级地方政府设审计厅；市县两级地方政府设审计局。

(二)国家审计机关的职责和权限

1. 职责

国家审计机关是依照宪法规定建立起来的，实行的是法定审计，承担着繁重的审计任务。为此，我国《审计法》(2006年修订)第16～30条，明确规定了国家审计机关的职责包括以下内容：

(1)审计财政预算的执行和财政决算。

(2)审计署对中央银行的财务收支、各级审计机关对国有金融机构的财务状况实施审计监督。

(3)对国家的事业组织和使用财政资金的其他事业组织的财务收支进行审计监督。

(4)对国有企业的财务状况实施审计监督。

(5)对国有资本占据控股地位或者主导地位的企业、金融机构的审计监督，由国务院规定。

(6)审计机关对政府投资和以政府投资为主的建设项目的预算执行情况和决算，进行审计监督。

(7)对政府部门管理的和社会团体受政府委托管理的社会保障基金、社会捐赠资金以及其他有关基金、资金的财务收支进行审计监督。

(8)对国际组织和外国政府援助、贷款项目的财务收支进行审计监督。

(9)对国家机关和依法属于审计机关审计监督对象的其他单位的主要负责人,在任职期间对本地区、本部门或者本单位的财政收支、财务收支以及有关经济活动应负经济责任的履行情况,进行审计监督。

(10)其他法律、法规规定进行审计的事项。

2. 权限

我国《审计法》(2006 年修订)第四章,明确规定了国家审计机关的权限,主要包括以下内容:

(1)要求被审计单位按照规定提供:预算或者财务收支计划、预算执行情况、决算报告、财务会计报告;运用计算机储存、处理的财政收支、财务收支电子数据和必要的计算机技术文档;在金融机构开立账户的情况;社会审计机构出具的审计报告;其他与财政收支或者财务收支有关的资料。被审计单位不得拒绝、拖延、谎报。

(2)检查被审计单位的会计凭证、会计账簿、财务会计报告和运用计算机管理财政收支、财务收支电子数据的系统,以及其他与财政收支、财务收支有关的资料和资产。

(3)对审计的有关问题,向有关单位和个人进行调查,并取得有关证明材料。有关单位应当如实反映情况,提供有关证明材料。

(4)对被审计单位正在进行的违反国家相关规定的财政收支、财务收支行为,有权予以制止;必要时,经县级以上人民政府审计机关负责人批准,有权封存有关资料以及违反国家规定取得的资产;对其中在金融机构的有关存款需要予以冻结的,应当向人民法院提出申请。

(5)审计机关认为被审计单位所执行的上级主管部门有关财政收支、财务收支的规定与法律、行政法规相抵触的,应当建议有关部门纠正;有关主管部门不予以纠正的,审计机关应当提请有权处理的机关依法处理。

二、国家审计规范

国家审计规范是指国家审计机关及其审计人员在审计工作过程中应当遵循的各种审计法规、制度、准则等的总称。这里讲的国家审计规范是以《宪法》、《审计法》为依据的国家审计准则、国家审计人员职业道德和国家审计质量控制等所形成的政府审计规范体系。

(一)国家审计准则

为了适应发展市场经济的需要,实现国家审计工作规范化,明确审计责任,保证审计质量,我国最高国家审计机关——审计署自 1996 年起陆续发布了一系列国家审计准则,2000 年起又对已发布的审计准则进行了全面的修订和补充。

1. 国家审计准则体系

国家审计准则体系是政府审计规范的组成部分,它由国家审计基本准则、通用审计准则和专业审计准则、审计指南三个层次组成。

(1)国家审计基本准则。国家基本审计准则是制定其他审计准则和审计指南的依据,是中国国家审计准则的总纲,是审计机关和审计人员依法办理审计事项时应当遵循的行为规范,是衡量审计质量的基本尺度。

(2)通用审计准则和专业审计准则。通用审计准则是依据国家审计基本准则制定的,是审计机关和审计人员在依法办理审计事项、提交审计报告、评价审计事项、出具审计意见书、做出审计决定时,应当遵循的一般具体规范。专业审计准则是依据国家审计基本准则制定的,是审计机关和审计人员在依法办理不同行业的审计事项时，在遵循通用审计准则的基础上，同时应当遵循的特殊具体规范。

（3）审计指南。审计指南是对审计机关和审计人员办理审计事项时提出的审计操作规程和方法，为审计机关和审计人员从事专门审计工作提供可操作的指导性意见。

2. 国家审计基本准则的主要内容

从具体内容上看，国家审计基本准则由 6 章 47 条组成，主要内容结构包括总则、一般准则、作业准则、报告准则、审计报告处理准则和附则。

其中，一般准则是审计机关及其审计人员应当具备的基本资格条件和职业要求；作业准则是审计机关和审计人员在审计计划、准备和实施阶段应当遵循的行为规范；报告准则是审计组织反映审计结果、提出审计报告以及审计机关审定审计报告时应当遵循的行为规范；审计报告处理准则是审计机关审定审计报告后，对审计事项做出评价，出具审计意见书，对违反国家规定的财政收支、财务收支行为以及违反《审计法》的行为，做出处理、处罚的审计决定，或者提出审计建议以及报告审计工作时应当遵循的行为规范。

（二）国家审计人员职业道德

国家审计人员职业道德，是指国家审计机关审计人员的职业品德、职业纪律、职业胜任能力和职业责任。其核心是实事求是、客观公正、诚信、谨慎和廉洁。

为了促使国家审计人员严格遵守审计职业道德，维护国家审计形象，1996 年国家审计署颁布了《审计机关审计人员职业道德准则》，并于 2001 年 8 月 1 日作了进一步修改。由于国家审计人员的执业行为大多是在国家审计机关直接领导和控制下进行的，因而国家审计职业道德的规定与《中国注册会计师职业道德准则》相比，相对较为简单，但具有较大的强制性。《审计机关审计人员职业道德准则》的主要内容包括：

（1）审计人员办理审计事项，应当客观公正、实事求是、合理谨慎、保守秘密、廉洁奉公、恪尽职守。

（2）在执行任务时，应当保持应有的独立性，不受其他行政机关、社会团体和个人的干涉。

（3）办理审计事项时，与被审计单位或审计事项有直接利害关系的，应当按照有关规定回避。

（4）在执行任务时，应当忠诚老实，不得隐瞒或者曲解事实。

（5）在执行任务特别是做出审计评价、提出处理处罚意见时，应当做到依法办事、实事求是、客观公正，不得偏袒任何一方。

（6）应当合理运用审计知识、技能和经验，保持职业谨慎，不得对没有证据支持的、未经核清事实的、法律依据不当的和超越审计职责范围的事项发表审计意见。

（7）应当具有符合规定的学历，通过岗位任职资格考试，具备与从事的审计工作相适应的专业知识、职业技能和工作经验，并保持和提高职业胜任能力，不得从事不胜任的业务工作。

（8）应当遵守审计机关的继续教育和培训制度，参与审计机关举办或者认可的继续教育、岗位培训活动，学习会计、审计、法律经济等方面的专业知识，掌握与从事审计工作相适应的计算机、外语等技能；参加继续教育、岗位培训，应当达到审计机关规定的时间和质量要求。

（9）对执行任务时知悉的国家秘密和被审计单位的商业秘密，负有保密的义务，在执行任务中取得的资料和审计工作记录，未经批准不得对外提供和披露，不得用于与审计工作无关的目的。

（10）应当遵守国家的法律、法规和规章，以及审计工作纪律和廉政纪律。

（11）应当认真履行职责，维护国家审计的权威，不得有损害审计机关形象的行为，应当维护国家利益和被审计单位的合法权益。

（三）国家审计质量控制

国家审计质量控制包括全面质量控制和项目质量控制。关于国家审计的全面质量控制，目前国家审计署尚未对此进行集中、专门的规定，其要求散见于《审计法》、《审计法实施条例》、《国家审计准则》等有关规定中。关于国家审计的项目质量控制，2000 年国家审计署发布了《审计机关审计项目质量检查暂行规定》，2004 年 2 月国家审计署发布了《审计机关审计项目质量控制办法（试行）》，对审计机关实施审计项目全过程的质量控制作出了较详细的规定。

国家审计质量控制主要包括：加强审计人员素质控制、建立审计项目质量检查制度、建立审计项目质量分级负责制度、建立审计项目质量责任追究制度。

任务三　内部审计组织及内部审计规范

一、内部审计的组织形式及特征

内部审计是指由部门或单位内部相对独立的审计机构和审计人员对本部门或本单位的财政财务收支、经营管理活动及其经济效益进行审核和评价，查明其真实性、正确性、合法性、合规性和有效性，提出意见和建议的一种专门经济监督活动。其主要目的是通过审计健全内部控制系统，严肃财政纪律，查错揭弊，改善经营管理，提高经济效益。

（一）内部审计的组织形式

内部审计应该隶属于谁，即受谁的领导，在很大程度上决定了内部审计组织的独立性和权威性。一般来说，内部审计机构所隶属的层次越高，独立性和权威性就越强；反之，则越低。目前，世界各国内部审计部门的设置因领导关系不同而大体分为三种类型。

1. 受本单位董事会或其下设审计委员会的领导

这是一种主要的组织模式。这种模式使内部审计机构具有较大的独立性和权威性，采用这种模式的一般是上市公司。

2. 受本单位总经理领导

在这种模式下内部审计机构根据单位主要负责人的要求开展工作并将审计结果直接向其报告，其工作有时会受到企业管理层的制约，独立性较弱。

3. 受本单位总会计师或主管财务的副总经理领导

这种形式与前两种形式相比，其独立性与权威性要差一些。

在我国实行公司制的企业，内部审计机构由董事会或其下设的审计委员会直接领导，以保证内部审计机构的独立性和相对权威性；未实行公司制的企业，内部审计机构由企业总经理直接领导。内部审计机构分为两个层次：一是部门内部审计机构，二是单位内部审计机构。

（二）内部审计的特征

一般来说，内部审计具有以下几个特征：

1. 服务的内向性

服务的内向性主要是指内部审计是作为企事业单位内部加强管理和控制的重要手段而存在的，是为了更好地实现本单位目标而服务的。也正因为如此，内部审计采用的评价标准多是本单位内部的标准和规范。

2. 审查和评价的及时性和广泛性

由于内部审计是本单位内部管理和控制的重要组成部分,因此内部审计机构可以根据经营和管理的需要,对本单位内的活动或信息进行审查和评价。它可以选择在事前、事中和事后进行审查和评价,也可以在整个单位范围内自主灵活地选择审计的内容和审计的时间,以便及时地提供本单位经营和管理所需要的信息。

3. 与本单位目标的紧密相关性

内部审计是基于本单位内部经营和管理的需要而产生和发展起来的,内部审计与本单位的内部控制和风险管理都紧密相关。企事业单位内部所有与实现本单位目标相关的活动都是内部审计的对象,内部审计的出发点是为实现本单位目标提供帮助,内部审计的结果中至关重要的一点是为本单位加强管理、规避风险、实现本单位目标提出建议和意见。

二、内部审计规范

内部审计规范是内部审计机构和人员在执行内部审计业务过程中应当遵守的各种行为规范。为了促进我国内部审计工作的发展,提高内部审计的工作质量和内部审计人员的素质,建立适合我国特点的内部审计准则,中国内部审计协会于 2003 年 4 月正式发布了《内部审计准则》和《内部审计人员职业道德规范》。

(一)内部审计准则

中国内部审计准则是中国内部审计工作规范体系的重要组成部分,由以下三个层次组成:

1. 内部审计基本准则

内部审计基本准则是内部审计准则的总纲,是内部审计机构和人员进行内部审计时应当遵循的基本规范,是制定内部审计准则公告、内部审计指南的基本依据。

2. 内部审计具体准则

内部审计具体准则是依据内部审计机构和人员在进行内部审计时应当遵循的具体规范。

3. 内部审计实务指南

内部审计实务指南是依据内部审计基本准则和内部审计具体准则制定的,为内部审计机构和人员进行内部审计提供具有可操作性的指导意见。

(二)内部审计人员职业道德规范

《内部审计人员职业道德规范》是由中国内部审计协会于 2003 年发布的,是在参考了国际内部审计师协会所颁布的内部审计职业道德规范的基础上,结合我国的道德文化观念及内部审计工作的实际情况制定的。《内部审计人员职业道德规范》共有 11 条,基本内容如下:

(1)内部审计人员在履行其职责时,必须严格遵守中国内部审计准则及内部审计师协会制定的其他规定。

(2)内部审计人员不得从事损害国家利益、组织利益和内部审计职业荣誉的活动。

(3)内部审计人员在履行其职责时,必须做到独立、客观、正直和勤勉。

(4)内部审计人员在履行职责时,应当保持廉洁,不能从被审计单位获得任何可能有损职业判断的利益。

(5)内部审计人员应当保持应有的职业谨慎,并合理使用职业判断。

(6)内部审计人员应当保持和提高专业胜任能力,必要时聘请有关专家协助。

(7)内部审计人员应诚实地为组织服务,不做任何有违诚信原则的事情。

(8)内部审计人员应当遵循保密性原则,按规定使用其在履行职责时所获取的资料。

(9)内部审计人员在审计报告中应客观地披露所了解的全部重要事项。

(10)内部审计人员应具有较强的人际交往技能，妥善处理好组织内外相关机构和人士的关系。

(11)内部审计人员应不断接受后续教育，提高服务质量。

任务四 注册会计师审计及鉴证业务

会计师事务所是根据国家法律或条例的规定，经政府有关部门审核、注册登记的社会审计组织。会计师事务所是商品经济发展到一定阶段的必然产物。目前，无论是从会计师事务所的数量上看，还是从整个行业的从业人员的素质来看，我国注册会计师审计都得到了飞速的发展。

一、会计师事务所的基本类型

我国会计师事务所有普通合伙会计师事务所和有限责任会计师事务所两种形式。

(一)普通合伙会计师事务所

普通合伙会计师事务所是由两名或两名以上符合规定条件的合伙人组成的合伙组织，合伙人以各自财产对事务所的债务承担无限连带责任。设立合伙会计师事务所必须具备以下条件：①有两名以上的合伙人；②有书面的合伙协议；③有会计师事务所的名称；④有固定的办公场所。

(二)有限责任会计师事务所

有限责任会计师事务所是指由 5 个以上的注册会计师发起设立、承办注册会计师业务的组织，会计师事务所以其全部资产对其债务承担有限责任。设立有限责任会计师事务所必须具备以下条件：①有 5 名以上的股东；②有一定数量的专职从业人员；③有不少于人民币 30 万元的注册资本；④有股东共同制定的章程；⑤有会计师事务所的名称；⑥有固定的办公场所。

另外，成为会计师事务所合伙人或股东，应当具备下列条件：①持有注册会计师证书；②在会计师事务所执业；③成为合伙人或者股东前 3 年内没有因为执业行为受到行政处罚；④取得注册会计师证书后最近连续 5 年在会计师事务所从事法定审计业务，其中在境内会计师事务所执业不少于 3 年；⑤成为合伙人或者股东 1 年内没有因采取隐瞒或提供虚假材料、欺骗、贿赂等不正当手段申请设立会计师事务所而被省级财政部门作出不予受理、不予批准或者撤销会计师事务所的处理。

除了以上两种组织形式外，国际上常见的会计师事务所还有另外两种：独资会计师事务所和有限责任合伙会计师事务所。独资会计师事务所又称个人会计师事务所，是由具有注册会计师执业资格的个人独立开业，承担无限责任。它一般承担小型企业的审计业务和会计服务业务。有限责任合伙会计师事务所(Limited Liability Partnerships，LLPs)中，有过失合伙人对个人执业行为承担无限责任，无过失合伙人以自己在事务所的财产为限承担有限责任。目前，四大会计师事务所采用的就是这种形式。

二、注册会计师协会

中国注册会计师协会(The Chinese Institute of Certified Public Accountants，CICPA)，于 1988 年 11 月 15 日成立。根据《注册会计师法》，中国注册会计师协会是注册会计师行业的全国组织，接受财政部、民政部的监督和指导。省、自治区、直辖市注册会计师协会是注册会计师行业的地方组织。协会最高权力机构是全国会员代表大会。会员分为个人会员和团体会员。全国会员代表大会代表采取选举、协商和特邀的办法产生。全国会员代表大会选举理事若干人组成本会理事会，理事会对全国会员代表大会负责。理事会设若干专门委员会，专门委员会是理事会履行职责的专门工作机构，对理事会负责。秘书处为协会常设执行机构，负责具体落实会员代表大会、理事会、常务理事会的各项决议、决定，承担协会的日常工作。

中国注册会计师协会的宗旨是服务、监督、管理和协调，即以诚信建设为主线，服务本会会员，监督会员执业质量、职业道德，依法实施注册会计师行业管理，协调行业内、外部关系，维护社会公众利益和会员合法权益，促进行业健康发展。

三、注册会计师执业准则体系

注册会计师执业准则作为规范注册会计师执行业务的权威性标准，对提高注册会计师执业质量、降低审计风险、维护社会公众利益具有重要的作用。《注册会计师法》规定中国注册会计师协会依法拟定执业准则、规则，报国务院财政部门批准后施行。中国注册会计师协会自1994年5月开始起草独立审计准则。到2003年，中国注册会计师协会先后分6批制定了审计准则，共计48个项目。2006年，财政部正式发布了48项注册会计师执业准则，自2007年1月1日起在境内会计师事务所施行。这次发布的中国注册会计师执业准则体系，体现了与国际审计准则的趋同要求，满足了新形势下注册会计师的执业需求，突出了维护公众利益的行业宗旨，增强了审计准则的易理解性和可操作性。2010年又对38项审计准则进行了修订，同时废止了2006年版审计准则中的35项准则，保持了与国际准则持续全面的趋同，新版审计准则于2012年1月1日起施行。中国注册会计师执业准则体系如图2—1所示。

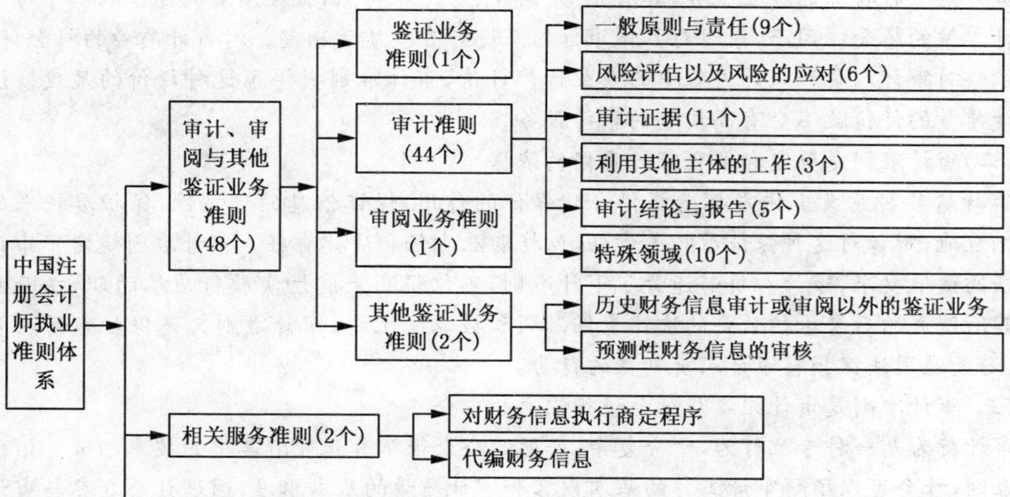

图2—1　中国注册会计师执业准则体系

具体来说，中国注册会计师执业准则包括以下三点。

(一)鉴证业务准则

鉴证业务准则由鉴证业务基本准则统领，按照鉴证业务提供的保证程度和鉴证对象的不同,可以分为中国注册会计师鉴证业务基本准则、中国注册会计师审计准则、中国注册会计师审阅准则和中国注册会计师其他鉴证业务准则。其中,审计准则是整个执业准则体系的核心。

审计准则用以规范注册会计师执行历史财务信息的审计业务。在提供审计服务时,注册会计师对所审计信息是否不存在重大错报提供合理保证,并以积极方式提出结论。

审阅业务准则用以规范注册会计师执行历史财务信息的审阅业务。在提供审阅服务时,注册会计师对所审阅信息是否不存在重大错报提供有限保证,并以消极方式提出结论。

其他鉴证业务准则用以规范注册会计师执行历史财务信息审计或审阅以外的其他鉴证业务。根据鉴证业务的性质和业务约定的要求,提供有限保证或合理保证。

(二)相关服务准则

相关服务准则用以规范注册会计师代编财务信息、执行商定程序、提供管理咨询等其他服务。在提供相关服务时,注册会计师不提供任何程度的保证。

(三)质量控制准则

质量控制准则用以规范会计师事务所在执行各类业务时应当遵守的质量控制政策和程序,是对会计师事务所质量控制提出的制度要求。

【视野拓展 2—1】

审计准则的意义和作用

审计准则是专业审计人员在实施审计工作时必须恪守的最高行为准则,是审计工作质量的权威性判断标准。其作用体现在以下几个方面:

(一)审计准则是衡量审计质量的尺度

审计是一种特殊的专业服务,具有无形、同步、易逝等特点,服务质量的高低取决于每一个被审计单位的感受。因而,很难对具体审计结果进行直接质量测定。对审计质量的社会评价,主要依靠对审计人员和审计过程中的专业行为评价,审计准则提供了这种评价的尺度。没有对审计质量的评价就不会有高质量的审计服务。

(二)审计准则是确定和解脱审计责任的依据

审计从某种意义上讲发挥着提供合理保证的作用,保证信息的可靠性,保护委托人的利益。相应地,审计对这种保证承担着责任,包括职业责任和法律责任。审计准则规定了审计职业责任的最低要求,审计人员若违背了审计准则,不仅说明未能切实履行应尽的职责,而且也应对其所造成的后果承担必要的法律责任。从积极意义上讲,审计准则又是保护审计人员的手段,避免滥用法律损害审计人员利益的行为。

(三)审计准则是审计组织与社会进行沟通的中介

审计行为是一种专业行为,十分复杂,普通的公众很难真正理解其中的技术细节。借助于审计准则,社会可以了解审计工作的基本内容和审计质量的基本水准;通过让公众参与审计准则的制定,审计职业界可以了解社会对审计的需求及其变化。审计组织与社会的这种沟通,可以促进审计更好地满足社会和服务对象的需要。

(四)审计准则是完善内部管理的基础

审计组织要不断加强、完善内部管理,改善审计的质量与效率,必须以科学、合理、明确的审计准则为基础。审计准则是审计人员行为的指南,是评价审计人员业绩的标准,是进行审计职业教育的依据。只有以审计准则为依据制定出各种内部管理制度,才能保证审计规范化的先进性和合理性。

另外，审计准则的颁布也为解决审计争议提供了仲裁标准，还为审计教育明确了方向，为审计专业教育和职业继续教育确定了目标。

综上所述，审计准则的作用已远远超出了审计业务工作的范围，客观上起到了促进整个审计事业发展的作用。审计准则在很大程度上反映了审计专业的水平，准则的建立和完善是审计事业发展的强大推动力。

四、注册会计师鉴证业务及其目标

(一)鉴证业务的概念

鉴证业务是指注册会计师对鉴证对象信息提出结论，以增强除责任方之外的预期使用者对鉴证对象信息信任程度的业务。鉴证对象信息是按照标准对鉴证对象进行评价和计量的结果。例如，责任方按照会计准则和相关会计制度(标准)对其财务状况、经营成果和现金流量(鉴证对象)进行确认、计量和列报而形成的财务报表(鉴证对象信息)。

鉴证业务包括历史财务信息审计业务、历史财务信息审阅业务和其他鉴证业务。

(二)鉴证业务的基本要素

鉴证业务的基本要素包括鉴证业务的三方关系、鉴证对象、标准、证据和鉴证报告。

1. 三方关系

三方关系人分别是注册会计师、责任方和预期使用者。注册会计师对由责任方负责的鉴证对象或鉴证对象信息提出结论，以增强除责任方之外的预期使用者对鉴证对象信息的信任程度。

2. 鉴证对象

鉴证对象具有多种不同的表现形式，如财务或非财务的业绩或状况、物理特征、系统与过程、行为等。鉴证对象具有不同的特征，可能表现为定性或定量、客观或主观、历史或预测、时点或期间。通常，如果鉴证对象的特征表现为定量的、客观的、历史的或时点的，评价和计量的准确性相对较高，注册会计师获取证据的说服力相对较强，相应地，对鉴证对象信息提供的保证程度也较高。

3. 标准

标准即用来对鉴证对象进行评价或计量的基准，当涉及列报时，还包括列报的基准。标准是鉴证业务中不可或缺的一项要素。运用职业判断对鉴证对象作出评价或计量，离不开适当的标准。如果没有适当的标准提供指引，任何个人的解释甚至误解都可能对结论产生影响，这样一来，结论必然缺乏可信性。注册会计师在运用职业判断对鉴证对象作出合理一致的评价或计量时，需要有适当的标准。

4. 证据

获取充分、适当的证据是注册会计师提出鉴证结论的基础。注册会计师应当以职业怀疑态度来计划和执行鉴证业务，获取有关鉴证对象信息是否不存在重大错报的充分、适当的证据。注册会计师应当及时对制订的计划、实施的程序、获取的相关证据以及得出的结论作出记录。注册会计师在计划和执行鉴证业务，尤其在确定证据收集程序的性质、时间和范围时，应当考虑重要性、鉴证业务风险以及可获取证据的数量和质量。

5. 鉴证报告

注册会计师应当针对鉴证对象信息(或鉴证对象)在所有重大方面是否符合适当的标准，以书面报告的形式发表能够提供一定保证程度的结论。

（三）鉴证业务的目标

鉴证业务的保证程度分为合理保证和有限保证。合理保证的保证水平要高于有限保证的保证水平。

1. 合理保证

合理保证的鉴证业务的目标是注册会计师将鉴证业务风险降至该业务环境下可接受的低水平，以此作为以积极方式提出结论的基础。例如，在历史财务信息审计中，要求注册会计师将审计风险降至该业务环境下可接受的低水平，对审计后的历史财务信息提供高水平保证（合理保证），在审计报告中对历史财务信息采用积极方式提出结论。这种业务属于合理保证的鉴证业务。在合理保证的鉴证业务中，注册会计师应当以积极方式提出结论，如“我们认为，根据某标准，内部控制在所有重大方面是有效的”或“我们认为，责任方作出的‘根据某标准，内部控制在所有重大方面是有效的’这一认定是公允的”。

2. 有限保证

有限保证的鉴证业务的目标是注册会计师将鉴证业务风险降至该业务环境下可接受的水平，以此作为以消极方式提出结论的基础。例如，在历史财务信息审阅中，要求注册会计师将审阅风险降至该业务环境下可接受的水平（高于历史财务信息审计中可接受的低水平），对审阅后的历史财务信息提供低于高水平的保证（有限保证），在审阅报告中对历史财务信息采用消极方式提出结论。这种业务属于有限保证的鉴证业务。在有限保证的鉴证业务中，注册会计师应当以消极方式提出结论，如“基于本报告所述的工作，我们没有注意到任何事项使我们相信，根据某标准，某系统在任何重大方面是无效的”或“基于本报告所述的工作，我们没有注意到任何事项使我们相信，责任方作出的‘根据某标准，某系统在所有重大方面是有效的’这一认定是不公允的”。

任务五　注册会计师职业道德规范

一、注册会计师的职业道德概述

职业道德是某一职业组织以公约、守则等形式公布的，其会员自愿接受的职业行为标准。所谓注册会计师的职业道德，是指注册会计师的职业品德、职业纪律、执业能力及职业责任等的总称。注册会计师行业之所以在现代社会中产生和发展，是因为注册会计师能够站在独立的立场对企业管理层编制的财务报表进行审计，并提出客观、公正的审计意见，作为财务报表使用人进行决策的依据。这就决定了注册会计师从诞生的那一天起就承担了对社会公众的责任。注册会计师的道德水平如何是关系整个行业能否生存和发展的大事，尤其在我国，注册会计师事业恢复与重建的时间还不长，强调注册会计师的职业道德，更有其深刻的现实意义和深远的历史意义。

中国注册会计师协会自1988年成立以来，一直非常重视注册会计师职业道德规范建设。1992年发布了《中国注册会计师职业道德守则（试行）》；1996年12月26日，经财政部批准，发布了《中国注册会计师职业道德基本准则》；2002年6月25日，发布了《中国注册会计师职业道德规范指导意见》，并于2002年7月1日起施行；2009年10月，为进一步提高职业道德水平，维护职业形象，《中国注册会计师职业道德守则》正式发布，并于2010年7月1日起施行。

《中国注册会计师职业道德守则》（以下简称《职业道德守则》）包括五个组成部分，即《职业道德守则第 1 号——职业道德基本原则》、《职业道德守则第 2 号——职业道德概念框架》、《职业道德守则第 3 号——提供专业服务的具体要求》、《职业道德守则第 4 号——审计和审阅业务对独立性的要求》和《职业道德守则第 5 号——其他鉴证业务对独立性的要求》。

该《职业道德守则》主要有以下特点：一是全面规范了注册会计师的职业道德行为。《职业道德守则》涵盖了注册会计师业务承接、收费报价、专业服务工作的开展等所有环节可能遇到的与保持职业道德相关的情形，分别提出了明确的要求。二是突出强调了注册会计师行业的社会责任。《职业道德守则》特别强调注册会计师的独立性问题，对注册会计师如何保持独立性、如何处理与审计客户的利益冲突，切实做到独立、客观、公正执业，给予了详尽指导和要求，并对涉及公众利益的审计项目（如上市公司审计等），向注册会计师提出了更高的职业道德要求。三是为注册会计师解决职业道德遇到的问题提供了方法指导。《职业道德守则》就如何识别对职业道德产生不利影响的情形、如何评价各种情形对职业道德的影响和危害程度，以及如何采取有效的防范措施解决这些不利影响等，给予了具体的方法指导。四是实现了与国际会计师职业道德守则的全面趋同。《职业道德守则》涵盖了国际会计师职业道德守则对注册会计师的所有要求和内容，是我国继审计准则国际趋同后，在职业道德准则方面实现趋同的重大行动，体现了我国对国际准则持续全面趋同的主张和承诺。

二、注册会计师职业道德基本原则

注册会计师为实现执业目标，必须遵守一系列前提或一般原则。这些基本原则包括：诚信、独立性、客观和公正、专业胜任能力和应有的关注、保密、良好职业行为。

（一）诚信

注册会计师应当在所有的职业活动中，保持正直和诚实，秉公处事、实事求是。注册会计师如果认为业务报告、申报资料或其他信息存在下列问题，则不得与这些有问题的信息发生牵连：①含有严重虚假或误导性的陈述；②含有缺少充分依据的陈述或信息；③存在遗漏或含糊其辞的信息。注册会计师如果注意到已与有问题的信息发生牵连，应当采取措施消除牵连。

（二）独立性

独立性是指不受外来力量控制、支配，按照一定规范行事。注册会计师执行审计和审阅业务以及其他鉴证业务时，应当从实质上和形式上保持独立性，不得因任何利害关系影响其客观性。如果注册会计师不能与客户保持独立性，而是存在经济利益、关联关系，或屈从于外界压力，则很难取信于社会公众。会计师事务所在承办审计和审阅业务以及其他鉴证业务时，应当从整体层面和具体业务层面采取措施，以保持会计师事务所和项目组的独立性。

（三）客观和公正

客观和公正原则要求注册会计师应当公正处事、实事求是，不得由于偏见、利益冲突或他人的不当影响而损害自己的职业判断。如果存在导致职业判断出现偏差，或对职业判断产生不当影响的情形，不得提供相关专业服务。

（四）专业胜任能力和应有的关注

注册会计师应当具有专业知识、技能或经验，能够胜任承接的工作。“专业胜任能力”既要求注册会计师具有专业知识、技能或经验，又要求其经济、有效地完成客户委托的业务。专业胜任能力可分为两个独立阶段：①专业胜任能力的获取；②专业胜任能力的保持。会员应当持续了解和掌握相关的专业技术与业务的发展，以保持专业胜任能力。注册会计师作为专业人士，在许多方面要履行相应的责任，保持和提高专业胜任能力就是其中之一。

应有的关注要求注册会计师遵守执业准则和职业道德规范的要求，勤勉尽责，认真、全面、及时地完成工作任务。在审计过程中，注册会计师应当保持职业怀疑态度，运用专业知识、技能和经验，获取和评价审计证据。同时，注册会计师还应当采取措施以确保在其授权下工作的人员得到适当的培训和督导。在适当情况下，注册会计师应当使客户、工作单位和专业服务的其他使用者了解专业服务的固有局限性。

（五）保密

注册会计师与客户的沟通，必须建立在为客户信息保密的基础上。这里所说的客户信息，通常是指商业秘密。一旦商业秘密被泄露或被利用，往往会给客户造成损失。因此，许多国家规定，在公众领域执业的注册会计师，除非法律、法规的要求或取得客户同意，否则不允许泄露任何客户的秘密信息。保密原则要求注册会计师不得有下列行为：①未经客户授权或法律法规允许，向会计师事务所以外的第三方披露其所获知的涉密信息；②利用所获知的涉密信息为自己或第三方谋取利益。注册会计师在社会交往中也应当履行保密义务，要警惕无意泄密的可能性，特别是警惕无意中向近亲属或关系密切的人员泄密的可能性。

（六）良好职业行为

注册会计师应当诚实、实事求是，不得有下列行为：①夸大宣传提供的服务、拥有的资质或获得的经验；②贬低或无根据地比较其他注册会计师的工作。

三、职业道德概念框架及其运用

（一）职业道德概念框架的内涵

职业道德概念框架的目的是指导注册会计师遵循职业道德基本原则，履行维护公众利益的职责。职业道德概念框架是指解决职业道德问题的思路和方法，用以指导注册会计师：①识别对职业道德基本原则的不利影响；②评价不利影响的严重程度；③必要时采取防范措施消除不利影响或将其降低至可接受的水平。职业道德概念框架适用于注册会计师处理对职业道德基本原则产生不利影响的各种情形，防止注册会计师认为只要守则未明确禁止的情形就是允许的。

在运用职业道德概念框架时，注册会计师应当运用职业判断。如果发现存在可能违反职业道德基本原则的情形，注册会计师应当评价其对职业道德基本原则的不利影响。在评价不利影响的严重程度时，注册会计师应当从性质和数量两个方面予以考虑。如果认为对职业道德基本原则的不利影响超出可接受的水平，注册会计师应当确定是否能够采取防范措施消除不利影响，或将其降低至可接受的水平。如果某些不利影响是重大的，或者合理的防范措施不可行或无法实施，注册会计师可能面临不能消除不利影响或将其降至可接受水平的情形，此时应当拒绝或终止所从事的特定专业服务，必要时要与客户解除合约关系，或向其工作单位辞职。

（二）对遵循职业道德基本原则产生不利影响的因素

1. 自身利益导致的不利影响

自身利益导致的不利影响的情形主要包括以下几种：

(1)鉴证业务项目组成员在鉴证客户中拥有直接经济利益。

(2)会计师事务所的收入过分依赖某一客户。

(3)鉴证业务项目组成员与鉴证客户存在重要且密切的商业关系。

(4)会计师事务所担心可能失去某一重要客户。

(5)鉴证业务项目组成员正在与鉴证客户协商受雇于该客户。

(6)会计师事务所与客户就鉴证业务达成或有收费的协议。

(7)注册会计师在评价所在会计师事务所以往提供的专业服务时，发现了重大错误。

2. 自我评价导致的不利影响

自我评价导致的不利影响的情形主要包括以下几种：

(1)会计师事务所在对客户提供财务系统的设计或操作服务后，又对系统的运行有效性出具鉴证报告。

(2)会计师事务所为客户编制原始数据，这些数据构成鉴证业务的对象。

(3)鉴证业务项目组成员担任或最近曾经担任客户的董事或高级管理人员。

(4)鉴证业务项目组成员目前或最近曾受雇于客户，并且所处职位能够对鉴证对象施加重大影响。

(5)会计师事务所为鉴证客户提供直接影响鉴证对象信息的其他服务。

3. 过度推介导致的不利影响

过度推介导致的不利影响的情形主要包括以下两种：

(1)会计师事务所推介审计客户的股份。

(2)在审计客户与第三方发生诉讼或纠纷时，注册会计师担任该客户的辩护人。

4. 密切关系导致的不利影响

密切关系导致的不利影响的情形主要包括以下几种：

(1)项目组成员的近亲属担任客户的董事或高级管理人员。

(2)项目组成员的近亲属是客户的员工，其所处职位能够对业务对象施加重大影响。

(3)客户的董事、高级管理人员或所处职位能够对业务对象施加重大影响的员工，最近曾担任会计师事务所的项目合伙人。

(4)注册会计师接受客户的礼品或款待。

(5)会计师事务所的合伙人或高级员工与鉴证客户存在长期业务关系。

5. 外在压力导致的不利影响

外在压力导致的不利影响的情形主要包括以下几种：

(1)会计师事务所受到客户解除业务关系的威胁。

(2)审计客户表示，如果会计师事务所不同意对某项交易的会计处理，则不再委托其承办协议中的非鉴证业务。

(3)客户威胁将起诉会计师事务所。

(4)会计师事务所受到降低收费的影响而不恰当地缩小工作范围。

(5)由于客户员工对所讨论的事项更具有专长，注册会计师面临服从其判断的压力。

(6)会计师事务所合伙人告知注册会计师，除非同意审计客户不恰当的会计处理，否则将影响晋升。

(三)应对不利影响的防范措施

1. 会计师事务所层面的防范措施

(1)领导层强调遵循职业道德基本原则的重要性。

(2)领导层强调鉴证业务项目组成员应当维护公众利益。

(3)制定有关政策和程序，实施项目质量控制，监督业务质量。

(4)制定有关政策和程序，识别对职业道德基本原则的不利影响，评价不利影响的严重程度,采取防范措施消除不利影响或将其降低至可接受的水平。

(5)制定有关政策和程序,保证遵循职业道德基本原则。

(6)制定有关政策和程序,识别会计师事务所或项目组成员与客户之间的利益或关系。

(7)制定有关政策和程序,监控对某一客户收费的依赖程度。

(8)向鉴证客户提供非鉴证服务时,指派鉴证业务项目组以外的其他合伙人和项目组,并确保鉴证业务项目组和非鉴证业务项目组分别向各自的业务主管报告工作。

(9)制定有关政策和程序,防止项目组以外的人员对业务结果施加不当影响。

(10)及时向所有合伙人和专业人员传达会计师事务所的政策和程序及其变化情况,并就这些政策和程序进行适当的培训。

(11)指定高级管理人员负责监督质量控制系统是否有效运行。

(12)向合伙人和专业人员提供鉴证客户及其关联实体的名单,并要求合伙人和专业人员与之保持独立。

(13)制定有关政策和程序,鼓励员工就遵循职业道德基本原则方面的问题与领导层沟通。

(14)建立惩戒机制,保障相关政策和程序得到遵守。

2. 具体业务层面的防范措施

(1)对已执行的非鉴证业务,由未参与该业务的注册会计师进行复核,或在必要时提供建议。

(2)对已执行的鉴证业务,由鉴证业务项目组以外的注册会计师进行复核,或在必要时提供建议。

(3)向客户审计委员会、监管机构或注册会计师协会咨询。

(4)与客户治理层讨论有关的职业道德问题。

(5)向客户治理层说明提供服务的性质和收费的范围。

(6)由其他会计师事务所执行或重新执行部分业务。

(7)轮换鉴证业务项目组合伙人和高级员工。

四、审计和审阅业务对独立性的要求

审计和审阅业务对独立性的要求,是用来规范注册会计师职业行为,指导注册会计师运用独立性概念框架,解决执行审计和审阅业务时遇到的独立性问题。独立性概念框架是指解决独立性问题的思路和方法,用以指导注册会计师:①识别对独立性的不利影响;②评价不利影响的严重程度;③必要时采取防范措施消除不利影响或将其降低至可接受的水平。在执行审计业务时,审计项目组成员、会计师事务所应当维护公众利益,独立于审计客户。同时,注册会计师在执行审计和审阅业务时应当遵守相同的独立性要求。

一般来说,影响注册会计师审计和审阅业务独立性的情形包括以下几种。

(一)经济利益

在审计客户中拥有经济利益,可能因自身利益导致不利影响。经济利益是指因持有某一实体的股权、债券和其他证券以及其他债务性的工具而拥有的利益,包括为取得这种利益而享有的权利和承担的义务。不利影响存在与否及其严重程度取决于下列因素:①拥有经济利益的人员的角色;②经济利益是直接的还是间接的;③经济利益的重要性。会计师事务所、审计项目组成员或其主要近亲属不得在审计客户中拥有直接经济利益或重大间接经济利益。

(二)贷款和担保

会计师事务所、审计项目组成员或其主要近亲属从银行或类似金融机构等审计客户处取得贷款，或获得贷款担保，可能会对审计独立性产生不利影响。会计师事务所、审计项目组成员或其主要近亲属向审计客户提供贷款或为其提供担保，将会因自身利益产生严重的不利影响，导致没有防范措施能够将其降低至可接受的水平。

（三）商业关系

会计师事务所、审计项目组成员或其主要近亲属与审计客户或其高级管理人员之间，由于商务关系或共同的经济利益而存在密切的商业关系，可能会因自身利益或外在压力产生严重的不利影响。这些商业关系主要包括：①在与客户或其控股股东、董事、高级管理人员共同开办的企业中拥有经济利益；②按照协议，将会计师事务所的产品或服务与客户的产品或服务结合在一起，并以双方名义捆绑销售；③按照协议，会计师事务所销售或推广客户的产品或服务，或者客户销售或推广会计师事务所的产品或服务。

（四）家庭和私人关系

如果审计项目组成员与审计客户的董事、高级管理人员，或所处职位能够对客户会计记录或被审计财务报表的编制施加重大影响的员工（以下简称特定员工）存在家庭和私人关系，可能会因自身利益、密切关系或外在压力产生不利影响。不利影响存在与否及其严重程度取决于多种因素，包括该成员在审计项目组的角色、其家庭成员或相关人员在客户中的职位以及关系的密切程度等。

（五）与审计客户发生雇用关系

如果审计客户的董事、高级管理人员或特定员工，曾经是审计项目组的成员或会计师事务所的合伙人，可能会因密切关系或外在压力对独立性产生不利影响；如果会计师事务所向审计客户借出员工，可能会因自我评价对独立性产生不利影响；如果审计项目组成员最近曾担任审计客户的董事、高级管理人员或特定员工，可能会因自身利益、自我评价或密切关系对独立性产生不利影响；如果会计师事务所的合伙人或员工兼任审计客户的董事或高级管理人员，可能会因自我评价和自身利益对独立性产生非常严重的不利影响。

（六）与审计客户长期存在业务关系

会计师事务所长期委派同一名合伙人或高级员工执行某一客户的审计业务，可能会因密切关系和自身利益产生不利影响。不利影响的严重程度主要取决于下列因素：①该人员加入审计项目组的时间长短；②该人员在审计项目组中的角色；③会计师事务所的组织结构；④审计业务的性质；⑤客户的管理团队是否发生变动；⑥客户的会计和报告问题的性质或复杂程度是否发生变化。

（七）为审计客户提供非鉴证服务

会计师事务所向审计客户提供非鉴证服务，可能会对独立性产生不利影响，包括因自我评价、自身利益和过度推介等产生的不利影响。在接受委托向审计客户提供非鉴证服务之前，会计师事务所应当确定提供该服务是否将对独立性产生不利影响。

（八）收费

如果会计师事务所从某一审计客户收取的全部费用占其审计收费总额的比重较大，则对该客户的依赖及对可能失去该客户的担心将会对独立性产生不利影响。不利影响的严重程度主要取决于下列因素：①会计师事务所的业务类型及收入结构；②会计师事务所成立时间的长短；③该客户对会计师事务所是否重要。

（九）影响独立性的其他事项

如果某一审计项目组成员的薪酬或业绩评价与其向审计客户推销的非鉴证服务挂钩，可能会因自身利益产生不利影响。会计师事务所或审计项目组成员接受审计客户的礼品或款待,可能会因自身利益和密切关系产生不利影响。如果会计师事务所或审计项目组成员与审计客户发生诉讼或很可能发生诉讼,将可能会因自身利益和外在压力产生不利影响。

任务六 注册会计师的法律责任

一、会计责任与审计责任

(一)会计责任

法律、法规规定了管理层和治理层(如适用)与财务报表相关的责任。管理层是指对被审计单位经营活动的执行负有经营管理责任的人员。治理层是指对被审计单位战略方向以及管理层履行经营管理责任负有监督责任的人员或组织。治理层的责任包括监督财务报告过程。企业的所有权与经营权分离后,经营者负责企业的日常经营管理并承担受托责任。管理层通过编制财务报表反映受托责任的履行情况。为了借助公司内部之间的权力平衡和制约关系保证财务信息的质量,现代公司治理结构往往要求治理层对管理层编制财务报表的过程实施有效的监督。

财务报表是由被审计单位管理层在治理层的监督下编制的。管理层和治理层认可与财务报表相关的责任,是注册会计师执行审计工作的前提,构成注册会计师按照审计准则的规定执行审计工作的基础。管理层和治理层应当承担下列责任:

(1)按照适用的财务报告编制基础编制财务报表,并使其实现公允反映。

(2)设计、执行和维护必要的内部控制,以使财务报表不存在由于舞弊或错误导致的重大错报。

(3)向注册会计师提供必要的工作条件,包括允许注册会计师接触与编制财务报表相关的所有信息(如记录、文件和其他事项),向注册会计师提供审计所需的其他信息,允许注册会计师在获取审计证据时不受限制地接触其认为必要的内部人员和其他相关人员。

(二)审计责任

按照中国注册会计师审计准则的规定,对财务报表发表审计意见是注册会计师的责任。注册会计师作为独立的第三方,对财务报表发表审计意见,有利于提高财务报表的可信赖程度。为履行这一职责,注册会计师应当遵守职业道德规范,按照审计准则的规定计划和实施审计工作,获取充分、适当的审计证据,并根据获取的审计证据得出合理的审计结论、发表恰当的审计意见。注册会计师通过签署审计报告确认其责任。

财务报表审计不能减轻被审计单位管理层和治理层的责任。财务报表编制和财务报表审计是财务信息生成链条上的不同环节,两者各司其职。法律、法规要求管理层和治理层对编制财务报表承担责任,有利于从源头上保证财务信息质量。作为内部人员,对企业的情况更为了解,更能作出适合企业特点的会计处理决策和判断,因此管理层和治理层理应对编制财务报表承担完全责任。如果财务报表存在重大错报,财务报表审计不能减轻被审计单位管理层和治理层的责任。

二、政府审计组织及其人员的法律责任

《审计法》第49条规定:"审计人员滥用职权、徇私舞弊、玩忽职守,构成犯罪的,依法追究

刑事责任；不构成犯罪的，给予行政处分。”由此可见，政府审计人员的法律责任主要包括过失责任和舞弊责任两种形式。

（一）过失责任

过失责任是指具备审计工作条件的审计人员，由于对审计事项没有引起足够的重视和应有的谨慎，致使被审单位或委托单位的经济利益受到损害而应负的法律责任。过失责任按形成的原因和损失的大小又分为以下两种：

1. 一般过失责任

一般过失责任是由于审计人员工作方法的失误，致使会计报告不实造成有关方面轻微损失而应负有的责任。对其的处理一般是进行教育或处以罚款。

2. 重大过失责任

重大过失责任是由于审计人员玩忽职守，未按规定的审计程序进行工作，致使会计报告或其他审计事项不实造成有关方面的严重损失而应负有的法律责任。对其的处理，除处以必要的罚款外，还应给予行政处分。

（二）舞弊责任

舞弊责任是指审计人员采用欺诈、伪造、诬陷、掩饰和徇私等手法有意造成被审计单位或委托单位的经济损失而应负的法律责任。比如，审计人员明知被审计单位有严重损害国家或其他经济单位利益的重大不法行为，而违反职业道德，接受被审计单位的示意或牟取私利，对事实加以掩饰、缩小或完全予以篡改，伪造审计证据，致使国家或其他经济单位利益遭受重大损失。舞弊责任的处理，视其性质的轻重，构成犯罪的，依法追究刑事责任，不构成犯罪的，给予行政处分。

三、注册会计师法律责任的成因

（一）审计人员方面的原因

1. 违约

违约是指审计人员未能达到合同条款的要求而负违约责任，如在时间和保密方面。

2. 过失

过失是指审计人员在一定条件下，缺少应有的、合理的谨慎。过失按其程度深浅分为普通过失和重大过失。

(1)普通过失，是指没有完全遵守审计准则造成的过失。通常是指没有保持职业上应有的、合理的谨慎。比如，未按特定项目取得必要和充分的审计证据。

(2)重大过失，是指根本没有遵循审计准则造成的过失。通常是指连起码的职业谨慎都不保持，对业务或事务不加考虑，满不在乎。比如，没有采用实质性程序。

过失按过失主体分为单方过失和共同过失。

(1)单方过失，是指审计人员或被审计单位某一方造成的过失。

(2)共同过失，是指对他人的过失，受害方自己未能保持合理的谨慎，因而蒙受损失。比如，被审计单位未能向审计人员提供编制纳税申报表所必需的信息，后来又控告审计人员未能妥善地编制纳税申报表，这种情况可能使法院判定被审计单位有共同过失。

3. 欺诈

欺诈是指以欺骗或坑害他人为目的的一种故意行为，因此又称审计人员的舞弊。比如，明知委托单位的会计报表有重大错报，却加以虚伪的陈述，出具无保留意见的审计报告。

与欺诈相关的另一个概念是“推定欺诈”，又称“涉嫌欺诈”，是指虽无故意欺骗或坑害他人的动机，但却存在极端异常的过失。

（二）社会方面的原因

社会方面的原因主要表现为期望差距的存在。社会公众希望审计人员能够发现和揭露会计报表中存在的所有错误和舞弊，但由于受到时间、成本等因素的制约，使得审计人员的实际工作结果与社会公众的期望存在相当大的差距，这种差距往往容易招致法律责任。

（三）被审计单位方面的原因

1. 错误、舞弊和违法行为

只有当被审计单位存在重大的错误、舞弊和违反法规行为才可能承担法律责任。

（1）错误，是指会计报表中存在的非故意错报。错误主要包括：①原始记录和会计数据的计算、抄写错误；②对事实的疏忽和误解；③对会计政策的误用。如据以编制会计报表的数据收集或处理错误，由于疏忽或误解造成计价不正确；或在金额、分类、表达、披露方面用错了会计政策等。如计算和抄写错误，或盘点中的错漏，都是常见的例子。

（2）舞弊，是指会计报表中存在不实反映的故意行为。舞弊主要包括：①伪造、编造记录或凭证；②侵占资产；③隐瞒或删除交易或事项；④记录虚假的交易或事项；⑤蓄意使用不当的会计政策。

2. 经营失败

经营失败是指客户在经营过程中，因不能有效地控制经营风险而导致预期经营目标不能实现。经济萧条、决策失误或同行之间的恶意竞争都可能导致经营失败。被审计单位发生经营失败时，可能会连累到审计人员。因为发生经营失败时，审计失败可能存在，也可能不存在。

三、注册会计师承担法律责任的种类

近年来，我国颁布的不少经济法律、法规中有专门规定会计师事务所、注册会计师法律责任的条款，其中比较重要的有《注册会计师法》、《违反注册会计师法处罚暂行办法》、《公司法》、《证券法》及《刑法》等。此外，为了正确审理涉及会计师事务所在审计业务活动中的民事侵权赔偿责任的案件，结合审判实践，最高人民法院相继出台了一系列相关的司法解释。

注册会计师因违约、过失或欺诈给被审计单位或其他利害关系人造成损失的，按照有关法律和规定，可能要负行政责任、民事责任或刑事责任。这三种责任可单处，也可并处。行政处罚对注册会计师个人来说，包括警告、暂停执业、吊销注册会计师证书；对会计师事务所而言，包括警告、没收违法所得、罚款、暂停执业、撤销等。民事责任主要是指赔偿受害人损失。刑事责任主要是指按有关法律程序判处一定的徒刑。一般来说，因违约和过失可能会使注册会计师负行政责任和民事责任，因欺诈可能会使注册会计师负民事责任和刑事责任。

四、注册会计师避免法律诉讼的具体措施

（一）注册会计师减少过失和防止欺诈的措施

注册会计师要避免法律诉讼，就必须在执行审计业务时尽量减少过失行为，防止欺诈行为。而要尽可能不发生过失或防止欺诈，注册会计师就应当达到以下基本要求：

1. 增强执业独立性

独立性是注册会计师审计的生命。在实际工作中，绝大多数注册会计师能够始终如一地遵循独立性原则；但也有少数注册会计师忽视独立性，甚至接受可能是错误的陈述，并帮助被

审计单位掩饰舞弊。

2. 保持执业谨慎

在所有注册会计师的审计过失中,最主要的是由于缺乏认真而谨慎的职业态度引起的。在执行审计业务过程中,未严格遵守审计准则,不执行适当的审计程序,对有关被审计单位的问题未保持应有的职业谨慎,或为节省时间而缩小审计范围和简化审计程序,这些都会导致财务报表中的重大错报不被发现。

3. 强化执业监督

许多审计中的差错是由于注册会计师失察或未能对助理人员或其他人员进行切实的监督而发生的。对于业务复杂且重大的委托单位来说,其审计是由多个注册会计师及许多助理人员共同配合来完成的。如果他们的分工存在重叠或间隙,又缺乏严密的执业监督,则发生过失是不可避免的。

(二)注册会计师如何避免法律诉讼的具体措施

注册会计师避免法律诉讼的具体措施可以概括为以下几点:

1. 严格遵循职业道德和专业标准的要求

正如前文所述,不能苛求注册会计师对于会计报表中的所有错报事项都要承担法律责任。注册会计师是否承担法律责任,关键在于注册会计师是否有过失或欺诈行为,而判别注册会计师是否具有过失的关键在于注册会计师是否遵照专业标准的要求执行。因此,保持良好的职业道德,严格遵循专业标准的要求执业、出具报告,对于避免法律诉讼或在提起的诉讼中保护注册会计师是十分必要的。

2. 建立、健全会计师事务所质量控制制度

会计师事务所不同于一般公司、企业,质量管理是会计师事务所各项管理工作的核心。会计师事务所必须建立、健全一套严密、科学的内部质量控制制度,并把这套制度推行到每一个人、每一个部门和每一项业务,促使注册会计师按照专业标准的要求执业,以保证整个会计师事务所的质量。

3. 与委托人签订业务约定书

《注册会计师法》第16条规定,注册会计师承办业务,会计师事务所应与委托人签订委托合同(业务约定书)。业务约定书有法律效力,它是确定注册会计师和委托人的责任的一份重要文件。会计师事务所无论承办何种业务,都要按照业务约定书准则的要求与委托人签订约定书,这样才能在发生法律诉讼时将一切口舌争辩降到最低限度。

4. 审慎选择被审计单位

中外注册会计师法律案例告诉我们,注册会计师如欲避免法律诉讼,必须审慎选择被审计单位。一是要选择诚信的被审计单位。如果被审计单位对顾客、职工、政府部门或其他方面没有诚信的作风,也必然会蒙骗注册会计师,使注册会计师落入其圈套。这就要求会计师事务所在接受委托之前,一定要采取必要的措施对被审计单位的历史情况有所了解,评价被审计单位的诚信,弄清委托的真正目的。尤其是在执行特殊目的审计业务时更应如此。二是对陷入财务和法律困境的被审计单位要尤为注意。中外历史上绝大部分涉及注册会计师的诉讼案,集中在宣告破产的被审计单位。周转不灵或面临破产的公司,其股东或债权人总想为其损失寻找"替罪羊",因此对那些陷入财务困境的被审计单位要特别注意。

5. 深入了解被审计单位的业务

在很多案件中,注册会计师之所以未能发现错误,一个重要的原因就是他们不了解被审计

单位所在行业的情况，即被审计单位的业务。会计是经济活动的综合反映，不熟悉被审计单位的经济业务和生产经营实务，仅局限于有关的会计资料，可能发现不了某些错误。

6. 提取风险基金或购买责任保险

在西方国家，投保充分的责任保险是会计师事务所一项极为重要的保护措施，尽管保险不能免除可能受到的法律诉讼，但能防止或减少诉讼失败使会计师事务所发生的财务损失。我国《注册会计师法》也规定了会计师事务所应当建立职业风险基金，办理职业保险。

7. 聘请熟悉注册会计师法律责任的律师

如果会计师事务所有条件的话，应尽可能聘请熟悉相关法规及注册会计师法律责任的律师。在执业过程中，如遇到重大法律问题，注册会计师应与本所的律师或外聘律师详细讨论所有潜在的不利因素并仔细考虑律师的建议。一旦发生法律诉讼，也应请有经验的律师参加诉讼。

【同步思考 2—1】

"琼民源"审计案

海南民源现代农业发展股份有限公司（以下简称"琼民源"）于 1997 年 1 月 22 日、2 月 1 日先后在《证券时报》上刊登的 1996 年度财务会计报告和补充公告，称本公司实现利润 5.7 亿元人民币，资本公积增加 6.57 亿元。后查明其中 5.66 亿元利润是通过欺骗手段虚列四笔"其他业务收入"和"营业外收入"获得的；增加的 6.57 亿元资本公积则是通过资产重组的形式采用非法的手段确认的。该公司当时聘用的会计班文绍等人按照董事长马玉和的指示，将上述的 5.66 亿元虚假收入和 6.57 亿元的资本公积列入 1996 年度公司的合并资产负债表和合并损益表等财务报告中。不久，东窗事发，在股市中引起巨大震动。经过 1997 年 2 月 28 日罕见的、巨大的成交量之后，证券交易所突然宣布："琼民源"于 1997 年 3 月 1 日起被停牌。股民损失惨重。一年多之后，中国证监会和北京市第一中级人民法院公布了对"琼民源"一案的处罚和判决结果。其中，中国证监会的处罚决定主要是：①将"琼民源"原董事长马玉和等人移交司法机关追究其刑事责任，并对"琼民源"处以警告；②建议有关主管部门撤销直接为"琼民源"进行审计的海南中华会计师事务所，吊销其主要负责人的注册会计师执业资格证书。对中华会计师事务所处以警告，暂停其从事证券业务资格 6 个月，对该事务所在"琼民源"审计报告上签字的注册会计师，暂停其从事证券业务资格 3 年。对海南大正会计师事务所罚款 30 万元，暂停其从事证券相关资产评估业务资格 6 个月，对负有直接责任的注册会计师，暂停其从事证券业务资格 3 年。北京市第一中级人民法院对"琼民源"一案作出一审判决，主要是：判处原董事长马玉和有期徒刑 3 年，原会计班文绍有期徒刑 2 年、缓刑 2 年。

资料来源：根据实际案例整理。

思考：请问该事件中会计师事务所和注册会计师承担了何种类型的法律责任？承担法律责任的原因是什么？

★★★ 应知考核 ★★★

一、单项选择题

1. 注册会计师提供的相关服务不包括（　　）。

A. 管理咨询　　　　　　　　B. 税务服务

C.会计咨询与会计服务　　D.验资

2.贾先生是大连市民。根据《注册会计师全国统一考试办法》的相关规定，如果贾先生仅具备下列条件中的(　　)，还不一定能报名参加注册会计师全国统一考试。

A.高等专科学历　　B.中级经济师职称　C.拥有 ACCA 证书　　D.高级审计师

3.注册会计师执行的下列业务中，不属于鉴证业务的是(　　)。

A.验资　　B.财务报表审阅

C.对财务信息执行商定程序　　D.预测性财务信息审核

4.会计师事务所和注册会计师的下列行为中，不违反职业道德规范的是(　　)。

A.承接了自己代理记账客户(上市公司)的财务报表审计业务

B.按审计业务工作量的大小进行收费

C.以注册会计师个人名义承接财务报表的审计业务

D.对自己的能力进行广告宣传

5.以下说法中不正确的是(　　)。

A.任何情况下，会计师事务所不得以或有收费方式提供鉴证服务

B.会计师事务所和注册会计师不得为招揽客户而向推荐方支付佣金，也不得因向第三方推荐客户而收取佣金

C.我国会计师事务所和注册会计师不得对其能力进行广告宣传以招揽业务

D.为帮助员工和客户，会计师事务所和注册会计师可以应他们的要求，将含有技术信息并标有会计师事务所名称的手册和其他文件发放给员工和客户

6.中国第一家会计师事务所是(　　)。

A.潘序伦会计师事务所　　B.正则会计师事务所

C.立信会计师事务所　　D.安永会计师事务所

7.我国历史上第一部注册会计师法规是(　　)。

A.《会计师条例》　　B.《注册会计师条例》

C.《会计师暂行章程》　　D.《注册会计师法》

8.下列各项中，不属于注册会计师审计业务的是(　　)。

A.审计年度财务报表的合法性和公允性　　B.验证企业资本

C.审计简要财务报表　　D.设计企业内部控制制度

9.下列关于国家审计与注册会计师审计的说法中，正确的是(　　)。

A.二者的经费和收入来源相同

B.二者的审计目标基本一致

C.二者都是外部审计，都具有较强的独立性

D.二者对发现问题的处理方式相同

10.鉴证业务三方关系中不包括(　　)。

A.注册会计师　　B.预期使用者　　C.责任方　　D.委托人

二、多项选择题

1.鉴证业务准则由鉴证业务基本准则统领，根据鉴证业务提供的保证程度和鉴证对象不同，分为(　　)。

A.审计准则　　B.审阅准则　　C.相关服务准则　　D.质量控制准则

2.鉴证业务要素包括( )。

A.标准 B.三方关系 C.鉴证对象 D.证据

3.下列各项中,属于鉴证业务的有( )。

A.对预测性财务信息进行审核,出具审核报告

B.验证企业资本,出具验资报告

C.审计简要财务报表,出具审计报告

D.设计内部控制制度

4.下列各项中,属于注册会计师审计业务的有( )。

A.对财务信息执行商定程序 B.验证企业资本

C.简要财务报表审计 D.代编财务信息

5.注册会计师从事的下列工作中,属于审计业务的有( )。

A.审查企业内部控制制度,提出管理建议书

B.参与企业破产清算审计,出具清算审计报告

C.根据借款合同,出具合同遵守情况的审计报告

D.参与企业合并事宜,编制企业合并财务报表

三、简答题

1.简述注册会计师审计与国家审计的关系。

2.简述注册会计师审计与内部审计的关系。

3.简述内部审计的含义及特征。

4.简述注册会计师法律责任的成因。

5.注册会计师如何避免法律诉讼?

四、技能案例

注册会计师张军在一家规模不大的会计师事务所工作,有一天,当客户昆仑电子公司聘请张军进行年度报表审计时,对其提出了一个要求,即希望从委托之日起,半个月内完成所有的审计任务,并出具审计报告,以向股东大会汇报,否则,超过一天,不仅不付审计费用,而且要事务所赔款,提前则有奖。张军同意了这一条款。

为了及时完成任务,张军临时聘用了一批还没有毕业的会计专业的大学生,由于张军手上还有一个项目没有完成。因此,他对这些学生进行应急培训之后,即告诉他们如何核对账册、检查凭证等,然后就请他们自己去客户的现场进行审计,还指派了一个学习成绩较好的学生作为该项目的临时负责人,他自己则在另一家客户处进行电话指挥,10 天后,这些学生带回一大堆工作底稿。因为时间有限,张军将这些工作底稿稍作整理,就草拟了审计报告,并在两周之内,递交给了昆仑电子公司。

思考与讨论:张军是否有违背职业规范的行为?如果有,具体有哪些?

★★★ 应会考核 ★★★

【考核项目】

注册会计师执业道德基本原则。

【背景资料】

ABC会计师事务所负责审计甲公司2015年度财务报表，并委派注册会计师A担任审计项目组负责人。在审计过程中，审计项目组遇到下列与职业道德有关的事项：

(1)注册会计师A与甲公司副总经理H同为京剧社票友，经H介绍，注册会计师A从其他企业筹得款项，成功举办个人专场演出。

(2)审计项目组成员B与甲公司基建处处长I是战友，I将甲公司职工集资建房的指标转让给B，B按照甲公司职工的付款标准交付了集资款。

(3)审计项目组成员C与甲公司财务经理J毕业于同一所财经院校。

(4)审计项目组成员D的朋友于2014年2月购买了甲公司发行的公司债券20万元。

(5)ABC会计师事务所原行政部经理E于2012年10月离开事务所，担任甲公司办公室主任。

(6)甲公司系乙上市公司的子公司。2015年末，审计项目组成员F的父亲拥有乙上市公司300股流通股股票，该股票每股市值为12元。

【考核要求】

针对上述事项，分别指出是否对审计项目组的独立性构成威胁，并简要说明理由。

★★★ 项目实训 ★★★

【实训项目】

注册会计师职业道德规范。

【实训目的】

通过实践，掌握注册会计师执业道德规范。

【实训情境】

请以你所在的实习单位为背景，进行调查研究，分析上述目的。

【实训要求】

就以上的情况分析之后，说明注册会计师基本执业道德的原则。

项目三 审计计划工作

知识目标

理解:初步业务审计活动的目的和内容、审计的前提条件。

熟知:审计业务约定书、审计重要性概念及其意义、审计重要性水平的确定、评价审计过程中识别出的错报、审计风险的概念和模型。

掌握:总体审计策略和具体审计计划,审计过程中对计划的更改、指导、监督与复核。

技能目标

能够独立签订审计业务约定书;具备审计计划组织工作的基本能力。

知识支撑

任务一 初步业务审计活动

一、初步业务审计活动的目的和内容

(一)初步业务审计活动的目的

注册会计师在计划审计工作前,需要开展初步业务活动,以实现以下三个主要目的:第一,确保注册会计师已具备执行业务所需要的独立性和专业胜任能力;第二,不存在因管理层诚信问题而可能影响注册会计师保持该项业务的意愿的事项;第三,与被审计单位之间不存在对业务约定条款的误解。

(二)初步业务审计活动的内容

注册会计师在本期审计业务开始时应当开展下列初步业务审计活动:

1. 针对保持客户关系和具体审计业务实施相应的质量控制程序

针对保持客户关系和具体审计业务实施质量控制程序,并且根据实施相应程序的结果作出适当的决策是注册会计师控制审计风险的重要环节。《中国注册会计师审计准则第 1121 号——对财务报表审计实施的质量控制》及《质量控制准则第 5101 号——会计师事务所对执行财务报表审计和审阅、其他鉴证和相关服务业务实施的质量控制》含有与客户关系和具体业务的接受与保持相关的要求,注册会计师应当按照其规定开展初步业务审计活动。

2. 评价遵守相关职业道德要求的情况

质量控制准则含有包括独立性在内的有关职业道德要求,注册会计师应当按照其规定执行。虽然保持客户关系及具体审计业务和评价职业道德的工作贯穿于审计业务的全过程,但是这两项活动需要安排在其他审计工作之前,以确保注册会计师已具备执行业务所需要的独

立性和专业胜任能力，且不存在因管理层诚信问题而影响注册会计师保持该项业务意愿等情况。在连续审计的业务中，这些初步业务活动通常是在上次审计工作结束后不久或将要结束时就已开始了。

3. 及时签订或修改审计业务约定书

在作出接受或保持客户关系及具体审计业务的决策后，注册会计师应当按照《中国注册会计师审计准则第 1111 号——就审计业务约定条款达成一致意见》的规定，在审计业务开始前，与被审计单位就审计业务约定条款达成一致意见，签订或修改审计业务约定书，以避免双方对审计业务的理解产生分歧。

二、审计的前提条件

(一)财务报告编制基础

1. 确定财务报告编制基础的可接受性

在确定编制财务报表所采用的财务报告编制基础的可接受性时，注册会计师需要考虑下列相关因素：①被审计单位的性质(例如，被审计单位是商业企业、公共部门实体还是非营利组织)；②财务报表的目的(例如，编制财务报表是用于满足广大财务报表使用者共同的财务信息需求，还是用于满足财务报表特定使用者的财务信息需求)；③财务报表的性质(例如，财务报表是整套财务报表还是单一财务报表)；④法律法规是否规定了适用的财务报告编制基础。

许多财务报表使用者不能要求“量身定做”财务报表，以满足其特定的财务信息需求。尽管不能满足财务报表特定使用者的所有信息需求，但广大财务报表使用者仍存在共同的财务信息需求。按照某一财务报告编制基础编制，旨在满足广大财务报表使用者共同的财务信息需求的财务报表，称为通用目的财务报表。按照特殊目的编制基础编制的财务报表，称为特殊目的财务报表，旨在满足财务报表特定使用者的财务信息需求。对于特殊目的财务报表，预期财务报表使用者对财务信息的需求，决定了其适用的财务报告编制基础。《中国注册会计师审计准则第 1601 号——对按照特殊目的编制基础编制的财务报表审计的特殊考虑》规范了如何确定旨在满足财务报表特定使用者财务信息需求的财务报告编制基础的可接受性。

2. 通用目的财务报表编制基础

如果财务报告准则由经授权或获得认可的准则制定机构制定和发布，供某类实体使用，只要这些机构遵循一套既定和透明的程序(包括认真研究和仔细考虑广大利益相关者的观点)，则认为财务报告准则对于这类实体编制通用目的财务报表是可接受的。这些财务报告准则的例子有国际会计准则理事会发布的国际财务报告准则、国际公共部门会计准则理事会发布的国际公共部门会计准则和某一国家或地区经授权或获得认可的准则制定机构，在遵循一套既定和透明的程序(包括认真研究和仔细考虑广大利益相关者的观点)的基础上发布的会计准则。

3. 法律法规规定的财务报告编制基础

法律法规可能为某类实体规定了在编制通用目的财务报表时采用的财务报表编制基础。通常情况下，注册会计师认为这种财务报表编制基础对这类实体编制通用目的财务报表是可接受的，除非有迹象表明不可接受。

(二)就管理层的责任达成一致意见

按照审计准则的规定，执行审计工作的前提是管理层已认可并理解其承担的责任。审计准则并不超越法律法规对这些责任的规定。然而，独立审计的理念要求注册会计师不对财务报表的编制或被审计单位的相关内部控制承担责任，并要求注册会计师合理预期能够获取审计所需要的信息(在管理层能够提供或获取的信息范围内)。因此，管理层认可并理解其责任，这一前提对执行独立审计工作是至关重要的。

按照《中国注册会计师审计准则第1341号——书面声明》的规定，注册会计师应当要求管理层就其已履行的某些责任提供书面声明。因此，注册会计师需要获取针对管理层责任的书面声明、其他审计准则要求的书面声明，以及在必要时需要获取用于支持其他审计证据(用以支持财务一项或多项具体认定)的书面声明。注册会计师需要使管理层意识到这一点。

如果管理层不认可其责任，或不同意提供书面声明，注册会计师将不能获取充分、适当的审计证据。在这种情况下，注册会计师承接此类审计业务是不恰当的，除非法律法规另有规定。如果法律法规要求承接此类审计业务，注册会计师需要向管理层解释这种情况的重要性及其对审计报告的影响。

大多数财务报告编制基础包括与财务报表披露相关的要求：对于这些财务报告编制基础，在提到"按照适用的财务报告编制基础编制财务报表"时，编制内容包括披露。实现公允披露的报告目标非常重要，因而在与管理层达成一致意见的执行审计工作的前提中需要特别提及公允披露，或需要特别提及管理层负有确保财务报表根据财务报告编制基础编制并使其实现公允反映的责任。

管理层设计、执行和维护必要的内部控制，以使编制的财务报表不存在由于舞弊或错误导致的重大错报。由于内部控制的固有限制，无论其如何有效，也只能合理保证被审计单位实现其财务报告目标。注册会计师按照审计准则的规定执行的独立审计工作，不能代替管理层维护编制财务报表所需要的内部控制。因此，注册会计师需要就管理层认可并理解其与内部控制有关的责任与管理层达成共识。

三、审计业务约定书

审计业务约定书是指会计师事务所与被审计单位签订的，用以记录和确认审计业务的委托与受托关系、审计目标和范围、双方的责任以及报告的格式等事项的书面协议。会计师事务所承接任何审计业务，都应与被审计单位签订审计业务约定书。

(一)审计业务约定书的基本内容

审计业务约定书的具体内容和格式可能因被审计单位的不同而不同，但应当包括以下主要内容：

(1)财务报表审计的目标与范围；

(2)注册会计师的责任；

(3)管理层的责任；

(4)指出用于编制财务报表所适用的财务报告编制基础；

(5)提及注册会计师拟出具的审计报告的预期形式和内容，以及对在特定情况下出具的审计报告可能不同于预期形式和内容的说明。

(二)审计业务约定书的特殊考虑

1. 考虑特定需要

如果情况需要，注册会计师应当考虑在审计业务约定书中列明下列内容：

(1)详细说明审计工作的范围，包括提及适用的法律法规、审计准则，以及注册会计师协会发布的职业道德守则和其他公告；

(2)对审计业务结果的其他沟通形式；

(3)说明由于审计和内部控制的固有限制，即使审计工作按照审计准则的规定得到恰当的计划和执行，仍不可避免地存在某些重大错报未被发现的风险；

(4)计划和执行审计工作的安排，包括审计项目组的构成；

(5)管理层确认将提供书面声明；

(6)管理层同意向注册会计师及时提供财务报表草稿和其他所有附带信息，以使注册会计师能够按照预定的时间表完成审计工作；

(7)管理层同意告知注册会计师在审计报告日至财务报表报出日之间注意到的可能影响财务报表的事实；

(8)收费的计算基础和收费安排；

(9)管理层确认收到审计业务约定书并同意其中的条款；

(10)在某些方面对利用其他注册会计师和专家工作的安排；

(11)对审计涉及的内部审计人员和被审计单位其他员工工作的安排；

(12)在首次审计的情况下，与前任注册会计师(如存在)沟通的安排；

(13)说明对注册会计师责任可能存在的限制；

(14)注册会计师与被审计单位之间需要达成进一步协议的事项；

(15)向其他机构或人员提供审计工作底稿的义务。

2. 组成部分的审计

如果母公司的注册会计师同时也是组成部分的注册会计师，需要考虑下列因素，决定是否向组成部分单独致送审计业务约定书：

(1)组成部分注册会计师的委托人；

(2)是否对组成部分单独出具审计报告；

(3)与审计委托相关的法律法规的规定；

(4)母公司占组成部分的所有权份额；

(5)组成部分管理层相对于母公司的独立程度。

3. 连续审计

对于连续审计，注册会计师应当根据具体情况评估是否需要对审计业务约定条款作出修改，以及是否需要提醒被审计单位注意现有的条款。注册会计师可以决定不在每期都致送新的审计业务约定书或其他书面协议。然而，下列因素可能导致注册会计师修改审计业务约定条款或提醒被审计单位注意现有业务约定条款：

(1)有迹象表明被审计单位误解审计目标和范围；

(2)需要修改约定条款或增加特别条款；

(3)被审计单位高级管理人员近期发生变动；

(4)被审计单位所有权发生重大变动；

(5)被审计单位业务的性质或规模发生重大变化；

(6)法律法规的规定发生变化；

(7)编制财务报表采用的财务报告编制基础发生变更；

(8)其他报告要求发生变化。

4. 审计业务约定条款的变更

(1)变更审计业务约定条款的要求。在完成审计业务前，如果被审计单位或委托人要求将审计业务变更为保证程度较低的业务，注册会计师应当确定是否存在合理理由予以变更。

下列原因可能导致被审计单位要求变更业务，如：①环境变化对审计服务的需求产生影响；②对原来要求的审计业务的性质存在误解；③无论是管理层施加的还是其他情况引起的审计范围受到限制。上述第①和第②项通常被认为是变更业务的合理理由，但如果有迹象表明该变更要求与错误的、不完整的或者不能令人满意的信息有关，注册会计师不应认为该变更是合理的。

如果没有合理的理由，注册会计师不应同意变更业务。如果注册会计师不同意变更审计业务约定条款，而管理层又不允许继续执行原审计业务，注册会计师应当：①在适用的法律法规允许的情况下，解除审计业务约定；②确定是否有约定义务或其他义务向治理层、所有者或监管机构等报告该事项。

(2)变更为审阅业务或相关服务业务的要求。在同意将审计业务变更为审阅业务或相关服务业务前，接受委托按照审计准则执行审计工作的注册会计师，除考虑上述(1)中提及的事项外，还需要评估变更业务对法律责任或业务约定的影响。

如果注册会计师认为将审计业务变更为审阅业务或相关服务业务具有合理理由，截至变更日已执行的审计工作可能与变更后的业务相关，相应地，注册会计师需要执行的工作和出具的报告会适用于变更后的业务。为避免引起报告使用者的误解，对相关服务业务出具的报告不应提及原审计业务和在原审计业务中已执行的程序。只有将审计业务变更为执行商定程序业务，注册会计师才可在报告中提及已执行的程序。

【同步案例 3－1】 CA 股份有限公司委托××会计师事务所对其会计报表进行审计，双方签订了如下的审计业务约定书(详情略)。要求：(1)指出下述审计业务约定书中存在的问题；(2)重新起草审计业务约定书。

审计业务约定书

甲方：CA 股份有限公司　　　　　　　　　　乙方：××会计师事务所

甲方委托乙方进行 2014 年会计报表审计，经双方协商，达成以下约定：

一、审计范围及委托目的。

二、甲方的责任与任务。

即为乙方审计工作及时提供所需的一切。

三、按照独立审计准则的要求进行审计，出具审计报告。

四、审计收费按《×××收费规定》，乙方应收本项业务具体费用。

五、约定书的有效期间；本约定书一式两份，甲乙双方各执一份。

六、约定事项的变更由于出现不可预见的情况。

七、甲乙双方对其他事项的约定。

解析：审计业务约定书中必须明确甲方与乙方的责任与义务。本案例在这方面表述不明确。

甲方的责任是：建立健全内部控制制度，保护资产的安全完整，保证会计资料的真实、合法、完整，保证会计报表充分披露有关的信息。

甲方的义务是：①及时为乙方的审计工作提供其所要求的全部会计资料和其他有关资料。②为乙方派出的有关工作人员提供必要的工作条件及合作，具体事项将由乙方审计工作人员于工作开始前，提供清单。③按本约定书的规定及时足额支付审计费用。④在 2015 年×月×

日之前提供审计所需的全部资料。

乙方的责任是：按照中国注册会计师独立审计准则的要求进行审计，出具审计报告，保证审计报告的真实性、合法性。

乙方的义务是：①按照约定时间完成审计业务，出具审计报告。由于注册会计师的审计采取事后重点抽查的方法，加上甲方内部控制制度固有的局限性和其他客观因素制约，难免存在会计报表在某些重要的方面反映失实，而注册会计师又可能在审计中未予发现的情况，因此，乙方的审计责任并不能替代、减轻或免除甲方的会计责任。②对执行业务过程中知悉的甲方商业秘密严加保密。除非中国注册会计师协会执业准则另有规定，或经甲方同意，乙方不得将其知悉的商业秘密和甲方提供的资料对外泄露。③审计工作结束后，乙方将根据情况对甲方会计处理、内部控制制度及其他事项等提出改进意见。④在2015年×月×日之前出具审计报告。

任务二　总体审计策略和具体审计计划

审计计划分为总体审计策略和具体审计计划两个层次。图3－1显示了审计计划工作的两个层次。注册会计师应当针对总体审计策略中所识别的不同事项，制订具体审计计划，并考虑通过有效利用审计资源以实现审计目标。

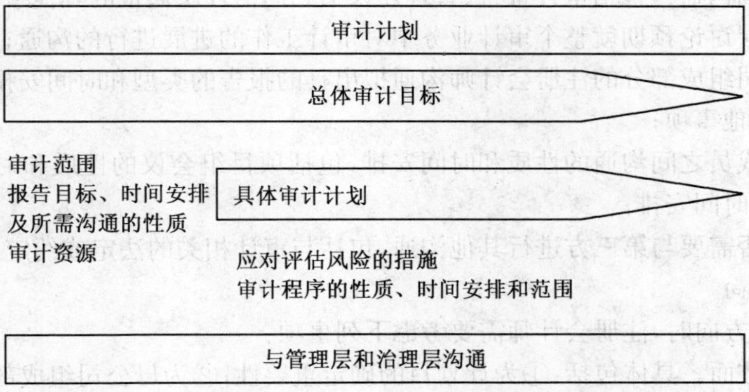

图3－1　审计计划的两个层次

一、总体审计策略

（一）审计范围

在确定审计范围时，需要考虑下列具体事项：

(1)编制拟审计的财务信息所依据的财务报告编制基础，包括是否需要将财务信息调整至按照其他财务报告编制基础编制；

(2)特定行业的报告要求，如某些行业监管机构要求提交的报告；

(3)预期审计工作涵盖的范围，包括应涵盖的组成部分的数量及所在地点；

(4)母公司及其组成部分之间存在的控制关系的性质，以确定如何编制合并财务报表；

(5)由母公司组成部分注册会计师审计组成部分的范围；

(6)拟审计的经营分部的性质，包括是否需要具备专门知识；

(7)外币折算,包括外币交易的会计处理、外币财务报表的折算和相关信息的披露;

(8)除为合并目的执行的审计工作之外,对个别财务报表进行法定审计的需求;

(9)内部审计工作的可获得性及注册会计师拟信赖内部审计工作的程度;

(10)被审计单位使用服务机构的情况,及注册会计师如何取得有关服务机构内部控制设计和运行有效性的证据;

(11)对利用在以前审计工作中获取的审计证据(如获取的与风险评估程序和控制测试相关的审计证据)的预期;

(12)信息技术对审计程序的影响,包括数据的可获得性和对使用计算机辅助审计技术的预期;

(13)协调审计工作与中期财务信息审阅的预期涵盖范围和时间安排,以及中期审阅所获取的信息对审计工作的影响;

(14)与被审计单位人员的时间协调和相关数据的可获得性。

(二)报告目标、时间安排及所需沟通的性质

为计划报告目标、时间安排和所需沟通,需要考虑下列事项:

(1)被审计单位对外报告的时间表,包括中间阶段和最终阶段;

(2)与管理层和治理层举行会谈,讨论审计工作的性质、时间安排和范围;

(3)与管理层和治理层讨论注册会计师拟出具的报告的类型和时间安排以及沟通的其他事项(口头或书面沟通),包括审计报告、管理建议书和向治理层通报的其他事项;

(4)与管理层讨论预期就整个审计业务中对审计工作的进展进行的沟通;

(5)与母公司组成部分的注册会计师沟通拟出具的报告的类型和时间安排,以及与组成部分审计相关的其他事项;

(6)项目组成员之间沟通的性质和时间安排,包括项目组会议的性质和时间安排,以及复核已执行工作的时间安排;

(7)预期是否需要与第三方进行其他沟通,包括与审计相关的法定或约定的报告责任。

(三)审计方向

在确定审计方向时,注册会计师需要考虑下列事项:

(1)重要性方面。具体包括:①为计划目的确定重要性;②为母公司组成部分确定重要性,且与组成部分的注册会计师沟通;③在审计过程中重新考虑重要性;④识别重要的组成部分和账户余额。

(2)重大错报风险较高的审计领域。

(3)评估的财务报表层次的重大错报风险对指导、监督及复核的影响。

(4)项目组人员的选择(在必要时包括项目质量控制复核人员)和工作分工,包括向重大错报风险较高的审计领域分派具备适当经验的人员。

(5)项目预算,包括考虑为重大错报风险可能较高的审计领域分配适当的工作时间。如何向项目组成员强调在收集和评价审计证据过程中保持职业怀疑必要性的方式。

(6)以往审计中对内部控制运行有效性评价的结果,包括所识别的控制缺陷的性质及应对措施。

(7)管理层重视设计和实施健全的内部控制的相关证据,包括这些内部控制得以适当记录的证据。

(8)业务交易量规模,以基于审计效率的考虑确定是否依赖内部控制。

(9)对内部控制重要性的重视程度。

(10)影响审计单位经营的重大发展变化,包括信息技术和业务流程的变化,关键管理人员变化,以及收购、兼并和分立。

(11)重大的行业发展情况,如行业法规变化和新的报告规定。

(12)会计准则及会计制度的变化。

(13)其他重大变化,如影响被审计单位的法律环境的变化。

(四)审计资源

在确定审计资源时,注册会计师应考虑下列事项:

(1)向具体审计领域调配的资源,包括向高风险领域分派有适当经验的项目组成员,就复杂的问题请专家负责等。

(2)向具体审计领域分配资源的多少,包括分派到重要地点进行存货监盘的项目组成员的人数,在集团审计中复核集团组成部分注册会计师工作的范围,向高风险领域分配的审计时间预算等。

(3)何时调配这些资源,包括是在期中审计阶段还是在关键的截止日期调配资源等。

(4)如何管理、指导、监督这些资源的利用,包括预期何时召开项目组预备会和总结会,预期项目合伙人和经理如何进行复核,是否需要实施项目质量控制复核等。

二、具体审计计划

注册会计师应当为审计工作制订具体审计计划。具体审计计划比总体审计策略更加详细,其内容包括为获取充分、适当的审计证据以将审计风险降至可接受的低水平,项目组成员拟实施的审计程序的性质、时间和范围。可以说,为获取充分、适当的审计证据,而确定审计程序的性质、时间和范围的决策是具体审计计划的核心。具体审计计划应当包括风险评估程序、计划实施的进一步审计程序和计划的其他审计程序。

(一)风险评估程序

具体审计计划应当包括按照《中国注册会计师审计准则第1211号——通过了解被审计单位及其环境识别和评估重大错报风险》的规定,为了足够识别和评估财务报表重大错报风险,注册会计师计划实施的风险评估程序的性质、时间安排和范围。

(二)计划实施的进一步审计程序

随着审计工作的推进,对审计程序的计划会一步步深入,并贯穿于整个审计过程。例如,计划风险评估程序通常在审计开始阶段进行,计划进一步审计程序则需要依据风险评估程序的结果进行。因此,为达到制订具体审计计划的要求,注册会计师需要依据风险评估程序,识别和评估重大错报风险,并针对评估的认定层次的重大错报风险,确定实施进一步审计程序的性质、时间安排和范围。

通常,注册会计师计划实施的进一步审计程序可以分为进一步审计程序的总体方案和拟实施的具体审计程序(包括进一步审计程序的具体性质、时间安排和范围)两个层次。进一步审计程序的总体方案主要是指注册会计师针对各类交易、账户余额和披露决定采用的总体方案(包括实质性方案或综合性方案)。具体审计程序则是对进一步审计程序的总体方案的延伸和细化,它通常包括控制测试和实质性程序的性质、时间安排和范围。在实务中,注册会计师通常单独制定一套包括这些具体程序的“进一步审计程序表”,待具体实施审计程序时,注册会计师将基于所计划的具体审计程序,进一步记录所实施的审计程序及其结果,并最终形成有关进一步审计程序的审计工作底稿。

另外,完整、详细的进一步审计程序的计划包括对各类交易、账户余额和披露实施的具体审计程序的性质、时间安排和范围,以及抽取的样本量等。在实务中,注册会计师可以统筹安排进一步审计程序的先后顺序,如果对某类交易、账户余额或披露已经做出计划,则可以安排先行开展工作,与此同时再制定其他交易、账户余额和披露的进一步审计程序。

(三)计划的其他审计程序

具体审计计划应当包括根据审计准则的规定,注册会计师针对审计业务需要实施的其他审计程序。计划的其他审计程序可以包括上述进一步程序的计划中没有涵盖的、根据其他审计准则的要求注册会计师应当执行的既定程序。

三、审计过程中对计划的更新和修改

计划审计工作并非审计业务的一个孤立阶段,而是一个持续的、不断修正的过程,贯穿于整个审计业务的始终。由于未预期事项、条件的变化或在实施审计程序中获取的审计证据等原因,在审计过程中,注册会计师应当在必要时对总体审计策略和具体审计计划做出更新和修改。

审计过程可以分为不同阶段,通常前面阶段的工作结果会对后面阶段的工作计划产生一定的影响,而后面阶段的工作过程中又可能发现需要对已制订的相关计划进行相应的更新和修改。通常来讲,这些更新和修改会涉及比较重要的事项。例如,对重要性水平的修改,对某类交易、账户余额和披露的重大错报风险的评估和进一步审计程序(包括总体方案和拟实施的具体审计程序)的更新和修改等。一旦计划被更新和修改,审计工作也就应当进行相应的修正。

四、指导、监督与复核

注册会计师应当制订计划,确定对项目组成员的指导、监督以及对其工作进行复核的性质、时间安排和范围。项目组成员的指导、监督以及对其工作进行复核的性质、时间安排和范围主要取决于下列因素:①被审计单位的规模和复杂程度;②审计领域;③评估的重大错报风险;④执行审计工作的项目组成员的专业素质和胜任能力。

注册会计师应在评估重大错报风险的基础上,确定对项目组成员工作的指导、监督与复核的性质、时间安排和范围。当评估的重大错报风险增加时,注册会计师通常会扩大指导与监督的范围,增强指导与监督的及时性,执行更详细的复核工作。在确定复核的性质、时间安排和范围时,注册会计师还应考虑单个项目组成员的专业素质和胜任能力。

任务三 审计重要性

一、审计重要性的概念界定和审计重要性水平的意义

(一)审计重要性的概念界定

审计重要性是指被审计单位财务报表中可能存在的不影响财务报表使用者作出经济决策和判断的错报及漏报的最大限额。根据《中国注册会计师审计准则1221号——重要性》规定:重要性取决于在具体环境下对错报金额和性质的判断。如果一项错报单独或连同其他错报可

能影响财务报表使用者依据财务报表作出的经济决策，则该项错报是重大的。重要性实质上强调了一个“度”，在审计报告中，允许一定程度的不准确或不正确的存在，但是要以这个“度”为界。如果会计信息的错报或漏报可能影响到财务报表使用者的决策或判断，就可认为重要，否则就不重要。在审计实务工作中，审计重要性水平是重要性的数量表示，是一个数量门槛或金额临界点。

（二）审计重要性水平的意义

设定重要性水平是现代审计的一个创新。审计实务中，运用重要性原则具有十分重大的意义。

1. 有利于防范审计风险

重要性水平的恰当判断对降低审计风险、保证审计质量有重大帮助作用。在抽样审计下，审计人员对未审计部分要承担一定的风险，而风险的大小与重要性水平的设定、重要性的判断有关。重要性水平设定越高，审计风险越低；反之，重要性水平设定越低，审计风险越高。

2. 有利于提高审计效率

由于社会经济环境的发展变化，被审计单位规模的不断扩大，企业组织结构日趋复杂，经济事项日渐频繁，对审计工作提出了更高的要求。注册会计师在审计中使用审计抽样更加普遍，而各类交易、账户余额及列报认定层次的重要性水平即为可容忍错报，在审计抽样确定样本规模及评价抽样结果时显得异常重要。重要性概念为解决审计人员的抽样决策问题提供了极大的帮助，从而大大提高了审计效率。

3. 有利于降低审计成本

由于审计费用预算与时间预算方面的考虑，审计人员必须在成本与效益之间进行权衡。重要性原则的正确运用，可以适当减少审计程序、缩小测试范围，使审计人员把审计重点放在那些可能影响财务报表使用者决策的方面。

二、审计重要性水平的确定

在计划审计工作时，注册会计师应当确定一个可接受的重要性水平，以发现在金额上重大的错报。注册会计师在确定计划的重要性水平时，需要考虑被审计单位及其环境、审计的目标、财务报表各项目的性质及其相互关系、财务报表项目的金额及其波动幅度。同时，还应当从以下方面合理确定重要性水平：

（一）从性质方面考虑重要性

在某些情况下，金额相对较少的错报可能会对财务报表产生重大影响。例如，一项不重大的违法支付或者没有遵循某项法律规定，但该支付或违法行为可能导致一项重大的或有负债、重大的资产损失或者收入损失，就应认为上述事项是重大的。下列描述了可能构成重要性的因素：

（1）对财务报表使用者需求的感知。他们对财务报表的哪一方面最感兴趣。

（2）获利能力趋势。

（3）因没有遵守贷款合同约定、法规条款和法定的或常规的报告要求而产生错报的影响。

（4）计算管理层报酬（资金等）的依据。

（5）由于错误或舞弊而使一些账户项目对损失具有的敏感性。

（6）重大或有负债。

（7）通过一个账户处理大量的、复杂的和相同性质的个别交易。

(8)关联方交易。

(9)可能的违法行为、违约和利益冲突。

(10)财务报表项目的重要性、性质、复杂性和组成。

(11)可能包含了高度主观性的估计、分配或不确定性。

(12)管理层的偏见。管理层是否有动机将收益最大化或者最小化

(13)管理层一直不愿意纠正已报告的与财务报告相关的内部控制的缺陷。

(14)与账户相关联的核算与报告的复杂性。

(15)自前一个会计期间以来账户特征发生的改变(如新的复杂性、主观性或交易的种类)。

(16)个别极其重大但不同的错报抵销产生的影响。

(二)从数量方面考虑重要性

1. 财务报表整体的重要性

由于财务报表审计的目标是注册会计师通过执行审计工作对财务报表发表审计意见,因此,注册会计师应当考虑财务报表层次的重要性。只有这样,才能得出财务报表是否公允反映的结论。注册会计师在制定总体审计策略时,应当确定财务报表整体的重要性。

确定多大错报会影响到财务报表使用者所作的决策,是注册会计师运用职业判断的结果。很多注册会计师根据所在会计事务所的惯例及自己的经验来考虑重要性。确定重要性需要运用职业判断。通常先选定一基准,再乘以某一百分比作为财务报表整体的重要性。在选择基准时,需要考虑的因素包括:

(1)财务报表要素(如资产、负债、所有者权益、收入和费用等)。

(2)是否存在特定会计主体的财务报表使用者特别关注的项目(如为了评价财务业绩,使用者可能更关注利润、收入或净资产)。

(3)被审计单位的性质、所处的生命周期阶段以及所处行业和经济环境。

(4)被审计单位的所有权结构和融资方式(例如,如果被审计单位仅通过债务而非权益进行融资,财务报表使用者可能更关注资产及资产的索偿权,而非被审计单位的收益)。

(5)基准的相对波动性。适当的基准取决于被审计单位的具体情况,包括各类报表收益(如税前利润、营业收入、毛利和费用总额),以及所有者权益或净资产。对于以营利为目的的实体,通常以经常性业务的税前利润作为基准。如果经常性业务的税前利润不稳定,选用其他基准可能更加合适,如毛利或营业收入。就选定的基准而言,相关的财务数据通常包括前期财务成果和财务状况、本期最新的财务成果和财务状况、后期的预算和预测结果。

2. 特定类别交易、账户余额或披露的重要性水平

根据被审计单位的特定情况,下列因素可能表明存在一个或多个特定类别的交易、账户余额或披露,其发生的错报金额虽然低于财务报表整体的重要性,但合理预期将影响财务报表使用者依据财务报表作出的经济决策:

(1)法律法规或适用的财务报告编制基础是否影响财务报表使用者对特定项目(如关联方交易、管理层和治理层的薪酬)计量或披露的预期。

(2)与被审计单位所处行业相关的关键性披露(如制药企业的研究与开发成本)。

(3)财务报表使用者是否特别关注财务报表中单独披露的业务的特定方面(如新收购的业务)。

(三)实际执行的重要性

实际执行的重要性,是指注册会计师确定的低于财务报表整体重要性的一个或多个金额,

旨在将未更正和未发现错报的汇总数超过财务报表整体的重要性的可能性降至适当的低水平。如果适用，实际执行的重要性还指注册会计师确定的低于特定类别的交易、账户余额或披露的重要性水平的一个或多个金额。

与确定特定类别的交易、账户余额或披露的重要性水平相关的实际执行的重要性，旨在将这些交易、账户余额或披露中未更正与未发现错报的汇总数超过这些交易、账户余额或披露的重要性水平的可能性降至适当的低水平。

确定实际执行的重要性并非只是简单机械地计算，需要注册会计师运用职业判断，并考虑下列因素的影响：①对被审计单位的了解（这些了解在实施风险评估程序的过程中得到更新）；②前期审计工作中识别出的错报的性质和范围；③根据前期识别出的错报对本期错报作出的预期。

通常而言，实际执行的重要性通常为财务报表整体重要性的50%～75%。接近财务报表整体重要性50%的情况包括：①经常性审计；②以前年度审计调整较多项目总体风险较高（如处于高风险行业，经常面临较大市场压力，首次承接的审计项目或者需要出具特殊目的报告等）。接近财务报表整体重要性75%的情况包括：①经常性审计，以前年度审计调整较少；②项目总体风险较低（如处于低风险行业，市场压力较小）。

（四）审计过程中修改重要性

由于存在下列原因，注册会计师可能需要修改财务报表整体的重要性和特定类别的交易、账户余额或披露的重要性水平（如适用）：①审计过程中情况发生重大变化（如决定处置被审计单位的一个重要组成部分）；②获取新信息；③通过实施进一步审计程序，注册会计师对被审计单位及其经营的了解发生变化。例如，注册会计师在审计过程中发现，实际财务成果与最初确定财务报表整体的重要性时使用的预期本期财务成果相比存在很大差异，则需要修改重要性。

（五）重要性与审计风险的关系

重要性与审计风险之间存在反向关系。重要性水平越高，审计风险就越低；重要性水平越低，审计风险就越高。这里所说的重要性水平高低指的是金额的大小。通常，4 000元的重要性水平比2 000元的重要性水平高。在理解两者之间的关系时，必须注意，重要性水平是注册会计师从财务报表使用者的角度进行判断的结果。如果重要性水平是4 000元，则意味着低于4 000元的错报不会影响到财务报表使用者的决策，此时注册会计师需要通过执行有关审计程序合理保证能发现高于4 000元的错报。如果重要性水平是2 000元，则金额在2 000元以上的错报就会影响财务报表使用者的决策，此时注册会计师需要通过执行有关审计程序合理保证能发现金额在2 000元以上的错报。显然，重要性水平为2 000元时审计不出这样的重大错报的可能性即审计风险，要比重要性水平为4 000元时的审计风险高。审计风险越高，越要求注册会计师搜集更多更有效的审计证据，以将审计风险降至可接受的低水平。因此，重要性和审计证据之间是反向变动关系。

四、评价审计过程中识别出的错报

（一）错报的概念

错报，是指某一财务报表项目的金额、分类、列报或披露，与按照适用的财务报告编制基础应当列示的金额、分类、列报或披露之间存在的差异；或根据注册会计师的判断，为使财务报表在所有重大方面实现公允反映，需要对金额、分类、列报或披露作出的必要调整。错报可能由下列事项导致：①收集或处理用以编制财务报表的数据时出现错误；②遗漏某项金额或披露；

③由于疏忽或明显误解有关事实导致作出不正确的会计估计；④注册会计师认为管理层对会计估计作出不合理的判断或对会计政策作出不恰当的选择和运用。

（二）累积识别出的错报

为了帮助注册会计师评价审计过程中累积的错报的影响以及与管理层和治理层沟通错报事项，将错报区分为事实错报、判断错报和推断错报是有必要的。

1. 事实错报

事实错报是毋庸置疑的错报。这类错报产生于被审计单位收集和处理数据的错误，对事实的忽略或误解，或故意舞弊行为。例如，注册会计师在审计测试中发现最近购入存货的实际价值为15 000元，但账面记录的金额却为10 000元。因此，存货和应付账款分别被低估了5 000元，这里被低估的5 000元就是已识别的对事实的具体错报。

2. 判断错报

由于注册会计师认为管理层对会计估计作出不合理的判断或不恰当地选择和运用会计政策而导致的差异。这类错报产生于两种情况：一是管理层和注册会计师对会计估计值的判断差异，例如，由于包含在财务报表中的管理层做出的估计值超出了注册会计师确定的一个合理范围，导致出现判断差异；二是管理层和注册会计师对选择和运用会计政策的判断差异，由于注册会计师认为管理层选用会计政策造成错报，管理层却认为选用会计政策适当，导致出现判断差异。

3. 推断错报

注册会计师对总体存在的错报作出的最佳估计数，涉及根据在审计样本中识别出的错报来推断总体的错报。推断错报通常包括：

（1）通过测试样本估计出的总体的错报减去在测试中发现的已经识别的具体错报。例如，应收账款年末余额为2 000万元，注册会计师抽查10％样本发现金额有100万元的高估，高估部分为账面金额的20％，据此注册会计师推断总体的错报金额为400万元（即2 000×20％），那么上述100万元就是已识别的具体错报，其余300万元即推断误差。

（2）通过实质性分析程序推断出的会计错报。例如，注册会计师根据客户的预算资料及行业趋势等要素，对客户年度销售费用独立做出估计，并与客户账面金额比较，发现两者间有50％的差异；考虑到估计的精确性有限，注册会计师根据经验认为10％的差异通常是可接受的，而剩余40％的差异需要有合理解释并取得佐证性证据；假定注册会计师对其中10％的差异无法得到合理解释或不能取得佐证，则该部分差异金额即为推断误差。

（三）对审计过程识别出的错报的考虑

错报可能不会孤立发生，一项错报的发生还可能表明存在其他错报。例如，注册会计师识别出由于内部控制失效而导致的错报，或被审计单位广泛运用不恰当的假设或评估方法而导致的错报，均可能表明还存在其他错报。

注册会计师可能要求管理层检查某类交易、账户余额或披露，以使管理层了解注册会计师识别出的错报的产生原因，并要求管理层采取措施以确定这些交易、账户余额或披露实际发生错报的金额，以及对财务报表作出适当的调整。例如，在从审计样本中识别出的错报推断总体错报时，注册会计师可以提出这些要求。

（四）错报的沟通和更正

及时与适当层级的管理层沟通错报事项是很重要的，因为这能使管理层评价这些事项是否为错报，并采取必要行动，如有异议则告知注册会计师。适当层级的管理层通常是指有责任和权限对错报进行评价并采取必要行动的人员。

管理层更正所有错报(包括注册会计师通报的错报),有助于保持会计账簿和记录的准确性,降低由于与本期相关的、非重大的且尚未更正的错报的累积影响而导致未来期间财务报表出现重大错报的风险。

《中国注册会计师审计准则第 1501 号——对财务报表形成审计意见和出具审计报告》要求注册会计师评价财务报表是否在所有重大方面按照适用的财务报告编制基础编制。这项评价包括考虑被审计单位会计实务的质量(包括表明管理层的判断可能出现偏向的迹象)。注册会计师对管理层不更正错报的理由的理解,可能影响其对被审计单位会计实务质量的考虑。

(五)评价未更正错报的影响

未更正错报,是指注册会计师在审计过程中累积的且被审计单位未予更正的错报。注册会计师在确定重要性时,通常依据对被审计单位财务结果的估计,因为此时可能尚不知道实际的财务结果。因此,在评价未更正错报的影响之前,注册会计师有必要依据实际的财务结果对重要性作出修改。如果在审计过程中获知了某项信息,而该信息可能导致注册会计师确定与原来不同的财务报表整体重要性或者特定类别交易、账户余额或披露的一个或多个重要性水平(如适用),注册会计师应该予以修改。

注册会计师需要考虑每一单项错报,以评价其对相关类别的交易、账户余额或披露的影响,包括评价该项错报是否超过特定类别的交易、账户余额或披露的重要性水平。如果注册会计师认为某一单项错报是重大的,则该项错报不太可能被其他错报抵销。例如,如果收入存在重大高估,即使这项错报对收益的影响完全可被相同金额的费用高估所抵销,注册会计师仍认为财务报表整体存在重大错报。对于同一账户余额或同一类别的交易内部的错报,这种抵销可能是适当的。然而,在得出抵销非重大错报是适当的这一结论之前,需要考虑可能存在其他未被发现的错报的风险。

【视野拓展 3—1】 新华会计师事务所的注册会计师赵昂对 XYZ 公司 2015 年度财务报表进行审计,其未经审计的有关财务报表项目金额如表 3—1 所示:

表 3—1

财务报表项目名称	金　额
资产合计	90 000
股东权益合计	44 000
主营业务收入	120 000
利润总额	18 000
净利润	12 060

要求:如果以资产总额、净资产(股东权益)、主营业务收入和净利润作为判断基础,采用固定比率法,并假定资产总额、净资产、主营业务收入和净利润的固定百分比数值分别为 0.5%、1%、0.5%和 5%,请代注册会计师赵昂计算确定 XYZ 公司 2015 年度财务报表层次的重要性水平(请列示计算过程)。

解:计算确定 XYZ 股份有限公司 2015 年度财务报表层次的审计重要性水平如表 3—2 所示:

表 3—2

判断基础	金额(万元)	固定资产百分比数值	乘积(万元)	财务报表层次的重要性水平
资产合计	90 000	0.5%	450	
股东权益合计	44 000	1%	440	
主营业务收入	120 000	0.5%	600	440
净利润	12 060	5%	603	

任务四 审计风险

一、审计风险的概念

审计风险是指财务报表存在重大错报而注册会计师发表不恰当审计意见的可能性。审计风险并不包含这种情况，即财务报表不含有重大错报，而注册会计师错误地发表了财务报表含有重大错报的审计意见的风险。审计风险取决于重大错报风险和检查风险。

审计风险＝重大错报风险×检查风险

二、审计风险的模型

注册会计师应当实施审计程序，评估重大错报风险，并根据评估结果设计和实施进一步审计程序，以控制检查风险。

(一)重大错报风险

重大错报风险，是指财务报表在审计前存在重大错报的可能性。在设计审计程序以确定财务报表整体是否存在重大错报时，注册会计师应当从财务报表层次和各类交易、账户余额、列报认定层次考虑重大错报风险。《中国注册会计师审计准则第 1211 号——通过了解被审计单位及其环境识别和评估重大错报风险》对注册会计师如何评估财务报表层次和认定层次的重大错报风险提出了详细的要求。

1. 财务报表层次和注册会计师评估财务报表层次的重大错报风险

财务报表层次重大错报风险与财务报表整体存在广泛联系，可能影响多项认定。此类风险通常与控制环境有关，但也可能与其他因素有关，如经济萧条。此类风险难以界定于某类交易、账户余额和披露的具体认定；相反，此类风险增加了任何数目的不同认定发生重大错报的可能性，对注册会计师考虑由舞弊引起的风险特别相关。

注册会计师评估财务报表层次重大错报风险的措施包括：考虑审计项目组承担重要责任的人员的学识、技术和能力，是否需要专家介入；考虑给予业务助理人员适当程度的监督指导；考虑是否存在导致注册会计师怀疑被审计单位持续经营假设合理性的事项或情况。

2. 固有风险和控制风险

认定层次的重大错报风险又可以进一步细分为固有风险和控制风险。

固有风险是指在考虑相关的内部控制之前，某类交易、账户余额或披露的某一认定易于发生错报(该错报单独或连同其他错报可能是重大的)的可能性。某些类别的交易、账户余额和披露及其认定，固有风险较高。例如，复杂的计算比简单计算更可能出错；受重大计量不确定性影响的会计估计发生错报的可能性较大。产生经营风险的外部因素也可能影响固有风险，比如，技术进步可能导致某项产品陈旧，进而导致存货易于发生高估错报(计价认定)。被审计单位及其环境中的某些因素还可能与多个甚至所有类别的交易、账户余额和披露有关，进而影响多个认定的固有风险。这些因素包括维持经营的流动资金匮乏、被审计单位处于“夕阳”行业等。

控制风险是指某类交易、账户余额或披露的某一认定发生错报，该错报单独或连同其他错报是重大的，但没有被内部控制及时防止或发现并纠正的可能性。控制风险取决于与财务报表编制有关的内部控制的设计和运行的有效性。由于控制的固有局限性，某种程度的控制风险始终存在。

(二)检查风险

检查风险是指如果存在某一错报，该错报单独或连同其他错报可能是重大的，注册会计师为将审计风险降至可接受的低水平而实施程序后没有发现这种错报的风险。检查风险取决于审计程序设计的合理性和执行的有效性。由于注册会计师通常并不对所有的交易、账户余额和披露进行检查，以及其他原因，检查风险不可能降低为零。其他原因包括注册会计师可能选择了不恰当的审计程序、审计过程执行不当，或者错误解读了审计结论。这些其他因素可以通过适当计划、在项目组成员之间进行恰当的职责分配、保持职业怀疑态度以及监督、指导和复核助理人员所执行的审计工作得以解决。

(三)检查风险与重大错报风险的反向关系

在既定的审计风险水平下，可接受的检查风险水平与认定层次重大错报风险的评估结果呈反向关系。评估的重大错报风险越高，可接受的检查风险就越低；评估的重大错报风险越低，可接受的检查风险就越高。

★★★ 应知考核 ★★★

一、单项选择题

1.一般在本期审计开始时进行初步业务审计活动，下列活动中不属于初步业务审计活动主要包括的内容的是(　　)。

A.针对保持客户关系和具体审计业务实施相应的质量控制程序

B.评价遵守职业道德规范的情况

C.及时签订或修改审计业务约定书

D.实施风险评估程序

2.会计师事务所开展初步业务活动，以确保在计划审计工作时执行审计工作的注册会计师具备(　　)的要求。

A.按适当的方式收费　　B.对客户的商业机密保密

C.独立性和专业胜任能力　　D.合理利用专家工作

3.总体审计策略的详略程度取决于(　　)。

A.初步业务活动的结果

B.审计业务的特征

C.为被审计单位提供其他服务时所获得的经验

D.被审计单位规模及该审计业务的复杂程度

4.总体审计策略的制定应当包括考虑影响审计业务的重要因素，以确定项目组工作方向，在确定审计方向时，不应当考虑的因素是(　　)。

A.重大的行业发展情况　　B.对内部控制重要性的重视程度

C.信息技术对审计程序的影响　　D.重大错报风险较高的审计领域

5.在既定的审计风险水平下，下列表述错误的是(　　)。

A.评估的认定层次重大错报风险越低，可接受的检查风险就越高

B.可接受的检查风险与认定层次重大错报风险的评估结果成正向关系

C.评估的认定层次重大错报风险越高，可接受的检查风险就越低

D.可接受的检查风险与认定层次重大错报风险的评估结果成反向关系

6.在实施审计程序的过程中，如果已识别但尚未更正错报的汇总数接近重要性水平，注册会计师应当考虑该汇总数连同尚未发现的错报是否可能超过重要性水平，并考虑通过(　　)降低审计风险。

A.扩大审计程序的范围

B.发表保留意见

C.发表带强调事项段的无保留意见

D.实施追加审计程序或要求管理层调整财务报表

7.下列有关重要性的说法中，不正确的是(　　)。

A.重要性与可接受的审计风险之间成同向关系，即重要性水平越高，可接受的审计风险就越高

B.重要性与审计证据成反向关系，即重要性水平越低，所需审计证据就越多

C.重要性不仅包括对错报数量的考虑，还包括对错报性质的考虑

D.对重要的账户或交易，为了提高效率，重要性水平相应较低

8.注册会计师执行年度财务报表审计时，下列各项中最有可能帮助其对重要性水平作出初步判断的是(　　)。

A.与管理层的沟通函

B.被审计单位的中期财务报表

C.内部控制调查问卷

D.计划实施实质性程序时确定的预期样本量

9.下列有关审计风险和重要性水平的说法中不正确的是(　　)。

A.由于固有风险和控制风险不可分割地交织在一起，所以注册会计师不可以单独对固有风险和控制风险进行评估

B.在评价审计程序结果时，注册会计师确定的重要性和审计风险，可能与计划审计工作时评估的重要性和审计风险存在差异。在这种情况下，注册会计师应当重新确定重要性和审计风险，并考虑实施的审计程序是否充分

C.控制风险取决于与财务报表编制有关的内部控制的设计和运行的有效性

D.在为被审计单位编制审计计划时，注册会计师可能有意地规定计划的重要性水平低于将用于评价审计结果的重要性水平，以保证能够执行较多的审计程序，收集较多的审计证据，减少未发现错报的可能性

10.重大错报风险是审计风险的组成部分，以下关于重大错报风险的说法中，不正确的是(　　)。

A.认定层次重大错报风险通常与控制环境有关，但也可能与其他因素有关

B.财务报表层次重大错报风险与财务报表整体存在广泛联系，可能影响多项认定

C.认定层次重大错报风险可以界定于具体的某类交易、账户余额、列报的具体认定

D.重大错报风险是财务报表在审计前存在的重大错报的可能性，与审计项目组人员的学识、技术和能力无关

二、多项选择题

1.下列属于审计业务约定书的基本内容的有(　　)。

A.财务报表审计的目标

B.组成部分管理层的独立程度

C.审计收费

D.在首次接受委托时，对与前任注册会计师沟通的安排

2.下列有关计划审计工作的说法中正确的有(　　)。

A.计划审计工作贯穿于整个审计业务的始终，并不是审计业务的一个孤立阶段，而是一个持续的、不断修正的过程

B.注册会计师计划的进一步审计程序可以分为进一步审计程序的总体方案和拟实施的具体审计程序(包括进一步审计程序的具体性质、时间和范围)两个层次

C.在初步计划审计工作时，注册会计师就应当确定在被审计单位财务报表中可能存在重大错报风险的重大账户及其相关认定

D.审计业务约定书具有经济合同的性质，一旦约定双方签字认可，即成为签字注册会计师与被审计单位之间在法律上生效的契约

3.检查风险是指某一认定存在错报，该错报单独或连同其他错报是重大的，但注册会计师未能发现这种错报的可能性。检查风险取决于(　　)。

A.内部控制设计的合理性　　　　B.审计程序设计的合理性

C.审计程序执行的有效性　　　　D.内部控制执行的有效性

4.检查风险是某一认定存在错报，该错报单独或连同其他错报是重大的，但注册会计师未能发现这种错报的可能性。检查风险不可能降低为零的原因有(　　)。

A.注册会计师通常并不对所有的交易、账户余额和列报进行检查

B.注册会计师可能选择了不恰当的审计程序

C.注册会计师执行的审计过程不当

D.注册会计师错误地解读了审计结论

5.注册会计师在确定计划的重要性水平时，需要考虑的因素包括(　　)。

A.对被审计单位及其环境的了解　　　　B.明确审计目标

C.财务报表各项目的性质及其相互关系　　D.财务报表项目的金额及其波动情况

三、简答题

1.简述审计的前提条件。

2.简述审计业务约定书的基本内容。

3.简述重要性与审计风险的关系。

4.简述审计风险的概念和风险模型。

5.如何从性质和数量两个方面确定审计的重要性水平?

四、技能案例

1.审计人员受委托对渝香食品有限公司2015年12月的财务报表进行审计。

该公司会计报表显示,2015年全年实现利润800万元,资产总额4 000万元。审计人员在审查和阅读该公司会计报表时,发现下列问题:

(1)该公司10月份虚报冒领工资1 820元,被会计人员占为己有;

(2)11月15日收到业务咨询费3 850元,列入小金库;

(3)资产负债表中的存货低估16万元,原因尚待查明。上述问题尚未调整。

思考与讨论:

(1)根据上述问题,做出重要性的初步判断,并简要说明理由;

(2)说明审计人员在审计实施阶段和报告中应采取的对策。

2. 注册会计师A和B接受事务所派遣,对X股份有限公司2015年度会计报表进行审计。X公司未经审计的财务报表部分项目的金额分别为:资产总计180 000万元,净资产88 000万元,主营业务收入240 000万元,利润总额36 000万元,净利润24 120万元。

思考与讨论:

针对以上资料,如果以资产总额、净资产、主营业务收入和净利润作为判断基准,采用固定比率法,并假定这些判断基准的固定比率分别为0.5%、0.5%、0.5%和5%,请代注册会计师A和B计算确定X股份有限公司2015年度会计报表层次的重要性水平,请列示计算过程,并简要说明重要性水平与审计风险以及重要性水平与所需审计证据数量之间的关系。

★★★ 应会考核 ★★★

【考核项目】

审计重要性。

【背景资料】

某注册会计师对XYZ公司2015年的财务报表进行审计,确定资产负债表的重要性水平为14万元,利润表的重要性水平为20万元。XYZ公司的总资产构成如下表所示(假设XYZ公司仅存在下面列示的资产,不存在除此之外的其他资产种类)。

账　户	金额(万元)
现金	20
应收账款	200
存货	600
固定资产	500
无形资产	80
总计	1 400

【考核要求】

(1)XYZ公司2015年财务报表层次的计划重要性水平是多少?

(2)如果按每项资产所占总资产的比例分配财务报表层次重要性到各账户，这样的分配方式有无缺陷？为什么？

★★★ 项目实训 ★★★

【实训项目】

审计业务约定书、总体审计策略、具体审计计划。

【实训 1】

【实训目的】

通过实践，掌握审计业务约定书的内容及签订。

【实训情境】

长江会计师事务所决定接受本市纺织公司的委托，对其会计报表进行审计，因此，由负责的项目经理注册会计师李山与纺织公司的财务主任签订审计业务约定书，基本内容如下：(1)签约双方的名称；(2)委托的目的；(3)审计范围；(4)签约双方的义务；(5)审计收费；(6)违约责任；(7)其他事项。

【实训要求】

(1)该审计业务约定书的签订人有无问题，如果有，是什么？

(2)该审计业务约定书的内容中少了两项重要内容条款，是什么？会产生什么后果？

(3)审计业务约定书的内容、审计双方的业务各应是什么？

【实训 2】

【实训目的】

通过实践，掌握总体审计策略和具体审计计划的内容以及编制方法。

【实训情境】

四川诚信会计师事务所有限公司对 ABC 股份有限公司 2015 年度的财务报表进行审计，会计师事务所派出三名人员，审计小组负责人赵军，注册会计师王玲，助理人员张昭。计划工作时间 20 天。ABC 股份有限公司的总资产 1.5 亿元，净利润 5 000 万元。

【实训要求】

根据上述资料编制 ABC 股份有限公司的总体审计策略以及对销售交易进行控制测试的具体审计计划。

项目四 审计证据和审计工作底稿

知识目标

理解：审计证据的概念、特征和分类。

熟知：审计工作底稿的概念、作用和性质。

掌握：获取审计证据的审计程序，审计工作底稿的格式、要素和范围，复核和归档。

技能目标

能够熟练掌握获取审计证据的程序并能够灵活运用；编制一般审计工作底稿。

知识支撑

任务一 审计证据

一、审计证据的概念

审计证据是指注册会计师为了得出审计结论、形成审计意见时使用的所有信息。审计证据包括构成财务报表基础的会计记录所含有的信息和其他信息。会计记录中含有的信息包括支票、电子资金转账记录、发票、合同、总账、明细账、记账凭证和未在记账凭证中反映的对财务报表的其他调整，以及用作成本分配、计算、调节和披露的手工计算表和电子数据表等。这些会计记录是编制财务报表的基础，也是审计证据的重要部分。仅靠会计记录中含有的信息不足以为财务报表审计提供充分的证据，有时还需要其他信息。可用作审计证据的其他信息包括：被审计单位的会议记录、内部控制手册、询证函的回函、分析师的报告、与竞争者的比较数据等。财务报表依据的会计记录中包含的信息和其他信息共同构成了审计证据，两者缺一不可，只有将两者结合在一起，才能为审计人员发表审计意见提供合理基础。

二、审计证据的特征

（一）审计证据的充分性

审计证据的充分性是对审计证据数量的衡量，主要与注册会计师确定的样本量有关，它是审计人员为得出审计结论所需要的审计证据的最低数量要求。在判断审计证据是否充分时，审计人员需要考虑以下几个主要因素：

1. 错报风险

错报风险是指被审计单位财务报表中存在错报、漏报的可能性。一般来说，错报风险越大，需要的审计证据就越多。

2. 审计证据质量

审计证据质量是指审计证据证明力的大小，通常取决于审计证据的相关性与可靠性。一般而言，审计证据质量越高，需要的审计证据的数量就越少。虽然审计证据数量与质量相关，但如果审计证据的质量存在缺陷，仅靠获取更多的审计证据可能无法弥补其质量上的缺陷。

（二）审计证据的适当性

审计证据的适当性是对审计证据质量的衡量，即审计证据在支持各类交易、账户余额、列报（包括披露）的相关认定，或发现其中存在错报方面具有相关性和可靠性。只有相关且可靠的审计证据才是高质量的。

1. 审计证据的相关性

审计证据的相关性要求审计证据应与具体的审计目标相关联。在确定相关性时，审计人员应当考虑以下几点：

（1）特定的审计程序可能只为某些认定提供相关的审计证据，而与其他认定无关。例如，对被审计单位的财产物资进行监盘，与确定财产的存在是相关的，但不能证明财产物资的所有权。

（2）针对同一项认定可以从不同来源获取审计证据或获取不同性质的审计证据。例如，为了确定应收账款的真实性，不仅可以查阅被审计单位的会计记录，也可以向债务单位发函询证。

（3）只与特定认定相关的审计证据并不能替代与其他认定相关的审计证据。例如，上述证明财产物资真实存在的审计证据就不能代替证明其所有权的审计证据。

2. 审计证据的可靠性

审计证据的可靠性要求审计证据应能如实地反映客观事实。审计证据的可靠性受其来源和性质的影响，并取决于获取审计证据的具体环境。审计人员通常按照以下原则考虑审计证据的可靠性：

（1）从外部独立来源获取的审计证据比从其他来源获取的审计证据更可靠。

（2）内部控制有效时，内部生成的审计证据比内部控制薄弱时内部生成的审计证据更可靠。

（3）直接获取的审计证据比间接获取或推论得出的审计证据更可靠。

（4）以文件记录形式（无论是纸质、电子或其他介质）存在的审计证据比口头形式的审计证据更可靠。

（5）从原件获取的审计证据比从传真或复印件获取的审计证据更可靠。

审计证据的充分性和适当性密切相关，审计证据的适当性会影响其充分性。一般而言，审计证据的相关与可靠程度越高，则所需审计证据的数量就越可以减少；反之，审计证据的数量就要相应增加。

三、审计证据的分类

对于审计证据可以有多种分类标准和分类方法，常见的分类方法有以下几种：

（一）按表现形式分类

审计证据按表现形式分类，可以分为实物证据、书面证据、口头证据和环境证据。

1. 实物证据

实物证据是指通过实际观察或清点所取得的、用以确定某些实物资产是否确实存在的证据。例如，库存现金的数额可以通过盘点加以验证，各种存货和固定资产也可以通过盘点的方式证明其是否确实存在。实物证据通常是证明实物资产是否存在的非常有说服力的证据，但实物资产的存在并不能完全证实被审计单位对其拥有所有权。例如，年终盘点的存货可能包括其他企业寄售或委托加工的部分，或者已经销售而等待发运的商品。此外，实物证据也难以判断实物资产的质量，资产质量的好坏将影响到资产的价值。因此，对于取得实物证据的账面资产，还应就其所有权归属及其价值情况另行审计。

2. 书面证据

书面证据是指审计人员获取的、能够证明被审计事项真相的以书面形式表现的审计证据。它包括与审计有关的各种原始凭证、记账凭证、会计账簿和各种明细表、各种会议记录和文件、各种合同、通知书、报告书及函件等。从数量上看，书面证据在审计证据中是最多的，是审计证据的主要组成部分。

3. 口头证据

口头证据是指被审计单位职员或其他有关人员对审计人员的提问所作的口头答复而形成的一类证据。一般而言，口头证据本身并不足以证明事情的真相，但审计人员可以通过口头证据发掘出一些重要的线索，从而有利于对被审计事项作进一步的调查，获取更为可靠的证据。例如，审计人员对应收账款进行账龄分析后，可以询问应收账款负责人对收回逾期应收账款的可能性的意见。如果其意见与审计人员自行估计的坏账损失基本一致，则这一口头证据就可成为证实审计人员有关坏账损失判断的重要证据。

4. 环境证据

环境证据也称状况证据，是指对被审计单位产生影响的各种环境事实，如有关内部控制情况、被审计单位管理人员的素质、各种管理条件和管理水平等。环境证据能够帮助审计人员了解被审计单位及其经济活动所处的环境，是审计人员进行判断所必须掌握的资料。一般而言，被审计单位相关环境优良，其相关活动和记录的质量就较高；反之则较差。

（二）按来源分类

审计证据按来源分类，可以分为外部证据、内部证据和亲历证据。

1. 外部证据

外部证据是指由被审计单位以外的单位或人员编制的书面证据。外部证据一般具有较强的证明力，可靠程度较高。外部证据又可以分为两类：一类是审计人员直接取得的书面证据，如应收账款函证信；另一类是由被审计单位取得并提交给审计人员的书面证据，如银行对账单、购货发票等。这类书面证据虽然由独立于被审计单位的第三者编制，但由于经过了被审外单位有关职员之手，存在被伪造或更改的可能性，因而其证明力会受到不同程度的影响。对这一类证据，审计人员应考虑其被更改或伪造的难易程度及其已被更改或伪造的可能性，视其重要程度采取相应的措施加以处理。

2. 内部证据

内部证据是指由被审计单位内部机构或人员编制并提供的书面证据。内部证据包括被审计单位的会计记录、被审计单位管理层的声明书等。由于内部证据是被审计单位内部的机构或人员编制并提供的，存在差错或被伪造的可能性较大。因此，一般而言，内部证据不如外部证据可靠。但是，如果内部证据在外部流转并获得其他单位或个人的认可（如销货发票、付款支票等），则也具有较强的可靠性。

3. 亲历证据

亲历证据是指审计人员自己编制的为证明某个事项的证据，如审计人员参加现金盘点编制的盘点表、分析表等。

（三）按相关程度分类

审计证据按相关程度分类，可以分为直接证据和间接证据。

1. 直接证据

直接证据是指对审计事项具有直接证明力，能单独、直接证明审计事项的资料和事实。例如，审计人员亲自参与实物盘点而形成的盘点记录，就是证明实物存在的直接证据。审计人员有了直接证据，就无需再收集其他证据，可以直接得出审计结论。

2. 间接证据

间接证据是指对审计事项只起间接证明作用，需要与其他证据结合起来，才能证明审计事项真相的资料和事实。例如，在进行报表审计时，凭证并不能直接形成报表，因此对证明报表公允性来说，凭证就是间接证据。

审计工作中，单凭直接证据就能影响审计人员的意见和结论的情况并不多见。在直接证据以外，往往需要一系列间接证据才能对审计事项作出完整的结论。当然，直接和间接是相对的，凭证对报表来说是间接证据，但对账簿来说就是直接证据。

【视野拓展 4—1】

注册会计师张杰在对恒基公司 2015 年度财务报表进行审计时，收集到以下 6 组证据：

(1)收料单与购货发票；

(2)销货发票副本与产品出库单；

(3)领料单与材料成本计算表；

(4)工资计算单与工资发放单；

(5)存货盘点表与存货监盘记录；

(6)银行询证函回函与银行对账单。

要求：请分别说明每组证据中哪些审计证据较为可靠，并简要说明理由。

解析：(1)购货发票比收料单可靠。这是因为购货发票来自公司以外的机构或人员，而收料单是公司自行编制的。

(2)销货发票副本比产品出库单可靠。这是因为销货发票是在外部流转的，并获得公司以外的机构或个人的承认，而产品出库单只是在公司内部流转。

(3)领料单比材料成本计算表可靠。这是因为领料单预先被连续编号，并且经过公司不同部门人员的审核，而材料成本表只在公司的会计部门内部流转。

(4)工资发放单比工资计算单可靠。这是因为工资发放单需经会计部门以外的工资领取人签字确认，而工资计算单只是在会计部门内部流转。

(5)存货监盘记录比存货盘点表可靠。这是因为存货监盘记录是注册会计师自行编制的，而存货盘点表是公司提供的。

(6)银行询证函回函比银行对账单可靠。这是因为银行询证函回函是注册会计师直接获取的，未经公司有关职员之手，而银行对账单经过公司有关职员之手，存在伪造、涂改的可能性。

四、获取审计证据的审计程序

审计人员可以采用的审计程序包括：检查（记录或文件、有形资产）、观察、询问、函证、重新计算、重新执行、分析程序。

（一）检查（记录或文件、有形资产）

检查是指注册会计师对被审计单位内部或外部生成的，以纸质、电子或其他介质形式存在的记录和文件进行审查，或对资产进行实物审查。检查记录或文件可以提供可靠程度不同的审计证据，审计证据的可靠性取决于记录或文件的性质和来源，而在检查内部记录或文件时，其可靠性则取决于生成该记录或文件的内部控制的有效性。将检查用作控制测试的一个例子，是检查记录以获取关于授权的审计证据。检查有形资产可为其存在提供可靠的审计证据，但不一定能够为权利和义务或计价等认定提供可靠的审计证据。对个别存货项目进行的检查，可与存货监盘一同实施。

（二）观察

观察是指注册会计师查看相关人员正在从事的活动或实施的程序。例如，注册会计师对被审计单位人员执行的存货盘点或控制活动进行观察。观察可以提供执行有关过程或程序的审计证据，但观察所提供的审计证据仅限于观察发生的时点，而且被观察人员的行为可能因被观察而受到影响，这也会使观察提供的审计证据受到限制。

（三）询问

知情人员对询问的答复可能为注册会计师提供尚未获悉的信息或佐证证据，同时，对询问的答复也可能提供与注册会计师已获取的其他信息存在重大差异的信息，例如，关于被审计单位管理层凌驾于控制之上的可能性的信息。在某些情况下，对询问的答复为注册会计师修改审计程序或实施追加的审计程序提供了基础。

针对某些事项，注册会计师可能认为有必要向管理层（如适用）获取书面声明，以证实对口头询问的答复。

（四）函证

函证，是指注册会计师直接从第三方（被询证者）获取书面答复以作为审计证据的过程，书面答复可以采用纸质、电子或其他介质等形式。当针对的是与特定账户余额及其项目相关的认定时，函证常常是相关的程序。但是，函证不必局限于账户余额。例如，注册会计师可能要求对被审计单位与第三方之间的协议和交易条款进行函证。注册会计师可能在询证函中询问协议是否作过修改，如果作过修改，要求被询证者提供相关的详细信息。此外，函证程序还可以用于获取不存在某些情况的审计证据，如不存在可能影响被审计单位收入确认的“背后协议”。

（五）重新计算

重新计算是指注册会计师对记录或文件中的数据计算的准确性进行核对。重新计算可通过手工方式或电子方式进行。

（六）重新执行

重新执行是指注册会计师独立执行原本作为被审计单位内部控制组成部分的程序或控制。

（七）分析程序

分析程序，是指注册会计师通过分析不同财务数据之间以及财务数据与非财务数据之间的内在关系，对财务信息作出评价。分析程序还包括在必要时对识别出的、与其他相关信息不一致或与预期值差异重大的波动或关系进行调查。

审计程序与审计证据的关系如图4－1所示。

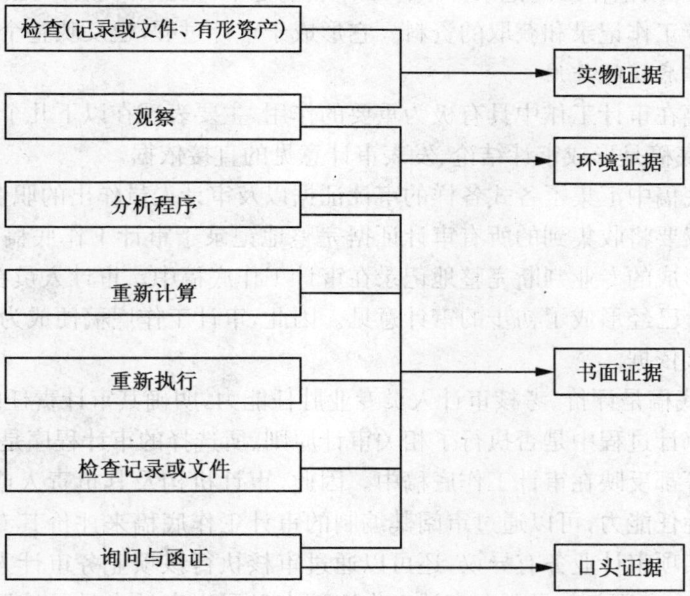

图 4—1　审计程序与审计证据的关系

【同步案例 4—1】

审计证据的作用

美国安达信会计师事务所是美国五大会计师事务所之一，在全世界 84 个国家拥有合伙人 4 700 名，专业人员 85 000 人，在世界各地的合作伙伴超过了 2 000 家。安达信 2001 年财政年度的收入为 93.4 亿美元，相当于中国当年所有会计师事务所年收入的 10 倍。美国能源业巨头安然公司自 1985 年成立以来，安达信一直负责其审计工作，并同时提供咨询服务。2000 年安达信从安然公司获得高达 5 200 万美元的收入。利益驱使安达信帮助安然公司造假，出具虚假审计报告。2001 年 10 月，安然公司重新公布了 1997～2000 年期间的财务报表，结果累积利润比原先减少 5.91 亿美元，而债务却增加 6.38 亿美元。事发之后，安达信故意销毁了安然公司的大量电子文件、审计文件以及与安然公司财务审计有关的信息资料，试图逃避美国证券交易委员会的调查。整个事件真相暴露后，安达信会计师事务所信誉受损，客户流失使具有 89 年历史的安达信从此退出审计业务。

从上述案例中可以看出，作为美国五大会计师事务所之一的安达信会计师事务所在安然公司事发后销毁大量电子文件、审计文件以及与安然公司财务审计有关的信息资料，试图逃避美国证券交易委员会的调查，足以证明这些文件对于整个案件的重要性，它们在该案件中起着举足轻重的作用，是案件侦破的重要证据。

任务二　审计工作底稿

一、审计工作底稿的概念和作用

(一)审计工作底稿的概念

审计工作底稿是指注册会计师对制订的审计计划、实施的审计程序、获取的相关审计证据，以及得出的审计结论作出的记录。审计工作底稿是审计证据的载体，是注册会计师在审计过程中形成的审计工作记录和获取的资料。它形成于审计过程，也反映整个审计过程。

(二)审计工作底稿的作用

审计工作底稿在审计工作中具有极为重要的作用，主要表现在以下几个方面：

1. 审计工作底稿是形成审计结论、发表审计意见的直接依据

在审计工作底稿中汇集了各式各样的审计证据以及审计人员作出的职业判断。审计人员在审计过程中不仅要将收集到的所有审计证据完整地记录于审计工作底稿，而且还要将其根据这些审计证据形成的专业判断完整地记录在审计工作底稿中。审计人员在编制审计工作底稿的过程中事实上已经形成了初步的审计意见。因此，审计工作底稿便成为形成审计结论、发表审计意见的直接依据。

2. 审计工作底稿是评价、考核审计人员专业胜任能力，明确其审计责任的重要依据

审计人员在审计过程中是否执行了相关审计原则、所选择的审计程序是否恰当、作出的专业判断是否正确等都反映在审计工作底稿中。因此，审计机构及其负责人或有关方面要考核一个审计人员的胜任能力，可以通过审阅其编制的审计工作底稿来评价其专业判断能力和工作水平。一旦对某项审计业务有异议，还可以通过审核执行该项业务审计人员的审计工作底稿来明确其责任。一般而言，只要在审计工作底稿中显示出审计人员是按照相关审计准则并采用了合适的审计程序进行审计，就可以解脱审计人员的责任。

3. 审计工作底稿是审计质量控制与监督的主要依据

审计工作底稿可以清晰地反映出整个审计过程的轨迹。因此，审计质量的高低会体现在审计工作底稿中。审计机构和其他有关方面进行审计质量控制和监督，必须借助审计工作底稿。离开了审计工作底稿，审计质量控制与监督就无法落到实处。

4. 审计工作底稿对未来审计业务具有参考备查作用

同种类型的审计业务具有一定的共性，同一被审计单位的审计业务具有一定的连续性，当年度的审计工作底稿不仅对当年的审计业务有作用，而且对未来审计业务也具有参考备查作用。特别是当被审计单位更换事务所或审计人员时，审计工作底稿的备查作用还以解决审计工作的衔接问题。

二、审计工作底稿的存在形式和通常包括及不包括的内容

(一)审计工作底稿的存在形式

随着信息技术的广泛运用，审计工作底稿的形式从传统的纸质形式扩展到电子或其他介质形式。在实务中，为便于复核，注册会计师可将以电子或其他介质形式存在的审计工作底稿通过打印等方式，转换成纸质形式的审计工作底稿，并与其他纸质形式的审计工作底稿一并归档，同时，单独保存这些以电子或其他介质形式存在的审计工作底稿。

(二)审计工作底稿通常包括的内容

审计工作底稿通常包括总体审计策略、具体审计计划、分析表、问题备忘录、重大事项概要、询证函回函和声明、核对表、有关重大事项的往来函件(包括电子邮件)。注册会计师还可以将被审计单位文件记录的摘要或复印件(如重大的或特定的合同和协议)作为审计工作底稿的一部分。

此外，审计工作底稿通常还包括业务约定书、管理建议书、项目组内部或项目组与被审计单位举行的会议记录、与其他人士(如其他注册会计师、律师、专家等)的沟通文件及错报汇总

表等。但是，审计工作底稿并不能代替被审计单位的会计记录。

（三）审计工作底稿通常不包括的内容

审计工作底稿通常不包括已被取代的审计工作底稿的草稿或财务报表的草稿、反映不全面或初步思考的记录、存在印刷错误或其他错误而作废的文本，以及重复的文件记录等。由于这些草稿、错误的文本或重复的文件记录不直接构成审计结论和审计意见的支持性证据，因此，注册会计师通常不保留这些记录。

三、确定审计工作底稿的格式、要素和范围时应考虑的因素

在确定审计工作底稿的格式、要素和范围时，注册会计师应当考虑下列因素：

（一）被审计单位的规模和复杂程度

通常来说，对大型被审计单位进行审计形成的审计工作底稿，通常比对小型被审计单位进行审计形成的审计工作底稿要多；对业务复杂被审计单位进行审计形成的审计工作底稿，通常比对业务简单被审计单位进行审计形成的审计工作底稿要多。

（二）拟实施审计程序的性质

通常，不同的审计程序会使得注册会计师获取不同性质的审计证据，由此注册会计师可能会编制不同的审计工作底稿。例如，注册会计师编制的有关函证程序的审计工作底稿（包括询证函及回函、有关不符事项的分析等）和存货监盘程序的审计工作底稿（包括盘点表、注册会计师对存货的测试记录等）在内容、格式及范围方面是不同的。

（三）识别出的重大错报风险

识别和评估的重大错报风险水平的不同可能导致注册会计师实施的审计程序和获取的审计证据不尽相同。例如，如果注册会计师识别出应收账款存在较高的重大错报风险，而其他应收款的重大错报风险较低，则注册会计师可能对应收账款实施较多的审计程序并获取较多的审计证据，因而对测试应收账款的记录会比针对测试其他应收款记录的内容多且范围广。

（四）已获取的审计证据的重要程度

注册会计师通过执行多项审计程序可能会获取不同的审计证据，有些审计证据的相关性和可靠性较高，有些质量则较差，注册会计师可以区分不同的审计证据进行有选择性的记录。因此，审计证据的重要程度也会影响审计工作底稿的格式、内容和范围。

（五）识别出的例外事项的性质和范围

有时注册会计师在执行审计程序时会发现例外事项，由此可能导致审计工作底稿在格式、内容和范围方面的不同。例如，某个函证的回函表明存在不符事项，如果在实施恰当的追查后发现该例外事项并未构成错报，注册会计师可能只在审计工作底稿中解释发生该例外事项的原因及影响；反之，如果该例外事项构成错报，注册会计师可能需要执行额外的审计程序并获取更多的审计证据，由此编制的审计工作底稿在内容和范围方面可能有很大不同。

（六）不易确定结论或结论的基础时，记录结论或结论基础的必要性

在某些情况下，特别是在涉及复杂的事项时，注册会计师仅将已执行的审计工作或获取的审计证据记录下来，并不容易使其他有经验的注册会计师通过合理的分析，得出审计结论或结论的基础。此时，注册会计师应当考虑是否需要进一步说明并记录得出结论的基础（即得出结论的过程）及该事项的结论。

（七）审计方法和使用的工具

审计方法和使用的工具可能影响审计工作底稿的格式、内容和范围。例如，如果使用计算

机辅助审计技术对应收账款的账龄进行重新计算，通常可以针对总体进行测试，而采用人工方式重新计算时，则可能会针对样本进行测试，由此形成的审计工作底稿会在格式、内容和范围方面有所不同。

考虑以上因素有助于注册会计师确定审计工作底稿的格式、内容和范围是否恰当。注册会计师在考虑以上因素时，需注意根据不同情况确定审计工作底稿的格式、内容和范围均是为达到审计准则中所述的编制审计工作底稿的目的，特别是提供证据的目的。例如，细节测试和实质性分析程序的审计工作底稿所记录的审计程序有所不同，但两类审计工作底稿都应当充分、适当地反映注册会计师执行的审计程序。

四、审计工作底稿的要素

通常，审计工作底稿包括下列全部或部分要素：①审计工作底稿的标题；②审计过程记录；③审计结论；④审计标识及其说明；⑤索引号及编号；⑥编制人员和复核人员姓名及执行日期；⑦其他应说明事项。

下面分别对以上所述要素中的第①～⑥项进行说明。

（一）审计工作底稿的标题

每张底稿应当包括被审计单位的名称、审计项目的名称以及资产负债表日或底稿覆盖的会计期间（如果与交易相关）。

（二）审计过程记录

在记录审计过程时，应当特别注意以下几个重点方面：

1. 具体项目或事项的识别特征

在记录实施审计程序的性质、时间安排和范围时，注册会计师应当记录测试的具体项目或事项的识别特征，这有助于实现多种目的，例如，这能反映项目组履行职责的情况，也便于对例外事项或不符事项进行调查，以及对测试的项目或事项进行复核。

识别特征是指被测试的项目或事项表现出的征象或标志。识别特征因审计程序的性质和测试的项目或事项不同而不同。对某一个具体项目或事项而言，其识别特征通常具有唯一性，这种特性可以使其他人员根据识别特征在总体中识别该项目或事项并重新执行该测试。为帮助理解，以下列举部分审计程序中所测试的样本的识别特征：

（1）对于被审计单位生成的订单进行细节测试，注册会计师可以订单的日期或其唯一编号作为测试订单的识别特征。

（2）对于需要选取或复核既定总体内一定金额以上的所有项目的审计程序，注册会计师可以记录实施程序的范围并指明该总体。例如，银行存款日记账中一定余额以上的所有会计分录。

（3）对于需要系统化抽样的审计程序，注册会计师可以通过记录样本的来源、抽样的起点及抽样间隔来识别已选取的样本。例如，若被审计单位对发运单顺序编号，测试的发运单的识别特征可以是，对 4 月 1 日至 9 月 30 日的发运记录，从第 12345 号发运单开始每隔 125 号系统抽取发运单。

（4）对于需要询问被审计单位中特定人员的审计和程序，注册会计师可以询问的时间、被询问人的姓名及职位作为识别特征。

（5）对于观察程序，注册会计师可以观察的对象或观察过程、相关规定观察人员及其各自的责任、观察的地点和时间作为识别特征。

2. 重大事项和相关重大职业判断

注册会计师应当根据具体情况判断某一事项是否属于重大事项。重大事项通常包括：引起特别风险的事项；实施审计程序的结果，该结果表明财务信息可能存在重大错报，或需要修正以前对重大错报风险的评估和针对这些风险拟采取的应对措施；导致注册会计师难以实施必要审计程序的情形；导致出具非标准审计报告的事项。

注册会计师应当记录与管理层、治理层和其他人员对重大事项的讨论，包括所讨论的重大事项的性质以及讨论的时间、地点和参加人员。另外，有关重大事项的记录可能分散在审计工作底稿的不同部分。将这些分散在审计工作底稿中的有关重大事项的记录汇总在重大事项概要中，不仅可以帮助注册会计师集中考虑重大事项对审计工作的影响，还便于审计工作的复核人员全面、快速地了解重大事项，从而提高复核工作的效率。

注册会计师在执行审计工作和评价审计结果时运用职业判断的程度，是决定记录重大事项的审计工作底稿的格式、内容和范围的一项重要因素。在审计工作底稿中对重大职业判断进行记录，能够解释注册会计师得出的结论并提高职业判断的质量。

当涉及重大事项和重大职业判断时，注册会计师需要编制与运用职业判断相关的审计工作底稿。例如，①如果审计准则要求注册会计师"应当考虑"某些信息或因素，并且这种考虑在特定业务情况下是重要的，记录注册会计师得出结论的理由；②记录注册会计师对某些方面主观判断的合理性（如某些重大会计估计的合理性）得出结论的基础；③如果注册会计师针对审计过程中识别出的导致其对某些文件记录的真实性产生怀疑的情况实施了进一步调查（如适当利用专家的工作或实施函证程序），记录注册会计师对这些文件记录真实性得出结论的基础。

（三）审计结论

审计工作的每一部分都应包含与已实施审计程序的结果及其是否实现既定审计目标相关的结论，还应包括审计程序识别出的例外情况和重大事项如何得到解决的结论。注册会计师恰当地记录审计结论非常重要。注册会计师需要根据所实施的审计程序及获取的审计证据得出结论，并以此作为对财务报表发表审计意见的基础。在记录审计结论时，需注意在审计工作底稿中记录的审计程序和审计证据是否足以支持所得出的审计结论。

（四）审计标识及其说明

审计标识被用于与已实施审计程序相关的底稿。每张底稿都应包含对已实施程序的性质和范围所作的解释，以支持每一个标识的概念。审计工作底稿中可使用各种审计标识，但应说明其概念，并保持前后一致。以下是注册会计师在审计工作底稿中列明标识并说明其概念的例子：∧表示纵加核对；<表示横加核对；B 表示与上年结转数核对一致；T 表示与原始凭证核对一致；G 表示与总分类账核对一致；S 表示与明细账核对一致；T/B 表示与试算平衡表核对一致；C 表示已发询证函；C\表示已收回询证函。在实务中，注册会计师也可以依据实际情况运用更多的审计标识。

（五）索引号及编号

通常，审计工作底稿需要注明索引号及顺序编号，相关审计工作底稿之间需要保持清晰的勾稽关系。在实务中，注册会计师可以按照所记录的审计工作的内容层次进行编号。例如，固定资产汇总表的编号为 C1；按类别列示的固定资产明细表的编号为 C1－1；列示单个固定资产原值及累计折旧的明细表编号，包括房屋建筑物（编号为 C1－1－1）、机器设备（编号为 C1－1－2）、运输工具（编号为 C1－1－3）及其他设备（编号为 C1－1－4）。相互引用时，需要在审计工作底稿中交叉注明索引号。

（六）编制人员和复核人员及执行日期

在记录实施审计程序的性质、时间和范围时，注册会计师应当记录：①审计工作的执行人员及完成该项审计工作的日期；②审计工作的复核人员及复核的日期和范围。在需要项目质量控制复核的情况下，还需要注明项目质量控制复核人员及复核的日期。通常，需要在每一张审计工作底稿上注明执行审计工作的人员和复核人员、完成该项审计工作的日期以及完成复核的日期。

五、审计工作底稿的复核

（一）项目组成员实施的复核

《中国注册会计师审计准则第1121号——对财务报表审计实施的质量控制》规定，由项目组内经验较多的人员（包括项目合伙人）复核经验较少人员的工作时，复核人员应当考虑：

(1)审计工作是否已按照法律法规、相关职业道德要求和审计准则的规定执行；

(2)重大事项是否已提请进一步考虑；

(3)相关事项是否已进行适当咨询、由此形成的结论是否得到记录和执行；

(4)是否需要修改已执行审计工作的性质、时间安排和范围；

(5)已执行的审计工作是否支持形成的结论，并已得到适当记录；

(6)获取的审计证据是否充分、适当，足以支持审计结论；

(7)审计程序的目标是否已经实现。

为了监督审计业务的进程，并考虑助理人员是否具备足够的专业技能和胜任能力，以执行分派的审计工作，了解审计指令及按照总体审计策略和具体审计计划执行工作，有必要对执行业务的助理人员进行适当的督导和复核。复核人员应当知悉并解决重大的会计和审计问题，考虑其重要程度并适当修改总体审计策略和具体审计计划。此外，项目组成员与客户的专业判断分歧应当得到解决，必要时，应考虑寻求恰当的咨询。

复核工作应当由至少具备同等专业胜任能力的人员完成，复核时应考虑是否已按照具体审计计划执行审计工作、审计工作和结论是否予以充分记录、所有重大事项是否已得到解决或在审计结论中予以反映、审计程序的目标是否已实现、审计结论是否与审计工作的结果一致并支持审计意见。复核范围因审计规模、审计复杂程度以及工作安排的不同而存在显著差异。有时由高级助理人员复核低层次助理人员执行的工作，有时由项目经理完成，并最终由项目合伙人复核。如上所述，对工作底稿实施的复核必须留下证据，一般由复核者在相关审计工作底稿上签名并署明日期。

（二）项目质量控制复核

《中国注册会计师审计准则第1121号——对财务报表审计实施的质量控制》规定，注册会计师在出具审计报告前，会计师事务所应当指定专门的机构或人员对审计项目组执行的审计实施项目质量控制复核。

项目质量控制复核应当包括客观评价下列事项：①项目组作出的重大判断；②在准备审计报告时得出的结论。

会计师事务所采用制衡制度，以确保委派独立的、有经验的审计人员作为其所熟悉行业的项目质量控制复核人员。复核范围取决于审计项目的复杂程度以及未能根据具体情况出具审计报告的风险。许多会计师事务所不仅对上市公司审计进行项目质量控制复核，也会进行审计客户的组合，对那些高风险或涉及公众利益的审计项目实施项目质量控制复核。

六、审计工作底稿的归档

(一)审计工作底稿归档工作的性质

在出具审计报告前，注册会计师应完成所有必要的审计程序，取得充分、适当的审计证据并得出适当的审计结论。由此，在审计报告日后将审计工作底稿归整为最终审计档案是一项事务性的工作，不涉及实施新的审计程序或得出新的结论。

如果在归档期间对审计工作底稿做出的变动属于事务性的，注册会计师可以做出变动，主要包括：①删除或废弃被取代的审计工作底稿；②对审计工作底稿进行分类、整理和交叉索引；③对审计档案归整工作的完成核对表签字认可；④记录在审计报告日前获取的、与项目组相关成员进行讨论并达成一致意见的审计证据。

(二)审计档案的结构

对每项具体审计业务，注册会计师应当将审计工作底稿归整为审计档案。在实务中，审计档案可以分为永久性档案和当期档案。这一分类主要是基于具体实务中对审计档案使用的时间而划分的。

永久性档案是指那些记录内容相对稳定、具有长期使用价值，并对以后审计工作具有重要影响和直接作用的审计档案。例如，被审计单位的组织结构、批准证书、营业执照、章程、重要资产的所有权或使用权的证明文件复印件等。

当期档案是指那些记录内容经常变化、主要供当期和下期审计使用的审计档案。例如，总体审计策略和具体审计计划。

一般来说，典型的审计档案结构包括以下方面：

(1)沟通和报告相关工作底稿：审计报告和经审计的财务报表；与主审注册会计师的沟通和报告；与治理层的沟通和报告；与管理层的沟通和报告；管理建议书。

(2)审计完成阶段工作底稿：审计工作完成情况核对表；管理层声明书原件；重大事项概要；错报汇总表；被审计单位财务报表和试算平衡表：有关列报的工作底稿(如现金流量表、关联方和关联交易的披露等)；财务报表所属期间的董事会会议纪要；总结会会议纪要。

(3)审计计划阶段工作底稿：总体审计策略和具体审计计划；对内部审计职能的评价；对外部专家的评价；对服务机构的评价；被审计单位提交的资料清单：主审注册会计师的指示；前期审计报告和经审计的财务报表；预备会会议纪要。

(4)特定项目审计程序表：舞弊；持续经营；对法律法规的考虑；关联方。

(5)进一步审计程序工作底稿：有关控制测试工作底稿；有关实质性程序工作底稿(包括实质性分析程序和细节测试)。

(三)审计工作底稿归档的期限

《质量控制准则第 5101 号——会计师事务所对执行财务报表审计和审阅、其他鉴证和相关服务业务实施的质量控制》要求会计师事务所制定有关及时完成最终业务档案归整工作的政策和程序。审计工作底稿的归档期限为审计报告日后 60 天内。如果注册会计师未能完成审计业务，审计工作底稿的归档期限为审计业务中止后的 60 天内。

如果针对客户的同一财务信息执行不同的委托业务，出具两个或多个不同的报告，会计师事务所应当将其视为不同的业务，根据会计师事务所内部制定的政策和程序，在规定的归档期限内分别将审计工作底稿归整为最终审计档案。

(四)审计工作底稿归档后的变动

在完成最终审计档案的归整工作后，注册会计师不应在规定的保存期限届满前删除或废弃任何性质的审计工作底稿。

1. 需要变动审计工作底稿的情形

注册会计师发现有必要修改现有审计工作底稿或增加新的审计工作底稿的情形主要有以下两种：

(1)注册会计师已实施了必要的审计程序，取得了充分、适当的审计证据并得出了恰当的审计结论，但审计工作底稿的记录不够充分。

(2)审计报告日后，发现例外情况要求注册会计师实施新的或追加审计程序，或导致注册会计师得出新的结论。例外情况主要是指审计报告日后发现与已审计财务信息相关，且在审计报告日已经存在的事实，该事实如果被注册会计师在审计报告日前获知，可能影响审计报告。

2. 变动审计工作底稿时的记录要求

在完成最终审计档案的归整工作后，如果发现有必要修改现有审计工作底稿或增加新的审计工作底稿，无论修改或增加的性质如何，注册会计师均应当记录下列事项：

(1)修改或增加审计工作底稿的理由；

(2)修改或增加审计工作底稿的时间和人员，以及复核的时间和人员。

(五)审计工作底稿的保存期限

会计师事务所应当自审计报告日起，对审计工作底稿至少保存10年。如果注册会计师未能完成审计业务，会计师事务所应当自审计业务中止日起，对审计工作底稿至少保存10年。

★★★ 应知考核 ★★★

一、单项选择题

1.下列有关审计证据的说法中不正确的是(　　)。

A.管理层声明书是内部证据

B.最高管理当局声明书比销售发票更可靠

C.如果被审计单位内部控制不健全，则注册会计师就不能过分信赖获取的内部证据

D.一般而言，内部证据不如外部证据可靠

2.下列四项审计证据中，证明力最强的是(　　)。

A.应收账款回函　　B.董事会决议　　C.银行对账单　　D.销售发票

3.如果将出售无形资产的收入记录为主营业务收入，则管理层对交易的(　　)认定是不恰当的。

A.发生　　B.完整性　　C.准确性　　D.分类

4.如果存在某客户的应付账款，但在应付账款明细账中没有列入对该客户的应付账款，则管理层关于应付账款(　　)的认定是不恰当的。

A.存在　　B.权利和义务　　C.完整性　　D.计价和分摊

5.注册会计师在审计过程中怀疑被审计单位发出存货却没有给顾客开具发票，需要确认销售是否完整，注册会计师应当(　　)。

A.从销售发票副本中选取样本，并追查至与每张发票相应的发货单

B.从发货单中选取样本，追查至与每张发货单相应的发票副本，以确定是否每张发货单均已开具发票

C.从销售发票副本中选取样本，核对记录的销售价格和销售数量

D.从销售发票副本中选取样本，检查其审核签字的情况

6.下列与审计证据相关的表述中，正确的是(　　)。

A.如果审计证据的数量足够，就可以弥补审计证据的质量缺陷

B.不应考虑获取审计证据的成本与获取信息的有用性之间的关系

C.会计记录中含有的信息本身不足以提供充分的审计证据作为对财务报表发表审计意见的基础

D.审计工作通常不涉及鉴定文件的真伪，对用作审计证据的文件记录，只需考虑相关内部控制的有效性

7.在评价审计证据的充分性和适当性时，注册会计师的以下考虑中不正确的是(　　)。

A.审计证据的质量越高，需要的审计证据数量可能越少

B.如果在实施审计程序时使用被审计单位生成的信息，注册会计师应当就这些信息的准确性和完整性获取审计证据

C.如果从不同来源获取的审计证据或获取的不同性质的审计证据不一致，表明某项审计证据可能不可靠，此时注册会计师应当追加必要的审计程序

D.如果存货监盘成本高、难以实施时，可以不执行该程序

8.下列有关审计工作底稿的说法中正确的是(　　)。

A.为全面反映审计工作，已被取代的审计工作底稿的草稿也应当一并予以归档

B.在完成最终审计档案的归整工作后，注册会计师不得在规定的保存期届满前删除或废弃审计工作底稿

C.ABC 会计师事务所同时承接了甲公司 2015 年财务报表审计业务和审阅业务，出具了两个不同的报告，报告日期分别为 3 月 10 日和 3 月 21 日，在归档时，会计师事务所应将其视为同一业务一并予以归档

D.审计工作底稿只能以纸质形式存在

9.下面列示的审计档案中，属于当期档案的是(　　)。

A.被审计单位的章程　　B.被审计单位的营业执照

C.具体审计计划　　D.重要资产的所有权证明文件复印件

10.下列有关审计工作底稿归档期限的表述中，正确的是(　　)。

A.如果未能完成审计业务，归档期限为外勤审计工作中止日后 30 天内

B.如果完成审计业务，归档期限为审计报告日后 60 天内

C.如果完成审计业务，归档期限为外勤审计工作结束日后 60 天内

D.如果未能完成审计业务，归档期限为审计业务中止后 30 天内

二、多项选择题

1.审计证据适当性的核心内容包括(　　)。

A.相关性　　B.充分性　　C.可靠性　　D.统一性

2.下列各项审计证据中，属于来自被审计单位内部证据的有(　　)。

A.被审计单位已对外报送的财务报表　　B.被审计单位提供的银行对账单

C.被审计单位律师关于未决诉讼的声明书 D.被审计单位管理层声明书

3.通常情况下，注册会计师需要对(　　)特定项目实施函证。

A.金额较小的项目

B.账龄较长的项目

C.可能存在争议以及产生重大舞弊或错误的交易

D.重大或异常的交易

4.按审计证据的表现形式分类，可以分为(　　)。

A. 环境证据　　B. 实物证据　　C. 书面证据　　D. 口头证据

5.下列审计底稿中，应该归入当期档案管理的有(　　)。

A. 审计报告和经审计的财务报表　　B. 管理建议书

C. 审计业务约定书原件　　D. 各投资方简介以及董事会成员清单

三、简答题

1.简述审计证据的概念和特征。

2.简述获取审计证据的审计程序。

3.简述审计工作底稿的概念作用。

4.简述审计工作底稿的性质。

5.简述审计工作底稿的格式、要素和范围。

四、技能案例

1.审计银广夏的深圳中天勤会计师事务所是我国会计师事务所实施脱钩改制后屈指可数的大型会计师事务所，可谓实力雄厚。而就是该所制造了我国审计界的惊天大案。该事务所在对银广夏年报的审计过程中，未能按照独立审计准则的要求，收集充分适当的审计证据，以致错误地表述审计意见，造成了审计失败，具体表现在：

(1)注册会计师未执行有效的审计程序以获取审计证据。在审计过程中，被审计单位可能出于某种需要会精心炮制注册会计师所需要的审计证据。此案例中，审计人员在审计过程中，对于询证函的寄发、函证的对象、函证的具体比例等都由被审计单位执行，未按要求将询证函寄达注册会计师处；对于无法执行函证的应收账款，审计人员在运用替代程序时，未取得海关报关单、运单、提单等外部证据，仅根据公司内部证据便确认公司的应收账款。

(2)获取的审计证据不具有相关性和可靠性。经由外部独立的第三者获取的审计证据比内部证据可靠，注册会计师亲自执行某些审计程序获取的审计证据比间接取得的审计证据可靠。如果询证函全部由被审计单位寄发，则这样的函证资料也会降低其可信度。只要被审计单位管理当局不可信赖，注册会计师就可能掉入被审计单位或委托人设定的“陷阱”。事实上，银广夏一直在编造业绩的神话。注册会计师在没有获取具有较强可靠性的海关报关单、运单、提单等外部证据，同时又听信管理当局的口头证据，未采用实地观察程序获取直接证据的情况下，要发现虚构资产和收入当然就困难了。因此，审计人员在获取审计证据时，应首先评价其资料的可信性，必要时利用专家意见，分清事物的现象和本质，使审计证据具有充分的证明力。

思考与讨论：

试结合案例说明审计证据的特性及其相互关系，并说明证据的获取对审计意见的支持与影响。

2.填写下表,对列举证据的类型、可靠性进行说明

列举证据	证明事项	证据类型	证据可靠性
由企业编制、注册会计师复核的库存现金盘点表			
注册会计师直接收取的应收账款函证回函			
从企业开户银行获取的银行存款对账单			
就企业投资业务注册会计师做成的询问笔录			
律师声明书			
购货发票			
管理当局声明书			
企业折旧计算表			
费用报销制度			

思考与讨论:

结合审计证据的分类和特征,填写上表。

3.注册会计师在对某客户审计过程中,收集到下列四组审计证据:(1)销货发票副本与购货发票;(2)审计助理人员盘点存货的记录与客户自编的存货盘点表;(3)审计人员收回的应收账款函证回函与询问被审计单位应收账款负责人的记录;(4)银行存款余额调节表与银行对账单。

思考与讨论:

请分别说明,每组审计证据中的哪项审计证据更为可靠?为什么?

4.ABC会计师事务所承接了D公司2014年度财务报表审计工作,审计报告日是2015年3月15日,提交审计报告的时间是2015年3月17日。同时,约定下一年审计工作依然由ABC会计师事务所承接。

ABC会计师事务所于2015年5月24日完成审计工作底稿归档工作。

根据上述材料,请简要回答下列问题:

(1)简要回答ABC会计师事务所本次审计的审计工作底稿的归档期限是否正确,并说明理由。

(2)审计工作底稿归档后,出现何种情形可以修改现有审计工作底稿或增加新的审计工作底稿?

(3)审计工作底稿归档后,如要有必要修改现有审计工作底稿或增加新的审计工作底稿,注册会计师应当记录的事项有哪些?

(4)简要回答本次审计工作底稿的保存期限。

★★★ 应会考核 ★★★

【考核项目】

审计证据。

【背景资料】

注册会计师在对光华公司进行审计时发现该公司内部控制存在严重缺陷,在下列获取的

审计证据有:销货发票副本;现金盘点单、存货盘点单;购货发票副本;管理当局声明书。

【考核要求】

在上述获取的审计证据中哪些为注册会计师可以依赖?为什么?

★★★ 项目实训 ★★★

【实训项目】

审计证据。

【实训目的】

通过实践,掌握审计证据的主要特征、分类及获取审计证据的审计程序。

【实训情境】

X公司2015年度未审利润表及2014年度已审利润表如下:

项　目	2015年度未审数	2014年度已审数
一、营业收入	104 300	58 900
减:营业成本	91 845	53 599
营业税金及附加	560	350
二、主营业务利润	11 895	4 951
加:其他业务利润	40	56
减:营业费用	2 800	1 610
管理费用	2 380	3 260
财务费用	180	150
三、营业利润	6 575	(13)
加:投资收益		
补贴收入	980	
营业外收入	100	
减:营业外支出	260	150
四、利润总额	7 395	300
减:所得税费用(25%)	600	(163)
五、净利润	6 795	

【实训要求】

请运用分析程序确定该公司2015年度利润表审计的重点领域。

项目五　审计目标、方法和抽样

知识目标

理解：审计抽样的概念、特征和分类。

熟知：审计总目标、审计的具体目标、审计抽样的步骤。

掌握：审计的一般方法、审计的技术方法。

技能目标

能够根据审计的具体目标，结合被审计单位的具体情况选择恰当的审计程序和有效的审计方法，强化解决问题的职业核心能力，并通过职业态度等行为规范，促进职业人格的塑造。

知识支撑

任务一　审计目标

一、审计总目标

审计目标是审计主体通过审计实践活动所期望达到的境地或最终结果，是审计工作的指南，决定了审计的程序与方法。审计目标不是一成不变的，从最初的查错防弊，逐渐过渡为验证会计信息的真实公允性，之后又增加了评价经济活动合理性、效益性的内容。不管审计目标如何演变，审计的重要职责之一始终是对被审计单位财务报表进行审计，验证信息的真实公允是最核心的审计目标。因此，执行财务报表审计工作时，注册会计师的总体目标是评价财务报表的合法性及公允性并发表审计意见。

（一）评价财务报表的合法性

在评价财务报表是否按照适用的财务报告编制基础编制时，注册会计师应当考虑下列内容：

(1)选择和运用的会计政策是否符合适用的财务报告编制基础，并适合于被审计单位的具体情况。

(2)管理层作出的会计估计是否合理。

(3)财务报表反映的信息是否具有相关性、可靠性、可比性和可理解性。

(4)财务报表是否作出充分披露，使财务报表使用者能够理解重大交易和事项对被审计单位财务状况、经营成果和现金流量的影响。

（二）评价财务报表的公允性

在评价财务报表是否作出公允反映时，注册会计师应当考虑下列内容：

(1)经管理层调整后的财务报表是否与注册会计师对被审计单位及其环境的了解一致。

(2)财务报表的列报、结构和内容是否合理。

(3)财务报表是否真实地反映了交易和事项的经济实质。

二、审计的具体目标

审计具体目标是审计总目标的进一步具体化,对指导具体审计工作具有可操作性。一般来说,审计具体目标必须根据被审计单位管理当局和审计总目标的认定来确定。

(一)被审计单位管理当局的认定

认定与审计目标密切相关,注册会计师的基本职责就是确定被审计单位管理层对其财务报表的认定是否恰当。认定是指管理层对财务报表组成要素的确认、计量、列报作出的明确或隐含的表达。例如,管理层在资产负债表中列报存货的金额是100万元,说明被审计单位是有存货的,存货的价值是100万元,这两项是明示出来的认定;同时,还表明企业所有的存货均已包括在内了,这些存货的所有权应归该企业所有,这两项是隐含表达的认定。管理层对财务报表各组成要素均作出了认定,而注册会计师的审计工作就是要确定管理层的认定是否恰当。

1. 与各类交易事项相关的认定

注册会计师对所审计期间的各类交易和事项运用的认定通常分为以下类别:

(1)发生:记录的交易和事项已发生且与被审计单位有关。

(2)完整性:所有应当记录的交易和事项均已记录。

(3)准确性:与交易和事项有关的金额及其他数据已恰当记录。

(4)截止:交易和事项已记录于正确的会计期间。

(5)分类:交易和事项已记录于恰当的账户。

2. 与期末账户余额相关的认定

注册会计师对期末账户余额运用的认定通常分为以下类别:

(1)存在:记录的资产、负债和所有者权益是存在的。

(2)权利和义务:记录的资产由被审计单位拥有或控制,记录的负债是被审计单位应当履行的偿还义务。

(3)完整性:所有应当记录的资产、负债和所有者权益均已记录。

(4)计价和分摊:资产、负债和所有者权益以恰当的金额包括在财务报表中,与之相关的计价或分摊调整已恰当记录。

3. 与列报相关的认定

注册会计师对列报运用的认定通常分为以下类别:

(1)发生及权利和义务:披露的交易、事项和其他情况已发生,且与被审计单位有关。

(2)完整性:所有应当包括在财务报表中的披露均已包括。

(3)分类和可理解性:财务信息已被恰当地列报和描述,且披露内容表述清楚。

(4)准确性和计价:财务信息和其他信息已公允披露,且金额恰当。

(二)根据认定确定的审计具体目标

注册会计师了解了管理当局的认定和审计的总目标,就很容易确定每个项目的具体审计目标,并以此作为评估重大错报风险以及设计和实施进一步审计程序的基础。

1. 与各类交易和事项相关的审计目标

(1)发生:由发生认定推导的审计目标是已记录的交易是真实的。例如,如果没有发生销售交易,但在销售日记账中记录了一笔销售,则违反了该目标。

发生认定所要解决的问题是管理层是否把那些不曾发生的项目记入财务报表，它主要与财务报表组成要素的高估有关。

(2)完整性：由完整性认定推导的审计目标是已发生的交易确实已经记录。例如，如果发生了销售交易，但没有在销售日记账和总账中记录，则违反了该目标。

发生和完整性两者强调的是相反的关注点。发生目标针对潜在的高估，而完整性目标则针对漏记交易(低估)。

(3)准确性：由准确性认定推导的审计目标是已记录的交易是按正确金额反映的。例如，如果在销售交易中，发出商品的数量与账单上的数量不符，或是开账单时使用了错误的销售价格，或是在销售日记账中记录了错误的金额，则违反了该目标。

准确性与发生、完整性之间存在区别。例如，若已记录的销售交易是不应当记录的(如发出的商品是寄销商品)，则即使发票金额是准确计算的，仍违反了发生目标。再如，若已入账的销售交易是对正确发出商品的记录，但金额计算错误，则违反了准确性目标，但没有违反发生目标。在完整性与准确性之间也存在同样的关系。

(4)截止：由截止认定推导的审计目标是接近资产负债表日的交易记录于恰当的期间。例如，如果本期交易推到下期，或下期交易提到本期，均违反了截止目标。

(5)分类：由分类认定推导的审计目标是被审计单位记录的交易经过适当分类。例如，如果将现销记录为赊销，将出售经营性固定资产所得的收入记录为营业收入，则会导致交易分类的错误，违反了分类的目标。

2. 与期末账户余额相关的审计目标

(1)存在：由存在认定推导的审计目标是记录的金额确实存在。例如，如果不存在某顾客的应收账款，在应收账款试算平衡表中却列入了对该顾客的应收账款，则违反了存在性目标。

(2)权利和义务：由权利和义务认定推导的审计目标是资产属于被审计单位的权利，负债属于被审计单位的义务。例如，将他人寄售商品记入被审计单位的存货中，违反了权利的目标；将不属于被审计单位的债务记入账内，违反了义务目标。

(3)完整性：由完整性认定推导的审计目标是已存在的金额均已记录。例如，如果存在某顾客的应收账款，在应收账款试算平衡表中却没有列入对该顾客的应收账款，则违反了完整性目标。

(4)计价和分摊：资产、负债和所有者权益以恰当的金额包括在财务报表中，与之相关的计价或分摊调整已恰当记录。

3. 与列报相关的审计目标

即使注册会计师审计了各类交易和账户余额的认定，实现了各类交易和账户余额的具体审计目标，也不意味着获取了足以对财务报表发表审计意见的充分、适当的审计证据。因此，注册会计师还应当对各类交易、账户余额及相关事项在财务报表中列报的正确性实施审计。

(1)发生及权利和义务：将没有发生的交易、事项，或与被审计单位无关的交易和事项包括在财务报表中，则违反了该目标。例如，复核董事会会议记录中是否记载了固定资产抵押等事项，询问管理层固定资产是否被抵押，即是对列报的权利认定的运用。如果抵押固定资产则需要在财务报表中列报，说明其权利受到限制。

(2)完整性：如果应当披露的事项没有包括在财务报表中，则违反了该目标。例如，检查关联方和关联交易，以验证其在财务报表中是否得到充分披露，即是对列报的完整性认定的运用。

(3)分类和可理解性：财务信息已被恰当地列报和描述，且披露内容表述清楚。例如，检查存货的主要类别是否已披露，是否将一年内到期的长期负债列为流动负债，即是对列报的分类和可理解性认定的运用。

(4)准确性和计价：财务信息和其他信息已公允披露，且金额恰当。例如，检查财务报表附注是否分别对原材料、在产品和产成品等存货成本核算方法作了恰当说明，即是对列报的准确性和计价认定的运用。

任务二 审计方法

一、审计的一般方法

(一)程序审计方法

按照审查书面资料的顺序，审计方法可以分为顺查法和逆查法。

1. 顺查法

顺查法又称正查法，是按会计记录处理顺序进行查阅核对的方法。即先审阅原始凭证，然后再按记账程序查阅记账凭证、会计账簿，最后查阅财务报表。对审查核对中发现的问题，再进一步分析原因，查明真相。

由于这种方法是按某一会计期间的原始凭证发生日期、会计记录顺序依次进行检查核对，所以其优点是系统、全面，可以避免遗漏。但缺点是面面俱到，不能突出重点，工作量较大，费时费力。因此，只在对那些业务十分简单或一些有严重问题的单位进行审计时使用。

2. 逆查法

逆查法又称倒查法，是逆着会计记账程序进行查阅核对的方法。首先从审查分析财务报表入手，然后根据发现的问题，追踪审查会计账簿、记账凭证和原始凭证。

由于逆查法是从审查分析财务报表入手，在掌握了解被审计单位总的情况的基础上，根据审查出来的问题再重点深入地查证核实，所以其优点是便于抓住问题实质，节省人力和时间。其缺点是不能全面审查问题，容易遗漏一些问题。对于被审计单位审查中发现的一些突出问题，如经营亏损、财产损失和商品积压等，一般可以采用这种方法。

顺查法和逆查法各有优缺点，审计人员可以根据自己的经验和掌握被审计单位的情况进行选择，必要时，可以将这两种方法结合使用以达到理想的审计效果。

(二)范围审计方法

按照审计的范围，审计方法可以分为详查法和抽查法。

1. 详查法

详查法是指对被审项目或某类经济活动的所有凭证、账簿与报表等会计资料和全部内容进行全面详细的审计，并获得审计证据的一种方法。其特点是对全部会计资料和全部经济活动进行仔细的详查，能够有效地查出会计资料中的错弊，特别适合财经法纪审计。其优点是错弊不易疏漏，审计风险小，审计工作质量有可靠的保证。其缺点是审计工作量大，费时费力，审计成本高，难以普遍采用。它一般适用于规模较小的单位或特定情况。

2. 抽查法

抽查法又称抽样法，是指从被审计单位审查期的全部会计资料中抽取一部分进行审查，根据审查结果推断总体有无错弊的一种方法。抽查法的特点是根据审计的目的和要求，在审查被审计对象总体中，抽取具有代表性的样本，然后根据样本审查的结果，推断总体正确性，或推断其余未抽取部分有无错误和舞弊。其优点是审计成本低，能明确审计重点，提高审计效率，收到事半功倍的效果。其缺点是审计结果过分依赖于抽查样本的合理性，如果抽查部分不合理或缺乏代表性，抽查结果往往不能发现问题，甚至以偏概全，做出错误的审计结论。因此，抽查法仅适用于规模较大、经济业务复杂，以及内部控制健全有效和会计基础较好的单位。

需要注意的是，全部审计不同于详查法。详查法是指对被审计项目涉及的所有凭证、账册、报表等资料进行逐一审查，它属于一种审计方法，与抽查法相对应；而全部审计则是审计的一种类别。同样，局部审计也不同于抽查法。无论进行全部审计还是局部审计，都可以运用详查法，也可以运用抽查法。

二、审计的技术方法

(一)检查记录或文件

检查记录或文件是指注册会计师对被审计单位内部或外部生成的，以纸质、电子或其他介质形式存在的记录或文件进行审阅与核对。它主要有审阅法和核对法两种。

1. 审阅法

审阅法是指通过对会计凭证、会计账簿、财务报表、其他书面资料等进行审查与研究的方法。其内容包括以下几点：

(1)会计凭证审阅。它包括对原始凭证和记账凭证的审阅，其中以前者为重点。

原始凭证审查的要点包括：原始凭证项目(或要素)，包括抬头名称、日期、数量、单价、金额、制证人、复核人签章等是否填写齐全，数字是否正确，字迹有无涂改；原始凭证反映的经济业务是否符合国家方针、政策，内容是否合法、合理；填发原始凭证的单位名称、地址、图章是否正确；凭证格式是否规范，各项手续是否符合要求。

记账凭证审查的要点包括：记账凭证项目是否填写齐全，填制手续是否完备；凭证上编制的会计分录运用的账户及其对应关系是否正确；凭证反映的经济业务是否与所附原始凭证的内容一致，相应金额是否相符。

(2)会计账簿审阅。它包括总账、明细账、日记账和各种辅助账簿的审查，审查的重点是明细账和日记账。审查的要点主要是：记账方法是否符合规定，对应账户是否正确，有无涂改现象和造假账情况。

(3)财务报表审阅。主要查明报表中应填写的项目是否齐全、有无遗漏，表内对应关系和平衡关系是否正确无误；实际数与计划数或与上年同期数对比是否有不正常现象；报表编制手续是否完备，签字盖章是否齐全，小计、合计、总计计算是否正确，应填列的数据有无遗漏或伪造；报表附录和说明是否符合制度规定。

(4)其他书面资料审阅。对被审计单位的计划、合同、协议等其他有关资料，根据需要也要进行审阅，以便发现问题或作为追查线索。

2. 核对法

核对法是指通过两种或两种以上的书面资料相对照，以核实其内容是否一致、计算是否正确的方法。具体是指通过证证、证账、账账、账实、账表、表表和其他书面资料的相互核对，以证实双方记录是否相符。在核对中如有不对，应进一步采用其他方法查明原因。核对法的具体内容包括以下几点：

(1)证证核对。即原始凭证与记账凭证相核对。主要审查两者的日期、摘要、金额是否一致；原始凭证反映的经济内容与记账凭证会计科目是否相适应；记账凭证上注明的所附原始凭证张数是否与实际张数相符。

(2)证账核对。即记账凭证与账簿核对。主要核对两者的日期、摘要、金额是否一致;是否按记账凭证上的会计科目记入相关账户,并应查明有无遗漏、重记和错记情况。

(3)账账核对。即明细账、日记账与总账核对。主要查明总账所属的明细账或日记账期初、期末余额以及本期借、贷方发生额之和是否相符。

(4)账实核对。即明细账记录与实物核对。通过核对,查明账存数与实存数是否相符。如有不符,应查明原因并以实存数为准,调整账面记录,同时追究有关人员责任。

(5)账表核对。即账簿与报表核对。通过有关账簿记录与报表有关项目核对,查明是否严格按账簿记录编制报表,有无虚构、篡改报表项目数字,混淆会计期间的情况,以确定财务报表的正确性和真实性。

(6)表表核对。即报表之间核对。通过核对,查明财务报表之间有勾稽关系的项目金额是否相符。例如,资产负债表上的利润指标应与损益表上的相应利润指标相符。

(7)其他书面资料核对。其他书面资料,如银行对账单与银行存款日记账核对,成本计算单与存货盘点表相核对等。其目的主要是核对书面资料的内容、口径是否一致,数字计算是否正确。

通过以上各项核对,可以发现会计资料中存在的差错和问题。经过更进一步的审查分析后,就能根据问题的性质及严重程度进行处理。

(二)检查有形资产

检查有形资产是指注册会计师对资产实物进行审查。检查有形资产程序主要适用于存货和现金,也适用于有价证券、应收票据和固定资产等。这类方法包括盘点法、调节法和鉴定法。

1. 盘点法

盘点法又称实物清查法,是指对被审计单位各项财产物资进行实地盘点,以确定其数量、品种、规格及其金额等实际状况,借以证实有关实物账户的余额是否真实、正确,从中收集实物证据的一种方法。盘点法按其组织方式,可以分为直接盘点和监督盘点两种。

(1)直接盘点是由审计人员亲自到现场盘点实物,证实书面资料同有关的财产物资是否相符的方法。在直接盘点方式下,对于容易出现舞弊行为的现金、银行存款和贵重的原材料,应采用突击性的盘点。突击性盘点是指事先不告知经管财产的人员在什么时间进行盘点,以防止经管人员在盘点前,将财产保管工作中的挪用、盗窃及其他弊端加以掩饰。对于大宗的原材料、产成品等,应采用抽查性的盘点。抽查性的盘点是指不对所有的财产物资都进行盘点,而只是对一部分财产物资进行抽查核实,以便检查日常盘点工作质量的优劣,检验盘点记录是否真实正确,查明财产物资是否安全、完整,有无损坏或被挪用、贪污和盗窃等情况。

(2)监督盘点是指为了明确责任,审计人员不亲自进行盘点,而是由经管财产人员及其他有关人员进行实物盘点清查,审计人员只是在一旁对实物盘点进行监督,如发现疑点可以要求复盘核实。在监督盘点方式下,也可以采取突击性盘点和抽查性盘点形式。监督盘点一般用于较大的实物,如存货、厂房和机器设备等。

2. 调节法

调节法是指在审查某个项目时,通过调整有关数据,从而求得需要证实的数据的方法。

在审计过程中,往往出现现成的数据和要证实的数据在表面上不一致,为了证实数据是否正确,可用调节法。例如,对银行存款实存数的审查,通常运用调节法编制银行存款余额调节表,对企业单位与开户银行双方所发生的“未达账项”进行增减调节,以便根据银行对账单的余额来验证银行存款账户的余额是否正确。

运用调节法还可以证实财产物资账实是否相符。当盘点日与书面资料结存日不同时，结合实物盘点，将盘点日期与结存日期之间新发生的出入数量用来对与结存日期有关财产物资的结存数进行调节，以验证或推算与结存日期有关财产物资的应结存数。其计算公式如下：

结存日的数量＝盘点日结存数量＋结存日至盘点日的发出数量

－结存日至盘点日的收入数量

【同步案例 5—1】

某企业 2013 年 12 月 31 日账面结存 A 材料 2 000 千克，通过审阅和核对并无错弊。2014 年 1 月 1 日至 15 日期间收入 35 000 千克，发出 34 500 千克。1 月 1 日期初余额及收发数额均经核对、审阅和复算无误。2014 年 1 月 15 日下班后监督盘点实存量为 2 800 千克。核实 2013 年 12 月 31 日 A 材料是否账实相符。

解析：调节计算如下：

结存日数量＝2 800＋34 500－35 000＝2 300（千克）

经过上述调节计算，2013 年 12 月 31 日的实存数为 2 300 千克，与账面记录的 A 材料 2 000千克不一致。审计人员应要求有关人员说明原因，并进行查账核实；如有故意歪曲事实者，应进一步查明责任人员，并追究其责任。

3. 鉴定法

鉴定法是指对书面资料、实物和经济活动等的分析、鉴别，超过一般审计人员的能力和知识水平而邀请有关专业部门或人员运用专门技术进行确定和识别的方法。

鉴定法可应用于财务审计、财经法纪审计和经济效益审计。例如，对实物性能、质量、价值的鉴定，涉及书面资料真伪的鉴定，以及对经济活动的合理性和有效性的鉴定等；当伪造凭证的人不承认其违法行为，可通过公安部门鉴定其笔迹，以确定其违法行为。又如，对质次价高的商品材料的质量情况难以确定时，请商检部门通过检查化验来确定商品质量和实际价值等；还可以邀请基建方面的专家对基建工程进行质量检查等。这是通过观察法不能取证时，必须使用的一种方法。

鉴定法的鉴定结论必须是具体的、客观的和准确的，并作为一种独立的审计证据，详细地记入审计工作底稿。

（三）观察

观察是指审计人员进入被审计单位后，对于生产经营管理工作的进行、财产物资的保管、内部控制制度的执行等，亲临现场进行实地检查，借以查明被审计单位经济活动的事实真相，核实是否符合有关标准和书面资料的记载，以取得审计证据的方法。

进行财政财务审计和经济效益审计时，一般要运用观察法进行广泛的实地检查，收集书面资料以外的审计证据。审计人员应深入到被审计单位的仓库、车间、科室、工地等现场，对其内部控制制度的执行情况、财产物资的保管和利用情况、工人的劳动效率和劳动态度等生产经营管理情况进行直接观察，从中发现薄弱环节和所存在的问题，以便收集审计证据，提出建议和意见，促进被审计单位改进经营管理，提高经济效益。

观察提供的审计证据仅限于观察发生的时点，并且在相关人员已知被观察时，相关人员从事活动或执行程序可能与日常的做法不同，从而会影响注册会计师对真实情况的了解。因此，注册会计师有必要获取其他类型的佐证证据。

（四）询问

询问是指注册会计师以书面或口头方式，向被审计单位内部或外部的知情人员获取财务信息和非财务信息，并对答复进行评价的过程。

（五）函证

函证是指注册会计师为了获取影响财务报表或相关披露认定的项目的信息，通过直接来自第三方的对有关信息和现存状况的声明，获取和评价审计证据的过程。例如，对应收账款余额或银行存款的函证。通过函证获取的证据可靠性较高，因此函证是受到高度重视并经常被使用的一种重要程序。

（六）重新计算

重新计算是指注册会计师以人工方式或使用计算机辅助审计技术，对记录或文件中的数据计算的准确性进行核对。重新计算通常包括计算销售发票和存货的总金额，加总日记账和明细账，检查折旧费用和预付费用的计算，检查应纳税额的计算等。

（七）重新执行

重新执行是指注册会计师以人工方式或使用计算机辅助审计技术，重新独立执行作为被审计单位内部控制组成部分的程序或控制。例如，注册会计师利用被审计单位的银行存款日记账和银行对账单，重新编制银行存款余额调节表，并与被审计单位编制的银行存款余额调节表进行比较。

（八）分析程序

分析程序的具体方法又有比较分析法、比率分析法和趋势分析法三种。

1. 比较分析法

比较分析法是通过对某一财务报表项目与其既定标准之间的比较来获取审计证据的一种技术方法。这种比较包括实际数与计划数之间的比较、本期实际数与上期实际数之间的比较、实际数与同比标准之间的比较以及被审计单位所提供的数据与审计人员的计算结果之间的比较等。

2. 比率分析法

比率分析法是通过对某一财务报表项目与其相关的另一财务报表项目之间的比率进行分析来获取审计数据的一种技术方法。比率分析法运用比较灵活，如审计人员可以对被审计单位的流动比率、速动比率、资产周转率、毛利或费用占销售收入的百分比等进行分析，来推测是否有异常数据或项目。

3. 趋势分析法

趋势分析法是通过计算某一财务报表项目连续若干期间的变动金额及其百分比，分析该项目增减变动方向和趋势来获取审计证据的一种技术方法。例如，审计人员可以通过计算被审计单位近几年来主营业务收入增减金额和增减比例来分析主营业务收入的增减变动方向和幅度，以获取与评价主营业务收入有关的审计证据。

任务三　审计抽样

一、审计抽样的概念和特征

（一）审计抽样的概念

审计抽样是指注册会计师对某类交易或账户余额中低于100%的项目实施审计程序，使所有抽样单元都有被选取的机会。审计抽样使注册会计师能够获取和评价与被选取项目的某些特征有关的审计证据，以形成或帮助形成对从中抽取样本的总体结论。其中，抽样单元是指构成总体的个体项目；总体是指注册会计师从中选取样本并据此得出结论的整套数据。总体可分为多个层或子总体。每一层或子总体可予以分别检查。

（二）审计抽样的特征

审计抽样应当具备三个基本特征：①对某类交易或账户余额中低于100%的项目实施审计程序；②所有抽样单元都有被选取的机会；③审计测试的目的是为了评价该账户余额或交易类型的某一特征。

二、审计抽样的分类

（一）统计抽样和非统计抽样

注册会计师在运用审计抽样时，既可以使用统计抽样方法，也可以使用非统计抽样方法，这取决于注册会计师的职业判断。统计抽样是指同时具备下列特征的抽样方法：①随机选取样本项目；②运用概率论评价样本结果，包括计量抽样风险。不同时具备上述提及的两个特征的抽样方法为非统计抽样。

注册会计师应当根据具体情况并运用职业判断能力，确定使用统计抽样或非统计抽样方法，以最有效率地获取审计证据。注册会计师在统计抽样与非统计抽样方法之间进行选择时主要考虑成本效益。统计抽样的优点在于能够客观地计量抽样风险，并通过调整样本规模精确地控制风险，这是与非统计抽样的最重要的区别。另外，统计抽样还有助于注册会计师高效地设计样本，计量所获取证据的充分性，以及定量评价样本结果。非统计抽样如果设计适当，也能提供与统计抽样方法同样有效的结果。注册会计师使用非统计抽样时，也必须考虑抽样风险并将其降至可接受水平，但无法精确地测定出抽样风险。

不管统计抽样还是非统计抽样，两种方法都要求注册会计师在设计、实施和评价样本时运用职业判断能力。另外，对选取的样本项目实施的审计程序通常也与使用的抽样方法无关。

（二）属性抽样和变量抽样

按照其所了解的总体特征的不同，审计抽样可以分为属性抽样和变量抽样。

属性抽样是一种用来对总体中某一事件发生概率得出结论的统计抽样方法。属性抽样在审计中最常见的用途是测试某一控制的偏差率，以支持注册会计师评估的控制有效性。在属性抽样中，设定控制的每一次发生或偏离都被赋予同样的权重，而不管交易金额的大小。

变量抽样是一种用来对总体金额得出结论的统计抽样方法。变量抽样通常回答下列问题：金额是多少、账户是否存在错报。变量抽样在审计中的主要用途是进行实质性细节测试，以确定记录金额是否合理。

三、审计抽样的步骤

（一）样本设计阶段

在设计审计样本时，注册会计师应当考虑审计程序的目标和抽样总体的属性。换言之，注册会计师首先应考虑拟实现的具体目标，并根据目标和总体的特点确定能够最好地实现该目标的审计程序组合，以及如何在实施审计程序时运用审计抽样。审计抽样中样本设计阶段的工作主要包括以下步骤：

1. 确定测试目标

审计抽样必须紧紧围绕审计测试的目标展开，因此确定测试目标是样本设计阶段的第一项工作。一般而言，控制测试是为了获取关于某项控制的设计或运行是否有效的证据，而细节测试的目的是确定某类交易或账户余额的金额是否正确，以提供与存在的错报有关的证据。

2. 概念总体与抽样单元

在实施抽样之前，注册会计师必须仔细确定概念总体，并确定抽样总体的范围。总体可以包括构成某类交易或账户余额的所有项目，也可以只包括某类交易或账户余额中的部分项目。例如，如果应收账款中没有个别重大项目，注册会计师直接对应收账款账面余额进行抽样，则总体包括构成应收账款期末余额的所有项目。如果注册会计师已使用选取特定项目的方法将应收账款中的个别重大项目挑选出来单独测试，只对剩余的应收账款余额进行抽样，则总体只包括构成应收账款期末余额的部分项目。

在确定抽样单元时，注册会计师应当使其与审计测试的目标保持一致。注册会计师在确定总体时通常都指明了适当的抽样单元。抽样单元可能是一个账户余额、一笔交易或交易中的一项记录，甚至是某个货币单位。

3. 概念误差构成条件

注册会计师必须事先确定误差构成的条件，否则执行审计程序时就没有识别误差的标准。注册会计师在确定误差构成条件时要考虑审计程序的目标。清楚地了解误差构成条件，对于确保在推断误差时仅将所有与审计目标相关的条件包括在内至关重要。例如，在对应收账款存在性的测试中(如函证)，客户在函证日之前支付、被审计单位在函证日之后不久收到的款项不构成误差。

(二)选取样本阶段

1. 确定样本规模

样本规模是指从总体中选取样本项目的数量。在审计抽样中，如果样本规模过小，就不能反映出总体的特征，注册会计师就无法获取充分的审计证据，其审计结论的可靠性就会大打折扣，甚至可能得出错误的审计结论；相反，如果样本规模过大，则会增加审计工作量，造成不必要的时间和人力的浪费，降低审计效率，失去审计抽样的意义。在确定样本规模时，注册会计师应当考虑能否将抽样风险降至可接受的低水平。表5－1列示了审计抽样中影响样本规模的因素，并分别说明了这些影响因素在控制测试和细节测试中的表现形式。

表5－1　　影响样本规模的因素

影响因素	控制测试	细节测试	与样本规模的关系
可接受的抽样风险	可接受的信赖过度风险	可接受的误受风险	反向变动
可容忍误差	可容忍偏差率	可容忍错报	反向变动
预计总体误差	预计总体偏差率	预计总体错报	同向变动
总体变异性	—	总体变异性	同向变动
总体规模	总体规模	总体规模	影响很小

2. 选取样本

在选取样本项目时，注册会计师应当使总体中的所有抽样单元均有被选取的机会。使所有抽样单元都有被选取的机会是审计抽样的基本特征之一；否则，就无法根据样本结果推断总体。选取样本的基本方法包括随机数表法、系统选样和随意选样。

（1）随机数表法。随机数表法又称随机数选样，它是由随机生成的从0～9的数字所组成的数表，每个数字在表中出现的次数是大致相同的，它们出现在表上的顺序是随机的。表5－2就是五位随机数表的一部分。

表 5—2　　**随机数表**

行＼列	1	2	3	4	5	6	7	8	9
1	32 044	69 037	29 655	92 114	81 034	40 582	01 584	77 184	85 762
2	23 821	96 070	82 592	81 642	08 971	07 411	09 037	81 530	56 195
3	82 383	94 987	66 441	28 677	95 961	78 346	37 916	09 416	42 438
4	68 310	21 792	71 635	86 089	38 157	95 620	96 718	79 554	50 209
5	94 856	76 940	22 165	01 414	01 413	37 231	05 509	37 489	56 459
6	95 000	61 958	83 430	98 250	70 030	05 436	74 814	45 978	09 277
7	20 764	64 638	11 359	32 556	89 822	02 713	81 293	52 970	25 080
8	71 401	17 964	50 940	95 753	34 905	93 566	36 318	79 530	51 105

应用随机数表选样的步骤如下：①对总体项目进行编号，建立总体中的项目与表中数字的一一对应关系。②确定连续选取随机数的方法。即从随机数表中选择一个随机起点和一个选号路线，随机起点和选号路线可以任意选择，但一经选定就不得改变。依次查找符合总体项目编号要求的数字，即为选中的号码，与此号码相对应的总体项目即为选取的样本项目，一直到选足所需的样本量为止。

（2）系统选样。系统选样也称等距选样，是指按照相同的间隔从审计对象总体中等距离地选取样本的一种选样方法。采用系统选样，首先要计算选样间距，确定选样起点，然后再根据间距有顺序地选取样本。选样间距的计算公式如下。

选样间距＝总体规模÷样本规模

例如，如果销售发票的总体范围是652～3 152，设定的样本量是125，那么选样间距为20[（3 152－652）÷125]。注册会计师必须从0～19中选取一个随机数作为抽样起点。如果随机选择的数码是9，那么第一个样本项目是发票号码为661（652＋9）的那一张，其余的124个项目是681（661＋20）、701（681＋20）……以此类推，直至第3141号。

系统选样的主要优点是使用方便，比其他选样方法节省时间，并可用于无限总体。此外，使用这种方法时，对总体中的项目不需要编号，注册会计师只要简单数出每一个间距即可。但是，使用系统选样要求总体必须是随机排列的，否则容易发生较大的偏差，造成非随机的、不具代表性的样本。

（3）随意选样。随意选样也称任意选样，是指注册会计师不带任何偏见地选取样本，即注册会计师不考虑样本项目的性质、大小、外观、位置或其他特征而选取总体项目。随意选样的主要缺点在于很难完全无偏见地选取样本项目，即这种方法难以彻底排除注册会计师的个人偏好对选取样本的影响，因而很可能使样本失去代表性。由于文化背景和所受训练等的不同，每个注册会计师都可能无意识地带有某种偏好。因此，在运用随意选样时，注册会计师要避免由于项目性质、大小、外观和位置等的不同所引起的偏见，尽量使所选取的样本具有代表性。

三种基本方法均可选出代表性样本。但是,随机数选样和系统选样属于随机基础选样方法,即对总体的所有项目按随机规则选取样本,因而可以在统计抽样中使用,当然也可以在非统计抽样中使用;而随意选样虽然也可以选出代表性样本,但它属于非随机基础选样方法,因而不能在统计抽样中使用,只能在非统计抽样中使用。

(三)评价样本结果阶段

1. 分析样本误差

注册会计师应当考虑样本的结果、已识别的所有误差的性质和原因,及其对具体审计目标和审计的其他方面可能产生的影响。

2. 推断总体误差

在属性抽样中,由于样本的误差率就是总体的推断误差率,因此注册会计师无须推断总体误差率。在变量抽样中,注册会计师应当根据样本中发现的误差金额推断总体误差金额,并考虑推断误差对特定审计目标及审计的其他方面的影响。

3. 形成审计结论

注册会计师应当评价样本结果,以确定对总体相关特征的评估是否得到证实或需要修正。

综上所述,审计抽样流程大致可以用图5—1表示。

【视野拓展5—1】

某注册会计师抽样审查了表5—3所列的情况:

表5—3

审查内容	样本及其容量	可容忍误差	推断误差	总体实际误差
未批准的赊销	销售发票副本200张	2%	1.5%	10%
假造应收账款	向150户顾客发函	10 000元	20 000元	14 000元
虚列现金支出	200笔支出及凭证	1%	25%	0.5%
漏计应付账款	材料验收单100张	5 000元	8 670元	3 000元

请回答:

(1)在表5—3所列情况中,关于未批准赊销的情况属于哪种抽样风险?

(2)在上表所列四种情况中,哪种情况可能使注册会计师给予相关内部控制制度的信赖低于应当给予的信赖?

(3)在上表所列四种情况中,哪种情况的抽样结果未引起抽样风险?

(4)在上表所列四种情况中,哪种情况直接影响实质性程序的效率,但不影响实质性程序的效果?

(5)在上表所列四种情况中,哪种情况属于注册会计师所实施的检查程序?

解析:(1)未批准赊销属于信赖过度风险。

(2)虚列现金支出可能使注册会计师给予相关内部控制制度的信赖低于应当给予的信赖。

(3)假造应收账款的抽样结果未引起抽样风险。

(4)漏记应付账款直接影响实质性程序的效率,但不影响其效果。

(5)虚列现金支出属于注册会计师所实施的检查程序。

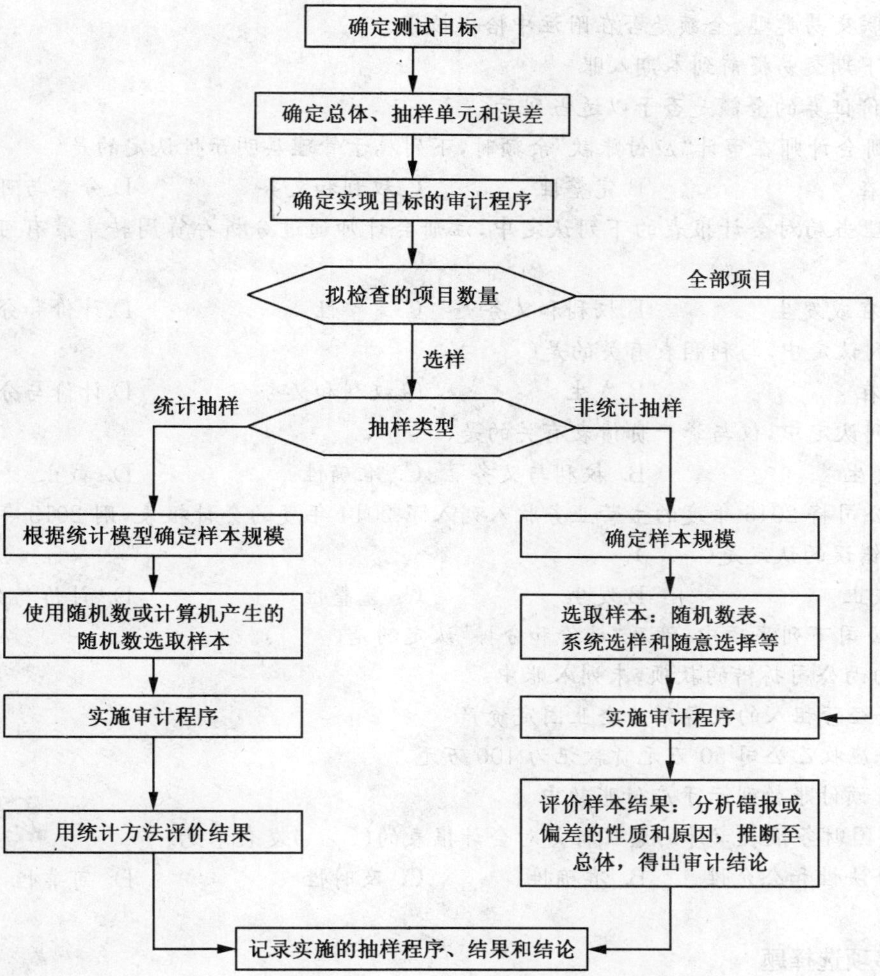

图 5－1　审计抽样流程

★★★ 应知考核 ★★★

一、单项选择题

1.发生认定指的是(　　)。

A.所有应当记录的交易和事项均已记录

B.交易和事项已记录于正确的会计期间

C.包含在资产负债表内的资产、负债和所有者权益在资产负债表日确实存在

D.记录的交易和事项已发生，且与被审计单位有关

2.下列认定中，(　　)属于与列报相关的认定。

A.发生以及权利和义务　　　　B.发生

C.分类　　　　D.准确性

3.在注册会计师针对下列各项目分别提出的具体目标中，属于完整性目标的是(　　)。

A.实现的销售是否均已登记入账

B.关联交易类型、金额是否在附注中恰当披露

C.将下期交易提前到本期入账

D.有价证券的金额是否予以适当列示

4.注册会计师在审计“应付账款”余额时,下列属于管理层明示性认定的是(　　)。

A.存在　　B.完整性　　C.权利和义务　　D.分类与可理解性

5.管理当局对会计报表的下列认定中,注册会计师通过分析存货周转率最有可能证实的是(　　)。

A.存在或发生　　B.权利和义务　　C.完整性　　D.计价和分摊

6.下列认定中,与利润表有关的是(　　)。

A.存在　　B.发生　　C.权利和义务　　D.计价与分摊

7.下列认定中,仅与资产负债表有关的是(　　)。

A. 发生　　B. 权利与义务　　C. 准确性　　D. 截止

8.甲公司将2015年度的主营业务收入列入了2014年度的会计报表,则2015年度会计报表中存在错误的认定是(　　)。

A. 截止　　B.发生　　C. 完整性　　D. 计价与分摊

9.甲公司下列事项中,涉及“计价和分摊”认定的是(　　)。

A. 向丙公司拆借的款项,未列入账中

B. 将经营租入的设备列为企业固定资产

C. 将应收乙公司50万元货款记为100万元

D. 将预付账款列示于应付账款中

10.我国财务报表审计的总目标是对会计报表的(　　)发表意见。

A. 合法性和公允性　　B. 准确性　　C. 及时性　　D. 可靠性

二、多项选择题

1.下列审计目标中,属于与交易和事项相关的审计目标的有(　　)。

A.发生　　B.完整性　　C.计价和分摊　　D.截止

2.下列审计目标中,属于与期末账户余额相关的审计目标的有(　　)。

A.发生　　B.完整性　　C.计价和分摊　　D.权利和义务

3.样本选取的方法有(　　)。

A. 随意选样　　B. 系统选样　　C. 随机数表法　　D. 审计抽样

4.按照审计的范围,审计方法可以分为(　　)。

A. 详查法　　B. 抽查法　　C. 顺查法　　D. 逆查法

5.注册会计师在审计时,发现的下列情况中,属于“完整性”认定的是(　　)。

A. 资产负债表所列的存货均存在并可供使用

B. 资产负债表所列的存货均包括了所有存货交易的结果

C. 当期的全部销售交易均已登记入账

D. 期末已按成本与可变现成本孰低的原则计提了存货跌价准备

三、简答题

1.简述审计总目标。

2.简述审计的具体目标。

3.简述审计的一般方法。

4.简述审计的技术方法。

5.简述审计抽样的概念、特征和步骤。

四、技能案例

阿兰姆机械厂生产甲产品，材料一次投入，逐步消耗，每投入100千克A材料可以生产出甲产品100千克。

2014年12月31日，该企业对在产品和产成品进行了盘点，盘点结果：在产品结存2 100千克，加工程度50%；产成品结存4 800千克。期末在产品和产成品账面记录与盘点数一致。

2015年2月2日，审计人员接受委托对该企业进行财务审计。当日，对在产品和产成品进行了盘点，盘点结果：在产品盘存2 000千克，加工程度50%；产成品盘存5 000千克。

其他有关资料如下：2015年1月1日至2月2日，领料单记录生产领用A材料5 000千克；产成品交库单记录甲产品入库数4 000千克；产品发货单记录甲产品出库数4 500千克。

思考与讨论：

运用调节法验证2014年12月31日有关会计资料的准确性。

★★★ 应会考核 ★★★

【考核项目】

审计目标。

【背景资料】

1. 相关背景资料如下表所示：

管理层的认定		具体审计目标
发生		
完整性	与各类交易和事项相关	
	与期末账户余额相关	
	与列报相关	
准确性		
截止		
分类		
存在		
权利和义务		
计价和分摊		
发生及权利和义务		
分类和可理解性		
准确性和计价		

2.假设A注册会计师在执行ABC公司财务报表审计时发现下表中的事项,请分别针对每一事项指明被审计单位违反了哪一项认定。

先写出认定的大类,再写出认定的名称,例如:“与各类交易和事项相关的认定发生。”

财务报表审计时分别发现的事项	被审计单位违反的认定
本期交易推迟至下期记账,或者将下期应当记录的交易提前到本期记录	
期末少计提累计折旧错误	
在销售明细账中记录了并没有发生的一笔销售业务	
不存在某顾客,在应收账款明细表中却列入了对该顾客的应收账款	
财务报表附注没有分别对原材料、在产品和产成品等存货成本核算方法做恰当的说明	
将不属于被审计单位的债务记入账内	
将出售某经营性固定资产(并非企业的日常交易事项)所得的收入记录为主营业务收入	
没有将一年内到期的长期负债列为一年内到期的非流动负债	
发生了一项销售交易,但没有在销售明细账和总账中记录	
在销售交易中有如下情况:①发出商品的数量与账单上的数量不符;②开具账单时运用了错误的销售价格;③账单中的乘积或加总有误;④在销售明细账中记录了错误的金额	
存在对某客户的应收账款,在应收账款明细表中却没有列入对该客户的应收账款	
关联交易类型、金额没有在财务报表附注中作恰当披露	
关联方和关联交易,没有在财务报表中充分披露	
将现销记录为赊销	

【考核要求】

根据本项目的审计目标,填写上表。

★★★ 项目实训 ★★★

【实训项目】

审计方法。

【实训目的】

通过实践,掌握审计方法的应用。

【实训情境】

丰园垦植场2014年12月31日应收账款明细表资料如下:向东南销售公司2011年2月销售,发票号码为0033124,应收账款余额为178 000元;向平阳五金批发站2011年3月销售,发票号码为0067320,应收账款余额为56 000元;向延峰市城建局2011年4月销售,发票号码为0071912,应收账款余额为224 380元;向东海无线电二厂2012年6月销售,发票号码为0071913,应收账款余额为9 000元;向高乐民族乐器厂2013年6月销售,发票号码为

0072405，应收账款余额为 1 200 元；向晋源园林局 2014 年 5 月销售，发票号码为 0072488，应收账款余额为 78 000 元；向豫州联合大学 2014 年 5 月售植养护，发票号码为 0072490，应收账款余额为 51 200 元。

【实训要求】

根据上述资料说明是否要对各项应收账款进行查询，查询哪些单位，各采用什么查询方法并说明理由。

项目六　风险评估

知识目标

理解：风险评估的概念和作用、内部控制的概念和局限性。

熟知：风险评估的程序、被审计单位及其环境、被审计单位对会计政策的选择和运用、被审计单位的目标和战略以及相关经营风险、被审计单位财务业绩的衡量和评价。

掌握：内部控制的要素、在整体层面和业务流程层面了解内部控制、对内部控制了解的深度、评估财务报表层次和认定层次的重大错报风险、对风险评估的修正。

技能目标

能够运用风险评估的程序来评估风险的能力，强化风险评估与风险识别的审计能力。

知识支撑

任务一　风险评估概述

一、风险评估的概念

风险评估是指注册会计师通过连续、动态地收集、更新与分析被审计单位的有关信息对被审计单位及其环境进行了解的基础上，对被审计单位财务报表的重大错报风险进行识别与评估，以便于设计与实施进一步审计程序的过程。

二、风险评估的必要性

《中国注册会计师审计准则第1211号——通过了解被审计单位及其环境识别和评估重大错报风险》作为专门规范风险评估的准则，规定注册会计师应当了解被审计单位及其环境，以充分识别和评估财务报表重大错报风险，设计和实施进一步审计程序。了解被审计单位及其环境是必要程序，特别是为注册会计师在下列关键环节作出职业判断提供重要基础：

(1)确定重要性水平，并随着审计工作的进程评估对重要性水平的判断是否仍然适当；

(2)考虑会计政策的选择和运用是否恰当，以及财务报表的列报是否适当；

(3)识别需要特别考虑的领域，包括关联方交易、管理层运用持续经营假设的合理性，或交易是否具有合理的商业目的等；

(4)确定在实施分析程序时所使用的预期值；

(5)设计和实施进一步审计程序，以将审计风险降至可接受的低水平；

(6)评价所获取审计证据的充分性和适当性。

三、风险评估的程序

注册会计师了解被审计单位及其环境，目的是为了识别和评估财务报表重大错报风险。为了解被审计单位及其环境而实施的程序称为风险评估程序。注册会计师应当实施下列风险评估程序，以了解被审计单位及其环境：①询问被审计单位管理层和内部其他人员；②实施分析程序；③观察和检查。三种风险评估程序如图 6－1 所示。

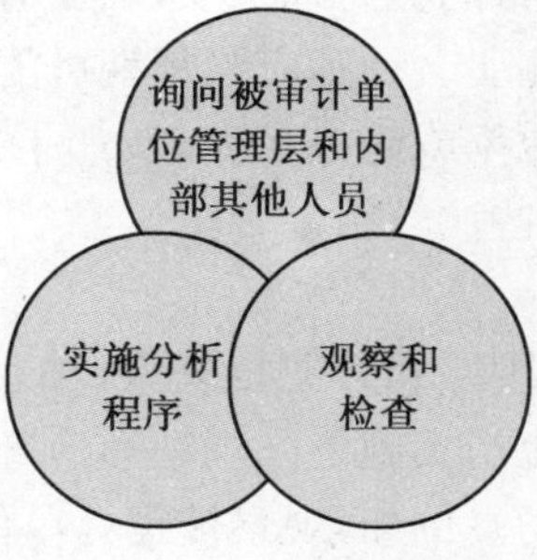

图 6－1　风险评估程序

注册会计师在审计过程中应当实施上述审计程序，但是在了解被审计单位及其环境的每一方面时无须实施上述所有程序。

1. 询问被审计单位管理层和内部其他人员

询问被审计单位管理层和内部其他人员是注册会计师了解被审计单位及其环境的一个重要信息来源。注册会计师可以考虑向管理层和财务负责人询问下列事项：

(1)管理层所关注的主要问题，如新的竞争对手、主要客户和供应商的流失、新的税收法规的实施以及经营目标或战略的变化等。

(2)被审计单位最近的财务状况、经营成果和现金流量。

(3)可能影响财务报告的交易和事项，或者目前发生的重大会计处理问题，如重大的并购事宜等。

(4)被审计单位发生的其他重要变化，如所有权结构、组织结构的变化，以及内部控制的变化等。

另外，注册会计师也可以通过询问被审计单位内部的其他不同层级的人员获取信息，或为识别重大错报风险提供不同的视角。包括：

(1)直接询问治理层，有助于注册会计师了解编制财务报表的环境。

(2)直接询问内部审计人员，有助于获取有关以下事项的信息：本年度针对被审计单位内部控制设计和运行有效性而实施的内部审计程序，以及管理层是否根据实施这些程序的结果采取了适当的应对措施。

(3)询问参与生成、处理或记录复杂或异常交易的员工，有助于注册会计师评价被审计单位选择和运用某项会计政策的恰当性。

(4)直接询问内部法律顾问，有助于注册会计师了解有关信息，如诉讼、遵守法律法规的情况、影响被审计单位的舞弊或舞弊嫌疑、产品保证、售后责任、与业务合作伙伴的安排(如合营企业)和合同条款的概念等。

(5)直接询问营销或销售人员，有助于注册会计师了解被审计单位营销策略的变化、销售趋势或与客户的合同安排。

2. 实施分析程序

分析程序是指注册会计师通过研究不同财务数据之间以及财务数据与非财务数据之间的内在关系，对财务信息做出评价。分析程序还包括调查识别出的、与其他相关信息不一致或与预期数据严重偏离的波动和关系。

分析程序既可用于风险主体程序和实质性程序，也可用于对财务报表的总体复核。注册会计师实施分析程序有助于识别异常的交易或事项，以及对财务报表和审计产生影响的金额、比率和趋势。在实施分析程序时，注册会计师应当预期可能存在的合理关系，并与被审计单位记录的金额、依据记录金额计算的比率或趋势相比较；如果发现未预计到的关系，注册会计师应当在识别重大错报风险时考虑这些比较结果。

3. 观察和检查

观察和检查程序可以支持对管理层和其他相关人员的询问结果，并可以提供有关被审计单位及其环境的信息，注册会计师应当实施下列观察和检查程序：

(1)观察被审计单位的经营活动。例如，观察被审计单位人员正在从事的生产活动和内部控制活动，增加注册会计师对被审计单位人员如何进行生产经营活动及实施内部控制的了解。

(2)检查文件、记录和内部控制手册。例如，检查被审计单位的经营计划、策略、章程，与其他单位签订的合同、协议，各业务流程操作指引和内部控制手册等，了解被审计单位组织结构和内部控制制度的建立健全情况。

(3)阅读由管理层和治理层编制的报告。例如，阅读被审计单位年度和中期财务报告，股东大会、董事会会议、高级管理层会议的会议记录或纪要，管理层的讨论和分析资料，对重要经营环节和外部因素的评价，被审计单位内部管理报告以及其他特殊目的的报告(如新投资项目的可行性分析报告)等，了解自上一期审计结束至本期审计期间被审计单位发生的重大事项。

(4)实地查看被审计单位的生产经营场所和厂房设备。通过现场访问和实地查看被审计单位的生产经营场所和厂房设备，可以帮助注册会计师了解被审计单位的性质及其经营活动。在实地查看被审计单位的厂房和办公场所的过程中，注册会计师有机会与被审计单位管理层和担任不同职责的员工进行交流，可以增强注册会计师对被审计单位的经营活动及其重大影响因素的了解。

(5)追踪交易在财务报告信息系统中的处理过程(穿行测试)。这是注册会计师了解被审计单位业务流程及其相关控制时经常使用的审计程序。通过追踪某笔或某几笔交易在业务流程中如何生成、记录、处理和报告，以及相关控制如何执行，注册会计师可以确定被审计单位的交易流程和相关控制是否与之前通过其他程序所获得的了解一致，并确定相关控制是否得到执行。

四、了解被审计单位及其环境

注册会计师应当从下列方面了解被审计单位及其环境：①相关行业状况、法律环境和监管环境及其他外部因素；②被审计单位的性质；③被审计单位对会计政策的选择和运用；④被审计单位的目标、战略以及相关经营风险；⑤对被审计单位财务业绩的衡量和评价；⑥被审计单位的内部控制。

上述第①项是被审计单位的外部环境，第②、③、④项以及第⑥项是被审计单位的内部因素，第⑤项则既有外部因素也有内部因素。值得注意的是，被审计单位及其环境的各个方面可能会互相影响。例如，被审计单位的行业状况、法律环境与监管环境以及其他外部因素可能影响到被审计单位的目标、战略以及相关经营风险，而被审计单位的性质、目标、战略以及相关经营风险可能影响到被审计单位对会计政策的选择和运用，以及内部控制的设计和执行。因此，注册会计师在对被审计单位及其环境的各个方面进行了解和评估时，应当考虑各因素之间的相互关系。下面对前五项进行介绍。

（一）行业状况、法律环境和监管环境及其他外部因素

1. 行业状况

了解行业状况有助于注册会计师识别与被审计单位所处行业有关的重大错报风险。

注册会计师应当了解被审计单位的行业状况，主要包括：①所处行业的市场与竞争，包括市场需求、生产能力和价格竞争；②生产经营的季节性和周期性；③与被审计单位产品相关的生产技术；④能源供应与成本；⑤行业的关键指标和统计数据。

2. 法律环境和监管环境

注册会计师应当了解被审计单位所处的法律环境和监管环境，主要包括：①会计原则和行业特定惯例；②受管制行业的法规框架；③对被审计单位经营活动产生重大影响的法律法规，包括直接的监管活动；④税收政策（关于企业所得税和其他税种的政策）；⑤目前对被审计单位开展经营活动产生影响的政府政策，如货币政策（包括外汇管制）、财政政策、财政刺激措施（如政府援助项目）、关税或贸易限制政策等；⑥影响行业和被审计单位经营活动的环保要求。

3. 其他外部因素

注册会计师应当了解影响被审计单位经营的其他外部因素，主要包括总体经济情况、利率、融资的可获得性、通货膨胀水平或汇率变动等。

（二）被审计单位的性质

1. 所有权结构

对被审计单位所有权结构的了解有助于注册会计师识别关联方关系并了解被审计单位的决策过程。注册会计师应当了解所有者与其他人员或实体之间的关系，考虑关联方关系是否已经得到识别，以及关联方交易是否得到恰当核算。例如，注册会计师应当了解被审计单位是属于国有企业、外商投资企业、民营企业，还是属于其他类型的企业，还应当了解其直接控股母公司、间接控股母公司、最终控股母公司和其他股东的构成，以及所有者与其他人员或实体（如控股母公司控制的其他企业）。

2. 治理结构

良好的治理结构可以对被审计单位的经营和财务运作实施有效的监督，从而降低财务报表发生重大错报的风险。注册会计师应当了解被审计单位的治理结构。例如，董事会的构成情况、董事会内部是否有独立董事，治理结构中是否设有审计委员会或监事会及其运作情况。注册会计师应当考虑治理层是否能够在独立于管理层的情况下对被审计单位事务（包括财务报告）做出客观判断。

3. 组织结构

复杂的组织结构可能导致某些特定的重大错报风险。注册会计师应当了解被审计单位的组织结构，考虑复杂组织结构可能导致的重大错报风险，包括财务报表合并、商誉减值以及长期股权投资核算等问题。

4. 经营活动

了解被审计单位经营活动有助于注册会计师识别预期在财务报表中反映的主要交易类

别、重要账户余额和列报。注册会计师应当了解被审计单位的经营活动，主要包括：①主营业务的性质；②与生产产品或提供劳务相关的市场信息；③业务的开展情况；④联盟、合营与外包情况；⑤从事电子商务的情况；⑥地区分布与行业细分；⑦生产设施、仓库和办公室的地理位置，存货存放地点和数量；⑧关键客户；⑨货物和服务的重要供应商；⑩劳动用工安排；⑪研究与开发活动及其支出；⑫关联方交易。

5. 投资活动

了解被审计单位的投资活动有助于注册会计师关注被审计单位在经营策略和方向上的重大变化。注册会计师应当了解被审计单位的投资活动，主要包括：①近期拟实施或已实施的并购活动与资产处置情况，包括业务重组或某些业务的终止；②证券投资、委托贷款的发生与处置；③资本性投资活动，包括固定资产和无形资产投资，近期或计划发生的变动，以及重大的资本承诺等；④不纳入合并范围的投资。

6. 筹资活动

了解被审计单位的筹资活动有助于注册会计师评估被审计单位在融资方面的压力，并进一步考虑被审计单位在可预见未来的持续经营能力。注册会计师应当了解被审计单位的筹资活动，主要包括：①债务结构和相关条款，包括资产负债表外融资和租赁安排；②主要子公司和联营企业（无论是否处于合并范围内）；③实际受益方及关联方；④衍生金融工具的使用。

7. 财务报告

被审计单位的财务报告主要包括：①会计政策和行业特定惯例，包括特定行业的重要活动（如银行业的贷款和投资、医药行业的研究与开发活动）；②收入确认惯例；③公允价值会计核算；④外币资产、负债与交易；⑤异常或复杂交易（包括在有争议的或新兴的领域的交易）的会计处理（如对以股票为基准的薪酬的会计处理）。

（三）被审计单位对会计政策的选择和运用

1. 重大和异常交易的会计处理方法

例如，本期发生的企业合并的会计处理方法。某些被审计单位可能存在与其所处行业相关的重大交易，如银行向客户发放贷款、证券公司对外投资、医药企业的研究与开发活动等，注册会计师应当考虑对重大的和不经常发生的交易的会计处理方法是否适当。

2. 在缺乏权威性标准或共识、有争议的或新兴领域采用重要会计政策产生的影响

在缺乏权威性标准或共识、有争议的或新兴的领域，注册会计师应当关注被审计单位选用了哪些会计政策、为什么选用这些会计政策以及选用这些会计政策产生的影响。

3. 会计政策的变更

如果被审计单位变更了重要的会计政策，注册会计师应当考虑变更的原因及其适当性，即考虑：①会计政策变更是否是法律、行政法规或者适用的会计准则和相关会计制度要求的变更；②会计政策变更是否能够提供更可靠、更相关的会计信息。除此之外，注册会计师还应当关注会计政策的变更是否得到充分披露。

4. 新颁布的财务报告准则、法律法规，以及被审计单位何时采用、如何采用这些规定

例如，2014 年财政部颁布了我国企业会计准则体系由 1 个基本准则、41 个具体准则、38 个应用指南和 6 个会计准则解释等组成。新的会计准则体系在现行准则的基础上增添了若干新准则，新准则中还增添了《每股收益》和《分部报告》等准则，对上市公司每股收益的具体计算方法和分部报告的具体披露内容与方法等事项作出了详细的规定。

注册会计师应考虑被审计的上市公司是否已按照新会计准则的要求做好衔接调整工作，

并收集执行新会计准则需要的信息资料。

（四）被审计单位的目标、战略以及相关经营风险

1. 目标、战略与经营风险

目标是企业经营活动的指针。企业管理层或治理层一般会根据企业经营面临的外部环境和内部各种因素，制定合理可行的经营目标。

战略是管理层为实现经营目标采用的方法。为了实现某一既定的经营目标，企业可能有多个可行战略。例如，如果目标是在某一特定期间内进入一个新的市场，那么可行的战略可能包括收购该市场内的现有企业、与该市场内的其他企业合资经营或自行开发进入该市场。随着外部环境的变化，企业应对目标和战略做出相应的调整。

经营风险是指可能对被审计单位实现目标和实施战略的能力产生不利影响的重要状况、事项、情况、作为（或不作为）而导致的风险，或由于制定不恰当的目标和战略而导致的风险。不同的企业可能面临不同的经营风险，这取决于企业经营的性质、所处行业、外部监管环境、企业的规模和复杂程度。管理层有责任识别和应对这些风险。

不能随环境的变化而做出相应的调整固然可能产生经营风险，但调整的过程也可能导致经营风险。例如，为应对消费者需求的变化，企业开发了新产品。但是，开发的新产品可能会产生开发失败的风险；即使开发成功，市场需求可能没有充分开发，从而产生产品营销风险；另外，产品的缺陷还可能导致企业遭受声誉风险和承担产品赔偿责任的风险。

注册会计师应当了解被审计单位是否存在与下列方面有关的目标和战略，并考虑相应的经营风险：①行业发展；②开发新产品或提供新服务；③业务扩张；④新的会计要求；⑤监管要求；⑥本期及未来的融资条件；⑦信息技术的运用；⑧实施战略的影响，特别是由此产生的需要运用新的会计要求的影响。

2. 经营风险对重大错报风险的影响

经营风险与财务报表重大错报风险是既有联系又相互区别的两个概念。前者比后者范围更广。注册会计师了解被审计单位的经营风险有助于其识别财务报表重大错报风险。但并非所有的经营风险都与财务报表相关，注册会计师没有责任识别或评估对财务报表没有影响的经营风险。

多数经营风险最终会产生财务后果，从而影响财务报表，但并非所有的经营风险都会导致重大错报风险。经营风险可能对各类交易、账户余额和披露的认定层次或财务报表层次产生直接影响。例如，企业合并导致银行客户群减少，使银行信贷风险集中，由此产生的经营风险可能增加与贷款计价认定有关的重大错报风险。

目标、战略、经营风险和重大错报风险之间的相互联系可举一例予以说明。例如，企业当前的目标是在某一特定期间内进入某一新的海外市场，企业选择的战略是在当地成立合资公司。从该战略本身来看，是可以实现这一目标的。但是，成立合资公司可能会带来很多的经营风险，如企业如何与当地合资方在经营活动、企业文化等各方面协调，如何在合资公司中获得控制权或共同控制权，当地市场情况是否会发生变化，当地对合资公司的税收和外汇管理方面的政策是否稳定，合资公司的利润是否可以汇回，是否存在汇率风险等。这些经营风险反映到财务报表中，可能会带来对合资公司是属于子公司、合营企业或联营企业的判断问题以及投资核算问题，包括是否存在减值问题、对当地税收规定的理解，以及外币折算等问题，而导致财务报表出现重大错报风险。

3. 被审计单位的风险评估过程

管理层通常负责制定识别和应对经营风险的策略，注册会计师应当了解被审计单位的风险评估过程。此类风险评估过程是被审计单位内部控制的组成部分。

4. 对小型被审计单位的考虑

小型被审计单位通常没有正式的计划和程序来确定其目标、战略并管理经营风险。注册会计师应当询问管理层或观察小型被审计单位如何应对这些事项，以获取、了解并评估重大错报风险。

（五）对被审计单位财务业绩的衡量和评价

1. 了解的主要方面

在了解被审计单位财务业绩衡量和评价情况时，注册会计师应当关注下列信息：

(1)关键业绩指标(财务或非财务的)、关键比率、趋势和经营统计数据；

(2)同期财务业绩比较分析；

(3)预算、预测、差异分析，分部信息与分部、部门或其他不同层次的业绩报告；

(4)员工业绩考核与激励性报酬政策；

(5)被审计单位与竞争对手的业绩比较。

2. 关注内部财务业绩衡量的结果

内部财务业绩衡量可能显示未预期的结果或趋势。在这种情况下，管理层通常会进行调查并采取纠正措施。与内部财务业绩衡量相关的信息可能显示财务报表存在错报风险，例如，内部财务业绩衡量可能显示被审计单位与同行业其他单位相比具有非常快的增长率或盈利水平，此类信息如果与业绩资金或激励性报酬等因素结合起来考虑，可能显示管理层在编制财务报表时存在某种倾向的错报风险。因此，注册会计师应当关注被审计单位内部业绩衡量所显示的未预计到的结果或趋势，管理层的调查结果和纠正措施，以及相关信息是否显示财务报表可能存在重大错报。

3. 考虑财务业绩衡量指标的可靠性

如果拟利用被审计单位内部信息系统生成的财务业绩衡量指标，注册会计师应当考虑相关信息是否可靠，以及利用这些信息是否足以实现审计目标。许多财务业绩衡量中使用的信息可能由被审计单位的信息系统生成。如果被审计单位管理层在没有合理基础的情况下，认为内部生成的衡量财务业绩的信息是准确的，而实际上信息有误，那么根据有误的信息得出的结论也可能是错误的。如果注册会计师计划在审计中(如有实施分析程序时)利用财务业绩指标，应当考虑相关信息是否可靠，以及在实施审计程序时利用这些信息是否足以发现重大错报。

4. 对小型被审计单位的考虑

小型被审计单位通常没有正式的财务业绩衡量和评价程序，管理层往往依据某些关键指标，作为评价财务业绩和采取适当行动的基础，所以注册会计师应了解管理层使用的关键指标。

任务二　了解被审计单位的内部控制

一、内部控制的概念

内部控制是被审计单位为了合理保证财务报告的可靠性、经营的效率和效果以及对法律法规的遵守，由治理层、管理层和其他人员设计与执行的政策及程序。

二、内部控制的要素

（一）控制环境

1. 对诚信和道德价值观念的沟通与落实

诚信和道德价值观念是控制环境的重要组成部分，影响到重要业务流程的设计和运行。内部控制的有效性直接依赖于负责创建、管理和监控内部控制的人员的诚信和道德价值观念。被审计单位是否存在道德行为规范，以及这些规范如何在被审计单位内部得到沟通和落实，决定了是否能产生诚信和道德的行为。对诚信和道德价值观念的沟通与落实，既包括管理层如何处理不诚实、非法或不道德行为，也包括在被审计单位内部，通过行为规范以及高层管理人员的身体力行，对诚信和道德价值观念的塑造和保持。例如，管理层在行为规范中指出，员工不允许从供货商那里获得超过一定金额的礼品，超过部分都须报告和退回。尽管该行为规范本身并不能绝对保证员工都照此执行，但至少意味着管理层已对此进行明示，它连同其他程序，可能构成一个有效的预防机制。

注册会计师在了解和评估被审计单位诚信和道德价值观念的沟通与落实时，考虑的主要因素包括：①被审计单位是否有书面的行为规范并向所有员工传达；②被审计单位的企业文化是否强调诚信和道德价值观念的重要性；③管理层是否身体力行，高级管理人员是否起表率作用；④对违反有关政策和行为规范的情况，管理层是否采取适当的惩罚措施。

2. 对胜任能力的重视

胜任能力是指具备完成某一职位的工作所应有的知识和能力。管理层对胜任能力的重视包括对于特定工作所需的胜任能力水平的设定，以及对达到该水平所必需的知识和能力的要求。注册会计师应当考虑主要管理人员和其他相关人员是否能够胜任承担的工作和职责，例如，财务人员是否对编报财务报表所适用的会计准则和相关会计制度有足够的了解并能正确运用。

注册会计师在就被审计单位对胜任能力的重视情况进行了解和评估时，考虑的主要因素包括：①财务人员以及信息管理人员是否具备与被审计单位业务性质和复杂程度相称的足够的胜任能力和培训，在发生错误时，是否通过调整人员或系统来加以处理；②管理层是否配备足够的财务人员以适应业务发展和有关方面的需要；③财务人员是否具备理解和运用会计准则所需的技能。

3. 治理层的参与程度

被审计单位的控制环境在很大程度上受治理层的影响。治理层的职责应在被审计单位的章程和政策中予以规定。治理层（董事会）通常通过其自身的活动，并在审计委员会或类似机构的支持下，监督被审计单位的财务报告政策和程序。因此，董事会、审计委员会或类似机构应关注被审计单位的财务报告，并监督被审计单位的会计政策以及内部、外部的审计工作和结果。治理层的职责还包括监督用于复核内部控制有效性的政策和程序设计是否合理，执行是否有效。

注册会计师在对被审计单位治理层的参与程度进行了解和评估时，考虑的主要因素包括：①董事会是否建立了审计委员会或类似机构；②董事会、审计委员会或类似机构是否与内部审计人员以及注册会计师有联系和沟通，联系和沟通的性质以及频率是否与被审计单位的规模和业务复杂程度相匹配；③董事会、审计委员会或类似机构的成员是否具备适当的经验和资历;④董事会、审计委员会或类似机构是否独立于管理层;⑤审计委员会或类似机构会议的数量和时间是否与被审计单位的规模和业务复杂程度相匹配;⑥董事会、审计委员会或类似机构是否充分地参与了监督编制财务报告的过程;⑦董事会、审计委员会或类似机构是否对经营风险的监控有足够的关注,进而影响被审计单位和管理层的风险评估过程;⑧董事会成员是否保持相对的稳定性。

4. 管理层的理念和经营风格

管理层负责企业的运作以及经营策略和程序的制定、执行与监督。控制环境的每个方面在很大程度上受管理层采取的措施和做出决策的影响,或在某些情况下受管理层不采取某些措施或不做出某种决策的影响。在有效的控制环境中,管理层的理念和经营风格可以创造一个积极的氛围,促进业务流程和内部控制的有效运行,同时创造一个减少错报发生可能性的环境。在管理层以一个或少数几个人为主时,管理层的理念和经营风格对内部控制的影响尤为突出。

注册会计师在了解和评估被审计单位管理层的理念和经营风格时,考虑的主要因素包括:①管理层是否对内部控制,包括信息技术的控制,给予了适当的关注;②管理层是否由一个或几个人所控制,董事会、审计委员会或类似机构对其是否实施了有效监督;③管理层在承担和监控经营风险方面是风险偏好者还是风险规避者;④管理层在选择会计政策和做出会计估计时是倾向于激进还是保守;⑤管理层对于信息管理人员以及财会人员是否给予了适当关注;⑥对于重大的内部控制和会计事项,管理层是否征询注册会计师的意见,或者经常在这些方面与注册会计师存在不同意见。

5. 组织结构及职权与责任的分配

被审计单位的组织结构为计划、运作、控制及监督经营活动提供了一个整体框架。通过集权或分权决策,可在不同部门间进行适当的职责划分,建立适当层次的报告体系。组织结构将影响权利、责任和工作任务在组织成员中的分配。被审计单位的组织结构在一定程度上取决于被审计单位的规模和经营活动的性质。

注册会计师在对被审计单位组织结构和职权与责任的分配进行了解和评估时,考虑的主要因素包括:①在被审计单位内部是否有明确的职责划分,是否将业务授权、业务记录、资产保管和维护以及业务执行的责任尽可能地分离;②数据的所有权划分是否合理;③是否已针对授权交易建立适当的政策和程序。

6. 人力资源政策与实务

政策与程序(包括内部控制)的有效性,通常取决于执行人。因此,被审计单位员工的能力与诚信是控制环境中不可缺少的因素。人力资源政策与实务涉及招聘、培训、考核、咨询、晋升和薪酬等方面。被审计单位是否有能力雇用并保留一定数量既有能力又有责任心的员工在很大程度上取决于其人事政策与实务。例如,如果招聘录用标准要求录用最合适的员工,包括强调员工的学历、经验、诚信和道德,这表明被审计单位希望录用有能力并值得信赖的人员。被审计单位有关培训方面的政策应显示员工应达到的工作表现和业绩水准,通过定期考核的晋升政策表明被审计单位希望具备相应资格的人员承担更多的职责。

注册会计师在对被审计单位人力资源政策与制度进行了解和评估时,考虑的主要因素包括:①被审计单位在招聘、培训,考核、咨询、晋升、薪酬、补救措施等方面是否有适当的政策和制度(特别是在会计、财务和信息系统方面);②是否有书面的员工岗位职责手册,或者在没有书面文件的情况下,对于工作职责和期望是否做了适当的沟通和交流;③人力资源政策与制度是否清晰，并且定期发布和更新；④是否设定适当的程序，对分散在各地区和海外的经营人员建立和沟通人力资源政策与程序。

（二）风险评估过程

任何经济组织在经营活动中都会面临各种各样的风险，风险会对其生存和竞争能力产生影响。很多风险并不为经济组织所控制，但管理层应当确定可以承受的风险水平，识别这些风险并采取一定的应对措施。

可能产生风险的事项和情形包括：①监管及经营环境的变化；②新员工的加入；③新信息系统的使用或对原系统进行升级；④业务快速发展；⑤新技术；⑥新生产型号、产品和业务活动；⑦企业重组；⑧发展海外经营；⑨新的会计准则。

注册会计师在对被审计单位整体层面的风险评估过程进行了解和评估时，考虑的主要因素包括：①被审计单位是否已建立并沟通其整体目标，并辅以具体策略和业务流程层面的计划；②被审计单位是否已建立风险评估过程，包括识别风险、估计风险的重大性、评估风险发生的可能性以及确定需要采取的应对措施；③被审计单位是否已建立某种机制，识别和应对可能对被审计单位产生重大且普遍影响的变化，如在金融机构中建立资产负债管理委员会，在制造型企业中建立期货交易风险管理组等；④会计部门是否建立了某种流程，以识别会计准则的重大变化；⑤当被审计单位业务操作发生变化并影响交易记录的流程时，是否存在沟通渠道以通知会计部门；⑥风险管理部门是否建立了某种流程，以识别经营环境包括监管环境发生的重大变化。

（三）与财务报告相关的信息系统与沟通

1. 信息系统

与财务报告相关的信息系统，包括可以生成、记录、处理和报告交易、事项与情况，对相关资产、负债和所有者权益履行经营管理责任的程序与记录。交易可以通过人工或自动化程序生成。记录包括识别和收集与交易、事项有关的信息。处理包括编辑、核对、计量、估价、汇总和调节活动，可能由人工或自动化程序来执行。报告是指用电子或书面形式编制财务报告和其他信息，供被审计单位用于衡量和考核财务及其他方面的业绩。

与财务报告相关的信息系统通常包括下列职能：①识别与记录所有的有效交易；②及时、详细地描述交易，以便在财务报告中对交易做出恰当分类；③恰当计量交易，以便在财务报告中对交易的金额做出准确记录；④恰当确定交易生成的会计期间；⑤在财务报表中恰当列报交易。

注册会计师应当从下列方面了解与财务报告相关的信息系统（包括相关业务流程）：①在被审计单位经营过程中，对财务报表具有重大影响的各类交易；②在信息技术和人工系统中，被审计单位的交易生成、记录、处理、必要的更正、结转至总账以及在财务报表中报告的程序；③用以生成、记录、处理和报告（包括纠正不正确的信息以及信息如何结转至总账）交易的会计记录、支持性信息和财务报表中的特定账户；④被审计单位的信息系统如何获取除交易以外的对财务报表影响重大的事项和情况；⑤用于编制被审计单位财务报表（包括做出的重大会计估计和披露）的财务报告过程；⑥与会计分录相关的控制，这些分录包括用以记录非经常性的、异常的交易或调整的非标准会计分录。

2. 沟通

与财务报告相关的沟通包括使员工了解各自在与财务报告有关的内部控制方面的角色和职责、员工之间的工作联系，以及向适当级别的管理层报告例外事项的方式。沟通可以采用政策手册、会计和财务报告手册及备忘录等形式进行,也可以通过发送电子邮件、口头沟通和管理层的行动来进行。

注册会计师应当了解被审计单位内部如何对财务报告的岗位职责以及与财务报告相关的重大事项进行沟通,还应当了解管理层与治理层(特别是审计委员会)之间的沟通,以及被审计单位与外部(包括与监管部门)的沟通。具体包括:①管理层就员工的职责和控制责任是否进行了有效沟通;②针对可疑的不恰当事项和行为是否建立了沟通渠道;③组织内部沟通的充分性是否能够使人员有效地履行职责;④对于与客户、供应商、监管者和其他外部人士的沟通,管理层是否及时采取适当的进一步行动;⑤被审计单位是否受到某些监管机构发布的监管要求的约束;⑥外部人士如客户和供应商在多大程度上获知被审计单位的行为守则。

(四)控制活动

控制活动是指有助于确保管理层的指令得以执行的政策和程序,包括与授权、业绩评价、信息处理、实物控制和职责分离等相关的活动。

1. 授权

注册会计师应当了解与授权有关的控制活动,授权的目的在于保证交易在管理层授权范围内进行。授权包括一般授权和特别授权。一般授权是指管理层制定的要求组织内部遵守的普遍适用于某类交易或活动的政策。特别授权是指管理层针对特定类别的交易或活动逐一设置的授权,如重大资本支出和股票发行等。特别授权也可能用于超过一般授权限制的常规交易。例如,因某些特别原因,同意对某个不符合一般信用条件的客户赊销商品。

2. 业绩评价

注册会计师应当了解与业绩评价相关的控制活动,主要包括被审计单位分析评价实际业绩与预算(或预测、前期业绩)的差异,综合分析财务数据与经营数据的内在关系,将内部数据与外部信息来源相比较,评价职能部门、分支机构或项目活动的业绩(如银行客户信贷经理复核各分行、地区和各种贷款类型的审批和收回),以及对发现的异常差异或关系采取必要的调查与纠正措施。

通过调查非预期的结果和非正常的趋势,管理层可以识别可能影响经营目标实现的情形。管理层对业绩信息的使用(如将这些信息用于经营决策、用于对财务报告系统报告的非预期结果进行追踪),决定了业绩指标的分析是只用于经营目的还是同时用于财务报告目的。

3. 信息处理

注册会计师应当了解与信息处理有关的控制活动,包括信息技术的一般控制和应用控制。

信息技术一般控制是指与多个应用系统有关的政策和程序,有助于保证信息系统持续恰当地运行(包括信息的完整性和数据的安全性),支持应用控制作用的有效发挥,通常包括数据中心和网络运行控制,系统软件的购置、修改及维护控制,接触或访问权限控制,应用系统的购置、开发及维护控制。例如,程序改变的控制、限制接触程序和数据的控制、与新版应用软件包实施有关的控制等都属于信息技术一般控制。

信息技术应用控制是指主要在业务流程层面运行的人工或自动化程序,与用于生成、记录、处理、报告交易或其他财务数据的程序相关,通常包括检查数据计算的准确性,审核账户和试算平衡表,设置对输入数据和数字序号的自动检查,以及对例外报告进行人工干预。

4. 实物控制

注册会计师应当了解实物控制,主要包括了解对资产和记录采取适当的安全保护措施,对访问计算机程序和数据文件设置授权,以及定期盘点并将盘点记录与会计记录相核对。例如,现金、有价证券和存货的定期盘点控制。实物控制的效果影响资产的安全,从而对财务报表的可靠性及审计产生影响。

5. 职责分离

注册会计师应当了解职责分离,主要包括了解被审计单位如何将交易授权、交易记录以及资产保管等职责分配给不同员工,以防范同一员工在履行多项职责时可能发生的舞弊或错误。当信息技术运用于信息系统时,职责分离可以通过设置安全控制来实现。

(五)对控制的监督

对控制的监督是指被审计单位评价内部控制在一段时间内运行有效性的过程。对控制的监督涉及及时评估控制的有效性并采取必要的补救措施。例如,管理层对是否定期编制银行存款余额调节表进行复核,内部审计人员评价销售人员是否遵守公司关于销售合同条款的政策,法律部门定期检查公司的道德规范和商务行为准则是否得以遵循等。

注册会计师在对被审计单位整体层面的监督进行了解和评估时,考虑的主要因素包括:①被审计单位是否定期评价内部控制。②被审计单位人员在履行正常职责时,能够在多大程度上获得内部控制是否有效运行的证据。③与外部的沟通能够在多大程度上证实内部产生的信息或者指出存在的问题。④管理层是否采纳内部审计人员和注册会计师有关内部控制的建议。⑤管理层是否及时纠正控制运行中的偏差。⑥管理层根据监管机构的报告及建议是否及时采取纠正措施。⑦是否存在协助管理层监督内部控制的职能部门(如内部审计部门)。

三、在整体层面了解内部控制

在整体层面对被审计单位内部控制的了解和评估,通常由项目组中对被审计单位情况比较了解且较有经验的成员负责,同时需要项目组其他成员的参与和配合。

在了解上述内部控制的构成要素时,注册会计师需要特别注意这些要素在实际中是否得到执行。这一评价过程需要大量的职业判断,并没有固定的公式或指标可供参考。例如,小型被审计单位在实现内部控制的目标中可能会较少采用正式的书面的措施和方法,负责人可能更多地参与日常经营管理活动和财务报告活动。但这些并不一定会影响注册会计师对于被审计单位整体层面的内部控制是否有效的判断。注册会计师应当考虑管理层本身的理念和态度、实际设计和执行的控制以及对经营活动的密切参与是否能够实现控制的目标。

财务报表层次的重大错报风险很可能源于薄弱的控制环境,因此,注册会计师在评估财务报表层次的重大错报风险时,应当将被审计单位整体层面的内部控制状况和了解到的被审计单位及其环境其他方面的情况结合起来考虑。被审计单位整体层面的内部控制是否有效将直接影响重要业务流程相关控制的有效性,进而影响注册会计师拟实施的进一步审计程序的性质、时间安排和范围。

四、在业务流程层面了解内部控制

(一)确定重要业务流程和重要交易类别

在实务中,将被审计单位的整个经营活动划分为几个重要的业务循环,有助于注册会计师更有效地了解和评估重要业务流程及相关控制。通常,对制造业企业,可以划分为销售与收款循环、采购与付款循环、生产与存货循环、人力资源与工薪循环、投资与筹资循环等。经营活动的性质不同,所划分的业务循环也不同。例如,对于银行,就没有生产与存货循环,而有发放贷款循环、吸收存款循环。又如,某些被审计单位出口销售与国内销售的流程完全不同,可将销售与收款循环进一步划分为外销和内销两个子循环。对于某些被审计单位，固定资产的采购和维护可能很重要，也可以将固定资产单独作为一个业务循环。

重要交易类别是指可能对被审计单位财务报表产生重大影响的各类交易。重要交易类别应与相关账户及其认定相联系，例如，对于一般制造业企业，销售收入和应收账款通常是重大账户，销售和收款都是重要交易类别。除了一般所理解的交易以外，对财务报表具有重大影响的事项和情况也应包括在内，例如，计提资产的折旧或摊销，考虑应收款项的可收回性和计提坏账准备等。

（二）了解重要交易流程，并进行记录

交易流程通常包括一系列工作：输入数据的核准与修订，数据的分类与合并，进行计算，更新账簿资料和客户信息记录，生成新的交易，归集数据，列报数据。

注册会计师可以通过下列方法获得对重要交易流程的了解：①检查被审计单位的手册和其他书面指引；②询问被审计单位的适当人员；③观察所运用的处理方法和程序；④穿行测试。

在执行上述步骤之前，注册会计师需要考虑以下事项：①该类交易影响的重大账户及其认定；②注册会计师已经识别的有关这些重大账户及其认定的经营风险和财务报表重大错报风险；③重要交易类别生成、记录、处理和报告所涉及的业务流程以及相关的信息技术处理系统。考虑上述事项可以帮助注册会计师确定询问对象，包括流程管理人员和信息技术人员。

为帮助确定哪个环节可能发生错报，注册会计师要注意记录以下信息：①输入信息的来源；②所使用的重要数据档案，如客户清单及价格信息记录；③重要的处理程序，包括在线输入和更新处理；④重要的输出文件、报告和记录；⑤基本的职责划分，即列示各部门所负责的处理程序。

（三）确定可能发生错报的环节

注册会计师需要确认和了解被审计单位应在哪些环节设置控制，以防止或发现并纠正各重要业务流程可能发生的错报。注册会计师所关注的控制，是那些能通过防止错报的发生，或者通过发现和纠正已有错报，从而确保每个流程中业务活动具体流程（从交易的发生到记录于账目）能够顺利运转的人工或自动化控制程序。

注册会计师通过设计一系列关于控制目标是否实现的问题，从而确认某项业务流程中需要加以控制的环节。这些问题针对的是业务流程中数据生成、转移或被转换的环节。

（四）识别和了解相关控制

在某些情况下，注册会计师之前的了解可能表明被审计单位在业务流程层面针对某些重要交易流程所设计的控制是无效的，或者注册会计师并不打算信赖控制，这时注册会计师没有必要进一步了解在业务流程层面的控制。

如果注册会计师计划对业务流程层面的有关控制进行进一步的了解和评价，那么针对业务流程中容易发生错报的环节，注册会计师应当确定：①被审计单位是否建立了有效的控制，以防止或发现并纠正这些错报；②被审计单位是否遗漏了必要的控制；③是否识别了可以最有效测试的控制。

控制包括被审计单位使用并依赖的、用以在交易流程中防止错报的发生或在发生错报后发现与纠正错报的所有政策和程序。有效的控制应与错报发生的环节相关，并能降低错报风险。通常将业务流程中的控制划分为预防性控制和检查性控制。

（五）执行穿行测试，证实对交易流程和相关控制的了解

为了解各类重要交易在业务流程中发生、处理和记录的过程，注册会计师通常会每年执行

穿行测试。执行穿行测试可获得下列方面的证据：①确认对业务流程的了解；②确认对重要交易的了解是完整的，即在交易流程中所有与财务报表认定相关的可能发生错报的环节都已识别；③确认所获取的有关流程中的预防性控制和检查性控制信息的准确性；④评估控制设计的有效性；⑤确认控制是否得到执行；⑥确认之前所做的书面记录的准确性。

（六）初步评价和风险评估

1. 对控制的初步评价

注册会计师以对控制的评价结论可能是：①所设计的控制单独或连同其他控制能够防止或发现并纠正重大错报，并得到执行；②控制本身的设计是合理的，但没有得到执行；③控制本身的设计就是无效的或缺乏必要的控制。由于对控制的了解是在穿行测试完成后但又在测试控制运行有效性之前进行的，因此，上述评价结论只是初步结论，仍可能随控制测试后实施实质性程序的结果而发生变化。

2. 风险评估需考虑因素

（1）账户特征及已识别的重大错报风险。如果已识别的重大错报风险水平为高（例如，复杂的发票计算或计价过程增加了开票错报的风险；经营的季节性特征增加了在旺季发生错报的风险），相关的控制应有较高的敏感度，即在错报率较低的情况下也能防止或发现并纠正错报。相反，如果已发现的重大错报风险水平为低，相关的控制就无须具有像重大错报风险较高时那样的敏感性。

（2）注册会计师应将对整体层面获得的了解和结论，同在业务流程层面获得的有关重大交易流程及其控制的证据结合起来考虑。

3. 评价决策

在对控制进行初步评价及风险评估后，注册会计师需要利用实施上述程序获得的信息，回答以下问题：

（1）控制本身的设计是否合理？注册会计师需要根据上述的考虑因素判断，如果识别的控制设计合理，该控制在重要业务流程中单独或连同其他控制能否有效地实现特定控制目标。

（2）控制是否得到执行？如果设计合理的控制没有得到执行，该控制也不会发挥应有的作用。因此，注册会计师需要获取审计证据，评价这类控制是否确实存在，且正在被使用。

（3）是否更多地信赖控制并拟实施控制测试？如果认为被审计单位的控制设计合理并得到执行，能够有效防止或发现并纠正重大错报，那么，注册会计师通常可以信赖这些控制，减少拟实施的实质性程序。如果拟更多地信赖这些控制，需要确信所信赖的控制在整个拟信赖期间都有效地发挥了作用，即注册会计师应对这些控制在该期间内是否得到一贯运行进行测试。拟信赖该控制的期间可能是整个年度，也可能是其中某一时段。如果控制测试的结果进一步证实内部控制是有效的，注册会计师可以认为相关账户及认定发生重大错报的可能性较低，对相关账户及认定实施实质性程序的范围也将缩小。

（七）对财务报告流程的了解

由于财务报告流程将直接影响财务报告，注册会计师应重视对这一重要流程的了解。注册会计师对该流程以及该流程如何与其他重要流程相连接的了解，有助于其识别和评估与财务报表重大错报风险相关的控制。

财务报告流程包括：①将业务数据汇总记入总账的程序，即如何将重要业务流程的信息与总账和财务报告系统相连接；②在总账中生成、记录和处理会计分录的程序；③记录对财务报表常规和非常规调整的程序，如合并调整、重分类等；④草拟财务报表和相关披露的程序。

五、对内部控制了解的深度

(一)评价控制的设计

注册会计师在了解内部控制时，应当评价控制的设计，并确定其是否得到执行。评价控制的设计，涉及考虑该控制单独或连同其他控制是否能够有效防止或发现并纠正重大错报。控制得到执行是指某项控制存在且被审计单位正在使用。评估一项无效控制的运行没有什么意义，因此，需要首先考虑控制的设计。设计不当的控制可能表明存在值得关注的内部控制缺陷。

(二)获取控制设计和执行的审计证据

注册会计师通常实施下列风险评估程序，以获取有关控制设计和执行的审计证据：①询问被审计单位人员；②观察特定控制的运用；③检查文件和报告；④追踪交易在财务报告信息系统中的处理过程(穿行测试)。这些是风险评估程序在了解被审计单位内部控制方面的具体运用。

(三)了解内部控制的步骤

了解内部控制包括四个重要的步骤：①识别需要降低哪些风险以预防财务报表中发生重大错报。如果某内部控制目标没有实现，风险因素通常被描述为“可能的错误”。②记录相关的内部控制。目的是识别是否存在内部控制降低第一步所列出的风险因素，但没有必要记录和评价与审计无关的内部控制。③评估控制的执行。主要是实施穿行测试，以确信识别的内部控制确实存在。如果存在，注册会计师就可完成对控制设计和执行的评价。④评估内部控制的设计。汇总获得的所有信息，并根据风险因素来描绘识别出的(或执行的)控制。完成上述四个步骤之后，注册会计师应当确定内部控制是否存在重大弱点。

(四)了解内部控制与测试控制运行有效性的关系

除非存在某些可以使控制得到一贯运行的自动化控制，否则注册会计师对控制的了解并不足以测试控制运行的有效性。例如，获取某一人工控制在某一时点得到执行的审计证据，并不能证明该控制在所审计期间内的其他时点也有效运行。但是，信息技术可以使被审计单位持续一贯地对大量数据进行处理，提高了被审计单位监督控制活动运行情况的能力，信息技术还可以通过对应用软件、数据库、操作系统设置安全控制来实现有效的职责划分。

六、内部控制的局限性

(一)内部控制的固有局限性

内部控制无论如何有效，都只能为被审计单位实现财务报告目标提供合理保证。内部控制实现目标的可能性受其固有限制的影响。这些限制包括：

(1)在决策时人为判断可能出现错误和因人为失误而导致内部控制失效。例如，控制的设计和修改可能存在失误。同样地，控制的运行可能无效，例如，由于负责复核信息的人员不了解复核的目的或没有采取适当的措施，内部控制生成的信息(如例外报告)没有得到有效使用。

(2)控制可能由于两个或更多的人员串通或管理层不当地凌驾于内部控制之上而被规避。例如，管理层可能与客户签订“背后协议”，修改标准的销售合同条款和条件，从而导致不适当的收入确认。再如，软件中的编辑控制旨在识别和报告超过赊销信用额度的交易，但这一控制可能被凌驾或不能得到执行。

(3)如果被审计单位内部行使控制职能人员的素质不适应岗位要求，也会影响内部控制功能的正常发挥。被审计单位实施内部控制的成本效益问题也会影响其效能,当实施某项控制成本大于控制效果而发生损失时,就没有必要设置控制环节或控制措施。内部控制一般是针对经常而重复发生的业务设置的,如果出现不经常发生或未预计到的业务,原有控制就可能不适用。

(二)对小型被审计单位的考虑

小型被审计单位拥有的员工通常较少,限制了其职责分离的程度。但是,在业主管理的小型被审计单位,业主兼经理可以实施比大型被审计单位更有效的监督。这种监督可以弥补职责分离有限的局限性。另外,由于内部控制系统较为简单,业主兼经理更有可能凌驾于控制之上。注册会计师在识别由于舞弊导致的重大错报风险时需要考虑这一问题。

【视野拓展 6－1】

月华会计师事务所注册会计师甲和乙接受委派对星云股份有限公司(以下简称星云公司)2015 年度财务报表进行审计。在预备调查阶段,通过调查问卷等形式了解到星云公司销售收款循环的内部控制,描述如下:

1. 销售部门收到顾客的订单后,由经理对品种、规格、数量、价格、付款条件、结算方式等详细审核后签章,交仓库办理发货手续。

2. 仓库在发运商品出库时,均必须有管理员根据经批准的订单填制的一式四联的销售单。在各联上签章后,第一联作为发运单,由工作人员配货并随货交给顾客;第二联送会计部;第三联送应收账款专管员;第四联则由管理员按编号顺序连同订单一并归档保存,作为盘存的依据。

3. 会计部门收到销售单后,根据所列资料,开具统一的销售发票,将顾客联寄送顾客,将销售联交应收账款专管员,作为记账和收款的凭据。

4. 应收账款专管员收到发票后,将发票与销售单核对,如无错误,据以登记应收账明细账,并将发票和销售单按顾客顺序归档保存。

要求:

(1)指出星云公司在销售收款循环的内部控制中存在的缺陷。

(2)针对存在的缺陷,提出改善措施。

解析:

1. 星云公司在销售收款循环的内部控制中存在以下缺陷:①没有根据批准的订单编制销售通知单;②销售单不应由仓库部门编制,也不能代替装运凭证;③货物的发货与装运的职责不应由同一部门承担;④会计部门开具销售发票时没有核对装运凭证、销售单和商品价目表;⑤销售账和应收款两项不相容职务不应由同一人办理;⑥没有对销售收款循环进行独立稽核。

2. 针对上述存在的问题,提出的改善措施如下:①销售部门必须根据批准的订单编制一式多联连续编号的销售通知单,分别用于批准赊销、审核发货与装运货物、记录发货数量及向顾客开具账单;②货物的发货和装运由仓库和运输部门分别办理;③运输部门必须根据已批准的销售单编制一式多联、连续编号的提货单,装运货物;仓库部门核对经批准的销售单与提货单后发货;④会计部门必须在核对装运凭证(提货单)、销售单和商品价目表无误的情况下,才能开具销售发票;⑤将收款业务和负责销售账的业务分开;⑥设置独立稽核人员专门审核销售发票的单价、加总、入账日期等。

任务三 评估重大错报风险

评估重大错报风险是风险评估阶段的最后一个步骤。获取的关于风险因素和抵消控制风险的信息(通过实施风险评估程序),将全部用于对财务报表层次以及各类交易、账户余额和披露认定层次评估重大错报风险。评估将作为确定进一步审计程序的性质、范围和时间的基础,以应对识别出来的风险。

一、评估财务报表层次和认定层次的重大错报风险

(一)评估重大错报风险时考虑的因素

表6—1列示了风险评估时考虑的部分风险因素。

表6—1 风险评估时考虑的部分风险因素

1. 已识别的风险是什么?	
财务报表层次	1. 源于薄弱的被审计单位层次内部控制或信息技术的一般控制;2. 特别风险;3. 与管理层凌驾和舞弊相关的风险因素;4. 管理层愿意接受的风险,如小企业因缺乏职责分工导致的风险。
认定层次	1. 与完整性、准确性、存在或计价相关的特定风险:①收入、费用和其他交易;②账户余额;③财务报表披露。 2. 可能产生多重错报的风险。
相关内容控制程序	1. 特别风险;2. 用于预防、发现或减轻已识别风险的恰当设计并执行的内部控制程序;3. 仅通过执行控制测试应对的风险。
2. 错报(金额影响)可能发生的规模有多大?	
财务报表层次	什么事项可能导致财务报表重大错报?考虑管理层凌驾、舞弊、未预期事件和以往经验。
认定层次	考虑:①交易、账户余额或披露的固有性质;②日常和例外事件;③以往经验。
3. 事件(风险)发生的可能性多大?	
财务报表层次	考虑:①来自高层的基调;②管理层风险管理的方法;③采用的政策和程序设计;④以往经验。
认定层次	考虑:①相关的内部控制活动;②以往经验。
相关内容控制程序	识别对于降低事件发生可能性非常关键的管理层风险应对要素。

(二)评估重大错报风险的审计程序

(1)在了解被审计单位及其环境(包括与风险相关的控制)的整个过程中,结合对财务报表中各类交易、账户余额和披露的考虑,识别风险。例如,被审计单位因相关环境法规的实施需要更新设备,可能面临原有设备闲置或贬值的风险;宏观经济的低迷可能预示应收账款的收回存在问题;竞争者开发的新产品上市,可能导致被审计单位的主要产品在短期内过时,预示将出现存货跌价和长期资产(如固定资产等)的减值。

(2)结合对拟测试的相关控制的考虑,将识别出的风险与认定层次可能发生错报的领域相联系。例如,销售困难使产品的市场价格下降,可能导致年末存货成本高于其可变现净值而需要计提存货跌价准备,这显示存货的计价认定可能发生错报。

(3)评估识别出的风险,并评价其是否更广泛地与财务报表整体相关,进而潜在地影响多

项认定。

(4)考虑发生错报的可能性(包括发生多项错报的可能性,以及潜在错报的重大程度是否足以导致重大错报。

(三)识别两个层次的重大错报风险

某些重大错报风险可能与财务报表整体广泛相关,进而影响多项认定。例如,在经济不稳定的国家和地区开展业务、资产的流动性出现问题、重要客户流失、融资能力受到限制等,可能导致注册会计师对被审计单位的持续经营能力产生重大疑虑。又如,管理层缺乏诚信或承受异常的压力可能引发舞弊风险,这些风险与财务报表整体相关。

某些重大错报风险也可能与特定的某类交易、账户余额和披露的认定相关。例如,被审计单位存在复杂的联营或合资,这一事项表明长期股权投资账户的认定可能存在重大错报风险。又如,被审计单位存在重大的关联方交易,该事项表明关联方及关联方交易的披露认定可能存在重大错报风险。

(四)控制环境对评估财务报表层次重大错报风险的影响

财务报表层次的重大错报风险很可能源于薄弱的控制环境。薄弱的控制环境带来的风险可能会对财务报表产生广泛影响,难以限于某类交易、账户余额和披露,注册会计师应当采取总体应对措施。例如,被审计单位治理层、管理层对内部控制的重要性缺乏认识,没有建立必要的制度和程序;或管理层经营观念偏于激进,又缺乏实现激进目标的人力资源等,这些缺陷源于薄弱的控制环境,会对财务报表产生广泛影响,需要注册会计师采取总体应对措施。

(五)控制对评估认定层次重大错报风险的影响

在评估重大错报风险时,注册会计师应当将所了解的控制与特定认定相联系。

控制可能与某一认定直接相关,也可能与某一认定间接相关。关系越间接,控制在防止或发现并纠正认定中错报的作用就越小。例如,销售经理对分地区的销售网点的销售情况进行复核,与销售收入完整性的认定只是间接相关。相应地,该项控制在降低销售收入完整性认定中的错报风险方面的效果,要比与该认定直接相关的控制(如将发货单与开具的销售发票相核对)的效果差。

注册会计师应当考虑对识别的各类交易、账户余额和披露认定层次的重大错报风险予以汇总和评估,以确定进一步审计程序的性质、时间安排和范围。表 6—2 给出了评估认定层次重大错报风险汇总。

表 6—2　　评估认定层次的重大错报风险汇总

重大账户	认定	识别的重大错报风险	风险评估结果
列示重大账户,如应收账款	列示相关的认定,如存在、完整性、计价或分摊等	汇总实施审计程序识别出的与该重大账户的某项认定相关的重大的错报风险	评估该项认定的重大错报风险水平(应考虑控制设计是否合理、是否得到执行)

注:注册会计师也可以在该表中记录针对评估的认定层次重大错报风险而相应制订的审计方案。

(六)考虑财务报表的可审计性

注册会计师在了解被审计单位内部控制后,可能会对被审计单位财务报表的可审计性产生怀疑。例如,对被审计单位会计记录的可靠性和状况的担心可能会使注册会计师认为很难获取充分、适当的审计证据，以支持对财务报表发表意见。再如，管理层严重缺乏诚信，注册会计师认为管理层在财务报表中做出虚假陈述的风险高到无法进行审计的程度。因此，如果通过对内部控制的了解发现下列情况，并对财务报表局部或整体的可审计性产生疑问，注册会计师应当考虑出具保留意见或无法表示意见的审计报告：①被审计单位会计记录的状况和可靠性存在重大问题，不能获取充分、适当的审计证据以发表无保留意见；②对管理层的诚信存在严重疑虑。必要时，注册会计师应当考虑解除业务约定。

二、需要特别考虑的重大错报风险

（一）特别风险的概念

特别风险是指注册会计师识别和评估的、根据判断认为需要特别考虑的重大错报风险。

（二）确定特别风险时应考虑的事项

在确定风险的性质时，注册会计师应当考虑下列事项：①风险是否属于舞弊风险；②风险是否与近期经济环境、会计处理方法或其他方面的重大变化相关，因而需要特别关注；③交易的复杂程度；④风险是否涉及重大的关联方交易；⑤财务信息计量的主观程度，特别是计量结果是否具有高度不确定性；⑥风险是否涉及异常或超出正常经营过程的重大交易。

（三）非常规交易和判断事项导致的特别风险

非常规交易是指由于金额或性质异常而不经常发生的交易，如企业购并、债务重组、重大或有事项等。由于非常规交易具有下列特征，与重大非常规交易相关的特别风险可能导致更高的重大错报风险：①管理层更多地干预会计处理；②数据收集和处理进行更多的人工干预；③复杂的计算或会计处理方法；④非常规交易的性质可能使被审计单位难以对由此产生的特别风险实施有效控制。

判断事项通常包括做出的会计估计（具有计量的重大不确定性），如资产减值准备金额的估计、需要运用复杂估值技术确定的公允价值计量等。由于下列原因，与重大判断事项相关的特别风险可能导致更高的重大错报风险：①对涉及会计估计、收入确认等方面的会计原则存在不同的理解；②所要求的判断可能是主观和复杂的，或需要对未来事项做出假设。

（四）考虑与特别风险相关的控制

对特别风险，注册会计师应当评价相关控制的设计情况，并确定其是否已经得到执行。由于与重大非常规交易或判断事项相关的风险很少受到日常控制的约束，注册会计师应当了解被审计单位是否针对该特别风险设计和实施了控制。例如，做出会计估计所依据的假设是否由管理层或专家进行复核，是否建立做出会计估计的正规程序，重大会计估计结果是否由治理层批准等。再如，管理层在收到重大诉讼事项的通知时采取的措施，包括这类事项是否提交适当的专家（如内部或外部的法律顾问）处理、是否对该事项的潜在影响做出评估、是否确定该事项在财务报表中的披露问题以及如何确定等。

如果管理层未能实施控制以恰当应对特别风险，注册会计师应当认为内部控制存在重大缺陷，并考虑其对风险评估的影响。在此情况下，注册会计师应当就此类事项与治理层沟通。

三、仅通过实质性程序无法应对的重大错报风险

作为风险评估的一部分，如果认为仅通过实质性程序获取的审计证据无法将认定层次的重大错报风险降至可接受的低水平，注册会计师应当评价被审计单位针对这些风险设计的控制，并确定其执行情况。

在被审计单位对日常交易采用高度自动化处理的情况下，审计证据可能仅以电子形式存在，其充分性和适当性通常取决于自动化信息系统相关控制的有效性，注册会计师应当考虑仅通过实施实质性程序不能获取充分、适当审计证据的可能性。例如，某企业通过高度自动化的系统确定采购品种和数量，生成采购订单，并通过系统中设定的收货确认和付款条件进行付款。除了系统中的相关信息以外，该企业没有其他有关订单和收货的记录。在这种情况下，如果认为仅通过实施实质性程序不能获取充分、适当的审计证据，注册会计师应当考虑依赖的相关控制的有效性，并对其进行了解、评估和测试。

在实务中，注册会计师可以用表6－3汇总识别的重大错报风险。

表6－3　识别的重大错报风险汇总

识别的重大错报风险	对财务报表的影响	相关的各类交易账户类别、账户余额和披露认定	是否与财务报表整体广泛相关	是否属于特别风险	是否属于仅通过实质性程序无法应对的重大错报风险
记录识别的重大错报风险	描述对财务报表的影响和导致财务报表发生重大错报的可能性	列示相关的各类交易、账户余额和披露及其认定	考虑是否属于财务报表层次的重大错报风险	考虑是否属于特别风险	考虑是否属于仅通过实质性程序无法应对的重大错报风险

四、对风险评估的修正

注册会计师对认定层次重大错报风险的评估，可能随着审计过程中不断获取审计证据而做出相应的变化。例如，注册会计师对重大错报风险的评估可能基于预期控制运行有效这一判断，即相关控制可以防止或发现并纠正认定层次的重大错报。但在测试控制运行的有效性时，注册会计师获取的证据可能表明相关控制在被审计期间并未有效运行。同样，在实施实质性程序后，注册会计师可能发现错报的金额和频率比在风险评估时预计的金额和频率要高。因此，如果通过实施进一步审计程序获取的审计证据与初始评估获取的审计证据相矛盾，注册会计师应当修正风险评估结果，并相应修改原计划实施的进一步审计程序。

评估重大错报风险与了解被审计单位及其环境一样，也是一个连续和动态的收集、更新与分析信息的过程，贯穿于整个审计过程的始终。

【同步案例6－1】

ABC会计师事务所正在准备接受正大公司的委托审计其2015年的财务报表。正大公司以前年度是由K事务所审计的，并对2014年的财务报表出具了带强调事项段的保留意见。在接受委托之前，主管此项业务的ABC会计师事务所合伙人注册会计师A经正大公司的允许与K事务所进行了沟通，了解到正大公司的一些信息。以下为注册会计师A了解的部分信息：

(1)正大公司是一家高新技术企业，拥有多项高新技术，在高新行业内属于佼佼者。

(2)日益激烈的市场竞争使公司变现能力和盈利能力恶化。

(3)公司的管理层最大限度地“挤压利润”，竭尽全力地使报告的收入和每股收益最大化。在2014年度，正大公司的收入被K事务所的注册会计师调减了1 000万元，占原报告收入的25%，同时调减利润300万元，占原报告利润的50%。

(4)正大公司管理层不愿意接受审计调整；董事会中无审计委员会，内部审计部门形同虚设。

(5)正大公司大多数交易采用计算机管理系统进行核算，核算系统内部控制政策和程序比较健全，但对资产的控制很差；最近实现的电算化系统中的固定资产记录并不是很准确。而且，该公司银行账户也安排银行出纳人员全权负责。

(6)正大公司2014年财务报表附注中提到了一起由该公司竞争对手所提起的诉讼，称正大公司某项高新技术的知识产权存在侵权问题。K会计师事务所在2014年度审计报告中增加了一个强调说明段，表示了对正大公司持续经营能力的怀疑。

(7)正大公司2012～2014年的总收益水平持续下降，但是非经营活动收益率呈上升趋势，2015年度未经审计的净收益比2012年有大幅上升，同时增长幅度最大的是经营活动收益率。

请结合上述材料回答以下问题：

(1)根据所了解的情况，你认为正大公司的重大错报风险水平是高、中还是低？为什么？

(2)根据题目所给的信息，你认为正大公司认定层次的重大错报风险集中的领域是哪些？

解析：

(1)正大公司财务报表层次的重大错报风险应评估为高水平。其主要理由如下：

第一，从以前年度审计的结果来看，正大公司被出具了带强调事项段的保留意见，负责审计的K会计师事务所在强调事项段中表达了对其持续经营能力的关注；而且，其收入在2014年被调减1 000万元，占原报告收入的25%，同时调减利润300万元，占原报告利润的50%，这些都是正大公司2014年财务报表可能存在重大错报的信号。

第二，从对正大公司基本情况及其环境的了解来看，其2015年度的财务报表重大错报风险较高，表现在：处于行业领先地位，但受到市场竞争的压力，造成盈利能力与变现能力恶化，管理层很有可能由于受到外界压力，在财务报表中舞弊；管理层拒绝接受以前年度的审计调整，其诚信需要加以考察；缺少审计委员会，治理结构不健全；内部审计部门形同虚设，会计信息的可靠性存在问题；与竞争对手的诉讼将使其持续经营能力面临威胁；前三年的总体收益率下降，非经营活动收益率反而上升，说明企业经营活动收益率下降迅速，但是2015年未经审计的财务报表却显示经营活动收益率大幅上扬，因此重大错报风险较高。

(2)正大公司财务报表可能存在重大错报的领域包括：收入确认；固定资产计价；银行存款。

★★★ 应知考核 ★★★

一、单项选择题

1.注册会计师想要了解被审计单位的营销策略及其变化,最好询问( )。

A.内部审计人员 B.仓库人员 C.营销人员 D.内部法律顾问

2.注册会计师了解被审计单位及其环境的目的是( )。

A.确定重要性水平

B.控制固有风险

C.为了识别和评估财务报表的重大错报风险

D.控制检查风险

3.了解被审计单位投资活动有助于注册会计师关注被审计单位在经营策略和方向上的重大变化。下列情况中,不属于注册会计师应当了解的被审计单位投资活动的是( )。

A.证券投资、委托贷款的发生与处置

B.衍生金融工具的运用

C.近期拟实施或已实施的并购活动与资产处置情况

D.购置固定资产和无形资产的活动

4.实现内部控制目标的手段是设计和执行控制政策及程序。根据COSO发布的内部控制框架,内部控制包括的要素有( )。

A.控制环境、风险评估过程、信息系统与沟通、控制活动、控制结构

B.控制环境、控制活动、控制结构、控制设计、控制执行

C.风险评估过程、信息系统与沟通、对控制的监督、控制环境、控制结构

D.风险评估过程、对控制的监督、信息系统与沟通、控制活动、控制环境

5.如果控制风险水平初步评估为中等水平,注册会计师获取的相关内部控制运行有效的审计证据( )。

A.比评估为高水平时要多 B.比评估为低水平时要多

C.比评估为高水平时要少 D.与评估为低水平时一样多

6.注册会计师执行穿行测试的主要目的不是为了确认( )。

A.是否正确了解了内部控制且书面记录准确

B.识别交易流程中与财务报表有关的可能发生错报的环节

C.所获取的有关流程中的预防性控制和检查性控制信息的准确性

D.评估控制设计的有效性并确认控制执行的有效性

7.( )设定了被审计单位的内部控制基调,影响员工对内部控制的认识和态度。

A.控制活动 B.控制监督 C.控制环境 D.控制检查

8.下面有关对控制环境进行风险评估的提法中正确的是( )。

A.穿行测试一般用作对控制环境风险评估的审计程序

B.尽管注册会计师了解到控制环境薄弱,但仍然可以认定某一流程的控制是有效的

C.在审计计划过程中,注册会计师就应开始对控制环境进行风险评估,以制定相应的总体审计策略

D.由于对小型被审计单位无法获取以文件形式存在的有关控制环境要素的审计证据,注

册会计师可通过了解管理层对内部控制设计的态度、认识和措施来评估风险

9.有助于确保管理层的指令得以执行的政策和程序的是(　　)。

A.控制监督　　B.控制活动　　C.控制环境　　D.控制规则

10.以下属于检查性控制的是(　　)。

A.生成收货报告的计算机程序,同时也更新采购档案

B.销货发票上的价格根据价格清单上的信息确定

C.定期编制银行存款余额调节表,跟踪调查挂账的项目

D.在更新采购档案之前必须先有收货报告

二、多项选择题

1.在了解被审计单位内部控制时,注册会计师通常会(　　)。

A.查阅上期工作底稿

B.追踪交易在财务报告信息系统中的处理过程

C.重新执行某项控制

D.现场观察某项控制的运行

2.注册会计师应从被审计单位内部和外部了解被审计单位及其环境。下列各项因素中,仅涉及被审计单位外部因素的有(　　)。

A.了解被审计单位的行业状况

B.了解被审计单位的目标、战略以及经营风险

C.了解被审计单位财务业绩的衡量和评价

D.了解被审计单位的内部控制

3.注册会计师可以从外部和内部两个方面获取信息了解被审计单位及其环境,可以从外部获得的信息包括(　　)。

A.国家对于被审计单位所处行业的特殊监管要求

B.政府部门或民间组织发布的行业报告和统计数据

C.贸易与经济方面的报纸和杂志

D.法规或金融出版物

4.注册会计师应当了解被审计单位的外部影响因素,对于被审计单位所处的法律环境及监管环境的了解,主要包括(　　)。

A.对开展业务产生重大影响的政府政策,包括货币、财政、税收和贸易等政策

B.与被审计单位所处行业和所从事经营活动相关的环保要求

C.对经营活动产生重大影响的法律法规及监管活动

D.适用的会计准则、会计制度和行业特定惯例

5.注册会计师通过对被审计单位的财务业绩的衡量和评价来了解被审计单位及其环境,可以获得的信息来源主要包括(　　)。

A.被审计单位管理层作出的分部信息和分支机构的业绩报告

B.被审计单位治理层作出的预算及差异分析报告

C.注册会计师利用分析程序作出的财务分析报告

D.信用评级机构作出的报告

三、简答题

1.简述风险评估的概念和作用。

2.简述风险评估的程序。

3.简述被审计单位财务业绩的衡量和评价。

4.简述内部控制的概念、局限性。

5.简述内部控制的要素。

四、技能案例

大华公司主要从事小型电子消费品的生产和销售，产品销售以大华公司仓库为交货地点。大华公司日常交易采用自动化信息系统（以下简称系统）和手工控制相结合的方式进行。系统自 2013 年以来没有发生变化。大华公司产品主要销售给国内各主要城市的电子消费品经销商。注册会计师 A 和 B 负责审计大华公司 2014 年度财务报表。

【资料一】

注册会计师 A 和 B 在审计工作底稿中记录了所了解的大华公司及其环境的情况，部分内容摘录如下：

(1)在 2013 年度实现销售收入增长 10%的基础上，大华公司董事会确定 2014 年销售收入增长目标为 20%。大华公司管理层实行年薪制，总体薪酬水平根据上述目标的完成情况上下浮动。大华公司所处行业 2014 年的平均销售增长率是 12%。

(2)大华公司财务总监已为该公司工作超过 6 年，于 2014 年 9 月劳动合同到期后被大华公司的竞争对手高薪聘请。由于工作压力大，大华公司会计部门人员流动频繁，除会计主管服务超过 4 年外，其余人员的平均服务期少于 2 年。

(3)大华公司的产品面临快速更新换代的压力，市场竞争激烈。为巩固市场占有率，大华公司于 2014 年 4 月将主要产品（C 产品）的销售价格下调了 8%～10%。另外，大华公司在 2014 年 8 月推出了 D 产品（C 产品的改良型号），市场表现良好，计划在 2015 年全面扩大产量，并在 2015 年 1 月停止 C 产品的生产。为了加快资金流转，大华公司于 2015 年 1 月针对 C 产品开始实施新一轮的降价促销，平均降价幅度达到 10%。

(4)大华公司销售的产品均由经客户认可的外部运输公司实施运输，运费由大华公司承担，但运输途中风险仍由客户自行承担。由于受能源价格上涨影响，2014 年的运输单价比上一年平均上升了 15%，但运输商同意将运费结算周期从原来的 30 天延长至 60 天。

(5)2014 年度大华公司主要原料的价格与上年基本持平，供应商也没有大的变化，但由于技术要求发生变化，D 产品所耗高档金属材料比 C 产品略有上升，使得 D 产品的原材料成本比 C 产品上升了 3%。

(6)除了于 2013 年 12 月借入的 2 年期、年利率 6%的银行贷款 5 000 万元外，大华公司没有其他借款。该笔长期借款专门用于扩建现有的一条生产线，以满足 D 产品的生产需要。该生产线总投资 6 500 万元，2013 年 12 月开工，2014 年 7 月完工并投入使用（假设不考虑利息收入）。

【资料二】

注册会计师 A 和 B 在审计工作底稿中记录了所获取的大华公司财务数据，部分内容摘录如下：

	2014 年		2013 年	
	C 产品	D 产品	C 产品	D 产品
产成品	2 000	1 800	2 500	0
存货跌价准备	0		0	
主营业务收入	18 500	8 000	20 000	0
主营业务成本	17 000	5 600	16 800	0
销售费用——运输费	1 200		1 150	
利息支出	300		25	
减:利息资本化	250		25	
净利息支出	50		0	

思考与讨论:

针对资料一(1)至(6)项,结合资料二,假定不考虑其他条件,请逐项指出资料一所列事项是否可能存在重大错报风险。如果存在,请简要说明理由,并分别说明该风险是属于财务报表层次还是认定层次。请将分析结果填列于下表。

事项序号	是否存在重大错报风险(是/否)	理由	重大错报风险属于财务报表层次还是认定层次(财务报表层次/认定层次)	交易或账户名称和认定
(1)				
(2)				
(3)				
(4)				
(5)				
(6)				

★★★ 应会考核 ★★★

【考核项目】

内部控制。

【背景资料】

新华有限责任公司财务科有 A、B、C 三个会计人员,他们要完成如下几项工作:

(1)记录总账;

(2)记录应付款明细账;

(3)记录应收款明细账;

(4)开具支票,以便主管人员签章并记载现金日记账;

(5)开具退货拒付通知书;

(6)调节银行对账单;

(7)处理并送存所收入的现金。

【考核要求】

现已知这三个会计人员均具有相当的能力,除了调节银行对账单、签发拒付通知书工作量较小外，其他几项会计工作量基本相等，如何将上述几项工作分配给 A、B、C 三个会计人员，使会计工作起到较好的内部控制作用，并使这三个会计人员的工作量基本相等。

★★★ 项目实训 ★★★

【实训项目】

内部控制测试。

【实训目的】

通过实践，掌握内部控制的测试、评审。

【实训情境】

大中华剧院的出纳员在剧院专设的售票室负责售票、收款工作，每日各场次出售的戏票、电影票均事先连续编号。顾客一手交钱，售票员一手交票。顾客买票后须将入场券交给守门员才能进入剧院，守门员将入场券撕成两半，正券交顾客，副券则投入加锁的票箱中。

【实训要求】

(1)本例中在现金收入方面采取了哪些内部控制措施?

(2)假定售票员与守门员串通窃取现金收入，他们会采取哪些行动?

(3)对串通舞弊行为，采取何种措施可以揭发?

(4)剧院经理可采取哪些手段使现金的内部控制达到最佳效果?

项目七 风险应对

知识目标

理解:控制测试的概念和要求、实质性程序的概念和要求。

熟知:控制测试的性质、时间和范围;实质性程序的性质、时间和范围。

掌握:财务报表层次重大错报风险与总体应对措施、针对认定层次重大错报风险的进一步审计程序。

技能目标

能够对被审计单位实施有效、恰当的控制测试与实质性程序,处理舞弊导致的重大错报风险。

知识支撑

任务一 进一步审计程序

一、进一步审计程序的概念和应考虑的因素

(一)进一步审计程序的概念

进一步审计程序相对于风险评估程序而言,是指注册会计师针对评估的各类交易、账户余额和披露认定层次重大错报风险实施的审计程序,包括控制测试和实质性程序。

(二)进一步审计程序应考虑的因素

1. 风险的重要性

风险的重要性是指风险造成的后果的严重程度。风险的后果越严重,就越需要引起注册会计师的关注和重视,越需要精心设计有针对性的进一步审计程序。

2. 重大错报发生的可能性

重大错报发生的可能性越大,就越需要注册会计师精心设计进一步审计程序。

3. 涉及的各类交易、账户余额和披露的特征

不同的交易、账户余额和披露,产生的认定层次的重大错报风险也会存在差异,适用的审计程序也有差别,需要注册会计师区别对待,并设计有针对性的进一步审计程序予以应对。

4. 被审计单位采用的特定控制的性质

不同性质的控制(无论是人工控制还是自动化控制)对注册会计师设计进一步审计程序具有不同的重要影响。

5. 注册会计师是否拟获取审计证据

如果注册会计师在风险评估时预期内部控制运行有效,随后拟实施的进一步审计程序就

必须包括控制测试，且实质性程序自然会受到之前控制测试结果的影响。

二、进一步审计程序的性质

进一步审计程序的性质是指进一步审计程序的目的和类型。其中，进一步审计程序的目的包括通过实施控制测试以确定内部控制运行的有效性，通过实施实质性程序以发现认定层次的重大错报；进一步审计程序的类型包括检查、观察、询问、函证、重新计算、重新执行和分析程序。

在确定进一步审计程序的性质时，注册会计师首先需要考虑的是认定层次重大错报风险的评估结果。因此，注册会计师应当根据认定层次重大错报风险的评估结果选择审计程序。评估的认定层次重大错报风险越高，对通过实质性程序获取的审计证据的相关性和可靠性的要求就越高，从而可能影响进一步审计程序的类型及其综合运用。例如，当注册会计师判断某类交易协议的完整性存在较高的重大错报风险时，除了检查文件以外，注册会计师还可能决定向第三方询问或函证协议条款的完整性。

三、进一步审计程序的时间

进一步审计程序的时间是指注册会计师何时实施进一步审计程序，或审计证据适用的期间或时点。因此，当提及进一步审计程序的时间时，在某些情况下指的是审计程序的实施时间，在另一些情况下是指需要获取的审计证据适用的期间或时点。注册会计师在确定何时实施审计程序时应当考虑以下几项重要因素：

（一）控制环境

良好的控制环境可以抵消在期中实施进一步审计程序的局限性，使注册会计师在确定实施进一步审计程序的时间时有更大的灵活度。

（二）何时能得到相关信息

例如，某些控制活动可能仅在期中（或期中以前）发生，而之后可能难以再被观察到。再如，某些电子化的交易和账户文档如未能及时取得，可能被覆盖。在这些情况下，注册会计师如果希望获取相关信息，则需要考虑能够获取相关信息的时间。

（三）错报风险的性质

例如，被审计单位可能为了保证盈利目标的实现，而在会计期末以后伪造销售合同以虚增收入，此时注册会计师需要考虑在期末（即资产负债表日）这个特定时点获取被审计单位截至期末所能提供的所有销售合同及相关资料，以防范被审计单位在资产负债表日后伪造销售合同虚增收入的做法。

（四）审计证据适用的期间或时点

注册会计师应当根据需要获取的特定审计证据确定何时实施进一步审计程序。例如，为了获取资产负债表日的存货余额证据，显然不宜在距离资产负债表日间隔过长的期中时点或期末以后时点实施存货监盘等相关审计程序。

四、进一步审计程序的范围

进一步审计程序的范围是指实施进一步审计程序的数量，包括抽取的样本量、对某项控制活动的观察次数等。在确定进一步审计程序的范围时，注册会计师应当考虑下列因素：

（一）确定的重要性水平

确定的重要性水平越高，注册会计师实施进一步审计程序的范围就越广。

（二）评估的重大错报风险

评估的重大错报风险越高，对拟获取审计证据的相关性、可靠性的要求就越高，因此注册会计师实施的进一步审计程序的范围也越广。

（三）计划获取的保证程度

计划获取的保证程度，是指注册会计师计划通过所实施的审计程序对测试结果可靠性所获取的信心。计划获取的保证程度越高，对测试结果可靠性要求越高，注册会计师实施的进一步审计程序的范围就越广。例如，注册会计师对财务报表是否存在重大错报的信心可能来自控制测试和实质性程序。如果注册会计师计划从控制测试中获取更高的保证程度，则控制测试的范围就更广。

任务二　控制测试

一、控制测试的概念和要求

（一）控制测试的概念

控制测试是指用于评价内部控制在防止或发现并纠正认定层次重大错报方面的运行有效性的审计程序。

（二）控制测试的要求

作为进一步审计程序的类型之一，控制测试并非在任何情况下都需要实施。当存在下列情形之一时，注册会计师应当实施控制测试：①在评估认定层次重大错报风险时，预期控制的运行是有效的；②仅实施实质性程序并不能够提供认定层次充分、适当的审计证据。

注册会计师通过实施风险评估程序，可能发现某项控制的设计是存在的，也是合理的，同时得到了执行。在这种情况下，出于成本效益的考虑，注册会计师可能预期，如果相关控制在不同时点都得到了一贯执行，与该项控制有关的财务报表认定发生重大错报的可能性就不会很大，也就不需要实施很多的实质性程序。为此，注册会计师可能会认为值得对相关控制在不同时点是否得到了一贯执行进行测试，即实施控制测试。这种测试主要是出于成本效益的考虑，其前提是注册会计师通过了解内部控制以后认为某项控制存在着被信赖和利用的可能。因此，只有认为控制设计合理、能够防止或发现和纠正认定层次的重大错报，注册会计师才有必要对控制运行的有效性实施测试。

如果认为仅实施实质性程序获取的审计证据无法将认定层次重大错报风险降至可接受的低水平，注册会计师应当实施相关的控制测试，以获取控制运行有效性的审计证据。

二、控制测试的性质

控制测试的性质是指控制测试所使用的审计程序的类型及其组合。控制测试的程序包括询问、观察、检查和重新执行。

（一）询问

注册会计师可以向被审计单位的相关员工询问，获取与内部控制运行情况相关的信息。例如，询问信息系统管理人员有无未经授权接触计算机硬件和软件，向负责复核银行存款余额调节表的人员询问如何进行复核，包括复核的要点是什么、发现不符事项如何处理等。虽然询问是一种有用的手段，但它必须与其他测试手段结合使用才能发挥作用。在询问过程中，注册会计师应当保持职业怀疑。

(二)观察

观察是测试不留下书面记录的控制(如职责分离)的运行情况的有效方法。例如,观察存货盘点控制的执行情况。观察也可运用于实物控制,如查看仓库门是否锁好,或空白支票是否妥善保管。通常情况下,注册会计师通过观察直接获取的证据比间接获取的证据更可靠。但是,注册会计师还要考虑其所观察到的控制在注册会计师不在场时可能未被执行的情况。

(三)检查

对运行情况留有书面证据的控制,检查非常适用。书面说明、复核时留下的记号,或其他记录在偏差报告中的标志,都可以被当作控制运行情况的证据。例如,检查销售发票是否有复核人员签字,检查销售发票是否附有客户订购单和出库单等。

(四)重新执行

通常只有当询问、观察和检查程序结合在一起仍无法获得充分的证据时,注册会计师才考虑通过重新执行来证实控制是否有效运行。例如,为了合理保证计价认定的准确性,被审计单位的一项控制是由复核人员核对销售发票上的价格与统一价格单上的价格是否一致。但是,要检查复核人员有没有认真执行核对,仅仅检查复核人员是否在相关文件上签字是不够的,注册会计师还需要自己选取一部分销售发票进行核对,这就是重新执行程序。如果需要进行大量的重新执行,注册会计师就要考虑通过实施控制测试来缩小实质性程序的范围是否有效率。

三、控制测试的时间

(一)控制测试的时间的概念

控制测试的时间包含两层概念:一是何时实施控制测试;二是测试所针对的控制适用的时点或期间。一个基本的原理是,如果测试特定时点的控制,注册会计师仅得到该时点控制运行有效性的审计证据;如果测试某一期间的控制,注册会计师可获取控制在该期间有效运行的审计证据。因此,注册会计师应当根据控制测试的目的确定控制测试的时间,并确定拟信赖的相关控制的时点或期间。

(二)期中审计证据

注册会计师可能在期中实施进一步审计程序。对于控制测试,注册会计师在期中实施此类程序具有更积极的作用。如果已获取有关控制在期中运行有效性的审计证据,并拟利用该证据,注册会计师应当实施下列审计程序:①获取这些控制在剩余期间发生重大变化的审计证据;②确定针对剩余期间还需获取的补充审计证据。

(三)以前审计获取的审计证据

注册会计师考虑以前审计获取的有关控制运行有效性的审计证据,其意义在于:一方面,内部控制中的诸多要素对于被审计单位往往是相对稳定的(相对于具体的交易、账户余额和披露),因此,注册会计师在本期审计时还是可以适当考虑利用以前审计获取的有关控制运行有效性的审计证据;另一方面,内部控制在不同期间可能发生重大变化,注册会计师在利用以前审计获取的有关控制运行有效性的审计证据时需要格外慎重,充分考虑各种因素。

关于如何考虑以前审计获取的有关控制运行有效性的审计证据,基本思路是考虑拟信赖的以前审计中测试的控制在本期是否发生变化,因为考虑与控制变化有关的审计证据有助于注册会计师决定合理调整拟在本期获取的有关控制运行有效性的审计证据。

四、控制测试的范围

对于控制测试的范围，其概念主要是指某项控制活动的测试次数。注册会计师应当设计控制测试，以获取控制在整个拟信赖的期间有效运行的充分、适当的审计证据。

当针对控制运行的有效性需要获取更具说服力的审计证据时，应扩大控制测试的范围，需要考虑以下因素：

(1)在整个拟信赖期间，被审计单位执行控制的频率。控制执行的频率越高，控制测试的范围越大。

(2)在审计期间，注册会计师拟信赖控制运行有效性的时间长度。拟信赖控制运行有效性的时间长度不同，在该时间长度内发生的控制活动次数也不同。注册会计师需要根据拟信赖控制的时间长度确定控制测试的范围。拟信赖期间越长，控制测试的范围越大。

(3)控制的预期偏差。预期偏差可以用控制未得到执行的预期次数占控制应当得到执行次数的比率加以衡量(也可称为预期偏差率)。考虑该因素，是因为在考虑测试结果是否可以得出控制运行有效性的结论时，不可能只要出现任何控制执行偏差就认定控制运行无效，所以需要确定一个合理水平的预期偏差率。控制的预期偏差率越高，需要实施控制测试的范围就越大。如果控制的预期偏差率过高，注册会计师应当考虑控制可能不足以将认定层次的重大错报风险降至可接受的低水平，从而针对某一认定实施的控制测试可能是无效的。

(4)通过测试与认定相关的其他控制获取的审计证据的范围。针对同一认定，可能存在不同的控制。当针对其他控制获取审计证据的充分性和适当性较高时，测试该控制的范围可适当缩小。

【同步案例 7—1】

华康公司主要经营中小型机电类产品的生产和销售，采用手工会计系统，产品销售以华康公司仓库为交货地点。注册会计师赵昂负责审计华康公司 2015 年度财务报表，于 2015 年 12 月 5 日至 12 月 15 日对华康公司的采购与付款业务循环、销售与收款业务循环的内部控制进行了解、测试与评价。赵昂计划实施以下程序了解相关内部控制：①询问华康公司有关人员，并查阅有关内部控制文件；②检查内部控制生成的文件和记录。

赵昂拟定的总体审计方案中关于控制测试和评价的部分内容摘录如下：①在了解内部控制后，如认为华康公司内部控制设计合理且得到执行，则对相关内部控制进行测试；②选择 2015 年 1 月 1 日至 2015 年 11 月 20 日作为控制测试样本总体的所属期间；③在控制测试的基础上，形成对华康公司 2015 年度内部控制有效的最终评价。

要求：(1)假设不考虑其他条件，请指出赵昂还可以选择实施哪些审计程序来了解内部控制？

(2)假定不考虑其他条件，请指出赵昂拟定的总体审计方案中关于控制测试和评价内容存在什么缺陷，并提出修改建议。

解析：

(1)赵昂可以实施下列审计程序：观察华康公司的业务活动和内部控制的运行情况；选择若干具有代表性的交易和事项进行“穿行测试”。

(2)缺陷和改进建议如下：

摘录①中所述的进行控制测试的条件不充分，建议增加“信赖内部控制而减少的实质性程序的工作量大于控制测试的工作量”这一条件。

摘录②中对相关内部控制的测试期间没有涵盖被审计财务报表的整个年度，不能形成对华康公司2015年度内部控制有效性的最终评价。建议对2015年12月的相关内部控制实施追加测试，并在此基础上形成对华康公司2015年度内部控制有效性的最终评价。

任务三 实质性程序

一、实质性程序的概念和要求

实质性程序是指用于发现认定层次重大错报的审计程序，包括对各类交易、账户余额和披露的细节测试以及实质性分析程序。

注册会计师实施的实质性程序应当包括下列与财务报表编制完成阶段相关的审计程序：①将财务报表与其所依据的会计记录进行核对或调节。②检查财务报表编制过程中做出的重大会计分录和其他调整。注册会计师对会计分录和其他会计调整检查的性质和范围，取决于被审计单位财务报告过程的性质和复杂程度以及由此产生的重大错报风险。

二、实质性程序的性质

(一)实质性程序的性质的概念

实质性程序的性质，是指实质性程序的类型及其组合。前已述及，实质性程序的两种基本类型包括细节测试和实质性分析程序。

细节测试是对各类交易、账户余额和披露的具体细节进行测试，目的在于直接识别财务报表认定是否存在错报。细节测试被用于获取与某些认定相关的审计证据，如存在、准确性、计价等。

实质性分析程序从技术特征上讲仍然是分析程序，主要是通过研究数据间关系评价信息，只是将该技术方法用做实质性程序，即用以识别各类交易、账户余额和披露及相关认定是否存在错报。实质性分析程序通常更适用于在一段时间内存在可预期关系的大量交易。

(二)细节测试和实质性分析程序的适用性

注册会计师应当根据各类交易、账户余额和披露的性质选择实质性程序的类型。细节测试适用于对各类交易、账户余额和披露认定的测试，尤其是对存在或发生、计价认定的测试；对在一段时间内存在可预期关系的大量交易，注册会计师可以考虑实施实质性分析程序。

(三)设计实质性分析程序时考虑的因素

注册会计师在设计实质性分析程序时应当考虑的因素包括：①对特定认定使用实质性分析程序的适当性；②对已记录的金额或比率作出预期时，所依据的内部或外部数据的可靠性；③作出预期的准确程度是否足以在计划的保证水平上识别重大错报；④已记录金额与预期值之间可接受的差异额。

三、实质性程序的时间

(一)如何考虑是否在期中实施实质性程序

注册会计师在考虑是否在期中实施实质性程序时应当考虑以下因素：

1. 控制环境和其他相关的控制

控制环境和其他相关的控制越薄弱，注册会计师越不宜在期中实施实质性程序。

2. 实施审计程序所需信息在期中之后的可获得性

如果实施实质性程序所需信息在期中之后可能难以获取(如系统变动导致某类交易记录难以获取),注册会计师应考虑在期中实施实质性程序;但如果实施实质性程序所需信息在期中之后的获取并不存在明显困难,该因素不应成为注册会计师在期中实施实质性程序的重要影响因素。

3. 实质性程序的目的

如果针对某项认定实施实质性程序的目的就包括获取该认定的期中审计证据(从而与期末比较),注册会计师应在期中实施实质性程序。

4. 评估的重大错报风险

注册会计师评估的某项认定的重大错报风险越高,针对该认定所需获取的审计证据的相关性和可靠性要求也就越高,注册会计师越应当考虑将实质性程序集中于期末(或接近期末)实施。

5. 特定类别交易或账户余额以及相关认定的性质

例如,某些交易或账户余额以及相关认定的特殊性质(如收入截止认定、未决诉讼)决定了注册会计师必须在期末(或接近期末)实施实质性程序。

6. 针对剩余期间的考虑

如果针对剩余期间注册会计师可以通过实施实质性程序或将实质性程序与控制测试相结合,较有把握地降低期末存在错报而未被发现的风险(如注册会计师在10月份实施预审时考虑是否使用一定的审计资源实施实质性程序,从而形成的剩余期间不是很长),注册会计师可以考虑在期中实施实质性程序;但如果针对剩余期间注册会计师认为还需要消耗大量审计资源才有可能降低期末存在错报而未被发现的风险,甚至没有把握通过适当的进一步审计程序降低期末存在错报而未被发现的风险(如被审计单位于8月份发生管理层变更,注册会计师接受后任管理层邀请实施预审时,考虑是否使用一定的审计资源实施实质性程序),注册会计师就不宜在期中实施实质性程序。

(二)如何考虑期中审计证据

如果在期中实施了实质性程序,注册会计师应当针对剩余期间实施进一步的实质性程序,或将实质性程序和控制测试结合使用,以将期中测试得出的结论合理延伸至期末。如果拟将期中测试得出的结论延伸至期末,注册会计师应当考虑针对剩余期间仅实施实质性程序是否足够。如果认为实施实质性程序本身不充分,注册会计师还应测试剩余期间相关控制运行的有效性或针对期末实施实质性程序。

(三)如何考虑以前审计获取的审计证据

在以前审计中实施实质性程序获取的审计证据,通常对本期只有很弱的证据效力或没有证据效力,不足以应对本期的重大错报风险。只有当以前获取的审计证据及其相关事项未发生重大变动时(例如,以前审计通过实质性程序测试过的某项诉讼在本期没有任何实质性进展),以前获取的审计证据才可能用做本期的有效审计证据。但即便如此,如果拟利用以前审计中实施实质性程序获取的审计证据,注册会计师应当在本期实施审计程序,以确定这些审计证据是否具有持续相关性。

四、实质性程序的范围

评估的认定层次重大错报风险和实施控制测试的结果是注册会计师在确定实质性程序的范围时的重要考虑因素。因此,在确定实质性程序的范围时,注册会计师应当考虑评估的认定层次的重大错报风险和实施控制测试的结果。注册会计师评估的认定层次的重大错报风险越高,需要实施实质性程序的范围越广。如果对控制测试结果不满意,注册会计师应当考虑扩大实质性程序的范围。

【视野拓展 7—1】

了解内部控制和控制测试的区别

(1)程序所属的类型不同:了解内部控制属于风险评估程序;控制测试属于进一步审计程序。

(2)目的不同:了解内部控制的目的是评价控制的设计、确定控制是否执行;控制测试的目的是评价控制的执行效果。

(3)程序有所不同:穿行测试主要用于了解内部控制;重新执行主要用于控制测试。

(4)必要性不同:了解内部控制是必要程序;控制测试不是必要程序。

(5)程序的范围不同:在了解控制是否得到执行时,只需抽取少量交易检查或观察某几个时点;测试控制运行的有效性时,需要抽取足够数量的交易检查或对多个不同时点观察。

★★★ 应知考核 ★★★

一、单项选择题

1.以下关于评估重大错报风险的说法中不正确的是(　　)。

A.注册会计师应当在了解被审计单位及其环境的整个过程中识别风险

B.风险的重要性是指风险发生的可能性大小

C.注册会计师应当确定识别的重大错报风险是与财务报表整体相关,进而影响多项认定,还是与特定的各类交易、账户余额、列报的认定相关

D.在评估重大错报风险时,注册会计师应当将所了解的控制与特定认定相联系

2.下列情形,不能表明被审计单位可能存在重大错报风险的事项和情况的是(　　)。

A.在经济不稳定的国家或地区开展业务

B.在政治环境高度波动的国家或地区开展业务

C.在严厉、复杂的监管环境中开展业务

D.行业环境比较稳定

3.财务报表层次的重大错报风险,很可能源于(　　)。

A.良好的控制环境　　B.具体的控制活动

C.薄弱的控制环境　　D.收款控制

4.下列不属于在确定审计程序的范围时注册会计师应该考虑的因素的是(　　)。

A.确定的重要性水平　　B.评估的重大错报风险

C.计划获取的保证程度　　D.样本规模的大小

5.下列有关注册会计师对控制测试时间的考虑中错误的是(　　)。

A.如果注册会计师总体上拟信赖被审计单位的控制,则控制环境越薄弱,注册会计师需要获取的剩余期间的补充证据越多

B.当被审计单位控制环境薄弱或对控制的监督薄弱时,注册会计师应当缩短再次测试控制的时间间隔或完全不信赖以前审计获取的审计证据

C.如果拟信赖的控制自上次测试后已发生变化,注册会计师应当在本期审计中测试这些

控制的运行有效性

D.如果需要获取控制在某一期间有效运行的审计证据,注册会计师可以获取与该时点相关的审计证据即可

6.进一步审计程序是相对于风险评估程序而言的,是指注册会计师针对评估的各类交易、账户余额、列报认定层次重大错报风险实施的审计程序,包括(　　)。

A.控制测试和实质性程序　　B.风险评估程序和控制测试

C.风险评估程序和实质性程序　　D.风险评估程序和分析程序

7.注册会计师在确定实施进一步审计程序的范围时应当考虑的因素不包括(　　)。

A.审计程序与特定风险的相关性　　B.计划获取的保证程度

C.评估的认定层次重大错报风险　　D.审计证据适用的期间或时点

8.财务报表层次的重大错报风险很可能源于薄弱的控制环境。薄弱的控制环境带来的风险可能对财务报表产生广泛影响,难以限于某类交易、账户余额、列报,注册会计师应当采取(　　)。

A.具体应对措施　　B.实施更多的控制测试

C.扩大控制测试的范围　　D.总体应对措施

9.下列有关注册会计师在确定针对剩余期间需要获取的补充审计证据的说法中错误的是(　　)。

A.评估的重大错报风险对财务报表的影响越大,注册会计师需要获取的剩余期间的补充证据越多

B.如果注册会计师在期中对有关控制运行有效获取的审计证据比较充分,可以考虑适当减少需要获取的剩余期间的补充证据

C.剩余期间越短,注册会计师需要获取的剩余期间的补充证据越少

D.注册会计师对相关控制的信赖程度越高,通常在信赖控制的基础上拟减少进一步实质性程序的范围就越大。这样,注册会计师需要获取的剩余期间的补充证据越少

10.当评估的财务报表层次重大错报风险属于高风险水平(并相应采取更强调审计程序不可预见性,重视调整审计程序的性质、时间和范围等总体应对措施)时,注册会计师通常拟实施进一步审计程序的总体方案更倾向于(　　)。

A.综合性方案　　B.实质性方案　　C.风险评估程序　　D.控制测试方案

二、多项选择题

1.内部控制要素包括(　　)。

A.控制环境　　B.风险评估过程

C.信息系统与沟通　　D.控制活动

2.下列通常表明内部控制存在重大缺陷的情况包括(　　)。

A.注册会计师在审计中发现了重大错报,而被审计单位的内部控制未发现这些重大错报

B.控制环境薄弱

C.存在高层管理人员舞弊迹象,涉及的金额较大

D.存在高层管理人员舞弊迹象,但是涉及的金额比较小

3.在设计进一步审计程序时,注册会计师应当考虑的因素包括(　　)。

A.风险的重要性

B.重大错报发生的可能性

C.涉及的各类交易、账户余额和列报的特征

D.被审计单位采用的特定控制的性质

4.进一步审计程序的性质，是指进一步审计程序的目的和类型。其中，进一步审计程序的类型包括(　　)。

A.检查　　B.观察　　C.询问　　D.函证

5.下列情况中属于注册会计师必须在期末(或接近期末)实施实质性程序的有(　　)。

A.系统变动导致某类交易记录难以获取

B.未决诉讼

C.控制环境和其他相关的控制较好

D.销售收入的截止认定

三、简答题

1.简述财务报表层次重大错报风险与总体应对措施。

2.简述在设计进一步审计程序时，注册会计师应当考虑的因素。

3.简述注册会计师在确定何时实施审计程序时应当考虑的重要因素。

4.简述控制测试的概念、性质。

5.简述实质性程序的概念、要求、性质、范围。

四、技能案例

注册会计师作为甲股份有限公司(以下简称甲公司)2015年度财务报表审计项目负责人。通过了解甲公司及其环境，发现当年甲公司所处行业由于一些新竞争者的加入，不仅分割了一部分市场，还导致产品价格下降了10%。甲公司2014年末制定的2015年度的经营目标是：以稳定发展为前提，力争收入、利润等主要指标在2014年度的基础上保持稳定或略有提高。

已审计的2014年度财务报表显示，收入100 000万元，成本85 000万元，应收账款3 000万元。

未经审计的2015年度财务报表显示，收入105 000万元，成本89 000万元，应收账款15 000万元。

思考与讨论：

在不考虑其他情况的条件下，根据上述资料，完成下表。

<table>
<tr><th rowspan="2">描述识别的风险</th><th colspan="2">识别的重大错报风险</th><th rowspan="2">认定</th><th rowspan="2">是否属于特别风险</th><th rowspan="2">重大错报风险水平(高/中/低)</th><th rowspan="2">提高不可预见性的审计程序</th><th rowspan="2">进一步审计程序的总体方案</th></tr>
<tr><th>交易</th><th>账户</th></tr>
<tr><td rowspan="3">在新竞争者产生的冲击下，甲公司仍然完成了其经营目标，但应收账款却大幅增加。可能存在管理层为完成目标而虚增收入。
由于价格下跌，存货的期末计价也可能存在错报。</td><td rowspan="3"></td><td>营业收入</td><td></td><td></td><td></td><td rowspan="3"></td><td></td></tr>
<tr><td>应收账款</td><td></td><td></td><td></td><td></td></tr>
<tr><td>存货</td><td></td><td></td><td></td><td></td></tr>
</table>

★★★ 应会考核 ★★★

【考核项目】

实质性程序。

【背景资料】

注册会计师张旭在对ABC公司存货项目的相关内部控制进行研究、评价之后，发现ABC公司存在以下六种可能会导致错误的情况：

(1)所有存货都未经认真盘点。

(2)接近资产负债表日前入库的产成品可能已计入存货项目，但可能未进行相关会计记录。

(3)由XYZ公司代管的A材料可能并不存在。

(4)XYZ公司存放于ABC公司仓库内的B材料可能已计入ABC公司存货项目。

(5)存货计价方法已作变更。

(6)ABC公司以前年度未曾接受过审计。

【考核要求】

(1)为证实上述情况是否真正导致错误，张旭应当分别执行的最主要的实质性程序是什么？

(2)张旭执行的实质性程序能够实现哪些审计目标？

(3)张旭执行各项实质性程序所获取的审计证据，如按其外形特征可分属哪些种类？

★★★ 项目实训 ★★★

【实训项目】

应收账款的实质性测试。

【实训目的】

通过实践，掌握应收款项的实质性测试方法及调账。

【实训情境】

B注册会计师2015年1月审查伟世股份有限公司应收票据，发现2014年12月20日贴现的票面面额为200 000元、利率为8%、90天到期的计息应收票据，该公司已持有60天，按10%的贴现率进行贴现，该公司账户资料记载所得贴现款为198 300元，无银行出具的有关凭证，账务处理为：

借：银行存款 198 300

　　财务费用 1 700

　　　贷：应收票据 200 000

【实训要求】

根据上述资料，审查该笔贴现业务的公允性，指出存在的问题，并编制调整分录。

项目八　审计报告

★ 知识目标

理解：审计报告的概念、特征和作用。

熟知：审计报告的类型、审计报告的强调事项段和其他事项段。

掌握：审计报告的基本内容、非标准审计报告、非无保留意见的审计报告。

★ 技能目标

能够理解审计的各项工作程序、掌握审计报告的内容，能够恰当发表审计意见，能够完成审计报告的编制。

★ 知识支撑

任务一　审计报告概述

一、审计报告的概念和特征

（一）审计报告的概念

审计报告是指注册会计师根据审计准则的规定，在执行审计工作的基础上，对财务报表发表审计意见的书面文件。

（二）审计报告的特征

审计报告是注册会计师在完成审计工作后向委托人提交的最终产品，具有以下特征：

1. 注册会计师应当按照审计准则的规定执行审计工作

审计准则是用以规范注册会计师执行审计业务的标准，包括一般原则与责任、风险评估与应对、审计证据、利用其他主体的工作、审计结论与报告、特殊领域审计六个方面的内容，涵盖了注册会计师执行审计业务的整个过程和各个环节。

2. 注册会计师在实施审计工作的基础上才能出具审计报告

注册会计师应当实施风险评估程序，通过了解被审计单位及其环境，识别和评估由于舞弊或错误导致的重大错报风险，以此作为评估财务报表层次和认定层次重大错报风险的基础。风险评估程序本身并不足以为发表审计意见提供充分、适当的审计证据，注册会计师还应当对评估的风险设计实施恰当的应对措施。注册会计师通过实施上述审计程序，获取充分、适当的审计证据，得出合理的审计结论，作为形成审计意见的基础。

3. 注册会计师通过对财务报表发表意见履行业务约定书约定的责任

财务报表审计的目标是注册会计师通过执行审计工作，针对财务报表是否在所有重大方面按照财务报告编制基础编制并实现公允反映发表审计意见。因此,在实施审计工作的基础上,注册会计师需要对财务报表形成审计意见,并向委托人提交审计报告。

4. 注册会计师应当以书面形式出具审计报告

审计报告具有特定的要素和格式,注册会计师只有以书面形式出具报告,才能清楚表达对财务报表发表的审计意见。

二、审计报告的作用

注册会计师签发的审计报告,主要具有鉴证、保护和证明三个方面的作用。

(一)鉴证作用

注册会计师签发的审计报告,不同于政府审计和内部审计的审计报告,是以超然独立的第三者身份,对被审计单位财务报表合法性、公允性发表意见。这种意见具有鉴证作用,得到了政府及其各部门和社会各界的普遍认可。政府有关部门,如财政部门、税务部门等了解、掌握企业的财务状况和经营成果的主要依据是企业提供的财务报表。财务报表是否合法、公允,主要依据注册会计师的审计报告做出判断。股份制企业的股东,主要依据注册会计师的审计报告来判断被投资企业的财务报表是否公允地反映了财务状况和经营成果,以进行投资决策等。

(二)保护作用

注册会计师通过审计,可以对被审计单位财务报表出具不同类型审计意见的审计报告,以提高或降低财务报表使用者对财务报表的信赖程度,能够在一定程度上对被审计单位的财产、债权人和股东的权益及企业利害关系人的利益起到保护作用。如投资者为了减少投资风险,在进行投资之前,需要查阅被投资企业的财务报表和注册会计师的审计报告,了解被投资企业的经营情况和财务状况。投资者根据注册会计师的审计报告做出投资决策,可以降低其投资风险。

(三)证明作用

审计报告是对注册会计师审计任务完成情况及其结果所作的总结,它可以表明审计工作的质量并明确注册会计师的审计责任。因此,审计报告可以对审计工作质量和注册会计师的审计责任起证明作用。通过审计报告,可以证明注册会计师在审计过程中是否实施了必要的审计程序,是否以审计工作底稿为依据发表审计意见,发表的审计意见是否与被审计单位的实际情况相一致,审计工作的质量是否符合要求。通过审计报告,可以证明注册会计师对审计责任的履行情况。

三、审计报告的类型

(一)按照性质,审计报告分为标准审计报告和非标准审计报告

标准审计报告是指不含有说明段、强调事项段、其他事项段或其他任何修饰性用语的无保留意见的审计报告。其中,无保留意见是指当注册会计师认为财务报表在所有重大方面按照适用的财务报告编制基础编制并实现公允反映时发表的审计意见。包含其他报告责任段,但不含有强调事项段或其他事项段的无保留意见的审计报告也被视为标准审计报告。

非标准审计报告是指带强调事项段或其他事项段的无保留意见的审计报告和非无保留意见的审计报告。非无保留意见的审计报告包括保留意见的审计报告、否定意见的审计报告和无法表示意见的审计报告。

（二）按照使用目的，审计报告分为公布目的审计报告和非公布目的审计报告

公布目的审计报告是指用于向被审计单位的所有者、投资者或债权人等非特定性质利害关系者公布的审计报告，这种审计报告必须附送会计报表。通常，标准审计报告是用于对外公布的审计报告。

非公布目的审计报告是指用于向经营者、合并或业务转让的关系人、提供信用的金融机构等具有特定目的的关系人分发的审计报告。注册会计师提供这类审计报告通常是因委托人具有特定目的而出具的，如会计报表某些特定项目、经营管理、合并或业务转让、融通资金等目的的审计。

（三）按照详略程度，审计报告分为简式审计报告和详式审计报告

简式审计报告，顾名思义，是内容和格式简明扼要的审计报告，包括注册会计师对会计报表审计后出具的各类审计意见的审计报告。这类审计报告记载的内容是法令或审计准则规定的，而且用以表述的文字是众皆通晓的，因此，要求它必须简明扼要，并具有大体的标准格式。

详式审计报告，是指注册会计师由于对所有重要的经济业务和情况都必须做详细、具体的分析和说明而出具的审计报告。详式审计报告因为说明的内容丰富、程度不一，因此，很难做出统一措辞或基本统一措辞的要求，不具有标准格式的特点。如对被审计单位经营管理和经济效益审计出具的报告，绝非注册会计师三言两语就能说清楚的，有的多达数万字，甚至数十万字。

（四）按照格式，审计报告分为说明式审计报告与表格式审计报告

说明式审计报告是最常见的格式，绝大多数审计报告采用这一格式。

表格式审计报告是以表格为主体格式的审计报告。这类审计报告并不多见，而且也不是人们观念中想象的通篇均是表格，因为它或多或少还需要配以一定的文字进行说明，纯粹的表格式审计报告并不存在。

任务二 审计报告的基本内容

一、审计报告的要素

审计报告应当包括下列要素：①标题；②收件人；③引言段；④管理层对财务报表的责任段；⑤注册会计师的责任段；⑥审计意见段；⑦注册会计师的签名和盖章；⑧会计师事务所的名称、地址和盖章；⑨报告日期。

二、标题

审计报告应当具有标题，统一规范为“审计报告”。考虑到这一标题已广为社会公众所接受，因此，我国注册会计师出具的审计报告的标题没有包含“独立”两个字，但注册会计师在执行财务报表审计业务时，应当遵守独立性的要求。

三、收件人

审计报告的收件人是指注册会计师按照业务约定书的要求致送审计报告的对象，一般是指审计业务的委托人。审计报告应当按照审计业务的约定载明收件人的全称。

注册会计师应当与委托人在业务约定书中约定致送审计报告的对象，以防止在此问题上发生分歧或审计报告被委托人滥用。针对整套通用目的财务报表出具的审计报告，审计报告

的致送对象通常为被审计单位的股东或治理层。

四、引言段

审计报告的引言段应当包括下列方面：①指出被审计单位的名称；②说明财务报表已经审计；③指出构成整套财务报表的每一财务报表的名称；④提及财务报表附注（包括重要会计政策概要和其他解释性信息）；⑤指明构成整套财务报表的每一财务报表的日期或涵盖的期间。

将上述方面加以概括，引言段应当说明：注册会计师审计后附的被审计单位的财务报表，包括指明适用的财务报告编制基础规定的构成整套财务报表的每一财务报表的名称、日期或涵盖的期间以及重要会计政策概要和其他解释性信息。

五、管理层对财务报表的责任段

审计报告应当包含标题为“管理层对财务报表的责任”的段落，用以描述被审计单位中负责编制财务报表的人员的责任。管理层对财务报表的责任段应当说明，编制财务报表是管理层的责任，这种责任包括：①按照适用的财务报告编制基础编制财务报表，并使其实现公允反映；②设计、执行和维护必要的内部控制，以使财务报表不存在由于舞弊或错误导致的重大错报。

注册会计师按照审计准则的规定执行审计工作的前提是管理层和治理层（如适用）认可其按照适用的财务报告编制基础编制财务报表，并使其实现公允反映（如适用）的责任；管理层也认可其设计、执行和维护内部控制，以使编制的财务报表不存在由于舞弊或错误导致的重大错报的责任。审计报告中对管理层责任的说明包括提及这两种责任，这有助于向财务报表使用者解释执行审计工作的前提。

六、注册会计师的责任段

审计报告应当包含标题为“注册会计师的责任”的段落。注册会计师的责任段应当说明下列内容：

(1)注册会计师的责任是在执行审计工作的基础上对财务报表发表审计意见。

(2)注册会计师按照中国注册会计师审计准则的规定执行了审计工作。中国注册会计师审计准则要求注册会计师遵守中国注册会计师职业道德守则，计划和执行审计工作以对财务报表是否不存在重大错报获取合理保证。

(3)审计工作涉及实施审计程序，以获取有关财务报表金额和披露的审计证据。选择的审计程序取决于注册会计师的判断，包括对由于舞弊或错误导致的财务报表重大错报风险的评估。在进行风险评估时，注册会计师考虑与财务报表编制和公允列报相关的内部控制，以设计恰当的审计程序，但目的并非对内部控制的有效性发表意见。审计工作还包括评价管理层选用会计政策的恰当性和作出会计估计的合理性，以及评价财务报表的总体列报。

(4)注册会计师相信获取的审计证据是充分、适当的，为其发表审计意见提供了基础。如果结合财务报表审计对内部控制的有效性发表意见，注册会计师应当删除上述第(3)项中“但目的并非对内部控制的有效性发表意见”的措辞。

七、审计意见段

(一)总体要求

审计报告应当包含标题为“审计意见”的段落。如果对财务报表发表无保留意见，除非法律法规另有规定，审计意见应当使用“财务报表在所有重大方面按照适用的财务报告编制基础（如企业会计准则等）编制，公允反映了……”的措辞。

《中国注册会计师审计准则第1111号——就审计业务约定条款达成一致意见》指出，在某些情况下，法律法规规定的审计报告的措辞与审计准则要求的明显不一致。在这些情况下，《中国注册会计师审计准则第1111号——就审计业务约定条款达成一致意见》要求注册会计师评价：(1)使用者是否可能误解从财务报表审计中获取的保证；(2)如果可能存在误解，审计报告中作出的补充解释是否能够减轻这种误解。如果注册会计师认为审计报告中作出的补充解释不能减轻可能的误解，除非法律法规另有规定，注册会计师不得承接该项审计业务。而且，即便按照法律法规的规定执行了审计工作，由于该项审计工作并不符合审计准则的要求，因此，注册会计师不应在审计报告中提及已按照审计准则的规定执行了审计工作。

（二）适用的财务报告编制基础

如果在审计意见中提及的适用的财务报告编制基础不是企业会计准则，而是国际财务报告准则、国际公共部门会计准则或者其他国家或地区的财务报告准则，注册会计师应当在审计意见段中指明国际财务报告准则或国际公共部门会计准则，或者财务报告准则所属的国家或地区。

在审计意见段中指出适用的财务报告编制基础，旨在告知审计报告使用者注册会计师发表审计意见的背景。注册会计师可以使用诸如下列措辞指明适用的财务报告编制基础：“……按照国际财务报告准则的规定”或者“……按照企业会计准则的规定……”

如果适用的财务报告编制基础包括国际财务报告准则和法律法规的规定，可以使用诸如下列措辞指明适用的财务报告编制基础：“……按照国际财务报告准则和××国家××法的要求。”

财务报表可能按照两个财务报告编制基础编制，在这种情况下，这两个编制基础都是适用的财务报告编制基础。在对财务报表形成审计意见时，需要分别考虑每个编制基础，并在审计意见中提及这两个编制基础。

（三）其他报告责任

除审计准则规定的注册会计师对财务报表出具审计报告的责任外，相关法律法规可能对注册会计师设定了其他报告责任。如果注册会计师在对财务报表出具的审计报告中履行其他报告责任，应当在审计报告中将其单独作为一部分，并以“按照相关法律法规的要求报告的事项”为标题。此时，审计报告应当区分为“对财务报表出具的审计报告”和“按照相关法律法规的要求报告的事项”两部分。

另外，注册会计师也要承担报告其他事项的额外责任，这些责任是注册会计师按照审计准则对财务报表出具审计报告的责任的补充。例如，如果注册会计师在财务报表审计中注意到某些事项，可能被要求对这些事项予以报告。此外，注册会计师可能被要求实施额外规定的程序并予以报告，或对特定事项（如会计账簿和记录的适当性）发表意见。

八、注册会计师的签名和盖章

审计报告应当由注册会计师签名并盖章。注册会计师在审计报告上签名并盖章，有利于明确法律责任。《财政部关于注册会计师在审计报告上签名盖章有关问题的通知》（财会〔2001〕1035号）明确规定：会计师事务所应当建立健全全面质量控制政策与程序以及各审计项目的质量控制程序，严格按照有关规定和本通知的要求在审计报告上签名盖章；审计报告应当由两名具备相关业务资格的注册会计师签名盖章并经会计师事务所盖章方为有效。

九、会计师事务所的名称、地址和盖章

根据《注册会计师法》的规定，注册会计师承办业务，由其所在的会计师事务所统一受理并与委托人签订委托合同。因此，审计报告除了应由注册会计师签名和盖章外，还应载明会计师事务所的名称和地址，并加盖会计师事务所公章。

注册会计师在审计报告中载明会计师事务所地址时，标明会计师事务所所在的城市即可。在实务中，审计报告通常载于会计师事务所统一印刷的、标有该所详细通信地址的信笺上，因此，无须在审计报告中注明详细地址。此外，根据国家工商行政管理部门的有关规定，在主管登记机关管辖区内，已登记注册的企业名称不得相同。因此，在同一地区内不会出现重名的会计师事务所。

十、报告日期

审计报告应当注明报告日期。审计报告的日期向审计报告使用者表明，注册会计师已考虑其知悉的、截至审计报告日发生的事项和交易的影响。注册会计师对审计报告日后发生的事项和交易的责任，在《中国注册会计师审计准则第 1332 号——期后事项》中作出了规定。因此，审计报告的日期非常重要。注册会计师对不同时段的财务报表日后事项有着不同的责任，而审计报告的日期是划分时段的关键时点。由于审计意见是针对财务报表发表的，并且编制财务报表是管理层的责任，所以，只有在注册会计师获取证据证明构成整套财务报表的所有报表(包括相关附注)已经编制完成，并且管理层已认可其对财务报表的责任的情况下，注册会计师才能得出已经获取充分、适当的审计证据的结论。在实务中，注册会计师在正式签署审计报告前，通常把审计报告草稿和已审计财务报表草稿一同提交给管理层。如果管理层批准并签署已审计财务报表，注册会计师即可签署审计报告。注册会计师签署审计报告的日期通常与管理层签署已审计财务报表的日期为同一天，或晚于管理层签署已审计财务报表的日期。

附录 8—1 和附录 8—2 分别列示了对按照企业会计准则编制的财务报表和合并财务报表出具的标准审计报告示例。其中，附录 8—1 的背景信息如下：①对整套财务报表实施审计；②财务报表由被审计单位管理层基于通用目的、按照企业会计准则的规定编制；③审计业务约定条款中说明的管理层对财务报表的责任，与《中国注册会计师审计准则第 1111 号——就审计业务约定条款达成一致意见》的规定一致；④除对财务报表实施审计外，注册会计师还承担法律法规要求的其他报告责任，且注册会计师决定在审计报告中履行其他报告责任。附录 8—2的背景信息如下：①合并财务报表由被审计单位管理层基于通用目的、按照企业会计准则的规定编制；②审计业务约定条款中说明的管理层对财务报表的责任，与《中国注册会计师审计准则第 1111 号——就审计业务约定条款达成一致意见》的规定一致；③除对集团财务报表实施审计外，注册会计师还承担法律法规要求的其他报告责任，且注册会计师决定在审计报告中履行其他报告责任。

附录 8—1　对按照企业会计准则编制的财务报表出具的标准审计报告

ABC 股份有限公司全体股东：

一、对财务报表出具的审计报告①

① 如果审计报告中不包含“按照相关法律法规的要求报告的事项”部分，则不需要加入此标题。

我们审计了后附的ABC股份有限公司(以下简称ABC公司)财务报表,包括20×1年12月31日的资产负债表,20×1年度的利润表、股东权益变动表和现金流量表以及财务报表附注。

(一)管理层对财务报表的责任

编制和公允列报财务报表是ABC公司管理层的责任,这种责任包括:(1)按照企业会计准则的规定编制财务报表,并使其实现公允反映;(2)设计、执行和维护必要的内部控制,以使财务报表不存在由于舞弊或错误导致的重大错报。

(二)注册会计师的责任

我们的责任是在执行审计工作的基础上对财务报表发表审计意见。我们按照中国注册会计师审计准则的规定执行了审计工作。中国注册会计师审计准则要求我们遵守中国注册会计师职业道德守则,计划和执行审计工作以对财务报表是否不存在重大错报获取合理保证。

审计工作涉及实施审计程序,以获取有关财务报表金额和披露的审计证据。选择的审计程序取决于注册会计师的判断,包括对由于舞弊或错误导致的财务报表重大错报风险的评估。在进行风险评估时,注册会计师考虑与财务报表编制和公允列报相关的内部控制,以设计恰当的审计程序,但目的并非对内部控制的有效性发表意见。审计工作还包括评价管理层选用会计政策的恰当性和作出会计估计的合理性,以及评价财务报表的总体列报。

我们相信,我们获取的审计证据是充分、适当的,为发表审计意见提供了基础。

(三)审计意见

我们认为,ABC公司财务报表在所有重大方面按照企业会计准则的规定编制,公允反映了ABC公司20×1年12月31日的财务状况以及20×1年度的经营成果和现金流量。

二、按照相关法律法规的要求报告的事项

(本部分报告的格式和内容,取决于相关法律法规对其他报告责任的规定。)

××会计师事务所　　　　　　　　　　中国注册会计师:×××

(盖章)　　　　　　　　　　　　　　(签名并盖章)

中国注册会计师:×××

(签名并盖章)

中国××市　　　　　　　　　　　　二〇×二年×月×日

附录8—2　对按照企业会计准则编制的合并财务报表出具的标准审计报告

ABC股份有限公司全体股东:

一、对合并财务报表出具的审计报告①

我们审计了后附的ABC股份有限公司(以下简称ABC公司)合并财务报表,包括20×1年12月31日的合并资产负债表,20×1年度的合并利润表、合并现金流量表和合并股东权益变动表以及财务报表附注。

(一)管理层对合并财务报表的责任

编制和公允列报合并财务报表是管理层的责任,这种责任包括:(1)按照企业会计准则的规定编制合并财务报表,并使其实现公允反映;(2)设计、执行和维护必要的内部控制,以使合并财务报表不存在由于舞弊或错误导致的重大错报。

① 同上。

(二)注册会计师的责任

我们的责任是在执行审计工作的基础上对合并财务报表发表审计意见。我们按照中国注册会计师审计准则的规定执行了审计工作。中国注册会计师审计准则要求我们遵守职业道德守则,计划和执行审计工作以对合并财务报表是否不存在重大错报获取合理保证。

审计工作涉及实施审计程序,以获取有关合并财务报表金额和披露的审计证据。选择的审计程序取决于注册会计师的判断,包括对由于舞弊或错误导致的合并财务报表重大错报风险的评估。在进行风险评估时,注册会计师考虑与合并财务报表编制和公允列报相关的内部控制,以设计恰当的审计程序,但目的并非对内部控制的有效性发表意见。审计工作还包括评价管理层选用会计政策的恰当性和作出会计估计的合理性,以及评价合并财务报表的总体列报。

我们相信,我们获取的审计证据是充分、适当的,为发表审计意见提供了基础。

(三)审计意见

我们认为,合并财务报表在所有重大方面按照企业会计准则的规定编制,公允反映了公司20×1年12月31日的合并财务状况以及20×1年度的合并经营成果和合并现金流量。

二、按照相关法律法规的要求报告的事项

(本部分报告的格式和内容,取决于相关法律法规对其他报告责任的规定。)

××会计师事务所　　　　中国注册会计师:×××
(盖章)　　　　(签名并盖章)
　　　　中国注册会计师:×××
　　　　(签名并盖章)

中国××市　　　　二〇×二年×月×日

任务三　非标准审计报告

一、非无保留意见的审计报告

(一)非无保留意见的概念

非无保留意见是指保留意见、否定意见或无法表示意见。当存在下列情形之一时,注册会计师应当在审计报告中发表非无保留意见:①根据获取的审计证据,得出财务报表整体存在重大错报的结论。②无法获取充分、适当的审计证据,不能得出财务报表整体不存在重大错报的结论。

(二)确定非无保留意见的类型

注册会计师确定恰当的非无保留意见类型,取决于下列事项:①导致非无保留意见的事项的性质,是财务报表存在重大错报,还是在无法获取充分、适当的审计证据的情况下,财务报表可能存在重大错报;②注册会计师就导致非无保留意见的事项对财务报表产生或可能产生影响的广泛性作出的判断。

表8—1列示了注册会计师对导致发生非无保留意见的事项的性质和这些事项对财务报表产生或可能产生影响的广泛性作出的判断,以及注册会计师的判断对审计意见类型的影响。

表 8—1

导致发生非无保留意见的事项的性质	这些事项对财务报表产生或可能产生影响的广泛性	
	重大但不具有广泛性	重大且具有广泛性
财务报表存在重大错报	保留意见	否定意见
无法获取充分、适当的审计证据	保留意见	无法表示意见

1. 发表保留意见

当存在下列情形之一时，注册会计师应当发表保留意见：

(1)在获取充分、适当的审计证据后，注册会计师认为错报单独或汇总起来对财务报表影响重大，但不具有广泛性。

(2)注册会计师无法获取充分、适当的审计证据以作为形成审计意见的基础，但认为未发现的错报(如存在)对财务报表可能产生的影响重大，但不具有广泛性。

2. 发表否定意见

在获取充分、适当的审计证据后，如果认为错报单独或汇总起来对财务报表的影响重大且具有广泛性，注册会计师应当发表否定意见。

3. 发表无法表示意见

如果无法获取充分、适当的审计证据以作为形成审计意见的基础，但认为未发现的错报(如存在)对财务报表可能产生的影响重大且具有广泛性，注册会计师应当发表无法表示意见。

(三)非无保留意见的审计报告的格式和内容

1. 导致非无保留意见的事项段

(1)审计报告格式和内容的一致性。如果对财务报表发表非无保留意见，除在审计报告中包含《中国注册会计师审计准则第1501号——对财务报表形成审计意见和出具审计报告》规定的审计报告要素外，注册会计师还应当直接在审计意见段之前增加一个段落，并使用恰当的标题，如“导致保留意见的事项”、“导致否定意见的事项”或“导致无法表示意见的事项”，说明导致发表非无保留意见的事项。审计报告格式和内容的一致性有助于提高使用者的理解和识别存在的异常情况。

(2)量化财务影响。如果财务报表中存在与具体金额(包括定量披露)相关的重大错报，注册会计师应当在导致非无保留意见的事项段中说明并量化该错报的财务影响。例如，如果存货被高估，注册会计师就可以在审计报告的导致非无保留意见的事项段中说明该重大错报的财务影响，即量化其对所得税、税前利润、净利润和股东权益的影响。如果无法量化财务影响，注册会计师应当在导致非无保留意见的事项段中说明这一情况。

(3)存在与叙述性披露相关的重大错报。如果财务报表中存在与叙述性披露相关的重大错报，注册会计师应当在导致非无保留意见的事项段中解释该错报错在何处。

(4)存在与应披露而未披露信息相关的重大错报。如果财务报表中存在与应披露而未披露信息相关的重大错报，注册会计师应当：①与治理层讨论未披露信息的情况；②在导致非无保留意见的事项段中描述未披露信息的性质；③如果可行并且已针对未披露信息获取了充分、适当的审计证据，在导致非无保留意见的事项段中包含对未披露信息的披露，除非法律法规禁止。

(5)无法获取充分、适当的审计证据。如果因无法获取充分、适当的审计证据而导致发表非无保留意见，注册会计师应当在导致非无保留意见的事项段中说明无法获取审计证据的原因。

(6)披露其他事项。即使发表了否定意见或无法表示意见,注册会计师也应当在导致非无保留意见的事项段中说明注意到的、将导致发表非无保留意见的所有其他事项及其影响。这是因为,对注册会计师注意到的其他事项的披露可能与财务报表使用者的信息需求相关。

2. 审计意见段

(1)标题。在发表非无保留意见时,注册会计师应当对审计意见段使用恰当的标题,如“保留意见”、“否定意见”或“无法表示意见”。审计意见段的标题能够使财务报表使用者清楚注册会计师发表了非无保留意见,并能够表明非无保留意见的类型。

(2)发表保留意见。①当由于财务报表存在重大错报而发表保留意见时,注册会计师应当根据适用的财务报告编制基础在审计意见段中说明:注册会计师认为,除了导致保留意见的事项段所述事项产生的影响外,财务报表在所有重大方面按照适用的财务报告编制基础编制,并实现公允反映。②当无法获取充分、适当的审计证据而导致发表保留意见时,注册会计师应当在审计意见段中使用“除……可能产生的影响外”等措辞。③当注册会计师发表保留意见时,在审计意见段中使用“由于上述解释”或“受……影响”等措辞是不恰当的,因为这些措辞不够清晰或没有足够的说服力。

(3)发表否定意见。当发表否定意见时,注册会计师应当根据适用的财务报告编制基础在审计意见段中说明:注册会计师认为,由于导致否定意见的事项段所述事项的重要性,财务报表没有在所有重大方面按照适用的财务报告编制基础编制,未能实现公允反映。

(4)发表无法表示意见。当由于无法获取充分、适当的审计证据而发表无法表示意见时,注册会计师应当在审计意见段中说明:由于导致无法表示意见的事项段所述事项的重要性,注册会计师无法获取充分、适当的审计证据以为发表审计意见提供基础,因此,注册会计师不对这些财务报表发表审计意见。

3. 非无保留意见对审计报告要素内容的修改

当发表保留意见或否定意见时,注册会计师应当修改对注册会计师责任的描述,以说明:注册会计师相信,注册会计师已获取的审计证据是充分、适当的,为发表非无保留意见提供了基础。

当由于无法获取充分、适当的审计证据而发表无法表示意见时,注册会计师应当修改审计报告的引言段,说明注册会计师接受委托审计财务报表。注册会计师还应当修改对注册会计师责任和审计范围的描述,并仅能作出如下说明:“我们的责任是在按照中国注册会计师审计准则的规定执行审计工作的基础上对财务报表发表审计意见。但由于导致无法表示意见的事项段中所述的事项,我们无法获取充分、适当的审计证据以为发表审计意见提供基础。”

(四)非无保留意见的审计报告的参考格式

1. 由于财务报表存在重大错报而出具保留意见的审计报告

具体见附录8-3,其背景信息如下:①对被审计单位管理层按照企业会计准则编制的整套通用目的财务报表实施审计;②审计业务约定条款中说明的管理层对财务报表的责任,与《中国注册会计师审计准则第1111号——就审计业务约定条款达成一致意见》的规定一致;③存货存在错报,该错报对财务报表影响重大但不具有广泛性;④除对财务报表实施审计外,注册会计师还承担法律法规要求的其他报告责任,且注册会计师决定在审计报告中履行其他报告责任。

附录 8—3　由于财务报表存在重大错报而出具保留意见的审计报告

ABC 股份有限公司全体股东：

一、对财务报表出具的审计报告

我们审计了后附的 ABC 股份有限公司（以下简称 ABC 公司）财务报表，包括 20×1 年 12 月31 日的资产负债表，20×1 年度的利润表、现金流量表和股东权益变动表以及财务报表附注。

（一）管理层对财务报表的责任

编制和公允列报财务报表是 ABC 公司管理层的责任，这种责任包括：(1)按照企业会计准则的规定编制财务报表，并使其实现公允反映；(2)设计、执行和维护必要的内部控制，以使财务报表不存在由于舞弊或错误导致的重大错报。

（二）注册会计师的责任

我们的责任是在执行审计工作的基础上对财务报表发表审计意见。我们按照中国注册会计师审计准则的规定执行了审计工作。中国注册会计师审计准则要求我们遵守职业道德守则，计划和执行审计工作以对财务报表是否不存在重大错报获取合理保证。

审计工作涉及实施审计程序，以获取有关财务报表金额和披露的审计证据。选择的审计程序取决于注册会计师的判断，包括对由于舞弊或错误导致的财务报表重大错报风险的评估。在进行风险评估时，注册会计师考虑与财务报表编制和公允列报相关的内部控制，以设计恰当的审计程序，但目的并非对内部控制的有效性发表意见。审计工作还包括评价管理层选用会计政策的恰当性和作出会计估计的合理性，以及评价财务报表的总体列报。

我们相信，我们获取的审计证据是充分、适当的，为发表保留意见提供了基础。

（三）导致保留意见的事项

ABC 公司 20×1 年 12 月 31 日资产负债表中存货的列示金额为×××元。管理层根据成本对存货进行计量，而没有根据成本与可变现净值孰低的原则进行计量，这不符合企业会计准则的规定。公司的会计记录显示，如果管理层以成本与可变现净值孰低来计量存货，存货列示金额将减少×××元。相应地，资产减值损失将增加×××元，所得税、净利润和股东权益将分别减少×××元、×××元和×××元。

（四）保留意见

我们认为，除“（三）导致保留意见的事项”段所述事项产生的影响外，ABC 公司财务报表在所有重大方面按照企业会计准则的规定编制，公允反映了 ABC 公司 20×1 年 12 月 31 日的财务状况以及 20×1 年度的经营成果和现金流量。

二、按照相关法律法规的要求报告的事项

（本部分报告的格式和内容，取决于相关法律法规对其他报告责任的规定.）

××会计师事务所　　　　　　　　　　　中国注册会计师：×××

（盖章）　　　　　　　　　　　　　　　（签名并盖章）

中国注册会计师：×××

（签名并盖章）

中国××市　　　　　　　　　　　　　　二〇×二年×月×日

2. 由于财务报表存在重大错报而出具否定意见的审计报告

具体见附录 8—4，其背景信息如下：①对被审计单位管理层按照企业会计准则编制的整套通用目的财务报表实施审计;②审计业务约定条款中说明的管理层对财务报表的责任,与《中国注册会计师审计准则第1111号——就审计业务约定条款达成一致意见》的规定一致;③财务报表因未合并子公司而存在重大错报,该错报对财务报表影响重大且具有广泛性,但量化该错报对财务报表的影响是不切实际的;④除对合并财务报表实施审计外,注册会计师还承担法律法规要求的其他报告责任,且注册会计师决定在审计报告中履行其他报告责任。

附件8—4　　由于财务报表存在重大错报而出具否定意见的审计报告

ABC股份有限公司全体股东:

一、对合并财务报表出具的审计报告

我们审计了后附的ABC股份有限公司(以下简称ABC公司)的合并财务报表,包括20×1年12月31日的合并资产负债表,20×1年度的合并利润表、合并现金流量表和合并股东权益变动表以及财务报表附注。

(一)管理层对合并财务报表的责任

编制和公允列报合并财务报表是ABC公司管理层的责任,这种责任包括:(1)按照企业会计准则的规定编制合并财务报表,并使其实现公允反映;(2)设计、执行和维护必要的内部控制,以使合并财务报表不存在由于舞弊或错误导致的重大错报。

(二)注册会计师的责任

我们的责任是在执行审计工作的基础上对合并财务报表发表审计意见。我们按照中国注册会计师审计准则的规定执行了审计工作。中国注册会计师审计准则要求我们遵守职业道德守则,计划和执行审计工作以对合并财务报表是否不存在重大错报获取合理保证。

审计工作涉及实施审计程序,以获取有关合并财务报表金额和披露的审计证据。选择的审计程序取决于注册会计师的判断,包括对由于舞弊或错误导致的合并财务报表重大错报风险的评估。在进行风险评估时,注册会计师考虑与合并财务报表编制和公允列报相关的内部控制,以设计恰当的审计程序,但目的并非对内部控制的有效性发表意见。审计工作还包括评价管理层选用会计政策的恰当性和作出会计估计的合理性,以及评价合并财务报表的总体列报。

我们相信,我们获取的审计证据是充分、适当的,为发表否定意见提供了基础。

(三)导致否定意见的事项

如财务报表附注×所述,20×1年ABC公司通过非同一控制下的企业合并获得对XYZ公司的控制权,因未能取得购买日XYZ公司某些重要资产和负债的公允价值,故未将XYZ公司纳入合并财务报表的范围,而是按成本法核算对公司的股权投资。ABC公司的这项会计处理不符合企业会计准则的规定。如果将XYZ公司纳入合并财务报表的范围,ABC公司合并财务报表的多个报表项目将受到重大影响,但我们无法确定未将XYZ公司纳入合并范围对财务报表产生的影响。

(四)否定意见

我们认为,由于“(三)导致否定意见的事项”段所述事项的重要性,ABC公司的合并财务报表没有在所有重大方面按照企业会计准则的规定编制,未能公允反映ABC公司及其子公司20×1年12月31日的财务状况以及20×1年度的经营成果和现金流量。

二、按照相关法律法规的要求报告的事项

(本部分报告的格式和内容,取决于相关法律法规对其他报告责任的规定。)

××会计师事务所　　　　　　　　　　　　中国注册会计师：×××
（盖章）　　　　　　　　　　　　　　　　（签名并盖章）
　　　　　　　　　　　　　　　　　　　中国注册会计师：×××
　　　　　　　　　　　　　　　　　　　　（签名并盖章）
中国××市　　　　　　　　　　　　　　二〇×二年×月×日

3. 由于注册会计师无法获取充分、适当的审计证据而出具保留意见的审计报告

具体见附录8—5，其背景信息如下：①对被审计单位管理层按照企业会计准则编制的整套通用目的财务报表实施审计；②审计业务约定条款中说明的管理层对财务报表的责任，与《中国注册会计师审计准则第1111号——就审计业务约定条款达成一致意见》的规定一致；③对于在境外分支机构的投资，注册会计师无法获取充分、适当的审计证据，这一事项对财务报表影响重大但不具有广泛性；④除对财务报表实施审计外，注册会计师还承担法律法规要求的其他报告责任，且注册会计师决定在审计报告中履行其他报告责任。

附录8—5　由于注册会计师无法获取充分、适当的审计证据而出具保留意见的审计报告

ABC股份有限公司全体股东：

一、对财务报表出具的审计报告

我们审计了后附的ABC股份有限公司（以下简称ABC公司）财务报表，包括20×1年12月31日的资产负债表，20×1年度的利润表、现金流量表和股东权益变动表以及财务报表附注。

（一）管理层对财务报表的责任

编制和公允列报财务报表是ABC公司管理层的责任，这种责任包括：(1)按照企业会计准则的规定编制财务报表，并使其实现公允反映；(2)设计、执行和维护必要的内部控制，以使财务报表不存在由于舞弊或错误导致的重大错报。

（二）注册会计师的责任

我们的责任是在执行审计工作的基础上对财务报表发表审计意见。我们按照中国注册会计师审计准则的规定执行了审计工作。中国注册会计师审计准则要求我们遵守职业道德守则，计划和执行审计工作以对财务报表是否不存在重大错报获取合理保证。

审计工作涉及实施审计程序，以获取有关财务报表金额和披露的审计证据。选择的审计程序取决于注册会计师的判断，包括对由于舞弊或错误导致的财务报表重大错报风险的评估。在进行风险评估时，注册会计师考虑与财务报表编制和公允列报相关的内部控制，以设计恰当的审计程序，但目的并非对内部控制的有效性发表意见。审计工作还包括评价管理层选用会计政策的恰当性和作出会计估计的合理性，以及评价财务报表的总体列报。

我们相信，我们获取的审计证据是充分、适当的，为发表保留意见提供了基础。

（三）导致保留意见的事项

如财务报表附注×所述，ABC公司于20×1年取得了XYZ公司30%的股权，因能够对XYZ公司施加重大影响，故采用权益法核算该项股权投资，于20×1年度确认对XYZ公司的投资收益×××元，截至20×1年12月31日该项股权投资的账面价值为×××元。由于我们未被允许接触XYZ公司的财务信息、管理层和执行XYZ公司审计的注册会计师，我们无法就该项股权投资的账面价值以及ABC公司确认的20×1年度对XYZ公司的投资收益获取充分、适当的审计证据，也无法确定是否有必要对这些金额进行调整。

(四)保留意见

我们认为,除"(三)导致保留意见的事项"段所述事项可能产生的影响外,ABC公司财务报表在所有重大方面按照企业会计准则的规定编制,公允反映了ABC公司20×1年12月31日的财务状况以及20×1年度的经营成果和现金流量。

二、按照相关法律法规的要求报告的事项

(本部分报告的格式和内容,取决于相关法律法规对其他报告责任的规定。)

××会计师事务所　　　　　　　　　　中国注册会计师:×××

(盖章)　　　　　　　　　　　　　　(签名并盖章)

　　　　　　　　　　　　　　　　　中国注册会计师:×××

　　　　　　　　　　　　　　　　　(签名并盖章)

中国××市　　　　　　　　　　　　二〇×二年×月×日

4. 由于注册会计师无法针对财务报表多个要素获取充分、适当的审计证据而出具无法表示意见的审计报告

具体见附录8-6,其背景信息如下:①对被审计单位管理层按照×国财务报告准则编制的整套通用目的财务报表实施审计;②审计业务约定条款中说明的管理层对财务报表的责任,与《中国注册会计师审计准则第1111号——就审计业务约定条款达成一致意见》的规定一致;③对财务报表的多个要素,注册会计师无法获取充分、适当的审计证据。例如,对被审计单位的存货和应收账款,注册会计师无法获取审计证据,这一事项对财务报表可能产生的影响重大且具有广泛性;④除对财务报表实施审计外,注册会计师还承担法律法规要求的其他报告责任,且注册会计师决定在审计报告中履行其他报告责任。

附件8—6　由于注册会计师无法针对财务报表多个要素获取充分、适当的审计证据而出具无法表示意见的审计报告

ABC股份有限公司全体股东:

一、对财务报表出具的审计报告

我们接受委托,审计后附的ABC股份有限公司(以下简称ABC公司)财务报表,包括20×1年12月31日的资产负债表,20×1年度的利润表、现金流量表和股东权益变动表以及财务报表附注。

(一)管理层对财务报表的责任

编制和公允列报财务报表是ABC公司管理层的责任,这种责任包括:(1)按照×国财务报告准则的规定编制财务报表,并使其实现公允反映;(2)设计、执行和维护必要的内部控制,以使财务报表不存在由于舞弊或错误导致的重大错报。

(二)注册会计师的责任

我们的责任是在按照中国注册会计师审计准则的规定执行审计工作的基础上对财务报表发表审计意见。但由于"(三)导致无法表示意见的事项"段中所述的事项,我们无法获取充分、适当的审计证据以为发表审计意见提供基础。

(三)导致无法表示意见的事项

我们于20×2年1月接受ABC公司的审计委托,因而未能对ABC公司20×1年年初金额为×××元的存货和年末金额为×××元的存货实施监盘程序。此外,我们也无法实施替

代审计程序以获取充分、适当的审计证据。并且，ABC公司于20×1年9月采用新的应收账款电算化系统，由于存在系统缺陷导致应收账款出现大量错误。截至审计报告日，管理层仍在纠正系统缺陷并更正错误，我们也无法实施替代审计程序，以对截至20×1年12月31日的应收账款总额×××元获取充分、适当的审计证据。因此，我们无法确定是否有必要对存货、应收账款以及财务报表其他项目作出调整，也无法确定应调整的金额。

（四）无法表示意见

由于"（三）导致无法表示意见的事项"段所述事项的重要性，我们无法获取充分、适当的审计证据以为发表审计意见提供基础，因此，我们不对ABC公司财务报表发表审计意见。

二、按照相关法律法规的要求报告的事项

（本部分报告的格式和内容，取决于相关法律法规对其他报告责任的规定。）

××会计师事务所　　　　　　　　　　　　中国注册会计师：×××

（盖章）　　　　　　　　　　　　　　　　（签名并盖章）

　　　　　　　　　　　　　　　　　　　　中国注册会计师：×××

　　　　　　　　　　　　　　　　　　　　（签名并盖章）

中国××市　　　　　　　　　　　　　　　二〇×二年×月×日

二、审计报告的强调事项段

（一）强调事项段的概念

审计报告的强调事项段是指审计报告中含有的一个段落，该段落提及已在财务报表中恰当列报或披露的事项，根据注册会计师的职业判断，该事项对财务报表使用者理解财务报表至关重要。

（二）增加强调事项段的情形

如果认为有必要提醒财务报表使用者关注已在财务报表中列报或披露，且根据职业判断认为对财务报表使用者理解财务报表至关重要的事项，注册会计师在已获取充分、适当的审计证据证明该事项在财务报表中不存在重大错报的条件下，应当在审计报告中增加强调事项段。

注册会计师可能认为需要增加强调事项段的情形举例如下：①异常诉讼或监管行动的未来结果存在不确定性；②提前应用（在允许的情况下）对财务报表有广泛影响的新会计准则；③存在已经或持续对被审计单位财务状况产生重大影响的特大灾难。

（三）在审计报告中增加强调事项段时注册会计师采取的措施

如果在审计报告中增加强调事项段，注册会计师应当采取下列措施：①将强调事项段紧接在审计意见段之后；②使用"强调事项"或其他适当标题；③明确提及被强调事项以及相关披露的位置，以便能够在财务报表中找到对该事项的详细描述；④指出审计意见没有因该强调事项而改变。

附件8—7列示了带强调事项段的保留意见审计报告。其背景信息如下：①对被审计单位管理层按照企业会计准则编制的整套通用目的财务报表执行审计；②审计业务约定条款中说明的管理层对财务报表的责任，与《中国注册会计师审计准则第1111号——就审计业务约定条款达成一致意见》的规定一致；③异常的未决诉讼事项存在不确定性；④由于违反企业会计准则的规定导致发表保留意见；⑤除对财务报表执行审计外，注册会计师还承担法律法规要求的其他报告责任，且注册会计师决定在审计报告中履行其他报告责任。

附件 8—7　　带强调事项段的保留意见的审计报告

ABC 股份有限公司全体股东：

一、对财务报表出具的审计报告

我们审计了后附的 ABC 股份有限公司(以下简称 ABC 公司)财务报表,包括 20×1 年 12 月31 日的资产负债表,20×1 年度的利润表、现金流量表和股东权益变动表以及财务报表附注。

(一)管理层对财务报表的责任

编制和公允列报财务报表是 ABC 公司管理层的责任,这种责任包括:(1)按照企业会计准则的规定编制财务报表,并使其实现公允反映;(2)设计、执行和维护必要的内部控制,以使财务报表不存在由于舞弊或错误导致的重大错报。

(二)注册会计师的责任

我们的责任是在执行审计工作的基础上对财务报表发表审计意见。我们按照中国注册会计师审计准则的规定执行了审计工作。中国注册会计师审计准则要求我们遵守中国注册会计师职业道德守则,计划和执行审计工作以对财务报表是否不存在重大错报获取合理保证。

审计工作涉及实施审计程序,以获取有关财务报表金额和披露的审计证据。选择的审计程序取决于注册会计师的判断,包括对由于舞弊或错误导致的财务报表重大错报风险的评估。在进行风险评估时,注册会计师考虑与财务报表编制和公允列报相关的内部控制,以设计恰当的审计程序,但目的并非对内部控制的有效性发表意见。审计工作还包括评价管理层选用会计政策的恰当性和作出会计估计的合理性,以及评价财务报表的总体列报。

我们相信,我们获取的审计证据是充分、适当的,为发表保留意见提供了基础。

(三)导致保留意见的事项

ABC 公司于 20×1 年 12 月 31 日资产负债表中反映的交易性金融资产为×××元,ABC 公司管理层对这些交易性金融资产未按照公允价值进行后续计量,而是按照其历史成本进行计量,这不符合企业会计准则的规定。如果按照公允价值进行后续计量,ABC 公司 20×1 年度利润表中公允价值变动损失将增加×××元,20×1 年 12 月 31 日资产负债表中交易性金融资产将减少×××元,相应地,所得税、净利润和股东权益将分别减少×××元、×××元和×××元。

(四)保留意见

我们认为,除"(三)导致保留意见的事项"段所述事项产生的影响外,ABC 公司财务报表在所有重大方面按照企业会计准则的规定编制,公允反映了 ABC 公司 20×1 年 12 月 31 日的财务状况以及 20×1 年度的经营成果和现金流量。

(五)强调事项

我们提醒财务报表使用者关注,如财务报表附注×所述,截至财务报表批准日,XYZ 公司对 ABC 公司提出的诉讼尚在审理当中,其结果具有不确定性。本段内容不影响已发表的审计意见。

二、按照相关法律法规的要求报告的事项

(本部分报告的格式和内容,取决于相关法律法规对其他报告责任的规定。)

××会计师事务所　　　　　　　　　　中国注册会计师:×××

(盖章)　　　　　　　　　　　　　　(签名并盖章)

中国注册会计师:×××

（签名并盖章）

中国××市　　　　　　　　　　　　　　　　　二〇×二年×月×日

三、审计报告的其他事项段

（一）其他事项段的概念

其他事项段是指审计报告中含有的一个段落，该段落提及未在财务报表中列报或披露的事项，根据注册会计师的职业判断，该事项与财务报表使用者理解审计工作、注册会计师的责任或审计报告相关。

（二）需要增加其他事项段的情形

具体来讲，需要在审计报告中增加其他事项段的情形包括：

1. 与使用者理解审计工作相关的情形

在极其特殊的情况下，即使由于管理层对审计范围施加的限制导致无法获取充分、适当的审计证据可能产生的影响具有广泛性，注册会计师也不能解除业务约定。在这种情况下，注册会计师可能认为有必要在审计报告中增加其他事项段，解释为何不能解除业务约定。

2. 与使用者理解注册会计师的责任或审计报告相关的情形

法律法规或得到广泛认可的惯例可能要求或允许注册会计师详细说明某些事项，以进一步解释注册会计师在财务报表审计中的责任。在这种情况下，注册会计师可以使用一个或多个子标题来描述其他事项段的内容。

但增加其他事项段不涉及以下两种情形：①除根据审计准则的规定有责任对财务报表出具审计报告外，注册会计师还有其他报告责任；②注册会计师可能被要求实施额外的规定的程序并予以报告，或对特定事项发表意见。

3. 对两套以上财务报表出具审计报告的情形

被审计单位可能按照通用目的编制基础（如×国财务报告编制基础）编制一套财务报表，且按照另一个通用目的编制基础（如国际财务报告准则）编制另一套财务报表，并委托注册会计师同时对两套财务报表出具审计报告。如果注册会计师已确定两个财务报告编制基础在各自情形下是可接受的，可以在审计报告中增加其他事项段，说明该被审计单位根据另一个通用目的编制基础（如国际财务报告准则）编制了另一套财务报表以及注册会计师对这些财务报表出具了审计报告。

4. 限制审计报告分发和使用的情形

为特定目的编制的财务报表可能按照通用目的编制基础编制，因为财务报表预期使用者已确定这种通用目的财务报表能够满足他们对财务信息的需求。由于审计报告旨在提供给特定使用者，注册会计师可能认为在这种情况下需要增加其他事项段，说明审计报告只是提供给财务报表预期使用者，不应被分发给其他机构或人员或者被其他机构或人员使用。

（三）与治理层的沟通

如果拟在审计报告中增加强调事项段或其他事项段，注册会计师应当就该事项和拟使用的措辞与治理层沟通。与治理层的沟通能使治理层了解注册会计师拟在审计报告中所强调的特定事项的性质，并在必要时为治理层提供向注册会计师作出进一步澄清的机会。当然，当审计报告中针对某一特定事项增加其他事项段在连续审计业务中重复出现时，注册会计师可能认为没有必要在每次审计业务中重复沟通。

【视野拓展 8—1】

注册会计师王华、李伟于 2015 年 3 月 15 日完成对鸿图股份有限公司 2014 年度会计报表审计的外勤工作，包括完成各项规定审计程序。假定 2013 度会计报表审计工作也由他们共同完成。除以下几个事项外，王华、李伟在编制审计报告时予以考虑外，其他条件符合出具无保留意见审计报告的要求。

1. 审计过程中发现的需要调减利润 400 万元的调整事项，鸿图公司已做调整。

2. A 公司诉讼鸿图公司的某赔偿案，经长达一年半的审理，已于 2015 年 1 月 15 日宣告结束，鸿图公司被判决赔偿 450 万元。鸿图公司拒绝在 2013 年度会计报表中反映。

3. 鸿图公司对其下属的各子公司除按股分红以外，还按公司合同规定，要求各子公司每年上交 5 万元管理费。

4. 鸿图公司存放在外地的存货，因受客观条件限制，未予监督盘点，但已使用其他审计程序进行了查实。

5. 鸿图公司已于 2015 年 3 月 30 日签署会计报表。

根据上述资料，王华、李伟于草拟的审计报告如下：

审 计 报 告

鸿图股份有限公司全体股东：

我们审计了后附的鸿图股份有限公司（以下简称鸿图公司）2014 年 12 月 31 日资产负债表以及 2014 年度的利润表和现金流量表。

我们按照《中国注册会计师独立审计准则》计划和实施审计工作，以合理确信会计报表是否不存在重大错报。审计工作包括在抽查的基础上检查支持会计报表金额和披露的证据，评价管理当局在编制会计报表时采用的会计政策和做出的重大会计估计，以及评价会计报表的整体反映。我们相信，我们的审计工作为我们发表意见提供了合理的基础。

我们认为，上述会计报表符合国家颁布的《企业会计准则》和《企业会计制度》的规定，在所有重大方面公允反映了鸿图公司 2014 年 12 月 31 日的财务状况以及 2014 年度经营成果和现金流量。

南华会计师事务所有限公司　　　　中国 CPA：王华（签名并盖章）
（公章）　　　　中国 CPA：李伟（签名并盖章）
中国 天津市　　　　报告日期：2014 年 3 月 15 日

请根据上述资料，指出王华、李伟草拟的审计报告中存在的问题。

分析：审计报告中存在的问题：

1. 审计报告引言段不规范，没有指明审计责任和会计责任。

2. 发表的审计意见不恰当。事项 2 属于资产负债表日后事项中的调整事项，应当调整 2013年度会计报表。由于该公司拒绝调整，且金额重大，因此注册会计师应当根据其重要性水平发表保留意见或否定意见。这样，意见段的表述就不正确。

3. 审计报告日期应是 3 月 30 日。

★★★ 应知考核 ★★★

一、单项选择题

1.如果在审计报告日后至财务报表对外报出日前，注册会计师发现已审计财务报表与其他信息存在重大不一致，经进一步审查，需要修改被审计单位财务报表，且被审计单位同意修改，则注册会计师应当(　　)。

A.与被审计单位管理层讨论

B.直接增加补充审计报告

C.在实施必要审计程序的基础上针对修改后的财务报表重新出具审计报告

D.不用再进行任何处理

2.如果需要修改其他信息(重大不一致)而被审计单位拒绝修改，注册会计师不应当考虑(　　)。

A.出具否定意见审计报告

B.解除业务约定

C.在审计报告中增加强调事项段说明该重大不一致

D.不出具审计报告

3.如果识别出比较数据存在重大错报，注册会计师首先应当(　　)。

A.征询法律意见　　B.解除业务约定或拒绝出具审计报告

C.考虑修改审计报告的意见类型　　D.要求管理层更正比较数据

4.注册会计师在对华清公司2015年度财务报表进行审计时，下列情况中，注册会计师应出具带强调事项段无保留意见审计报告的是(　　)。

A.资产负债表日的一项未决诉讼，律师认为胜负难料，一旦败诉对企业将产生重大影响，被审计单位拒绝在财务报表附注中进行披露

B.资产负债表日的一项未决诉讼，律师认为胜负难料，一旦败诉对企业将产生重大影响，被审计单位已在财务报表附注中进行了披露

C.2015年10月份转入不需用设备一台，未计提折旧金额为2万元(假定重要性水平为10万元)，华清公司未调整

D.华清公司对于一项以公允价值计量的投资性房地产计提了500万元的折旧(假定重要性水平为10万元，不考虑其他因素)

5.强调事项段是在(　　)之后增加的对重大事项予以强调的段落。

A.引言段　　B.管理层对财务报表的责任段

C.注册会计师的责任段　　D.审计意见段

6.如果被审计单位财务报表就其整体而言是公允的，但因审计范围受到重要的局部限制，无法按照审计准则的要求取得应有的审计证据时，注册会计师应发表(　　)。

A.带强调事项段的无保留意见　　B.保留意见

C.无法表示意见　　D.否定意见

7.管理层对财务报表的责任段应当说明，按照适用的会计准则和相关会计制度的规定编制财务报表是管理层的责任，下列说法中不属于管理层责任的是(　　)。

A.做出合理的会计估计

B.监督被审计单位建立和维护内部控制

C.设计、实施和维护与财务报表编制相关的内部控制，以使财务报表不存在由于舞弊或错误而导致的重大错报

D.选择和运用恰当的会计政策

8.审计报告的收件人应该是（　　）。

A.审计业务的委托人　　B.社会公众

C.被审计单位的治理层　　D.被审计单位管理层

9.以下关于审计报告的叙述中，正确的是（　　）。

A.审计报告应该由两位注册会计师签名盖章，但其中一名必须是主任会计师

B.注册会计师如果出具非无保留意见的审计报告时，应在意见段之前增加说明段

C.审计报告的日期是指编写完审计报告的日期

D.审计报告的收件人是指被审计单位

10.注册会计师在确定审计报告日期时，以下不属于确认审计报告日条件的是（　　）。

A.应当提请被审计单位调整的事项已经提出，被审计单位已经做出调整或拒绝做出调整

B.管理层已经正式签署财务报表

C.应当提请被审计单位调整的事项已经提出，但被审计单位还未进行调整

D.应当实施的审计程序已经完成

二、多项选择题

1.下列情况中，注册会计师应在审计报告的意见段之后增加强调事项段的有（　　）。

A.资产负债表日后被审计单位发生火灾，损失重大，已在财务报表中进行了适当的披露

B.可能无法偿还将要到期的重大债务，已有相应的措施，且已在财务报表中进行了适当的披露

C.可能无法偿还将要到期的重大债务，已有相应的措施，但未在财务报表中进行适当的披露

D.涉及其他注册会计师的工作，但无法复核

2.注册会计师应针对下列事项出具带强调事项段审计报告的有（　　）。

A.可能导致对持续经营能力产生重大疑虑的事项或情况，但不影响已发表的审计意见

B.以前针对上期财务报表出具的审计报告为非无保留意见的审计报告时，如果导致非无保留意见的事项虽已解决，但对本期仍很重要

C.由于董事会未能达成一致，难以确定未来的经营方向和战略

D.如果需要修改其他信息（重大不一致）而被审计单位拒绝修改

3.下列属于标准无保留意见的审计报告应该包括的基本内容的有（　　）。

A.财务报表批准报出日　　B.注册会计师的责任段

C.注册会计师的签名和盖章　　D.强调事项段

4.在审计报告中，下列属于管理层对财务报表的责任段的内容有（　　）。

A.在实施审计工作的基础上对财务报表发表审计意见

B.已获取的审计证据是充分、适当的，为其发表审计意见提供了基础

C.设计、实施和维护与财务报表编制相关的内部控制，以使财务报表不存在由于舞弊或错误而导致的重大错报

D.做出合理的会计估计

5.非无保留意见审计报告包括(　　)。

A.否定意见的审计报告　　B.带强调事项段的无保留意见审计报告

C.无法表示意见的审计报告　　D.带强调事项段的保留意见审计报告

三、简答题

1.简述审计报告的概念和特征。

2.简述审计报告的作用。

3.简述审计报告的类型。

4.简述审计报告的基本内容。

5.简述非无保留意见的审计报告及审计报告的强调事项段。

四、技能案例

1.注册会计师A作为ABC会计师事务所审计项目负责人,在审计以下单位2015年度财务报表时分别遇到以下情况:

(1)甲公司拥有一项长期股权投资,账面价值500万元,持股比例30%。2015年12月31日,甲公司与K公司签署投资转让协议,拟以350万元的价格转让该项长期股权投资,已收到价款300万元,但尚未办理产权过户手续,甲公司以该项长期股权投资正在转让之中为由,不再计提减值准备。

(2)乙公司于2014年5月为L公司1年期银行借款1 000万元提供担保,因L公司不能及时偿还,银行于2015年11月向法院提起诉讼,要求乙公司承担连带清偿责任。2015年12月31日,乙公司在咨询律师后,根据L公司的财务状况,计提了500万元的预计负债。对上述预计负债,乙公司已在财务报表附注中进行了适当披露。截至审计工作完成日,法院未对该项诉讼作出判决。

(3)丙公司于2015年11月20日发现,2014年漏记固定资产折旧费用200万元。丙公司在编制2015年度财务报表时,对此项会计差错予以更正,追溯重述了相关财务报表项目,并在财务报表附注中进行了适当披露。

(4)丁公司于2015年末更换了大股东,并成立了新的董事会,继任法定代表人以刚上任不了解以前年度情况为由,拒绝签署2015年度已审财务报表和提供管理层声明书。原法定代表人以不再继续履行职责为由,也拒绝签署2015年度已审计财务报表和提供的管理层声明书。

思考与讨论:

假定上述情况对各被审计单位2015年度财务报表的影响都是重要的,且各被审计单位均拒绝接受注册会计师A提出的审计处理建议(如有)。在不考虑其他因素影响的前提下,请分别针对上述四种情况,判断注册会计师A应对2015年度财务报表出具何种类型的审计报告,并简要说明理由。

2.注册会计师在对以下被审计单位的2015年度会计报表进行审计时,遇到以下情况:

(1)甲被审计单位在被审计期间的一笔500万元的重大销售在审计报告日以后会计报表公布日之前被退回,注册会计师提请被审计单位修订会计报表,被审计单位予以拒绝。

(2)乙被审计单位因涉嫌侵权于2015年2月1日被起诉,且原告要求赔偿3亿元,至2015年12月31日法院尚未宣判,乙公司2015年12月31日审计后的净资产为2亿元。注册会计师向乙公司的律师进行了函证,但其律师回函表示基于对委托人负责不能对该案的结果做出任何评价。

(3)丙公司在2015年度向其子公司以市场价格销售产品5 000万元,成本为3 800万元,丙公司当年向其关联方的销售占到全部收入的35%,丙公司已在会计报表附注中进行了适当披露。

(4)注册会计师在对丁公司2015年度财务报表进行审计时,发现丁公司2014年发生的一项应确认预计负债的未决诉讼,既未确认预计负债,也未在财务报表附注中披露。注册会计师建议丁公司对2014年度财务报表进行更正,并重新出具审计报告,丁公司未予采纳,但丁公司在2015年度财务报表的比较数据中已对此进行了恰当重述。

思考与讨论:

请根据上述情况,假定所有事项均为重大,说明注册会计师应出具何种审计意见,并简要说明理由。

3.注册会计师A已完成对华联股份有限公司2014年度会计报表的实地审计工作,现正草拟审计报告,假定2013年度的审计工作也由该注册会计师完成,在本年度的审计工作已完成各项规定审计程序,在复核工作底稿时,除发现有以下几项情况需要在编制审计报告时加以考虑外,其他方面均符合出具无保留意见报告的要求。

(1)华联公司不愿编制2012～2014年三年的比较会计报表。

(2)华联公司不愿公开现金流量表。

(3)2014年华联公司变更了固定资产折旧方法,并已在会计报表附注中说明,但未经主管财政机关批准。

(4)华联公司2014年末产成品期末余额多计10 000元,影响了2014年的利润,注册会计师提请该公司调整,但未予接受。

(5)华联公司从2014年7月份起对产成品发出计价由加权平均法改为后进先出法,使2014年销售成本上升1.5万元,这一变化未在会计报表中说明,确定应纳税所得额时未做调整。

(6)一些应收账款账户余额无法实施函证程序,但已应用其他审计程序进行了验证。

(7)华联公司2014年6月30日向某银行取得1 000万元长期贷款,用于购建固定资产,贷款合同限定,须到2015年12月31日后,若获得利润才能支付现金股利,华联公司不愿在会计报表附注中予以说明。

思考与讨论:

说明上述各项情况对审计报告的影响及原因。

★★★ 应会考核 ★★★

【考核项目】

财务报表审计。

【背景资料】

ABC会计师事务所承接D公司2014年财务报表审计工作。于2015年3月15日完成审计工作,审计报告日是2015年3月15日。审计报告于2015年3月20日提交。被审计单位于2015年3月22日对外公布财务报表。注册会计师在期后事项期间分别发生如下事项:

(1)2015年3月14日公司在一起历时半年的诉讼中败诉,支付赔偿金1 500万元,公司在上年末已确认预计负债1 000万元。被审计单位最终未接受注册会计师要求的按规定对此事项进行恰当会计处理的建议。

(2)2015 年 4 月 8 日因遭受火灾，存货发生毁损 100 万元。

(3)2015 年 3 月 21 日已确认为 2014 年度营业收入的重大销售相关货物因质量原因被退回。管理层最终并未修改财务报表。

(4)2015 年 4 月 2 日被审计单位为从银行借入 5 000 万元长期借款而签订重大资产抵押合同。

(5)2015 年 3 月 23 日，注册会计师发现已公布财务报表中存在某项当初未被发现的重大错报。被审计单位按注册会计师的要求修改了财务报表。

【考核要求】

根据上述资料填写下列表格。

(提示：上述事项相互之间并不关联，单独考虑每一事项即可)

事项序号	是否归属于期后事项(是或否)	对于归属于期后事项的，请判断出归属的种类	注册会计师应承担的责任	对于归属于期后事项的，注册会计师应采取的措施
事项一				
事项二				
事项三				
事项四				
事项五				

★★★ 项目实训 ★★★

【实训项目】

审计企业的财务报告。

【实训目的】

通过实践，掌握对财务报告进行审计的要点。

【实训情境】

【材料 1】海星公司 2015 年 12 月 31 日所有者权益变动情况表

所有者权益变动情况表 单位：元

所有者权益	金额			
	年 初	期 末	差异额	差异率(%)
实收资本	8 750 000	7 963 000	−787 000	−8.99
资本公积	953 000	95 300	—	—
盈余公积	4 820 000	5 420 000	600 000	12.45
未分配利润	1 350 000	1 687 500	37 500	25
合 计	15 873 000	15 165 800	707 200	4.46

经审计人员审查，发现以下情况：

(1)该公司注册资本 1 000 万元。

(2)该公司 2015 年末税后利润 600 万元。

(3)该公司盈余公积按税后利润的 10%提取。

(4)该公司按当年可供分配利润的75%分给其他单位利润。

要求:通过审阅该表,指出存在的问题和需要审查的方面。

【材料2】

1.晋华公司2014年度编制的利润表

利 润 表

编制单位:晋华公司　　　　2014年12月　　　　单位:元

项 目	本月数	本年累计数
一、产品销售收入	100 000	1 450 000
减:产品销售成本	55 000	797 500
产品销售费用	12 000	210 000
产品销售税金及附加	15 000	201 000
二、产品销售利润	18 000	241 500
加:其他业务利润	10 000	80 000
减:管理费用	8 000	40 000
		8 000
财务费用	2 000	273 500
三、营业利润	18 000	98 000
加:投资收益	17 000	15 000
营业外收入	6 000	7 500
减:营业外支出	1 500	379 000
四、利润总额	39 500	125 070
减:所得税	13 035	253 930
五、净利润	26 465	

2.审计人员对利润的真实性和合法性进行审计后,发现以下情况:

(1)2014年12月30日售给宏达公司甲产品50 000元,该产品成本35 000元,货款50 000元和税金8 500元已收到,成本和货款均未入账。

(2)12月14日将甲产品作为福利分给个人2 000元,未作销售,税金340元未记账,但成本1 400元已结账。

(3)产品销售费用中有属于应由下半年摊销的广告费7 000元。

(4)2014年度管理费用中业务招待费超过标准2 000元。

(5)2014年盘点存货,甲材料盘盈1 000千克,价值26 000元,计入资本公积。

(6)由于火灾造成一台设备净损失5 000元,冲减盈余公积。

(7)支付违反税法的罚款3 200元,列入营业外支出。

(8)当年利润总额中有收到的国库券利息收入10 000元。

(9)晋华公司2014年底尚有未弥补的亏损30 000元(可在2014年税前弥补)。

要求:

(1)指出以上情况对利润总额有何影响?

(2)重新编制利润表,计算调整后2014年度的利润总额、所得税和净利润。

【实训要求】

根据上述资料,分别回答材料1和材料2的要求。

下 篇

业务循环

项目九　销售与收款循环审计

知识目标

理解：销售与收款循环的特点。

熟知：销售与收款循环的内部控制和控制测试。

掌握：销售与收款循环的实质性程序。

技能目标

能够对销售交易和收款交易进行控制测试；对营业收入和应收账款实施实质性程序。

知识支撑

任务一　销售与收款循环的特点

一、业务循环与主要财务报表项目对照

业务循环与主要财务报表项目对照如表 9－1 和图 9－1 所示。

表 9－1

业务循环	资产负债表项目	利润表项目
销售与收款循环	应收票据、应收账款、长期应收款、预收款项、应交税费	营业收入、营业税金及附加、销售费用
采购与付款循环	预付款项、固定资产、在建工程、工程物资、固定资产清理、无形资产、开发支出、商誉、长期待摊费用、应付票据、应付账款、长期应付款	管理费用
生产与存货循环	存货（包括材料采购或在途物资、原材料、材料成本差异、库存商品、发出商品、商品进销差价、委托加工物资、委托代销商品、受托代销商品、周转材料、生产成本、制造费用、劳务成本、存货跌价准备等）	营业成本
人力资源与工薪循环	应付职工薪酬	
投资与筹资循环	交易性金融资产、应收利息、其他应收款、其他流动资产、可供出售金融资产、持有至到期投资、长期股权投资、投资性房地产、递延所得税资产、其他非流动资产、短期借款、交易性金融负债、应付利息、应付股利、其他应付款、其他流动负债、长期借款、应付债券、专项应付款、预计负债、递延所得税负债、其他非流动负债、实收资本（或股本）、资本公积、盈余公积、未分配利润	财务费用、资产减值损失、公允价值变动收益、投资收益、营业外收入、营业外支出、所得税费用

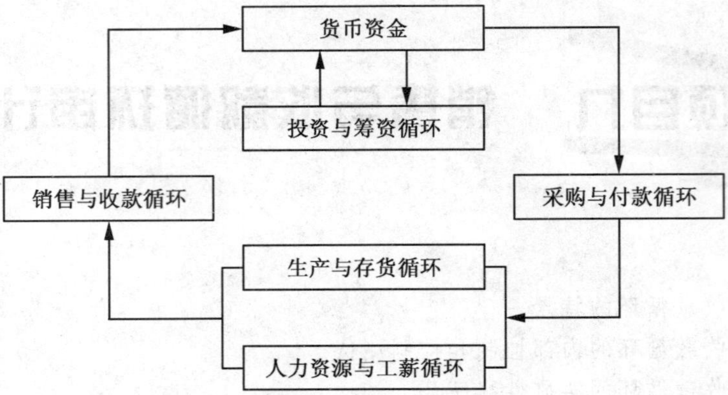

图 9—1　各业务循环之间的关系

二、涉及的主要账户

这里涉及的主要账户是销售与收款循环。销售与收款循环是指企业将商品或劳务销售给买方并收回货款等一系列活动，它从客户提出订货要求开始，将商品或劳务转化为应收账款，并最终以收回现金结束。

销售与收款循环的主要活动包括销售业务、收款业务及销货退回、折扣与折让业务。销售与收款循环经济业务影响的项目中主要有应收票据、应收账款与坏账准备、长期应收款、预收账款、应交税费、营业收入、营业税金及附加、销售费用等。

三、涉及的主要凭证与会计记录

在内部控制比较健全的企业，处理销售与收款业务通常需要使用很多凭证与会计记录。典型的销售与收款循环所涉及的主要凭证与会计记录有以下几种：

(一)客户订购单

客户订购单即客户提出的书面购货要求。企业可以通过销售人员或其他途径，如采用电话、信函和向现有的及潜在的客户发送订购单等方式接受订货，取得客户订购单。

(二)销售单

销售单是列示客户所订商品的名称、规格、数量以及其他客户订购单有关信息的凭证，作为销售方内部处理客户订购单的凭证。

(三)发运凭证

发运凭证即在发运货物时编制的，用以反映发出商品的规格、数量和其他有关内容的凭据。发运凭证的一联寄送给客户，其余联(一联或数联)由企业保留。这种凭证可用作向客户开具账单的依据。

(四)销售发票

销售发票是一种用来表明已销售商品的名称、规格、数量、价格、销售金额、运费、保险费、开票日期、付款条件等内容的凭证。销售发票的一联寄送给客户，其余联由企业保留。销售发票也是在会计账簿中登记销售交易的基本凭据。

（五）商品价目表

商品价目表是列示已经授权批准的、可供销售的各种商品的价格清单。

（六）贷项通知单

贷项通知单是一种用来表示由于销售退回或经批准的折让而引起的应收销货款减少的凭证。这种凭证的格式通常与销售发票的格式相同，只不过它不是用来证明应收账款的增加，而是用来证明应收账款的减少。

（七）应收账款账龄分析表

通常，应收账款账龄分析表按月编制，反映月末尚未收回的应收账款总额和账龄，并详细反映每个客户月末尚未偿还的应收账款数额和账龄。

（八）应收账款明细账

应收账款明细账是用来记录每个客户各项赊销、还款、销售退回及折让的明细账。各应收账款明细账的余额合计数应与应收账款总账的余额相等。

（九）主营业务收入明细账

主营业务收入明细账是一种用来记录销售交易的明细账。它通常记载和反映不同类别商品或服务的营业收入的明细发生情况和总额。

（十）折扣与折让明细账

折扣与折让明细账是一种用来核算企业销售商品时，按销售合同规定为了及早收回货款而给予客户的销售折扣和因商品品种、质量等原因而给予客户的销售折让情况的明细账。当然，企业也可以不设置折扣与折让明细账，而将该类业务直接记录于主营业务收入明细账。

（十一）汇款通知书

汇款通知书是一种与销售发票一起寄给客户，由客户在付款时再寄回销售单位的凭证。这种凭证注明了客户姓名、销售发票号码、销售单位开户银行账号和金额等内容。

（十二）库存现金日记账和银行存款日记账

库存现金日记账和银行存款日记账是用来记录应收账款的收回或现销收入以及其他各种现金、银行存款收入和支出的日记账。

（十三）坏账审批表

坏账审批表是一种用来批准将某些应收款项注销为坏账，仅在企业内部使用的凭证。

（十四）客户月末对账单

客户月末对账单是一种按月定期寄送给客户的用于购销双方定期核对账目的凭证。客户月末对账单上应注明应收账款的月初余额、本月各项销售交易的金额、本月已收到的货款、各贷项通知单的数额以及月末余额等内容。

（十五）转账凭证

转账凭证是指记录转账业务的记账凭证，它是根据有关转账业务（即不涉及现金、银行存款收付的各项业务）的原始凭证编制的。

（十六）收款凭证

收款凭证是指用来记录现金和银行存款收入业务的记账凭证。

四、涉及的主要业务活动

了解企业在销售与收款循环中的典型活动，对该业务循环的审计非常必要。下面我们简单地介绍一下销售与收款循环所涉及的主要业务活动。

(一)接受客户订购单

客户提出订货要求是整个销售与收款循环的起点,是购买某种货物或接受某种劳务的一项申请。客户的订购单只有在符合企业管理层的授权标准时才能被接受。例如,管理层一般有已批准销售的客户名单。销售单管理部门在决定是否同意接受某客户的订购单时,应追查该客户是否被列入这张名单。如果该客户未被列入,则通常需要由销售单管理部门的主管来决定是否同意销售。

很多企业在批准了客户订购单之后,下一步就应编制一式多联的销售单。销售单是证明管理层有关销售交易的"发生"认定的凭据之一,也是此笔销售的交易轨迹的起点之一。此外,由于客户订购单也是来自外部的引发销售交易的文件之一,有时也能为有关销售交易的"发生"认定提供凭据。

(二)批准赊销信用

对于赊销业务的批准是由信用管理部门根据管理层的赊销政策在每个客户的已授权的信用额度内进行的。信用管理部门的职员在收到销售单管理部门的销售单后,应将销售单与该客户已被授权的赊销信用额度以及至今尚欠的账款余额加以比较。执行人工赊销信用检查时,还应合理划分工作职责,以避免销售人员为扩大销售而使企业承受不适当的信用风险。

企业的信用管理部门通常应对每个新客户进行信用调查,包括获取信用评审机构对客户信用等级的评定报告。无论是否批准赊销,都要求被授权的信用管理部门人员在销售单上签署意见,然后再将已签署意见的销售单送回销售单管理部门。

设计信用批准控制的目的是为了降低坏账风险,因此,这些控制与应收账款账面余额的"计价和分摊"认定有关。

(三)按销售单供货

企业管理层通常要求商品仓库只有在收到经过批准的销售单时才能供货。设立这项控制程序的目的是为了防止仓库在未经授权的情况下擅自发货。因此,已批准销售单的一联通常应送达仓库,作为仓库按销售单供货和发货给装运部门的授权依据。

(四)按销售单装运货物

将按经批准的销售单供货与按销售单装运货物的职责相分离,有助于避免负责装运货物的职员在未经授权的情况下装运商品。此外,装运部门职员在装运之前,还必须进行独立验证,以确定从仓库提取的商品都附有经批准的销售单,并且所提取商品的内容与销售单一致。

(五)向客户开具账单

开具账单是指开具并向客户寄送事先连续编号的销售发票。这项功能所针对的主要问题是:①是否对所有装运的货物都开具了账单(即"完整性"认定问题);②是否只对实际装运的货物才开具账单,有无重复开具账单或虚构交易(即"发生"认定问题);③是否按已授权批准的商品价目表所列价格计价开具账单(即"准确性"认定问题)。

(六)记录销售

在手工会计系统中,记录销售的过程包括区分赊销、现销,按销售发票编制转账凭证或现金、银行存款收款凭证,再据以登记销售明细账和应收账款明细账,或库存现金和银行存款日记账。

(七)办理和记录现金、银行存款收入

这项业务涉及的是有关货款收回,现金、银行存款增加以及应收账款减少的活动。在办理和记录现金、银行存款收入时,最应关心的是货币资金失窃的可能性。货币资金失窃可能发生在货币资金收入登记入账之前或登记入账之后。处理货币资金收入时最重要的是要保证全部货币资金都必须如数、及时地记入库存现金、银行存款日记账或应收账款明细账，并如数、及时地将现金存入银行。在这方面，汇款通知单起着很重要的作用。

（八）办理和记录销售退回、销售折扣与折让

客户如果对商品不满意，销售企业一般会同意接受退货，或给予一定的销售折让；客户如果提前支付货款，销售企业则可能会给予一定的销售折扣。发生此类事项时，必须经授权批准，并应确保与办理此事有关的部门和职员各司其职，分别控制物流和会计处理。在这方面，严格使用贷项通知单无疑会起到关键作用。

（九）注销坏账

不管赊销部门的工作如何主动，客户因经营不善、宣告破产等原因而不支付货款的事仍可能会发生。销售企业若认为某项货款无法收回，就必须注销这笔货款。对这些坏账，正确的处理方法应该是获取货款无法收回的确凿证据，经适当审批后及时作会计调整。

（十）提取坏账准备

坏账准备提取的数额必须能够抵补企业以后无法收回的销货款。

任务二　销售与收款循环的内部控制和控制测试

一、销售交易的内部控制

（一）内部控制目标、关键内部控制与常用控制测试等的关系

表9－2列示了销售交易的内部控制目标、关键内部控制与常用控制测试等的关系。

表9－2

内部控制目标	关键内部控制	常用控制测试	常用交易实质性程序
登记入账的销售交易确系已经发货给真实的客户（发生）	销售交易是以经过审核的发运凭证及经过批准的客户订购单为依据登记入账的 在发货前，客户的赊购已经被授权批准 销售发票均经事先编号，并已恰当地登记入账 每月向客户寄送对账单，对客户提出的意见作专门追查	检查销售发票副联是否附有发运凭证（或提货单）及销售单（或客户订购单） 检查客户的赊购是否经授权批准 检查销售发票连续编号的完整性 观察是否寄发对账单，并检查客户回函档案	复核主营业务收入总账、明细账以及应收账款明细账中的大额或异常项目 追查主营业务收入明细账中的分录至销售单、销售发票副联及发运凭证 将发运凭证与存货永续记录中的发运分录进行核对
所有销售交易均已登记入账（完整性）	发运凭证（或提货单）均经事先编号并已经登记入账 销售发票均经事先编号，并已登记入账	检查发运凭证连续编号的完整性 检查销售发票连续编号的完整性	将发运凭证与相关的销售发票和主营业务收入明细账及应收账款明细账中的分录进行核对
登记入账的销售数量确系已发货的数量，已正确开具账单并登记入账（计价和分摊）	销售价格、付款条件、运费和销售折扣的确定已经适当的授权批准 由独立人员对销售发票的编制作内部核查	检查销售发票是否经适当的授权批准 检查有关凭证上的内部核查标记	复算销售发票上的数据 追查主营业务收入明细账中的分录至销售发票 追查销售发票上的详细信息至发运凭证、经批准的商品价目表和客户订购单

续表

内部控制目标	关键内部控制	常用控制测试	常用交易实质性程序
销售交易的分类恰当（分类）	采用适当的会计科目表 内部复核和核查	检查会计科目表是否适当 检查有关凭证上内部复核和核查的标记	检查证明销售交易分类正确的原始证据
销售交易的记录及时（截止）	采用尽量能在销售发生时开具收款账单和登记入账的控制方法 每月末由独立人员对销售部门的销售记录、发运部门的发运记录和财务部门的销售交易入账情况作内部核查	检查尚未开具收款账单的发货和尚未登记入账的销售交易 检查有关凭证上内部核查的标记	将销售交易登记入账的日期与发运凭证的日期比较核对
销售交易已经正确地记入明细账，并经正确汇总（准确性、计价和分摊）	每月定期给客户寄送对账单 由独立人员对应收账款明细账作内部核查 将应收款明细账余额合计数与其总账余额进行比较	观察对账单是否已经寄出 检查内部核查标记 检查将应收账款明细账余额合计数与其总账余额进行比较的标记	将主营业务收入明细账加总，追查其至总账的过账

表 9－2 分四列，将与销售交易有关的内部控制目标、关键内部控制以及注册会计师常用的相应控制测试和交易实质性程序分类列示。下面介绍各列的内容及各列之间的关系。

第一列"内部控制目标"，列示了企业设立销售交易内部控制的目标，也就是注册会计师实施相应控制测试和实质性程序所要达到的审计目标。这些目标是由基本结构而来的，各种业务的基本目标是相同的，但其具体目标则有所不同；另外，某些控制固然可以实现几个目标，但分别考虑每一个目标，更有助于增加对销售与收款循环审计全过程的了解。

第二列"关键内部控制"，列示了与上述各项内部控制目标相对应的一项或数项主要的内部控制。无论其他目标的控制如何有效，只要为实现某一项目标所必需的控制不健全，则与该目标有关的错误出现的可能性就随之增大，并且很可能影响企业整个内部控制的有效性。

第三列"常用控制测试"，列示了注册会计师针对上述关键内部控制所实施的测试程序。控制测试与内部控制之间存在直接联系，注册会计师对每项关键控制至少要执行一项控制测试以核实其效果，并且控制测试需要有针对性地对应于某一具体的内部控制，否则就毫无意义。

第四列"常用交易实质性程序"，列示了注册会计师常用的实质性程序。实质性程序与第一列的控制目标有着直接的联系，实施实质性程序用于获取证明第一列中具体审计目标的证据，其目的在于确定交易业务中与该控制目标有关的金额是否有错误。实质性程序虽然与关键控制及控制测试没有必然的关系，但实施实质性程序的性质、时间安排和范围，在一定程度上取决于关键控制是否存在和控制测试的结果。在确定交易实质性程序时，有些程序不管环境如何，是每一项审计所共同采用的，而有些则应视内部控制的健全程度和控制测试的结果而定。当然，审计重要性、以前期间的审计结果等因素，对实质性程序的确定也有影响。

表 9－2 列示的方法，目的在于帮助注册会计师根据具体情况设计能够实现审计目标的审计方案。在审计实务工作中，注册会计师应根据表 9－2 所列示的内容，从实际出发，将其转换为更实用、高效的审计计划。

(二)销售交易的内部控制

1. 适当的职责分离

为确保办理销售与收款业务的不相容岗位相互分离、制约和监督，一个企业有关销售与收款业务相关职责适当分离的基本要求通常包括：企业应当将办理销售、发货、收款三项业务的部门(或岗位)分别设立；企业在销售合同订立前，应当指定专门人员就销售价格、信用政策、发货及收款方式等具体事项与客户进行谈判。谈判人员至少应有两人以上，并与订立合同的人员相分离；编制销售发票通知单的人员与开具销售发票的人员应相互分离；销售人员应当避免接触销货现款；企业应收票据的取得和贴现必须经由保管票据以外的主管人员的书面批准。

2. 恰当的授权审批

对于授权审批问题，注册会计师应当关注以下四个关键点上的审批程序：①在销售发生之前，赊销已经正确审批；②非经正当审批，不得发出货物；③销售价格、销售条件、运费、折扣等必须经过审批；④审批人应当根据销售与收款授权批准制度的规定，在授权范围内进行审批，不得超越审批权限。对于超过企业既定销售政策和信用政策规定范围的特殊销售交易，企业应当进行集体决策。前两项控制的目的在于防止企业因向虚构的或者无力支付货款的客户发货而蒙受损失；价格审批控制的目的在于保证销售交易按照企业定价政策规定的价格开票收款；对授权审批范围设定权限的目的则在于防止因审批人决策失误而造成严重损失。

3. 充分的凭证和记录

每个企业交易的产生、处理和记录等制度都有其特点，因此，也许很难评价其各项控制是否已发挥最大的作用。然而，只有具备充分的记录手续，才有可能实现其他各项控制目标。例如，企业在收到客户订购单后，就立即编制一份预先编号的一式多联的销售单，分别用于批准赊销、审批发货、记录发货数量以及向客户开具账单和销售发票等。在这种制度下，只要定期清点销售单和销售发票，漏开账单的情形几乎就不太会发生。相反的情况是，有的企业只在发货以后才开具账单，如果没有其他控制措施，这种制度下漏开账单的情况就很可能会发生。

4. 凭证的预先编号

对凭证预先进行编号，旨在防止销售以后遗漏向客户开具账单或登记入账，也可防止重复开具账单或重复记账。当然，如果对凭证的编号不作清点，预先编号就会失去其控制意义。由收款员对每笔销售开具账单后，将发运凭证按顺序归档；而由另一位职员定期检查全部凭证的编号，并调查凭证缺号的原因，就是实施这项控制的一种方法。

5. 按月寄出对账单

由不负责现金出纳和销售及应收账款记账的人员按月向客户寄发对账单，能促使客户在发现应付账款余额不正确后及时反馈有关信息。为了使这项控制更加有效，最好将账户余额中出现的所有核对不符的账项，指定一位既不掌管货币资金也不记录主营业务收入和应收账款的主管人员处理，然后由独立人员按月编制对账情况汇总报告并交管理层审阅。

6. 内部核查程序

由内部审计人员或其他独立人员核查销售交易的处理和记录，是实现内部控制目标所不可缺少的一项控制措施。表9—3所列程序是针对相应控制目标的典型的内部核查程序。

表9—3 内部核查程序

内部控制目标	内部核查程序举例
登记入账的销售交易是真实的	检查登记入账的销售交易所附的佐证或凭证，如发运凭证等

续表

内部控制目标	内部核查程序举例
销售交易均经适当审批	了解客户的信用情况，确定是否符合企业的赊销政策
所有销售交易均已登记入账	检查发运凭证的连续性，并将其与主营业务收入明细账核对
登记入账的销售交易均经正确估价	将登记入账的销售交易对应的销售发票上的数量与发运凭证上的记录进行比较核对
登记入账的销售交易分类恰当	将登记入账和销售交易的原始凭证与会计科目表比较核对
销售交易的记录及时	检查开票员所保管的未开票发运凭证，确定是否存在未在恰当期间及时开票的发运凭证

二、收款交易的内部控制

(一)内部控制目标、关键内部控制与常用控制测试等的关系

表 9—4 以现金销售交易为例，列示了相关的内部控制目标、关键内部控制和常用控制测试等的关系。

表 9—4

内部控制目标	关键内部控制	常用控制测试	常用交易实质性程序
登记入账的现金收入确实为企业已实际收到的现金(存在或发生)	现金折扣必须经过适当的审批手续 定期盘点现金与账面金额	观察 检查是否定期盘点，检查盘点记录 检查现金折扣是否经过恰当的审批	盘点库存现金，如与账面数额存在差异，分析差异原因 检查现金收入的日记账、总账和应收账款明细账的大额项目与异常项目
收到的现金收入已全部登记入账(完整性)	现金出纳与现金记账的职务分离 每日及时记录现金收入 定期盘点现金并与账面金额核对 定期向客户寄送对账单 现金收入记录的内部复核	观察 检查是否存在未入账的现金收入 检查是否定期盘点，检查盘点记录 检查是否向客户寄送对账单，了解是否定期实行 检查复核标记	现金收入的截止测试 盘点库存现金，如与账面数额存在差异，分析差异原因 抽查客户对账单并与账面金额核对
每月核对实际收到的现金和登记入账的现金是否相符(计价与分摊)	定期取得银行对账单 编制银行存款余额调节表	检查银行对账单 检查银行存款余额调节表	检查调节表中未达账项的真实性以及资产负债日后的进账情况
现金收入在资产负债表中的披露正确(列报)	现金日记账与总账的登记职责分离	观察	

(二)收款交易的内部控制内容

以上以企业每项内部控制为单位，对与收款交易有关的关键内部控制和相应的控制测试进行了讨论，并按表 9—4 所列顺序研究了收款交易常用的实质性程序。

尽管由于每个企业的性质、所处行业、规模以及内部控制健全程度等不同，而使得其与收款交易相关的内部控制内容有所不同，但以下与收款交易相关的内部控制内容是通常应当共同遵循的：

(1)企业应当按照《现金管理暂行条例》、《支付结算办法》等规定，及时办理销售收款业务。

(2)企业应将销售收入及时入账,不得账外设账,不得擅自坐支现金。销售人员应当避免接触销售现款。

(3)企业应当建立应收账款账龄分析制度和逾期应收账款催收制度。销售部门应当负责应收账款的催收,财会部门应当督促销售部门加紧催收。对催收无效的逾期应收账款可通过法律程序予以解决。

(4)企业应当按客户设置应收账款台账,及时登记每一客户应收账款余额增减变动情况和信用额度使用情况。对长期往来客户应当建立起完善的客户资料,并对客户资料实行动态管理,及时更新。

(5)企业对于可能成为坏账的应收账款应当报告有关决策机构,由其进行审查,确定是否确认为坏账。企业发生的各项坏账,应查明原因,明确责任,并在履行规定的审批程序后做出会计处理。

(6)企业注销的坏账应当进行备查登记,做到账销案存。已注销的坏账又收回时应当及时入账,防止形成账外资金。

(7)企业应收票据的取得和贴现必须经由保管票据以外的主管人员的书面批准。应由专人保管应收票据,对于即将到期的应收票据,应及时向付款人提示付款;已贴现票据应在备查簿中登记,以便日后追踪管理;应制定逾期票据的冲销管理程序和逾期票据追踪监控制度。

(8)企业应当定期与往来客户通过函证等方式核对应收账款、应收票据、预收款项等往来款项。如有不符,应查明原因,及时处理。

三、评估重大错报风险

注册会计师应当考虑影响收入交易的重大错报风险,并对被审计单位经营活动中可能发生的重大错报风险保持警觉。收入交易和余额存在的固有风险包括:

1. 管理层对收入造假的偏好和动因

被审计单位管理层可能为了完成预算,满足业绩考核要求,以从银行获得额外的资金,吸引潜在投资者,或影响公司股价,而在财务报告中虚增收入。

2. 收入的复杂性

例如,被审计单位可能针对一些特定的产品或者服务提供一些特殊的交易安排(如特殊的退货约定、特殊的服务期限安排等),但管理层可能对这些不同安排下所涉及的交易风险的判断缺乏经验,收入确认上容易发生错误。

3. 管理层凌驾于控制之上的风险

被审计单位在年末编造虚假销售,然后在次年转回,可能会导致当年收入以及当年年末应收账款余额、货币资金余额和应交税费余额的高估。

4. 采用不正确的收入截止

将属于下一会计期间的收入有意或无意地计入本期,或者将属于本期的收入有意或无意地计入下一会计期间,可能会导致本期收入以及本期期末应收账款余额、货币资金余额和应交税费余额的高估或低估。

5. 低估应收账款坏账准备的压力

尤其是当欠款金额较大的几个主要客户面临财务困难,或者整体经济环境出现恶化时,这种压力更大。这可能会导致资产负债表中应收账款余额的高估。

6. 舞弊和盗窃的风险

如果被审计单位从事贸易业务，并且销售货款较多地以现金结算时，被审计单位员工发生舞弊和盗窃的风险会较高；如果被审计单位拥有多个资金端口，比如超市，由于每天通过多个端口采用人工方式处理大量货币资金，资金端口的安全问题和人工控制的风险便会增加，可能会导致货币资金的损失。

7. 款项无法收回的风险

这可能产生于向没有良好付款能力的客户销售产品，或客户用无效的支票或盗取的信用卡进行货款结算，可能导致货币资金或应收账款的高估。

8. 发生错误的风险

例如，①没有及时更新商品价目表，商品可能以错误的价格销售；②销售量较大时，如果扫描时没有读取商品条形码，收款员使用错误的手册，售出商品的数量发生错误，或收款员给客户的找零发生错误。

9. 隐瞒盗窃的风险

在被审计单位员工利用销售调整和销售退回隐瞒盗窃现金行为时，将会产生隐瞒盗窃的风险，可能导致收入、应收账款的高估和货币资金的低估。

四、控制测试

(一)控制概述

如果在评估认定层次重大错报风险时预期控制的运行是有效的，注册会计师应当实施控制测试，就控制在相关期间或时点的运行有效性获取充分、适当的审计证据。这意味着注册会计师无须测试针对销售与收款交易的所有控制活动。只有认为控制设计合理，能够防止或发现并纠正认定层次的重大错报，注册会计师才有必要对控制运行的有效性实施测试。

(二)以内部控制目标为起点的控制测试

内部控制程序和活动是企业针对需要实现的内部控制目标而设计和执行的，控制测试则是注册会计师针对企业的内部控制程序和活动而实施的，因此在审计实务中，注册会计师可以考虑以被审计单位的内部控制目标为起点实施控制测试。下面按照销售与收款交易内部控制的讨论顺序，择要简单阐述销售与收款交易的控制测试。

(1)对于职责分离，注册会计师通常通过观察被审计单位有关人员的活动，以及与这些人员进行讨论，来实施职责分离的控制测试。

(2)对于授权审批，内部控制通常存在前述的四个关键点上的审批程序，注册会计师主要通过检查凭证在这四个关键点上是否经过审批，可以很容易地测试出授权审批方面的内部控制效果。

(3)对于充分的凭证和记录以及凭证预先编号这两项控制，常用的控制测试程序是清点各种凭证。比如，从主营业务收入明细账中选取样本，追查至相应的销售发票存根，进而检查其编号是否连续，有无不正常的缺号发票和重号发票。根据检查顺序和范围的不同，这种测试程序往往可同时提供有关发生和完整性目标的证据。

(4)对于按月寄出对账单这项控制，观察指定人员寄送对账单，并检查客户复函档案和管理层的审阅记录，这是十分有效的一项控制测试。

(5)对于内部核查程序，可以通过检查内部审计人员的报告，或检查其他独立人员在他们核查凭证上的签字等方法实施控制测试。

（三）以风险为起点的控制测试

在审计实务中，注册会计师还可以考虑以识别的重大错报风险为起点实施控制测试。表9～5举例列示了销售与收款交易相关的风险、旨在降低这些风险的可能存在的计算机控制和人工控制以及相应的控制测试程序的关系。

表9－5

风险	计算机控制	人工控制	控制测试
		信用控制和赊销	
可能向没有获得赊销授权或超出了其信用额度的客户赊销	订购单上的客户代码与应收账款主文档记录的代码一致。当前未偿付余额加上本次销售额在信用限额范围内。只有上述两项均满足才能获得发货批准并生成发运凭证	信用控制程序包括复核信用申请、收入和信用状况的支持性信息，批准信用限额，授权增设新的账户，以及适当授权超过信用限额的人工控制	通过询问员工、检查相关文件来证实上述控制的实施
		发运商品	
可能在没有批准发运凭证的情况下发出了商品 已发出商品可能与发运凭证上的商品种类和数量不符 客户可能拒绝承认已收到商品	当客户订购单在系统中获得发货批准时，系统自动生成连续编号的发运凭证 计算机把所有准备发出的商品与销售单上的商品种类和数量进行比对。打印种类或数量不符的例外报告，并暂缓发货	商品打包发运前，对商品和发运凭证内容进行独立核对在发运凭证上签字以示商品已与发运凭证核对且种类和数量相符 销售人员关注快到期的发运凭证和未完成的订购单，督促尽快向客户发货。保安人员只有当商品附有发运凭证时才能放行 客户要在发运凭证上签字以作为收到商品且商品与订购单一致的证据 管理层复核例外报告和暂缓发货的清单，并解决问题	执行观察、检查程序 检查发运凭证上相关员工和客户的签名，作为发货的证据 检查例外报告和暂缓发货的清单
		开具发票	
商品发运可能未开具销售发票	发货以后系统根据发运凭证及相关信息自动生成连续编号的销售发票。定期打印销售发票 系统自动复核连续编号的发票和发运凭证的对应关系，并定期生成例外报告	复核例外报告并调查原因	执行观察程序 检查例外报告

续表

风险	计算机控制	人工控制	控制测试
由于定价或产品摘要不正确，以及订购单、发运凭证或销售发票代码输入错误，可能使销售价格不正确	通过逻辑准入系统控制定价主文档的更改 只有得到授权的员工才能进行更改 系统通过使用和检查主文档版本序号，确定正确的定价主文档版本已经被上传 系统检查录入的产品代码的合理性	核对经授权的有效的价格更改清单与计算机获得的价格更改清单是否一致 如果发票由手工填写或没有定价主文档，则有必要对发票的价格进行独立核对	检查文件以确定价格更改是否经授权 重新执行以确定打印出的更改后价格与授权是否一致(这可以使用计算机辅助审计方法加以实施) 通过检查计算机的一般控制和收入交易的应用控制，确定正确的定价主文档版本是否已被用来生成发票 检查发票中价格复核人员的签名。通过核对经授权的价格清单与发票上的价格，重新执行检查
发票上的金额可能出现计算错误	每张发票的单价、计算、商品代码、商品摘要和客户账户代码均由计算机程序控制 如果由计算机控制的发票开具程序的更改是受监控的，在操作控制帮助下，可以确保使用的是正确的发票生成程序版本 系统代码有密码保护，只有经授权的员工才可以更改 定期打印所有系统上做出的更改	如果由手工开具发票，独立复核发票上计算的增值税和总额的正确性 上述程序的所有更改由上级复核和审批	检查与发票计算金额正确性相关的人员的签名 重新计算发票金额，证实其是否正确 询问发票生成程序更改的一般控制情况，确定是否经授权以及现有的版本是否正在被使用 检查有关程序更改的复核审批程序
记录赊销			
销售发票入账的会计期间可能不正确	系统根据销售发票的信息自动汇总生成当期销售入账记录	定期执行人工销售截止检查程序 检查发票打印件的连续编号 复核并调查所有与发票不匹配的发运凭证	检查发票，重新执行销售截止检查程序
销售发票可能记入不正确的应收账款账户	系统将客户代码、商品发送地址、发运凭证、发票与应收账款主文档中的相关信息进行比对	应收账款客户主文档中明细余额的汇总金额应与应收账款总分类账核对 向客户发送月末对账单，调查并解决客户质询的差异	检查应收账款客户主文档中明细余额、汇总金额的调节结果与应收账款总分类账是否核对相符，以及负责该项工作的员工签名 检查客户质询信件并确定问题是否已得到解决
上述所有风险		管理层根据关键业绩指标复核实际业绩。例如，实际销售与计划销售、实现的毛利率、应收账款周转天数；当前已逾期的应收账款账龄分析、注销坏账占逾期应收账款的比例	检查用于证明识别和解决与关键业绩指标不符的实际业绩问题的文件 询问管理层针对上述问题所采取的解决措施

续表

风险	计算机控制	人工控制	控制测试
记录现金销售			
现金销售可能没有在销售时被记录 收到的现金可能没有存入银行	现金销售通过统一的收款台用收银机集中收款，并自动打印销售小票	销售小票应交予客户 通过监视器监督收款台 每个收款台都打印每日现金销售汇总表 计算每个收款台收到的现金，并与相关销售汇总表调节相符 独立检查所有收到的现金已存入银行	实地检查收银台、销售点并询问管理层，以确定在这些地方是否有足够的物理监控 检查结算记录簿上负责计算现金和负责销售汇总表调节工作的员工的签名 检查存款单和销售汇总表上的签名，证明已实施复核 重新检查已存入金额和销售汇总表金额
应收账款收款			
客户使用支票支付货款，收取后可能未被存入银行	应收账款的内容和收取的数额都通过终端记录	任何可用于流通的支票必须被严格控制，由收款人在收到款项清单上签字 如果存款清单没有在收取支票时自动生成，由负责生成存款清单的人员在支票签收清单上签字，以证明收到了这些款项 独立检查所有收到的支票都被存入银行	检查在收到款项清单上的签字 检查支票签收清单上相关人员的签字 检查支票签收清单和存款清单上相关人员的签字 对所有通过邮寄收到的支票是否都被存入银行重新执行一次检查
客户通过电子货币转账系统或银行汇款支付的款项收取后可能没有被记录		无论客户通过电子货币转账系统还是银行汇款直接支付，均应分别将汇款通知上的金额与银行每日的电子货币转账清单或直接汇款清单进行比对	检查清单上相关人员的签名 重新执行比对程序
记录收款			
收款可能被记入不正确的应收账款账户	在录入应收账款账户的代码时，姓名和其他信息均取自主文档并在终端上显示	将终端显示的信息与汇款通知或支票的相关信息进行比较 向客户发送月末对账单，对客户质询的差异应予以调查并解决	检查客户质询信件并确定问题是否已被解决 询问尚未解决的质询和计划采取的措施
应收账款记录的收款与银行存款可能不一致	在编制存款清单时，系统自动贷记应收账款	定期独立编制银行存款余额调节表	检查负责编制银行存款余额调节表的员工签名
上述所有风险		管理层的监控主要涉及以下方面：将每日现金汇总表和收款清单与银行存款清单相比较；客户对应收账款的咨询和解决措施；应收账款主文档汇总金额与应收账款总分类账之间的调节；银行存款余额调节表；在应收账款账龄分析表中反映长期无法收回的金额；将实际业绩与关键业绩指标进行比较	询问这些事项 检查证明实施这些监控程序的记录和文件

任务三　销售与收款循环的实质性程序

一、销售与收款交易的实质性程序

(一)销售与收款交易的实质性分析程序

通常,注册会计师在对交易和余额实施细节测试前会实施实质性分析程序,这符合成本效益原则。具体到销售与收款交易,其应用包括:

1. 识别需要运用实质性分析程序的账户余额或交易

就销售与收款交易和相关余额而言,通常需要运用实质性分析程序的是销售交易、收款交易、营业收入项目和应收账款项目。

2. 确定期望值

基于注册会计师对被审计单位的相关预算情况、行业发展状况、市场份额、可比的行业信息、经济形势和发展历程的了解,与营业额、毛利率和应收账款等的预期相关。

3. 确定可接受的差异额

在确定可接受的差异额时,注册会计师首先应关注所涉及的重要性和计划的保证水平的影响。此外,根据拟进行实质性分析的具体指标的不同,可接受的差异额的确定有时与管理层使用的关键业绩指标相关,并需考虑这些指标的适当性和监督过程。

4. 识别需要进一步调查的差异并调查异常数据关系

注册会计师应当计算实际与期望值之间的差异,这涉及一些比率和比较,包括:①观察月度(或每周)的销售记录趋势,与以前年度和预算或者同行业公司的销售情况相比较。②将销售毛利率与以前年度和预算或者同行业公司的销售毛利率相比较。③计算应收账款周转率和存货周转率,并与以前年度和预算或者同行业公司的相关指标相比较。④检查异常项目的销售,如对大额销售以及未从销售记录过入销售总账的销售应予以调查。

5. 调查重大差异并做出判断

注册会计师在分析上述与预期相联系的指标后,如果认为存在未预期的重大差异,就可能需要对营业收入发生额和应收账款余额实施更加详细的细节测试。

6. 评价分析程序的结果

注册会计师应当就收集的审计证据是否能支持其试图证实的审计目标和认定形成结论。

(二)销售交易的细节测试

有些交易细节测试程序与环境条件关系不大,适用于各审计项目;有些则不然,要取决于被审计单位内部控制的健全程度和注册会计师实施控制测试的结果。接下来,我们按照表9－2中所列的顺序详细介绍销售交易常用的细节测试程序,有些程序在审计中常常被疏忽,而事实上它们恰恰需要注册会计师给予重视并根据它们做出审计决策。

1. 登记入账的销售交易是真实的

如何以适当的细节测试来发现不真实的销售,取决于注册会计师认为可能在何处发生错误。对"发生"这一目标而言,注册会计师通常只在认为内部控制存在薄弱环节时,才实施细节测试。

2. 已发生的销售交易均已登记入账

销售交易的审计一般更多侧重于检查高估资产与收入的问题。但是，如果内部控制不健全，比如被审计单位没有由发运凭证追查至主营业务收入明细账这一独立内部核查程序，就有必要对完整性目标实施交易的细节测试。

从发货部门的档案中选取部分发运凭证，并追查至有关的销售发票副本和主营业务收入明细账，是测试未入账的发货的一种有效程序。为使这一程序成为一项有意义的测试，注册会计师必须能够确信全部发运凭证均已归档，这一般可以通过检查发运凭证的顺序编号来查明。

测试发生目标时，起点是明细账，即从主营业务收入明细账中抽取一个销售交易明细记录，追查至销售发票存根、发运凭证以及客户订购单；测试完整性目标时，起点应是发运凭证，即从发运凭证中选取样本，追查至销售发票存根和主营业务收入明细账，以确定是否存在遗漏事项。

3. 登记入账的销售交易均经正确计价

销售交易计价的准确性包括：按订货数量发货，按发货数量准确地开具账单，以及将账单上的数额准确地记入会计账簿。对这三个方面，每次审计中一般要实施细节测试，以确保其准确无误。

4. 登记入账的销售交易分类恰当

销售交易分类恰当的测试一般可与计价准确性测试一并进行。注册会计师可以通过审核原始凭证确定具体交易业务的类别是否恰当，并以此与账簿的实际记录作比较。

5. 销售交易的记录及时

发货后应尽快开具账单并登记入账，以防止无意中漏记销售交易，确保它们记入正确的会计期间。在实施计价准确性细节测试的同时，一般要将所选取的提货单或其他发运凭证的日期与相应的销售发票存根、主营业务收入明细账和应收账款明细账上的日期作比较。如有重大差异，说明被审计单位可能存在销售截止期限上的错误。

6. 销售交易已正确地记入明细账并正确地汇总

为保证财务报表准确，主营业务收入明细账必须正确地加总并过入总账。在多数审计中，通常要加总主营业务收入明细账，并将加总数和一些具体内容分别追查至主营业务收入总账和应收账款明细账或库存现金、银行存款日记账，以检查在销售过程中是否存在有意或无意的错报问题。

（三）收款交易的细节测试

与销售交易的细节测试一样，收款交易的细节测试范围在一定程度上取决于关键控制是否存在以及控制测试的结果。由于销售与收款交易同属一个循环，在经济活动中密切相联，因此，收款交易的一部分测试可与销售交易的测试一并执行，但收款交易的特殊性又决定了其另一部分测试仍需单独实施。

二、营业收入的实质性程序

（一）营业收入的审计目标

营业收入的审计目标一般包括：确定利润表中记录的营业收入是否已发生，且与被审计单位有关；确定所有应当记录的营业收入是否均已记录；确定与营业收入有关的金额及其他数据是否已恰当记录，包括对销售退回、销售折扣与折让的处理是否适当；确定营业收入是否已记录于正确的会计期间；确定营业收入是否已按照企业会计准则的规定在财务报表中做出恰当的列报。

营业收入包括主营业务收入和其他业务收入，下面分别介绍这两部分的实质性程序。

（二）主营业务收入的实质性程序

主营业务收入的实质性程序一般包括以下内容：

(1)获取或编制主营业务收入明细表。①复核加计是否正确，并与总账数和明细账合计数核对是否相符，结合其他业务收入科目与报表数核对是否相符；②检查以非记账本位币结算的主营业务收入的折算汇率及折算是否正确。

(2)检查主营业务收入的确认条件、方法是否符合企业会计准则，前后期是否一致；关注周期性、偶然性的收入是否符合既定的收入确认原则、方法。按照《企业会计准则第14号——收入》的要求，企业商品销售收入应在下列条件均能满足时予以确认：①企业已将商品所有权上的主要风险和报酬转移给购货方；②企业既没有保留通常与所有权相联系的继续管理权，也没有对已售出的商品实施有效控制；③收入的金额能够可靠计量；④相关的经济利益很可能流入企业；⑤相关的已发生或将发生的成本能够可靠计量。因此，对主营业务收入的实质性程序，应在了解被审计单位确认产品销售收入的会计政策的基础上，重点测试被审计单位是否依据上述五个条件确认产品销售收入。

(3)必要时，实施以下实质性分析程序：①针对已识别需要运用分析程序的有关项目，并基于对被审计单位及其环境的了解，通过进行相关比较，同时考虑有关数据间关系的影响，以建立有关数据的期望值。②确定可接受的差异额。③将实际的情况与期望值相比较，识别需要进一步调查的差异。④如果其差额超过可接受的差异额，调查并获取充分的解释和恰当的、佐证性质的审计证据（如通过检查相关的凭证等）。⑤评估分析程序的测试结果。

(4)获取产品价格目录，抽查售价是否符合价格政策，并注意销售给关联方或关系密切的重要客户的产品价格是否合理，有无以低价或高价结算的方法相互之间转移利润的现象。

(5)抽取本期一定数量的发运凭证，审查存货出库日期、品名、数量等是否与销售发票、销售合同、记账凭证等一致。

(6)抽取本期一定数量的记账凭证，审查入账日期、品名、数量、单价、金额等是否与销售发票、发运凭证、销售合同等一致。

(7)结合对应收账款实施的函证程序，选择主要客户函证本期销售额。

(8)对于出口销售，应当将销售记录与出口报关单、货运提单、销售发票等出口销售单据进行核对，必要时向海关函证。

(9)实施销售的截止测试。对销售实施截止测试，其目的主要在于确定被审计单位主营业务收入的会计记录归属期是否正确：应计入本期或下期的主营业务收入是否被推延至下期或提前至本期。

(10)存在销货退回的，检查相关手续是否符合规定，结合原始销售凭证检查其会计处理是否正确，结合存货项目审计其真实性。

(11)检查销售折扣与折让。企业在销售交易中，往往会因产品品种不符、质量不符合要求以及结算方面的原因发生销售折扣与折让。尽管引起销售折扣与折让的原因不尽相同，其表现形式也不尽一致，但都是对收入的抵减，直接影响收入的确认和计量。

(12)检查有无特殊的销售行为，如附有销售退回条件的商品销售、委托代销、售后回购、以旧换新、商品需要安装和检验的销售、分期收款销售、出口销售、售后租回等，选择恰当的审计程序进行审核。

(13)调查向关联方销售的情况，记录其交易品种、价格、数量、金额以及占主营业务收入总额的比例。对于合并范围内的销售活动，记录应予合并抵销的金额。

(14)调查集团内部销售的情况，记录其交易价格、数量和金额，并追查在编制合并财务报表时是否已予以抵销。

(15)确定主营业务收入的列报是否恰当。

(三)其他业务收入的实质性程序

其他业务收入的实质性程序一般包括以下内容：

(1)获取或编制其他业务收入明细表，复核加计是否正确，并与总账数和明细账合计数核对是否相符，结合主营业务收入科目与营业收入报表数核对是否相符。

(2)计算本期其他业务收入与其他业务成本的比率，并与上期该比率比较，检查是否有重大波动，如有，应查明原因。

(3)检查其他业务收入内容是否真实、合法，收入确认原则及会计处理是否符合规定，择要抽查原始凭证予以核实。

(4)对异常项目，应追查入账依据及有关法律文件是否充分。

(5)抽查资产负债表日前后一定数量的记账凭证，实施截止测试，追踪到销售发票、收据等，确定入账时间是否正确，对于重大跨期事项作必要的调整建议。

(6)确定其他业务收入在财务报表中的列报是否恰当。

【同步案例 9－1】

注册会计师李明在审计 A 公司 2015 年度营业收入时，抽查了该公司 12 月份的销售业务，发现下列情况：

①12 月 10 日，采用交款提货销售方式售给 B 公司甲产品 10 000 万元(不含税，增值税税率为 17%)，货款已收到，发票账单和提货单交给 B 公司，但产品仍在仓库，尚未入账。

②12 月 15 日，A 公司收到 C 公司退回 2014 年销售的甲产品 2 000 万元(不含税，增值税税率为 17%)，产品已收到，未作账务处理。

③12 月 20 日，A 公司确认售给某商场丙产品 25 000 万元收入(不含税，增值税税率为 17%)。相关资料显示：合同规定 A 公司需对出售的商品负责安装检验，A 公司 5 个月后才能完善安装、检验任务，但 A 公司在交付丙产品后，马上进行收入实现的账务处理。

④12 月 24 日，A 公司确认对 D 公司销售收入计 2 000 万元(不含税，增值税税率为 17%)。相关记录显示：销售给 D 公司的产品系按其要求定制，成本为 1 800 万元；D 公司监督该产品生产完工后，支付了 1 000 万元款项；但该产品尚存放于 A 公司，且 A 公司尚未开具增值税发票。

⑤12 月 25 日，A 公司确认对 E 公司销售收入计 3 000 万元(不含税，增值税税率为 17%)。相关记录显示：根据双方签订的协议，销售给 E 公司该批产品所形成的债权直接冲抵 A 公司所欠 E 公司原材料采购款；相关冲抵手续办妥后，A 公司已经向 E 公司开具增值税发票，该批产品的成本为 2 500 万元。

⑥12 月 27 日，A 公司确认对 F 公司销售收入计 1 000 万元(不含税，增值税税率为 17%)。相关记录显示：销售给 F 公司的产品系 A 公司生产的半成品，其成本为 900 万元，A 公司已开具增值税发票且已经收到货款；F 公司对其购进的上述半成品进行加工后又以 1 287 万元的价格(含税，增值税税率为 17%)销售给 A 公司，F 公司已开具增值税发票且已收到货款，A 公司已做存货购进处理。

要求：

(1)指出A公司2015年应调整的主营业务收入的数额。

(2)指出A公司在销货交易中存在的问题。

解析：

(1)A公司2015年应调整的营业收入的数额为：10 000－2 000－25 000－1 000＝－18 000(万元)。

针对①，收入已经实现，应当确认当年的收入，应当调增2015年营业收入10 000万元；

针对②，收到退货，应当冲减收到当月的收入，应当调减2015年营业收入2 000万元；

针对③，收入不符合实现的条件，不能确认当年收入，需要安装检验后确认收入，调减2015年营业收入25 000万元；

针对④，收入已实现，应当确认当年收入；

针对⑤，收入已实现，应当确认当年收入；

针对⑥，实质上是委托加工业务，不能确认收入，应当调减2015年营业收入1 000万元。

(2)A公司在销货交易中存在的问题有：①销售实现不及时入账；②不符合收入条件提前确认收入；③利用复杂交易虚构收入。

三、应收账款的实质性程序

(一)应收账款的审计目标

应收账款的审计目标一般包括：确定资产负债表中记录的应收账款是否存在；确定所有应当记录的应收账款是否均已记录；确定记录的应收账款是否被审计单位拥有或控制；确定应收账款是否可收回，坏账准备的计提方法和比例是否恰当，计提是否充分；确定应收账款及其坏账准备期末余额是否正确；确定应收账款及其坏账准备是否已按照企业会计准则的规定在财务报表中做出恰当列报。

(二)应收账款的实质性程序内容

1. 取得或编制应收账款明细表

(1)复核加计正确，并与总账数和明细账合计数核对是否相符；结合坏账准备科目与报表数核对是否相符。

(2)检查非记账本位币应收账款的折算汇率及折算是否正确。

(3)分析有贷方余额的项目，查明原因，必要时，建议作重分类调整。

(4)结合其他应收款、预收款项等往来项目的明细余额，调查有无同一客户多处挂账、异常余额或与销售无关的其他款项(如代销账户、关联方账户或员工账户)。如有，应做出记录，必要时提出调整建议。

2. 检查涉及应收账款的相关财务指标

(1)复核应收账款借方累计发生额与主营业务收入关系是否合理，同时将当期应收账款借方发生额占销售收入净额的百分比与管理层考核指标比较，并与被审计单位相关赊销政策比较，如存在异常应查明原因。

(2)计算应收账款周转率、应收账款周转天数等指标，并与被审计单位相关赊销政策、被审计单位以前年度指标、同行业同期相关指标对比分析，检查是否存在重大异常。

3. 检查应收账款账龄分析是否正确

(1)获取或编制应收账款账龄分析表。应收账款账龄分析如表9－6所示。

表 9-6　　应收账款账龄分析表

客户名称	期末余额	账龄			
		1 年以内	1~2 年	2~3 年	3 年以上
合　计					

(2)测试应收账款账龄分析表计算的准确性，并将应收账款账龄分析表中的合计数与应收账款总分类账余额相比较，并调查重大调节项目。

(3)检查原始凭证，如销售发票、运输记录等，测试账龄划分的准确性。

4. 向债务人函证应收账款

函证应收账款的目的在于证实应收账款账户余额的真实性、正确性，防止或发现被审计单位及其有关人员在销售交易中发生的错误或舞弊行为。通过函证应收账款，可以比较有效地证明被询证者(即债务人)的存在和被审计单位记录的可靠性。

注册会计师应当考虑被审计单位的经营环境、内部控制的有效性、应收账款账户的性质、被询证者处理询证函的习惯做法及回函的可能性等，以确定应收账款函证的范围、对象、方式和时间。

(1)函证的范围和对象。除非有充分证据表明应收账款对被审计单位财务报表而言是不重要的，或者函证很可能是无效的，否则，注册会计师应当对应收账款进行函证。如果注册会计师不对应收账款进行函证，应当在审计工作底稿中说明理由。如果认为函证很可能是无效的，注册会计师应当实施替代审计程序，获取相关、可靠的审计证据。一般情况下，注册会计师应选择以下项目作为函证对象：大额或账龄较长的项目；与债务人发生纠纷的项目；重大关联方项目；主要客户(包括关系密切的客户)项目；交易频繁但期末余额较小甚至余额为零的项目；可能产生重大错报或舞弊的非正常项目。

(2)函证的方式。注册会计师可采用积极的或消极的函证方式实施函证，也可将两种方式结合使用。参考格式 9-1 提供了积极式询证函的格式；参考格式 9-2 提供了消极式询证函的格式。

参考格式 9-1　积极式询证函

企业询证函

编号：

××(公司)：

本公司聘请的××会计师事务所正在对本公司××年度财务报表进行审计，按照中国注册会计师审计准则的要求，应当询证本公司与贵公司的往来账项等事项。下列数据出自本公司账簿记录，如与贵公司记录相符，请在本函下端“信息证明无误”处签章证明；如有不符，请在“信息不符”处列明不符金额。回函请直接寄至××会计师事务所。

回函地址：

邮编：　　　　电话：　　　　传真：　　　　联系人：

1. 本公司与贵公司的往来账项列示如下：

单位:元

截止日期	贵公司欠	欠贵公司	备　注

2.其他事项。

本函仅为复核账目之用,并非催款结算。若款项在上述日期之后已经付清,仍请及时函复为盼。

(公司盖章)
年　月　日

结论:1.信息证明无误。

(公司盖章)
年　月　日
经办人:

2.信息不符,请列明不符的详细情况:

(公司盖章)
年　月　日
经办人:

参考格式9—2　消极式询证函格式

企业询证函

编号:

××(公司):

本公司聘请的××会计师事务所正在对本公司××年度财务报表进行审计,按照中国注册会计师审计准则的要求,应当询证本公司与贵公司的往来账项等事项。下列数据出自本公司账簿记录,如与贵公司记录相符,则无需回复;如有不符,请直接通知会计师事务所,并请在空白处列明贵公司认为是正确的信息。回函请直接寄至××会计师事务所。

回函地址:

邮编:　　　　电话:　　　　传真:　　　　联系人:

1. 本公司与贵公司的往来账项列示如下:

截止日期	贵公司欠	欠贵公司	备　注

2. 其他事项。

本函仅为复核账目之用,并非催款结算。若款项在上述日期之后已经付清,仍请及时核对为盼。

(公司盖章)
年　月　日

××会计师事务所：

上面的信息不正确，差异如下：

（公司盖章）

年 月 日

经办人：

(3)函证时间的选择。注册会计师通常以资产负债表日为截止日，在资产负债表日后适当时间内实施函证。

(4)函证的控制。注册会计师应当对确定需要确认或填列的信息、选择适当的被询证者、设计询证函以及发出和跟进（包括收回）询证函保持控制。注册会计师可通过函证结果汇总表的方式对询证函的收回情况加以控制。函证结果汇总表如表9—7所示。

表9—7 应收账款函证结果汇总表

被审计单位名称： 制表： 日期：

结账日： 年 月 日 复核： 日期：

询证函编号	债务人名称	债务人地址及联系方式	账面金额	函证方式	函证日期		回函日期	替代程序	确认余额	差异金额及说明	注
					一次	二次					
合计											

(5)对不符事项的处理。如果不符事项构成错报，注册会计师应当评价该错报是否表明存在舞弊，并重新考虑所实施审计程序的性质、时间和范围。

(6)对函证结果的总结和评价。

5. 确定已收回的应收账款金额

请被审计单位协助，在应收账款账龄明细表中标出至审计时已收回的应收账款金额，对已收回金额较大的款项进行常规检查，如核对收款凭证、银行对账单、销货发票等，并注意凭证发生日期的合理性，分析收款时间是否与合同相关要素一致。

6. 对未函证应收账款实施替代审计程序

通常，注册会计师不可能对所有应收账款都进行函证，因此，对于未函证应收账款，注册会计师应抽查有关原始凭据，如销售合同、销售订购单、销售发票副本、发运凭证及回款单据等，以验证与其相关的应收账款的真实性。

7. 检查坏账的确认和处理

首先，注册会计师应检查有无债务人破产或者死亡的，以及破产或以遗产清偿后仍无法收回的，或者债务人长期未履行清偿义务的应收账款；其次，应检查被审计单位坏账的处理是否经授权批准，有关会计处理是否正确。

8. 抽查有无不属于结算业务的债权

不属于结算业务的债权，不应在应收账款中进行核算。因此，注册会计师应抽查应收账款明细账，并追查有关原始凭证，查证被审计单位有无不属于结算业务的债权。如有，应建议被审计单位作适当调整。

9. 检查应收账款的贴现、质押或出售

检查银行存款和银行借款等询证函的回函、会议纪要、借款协议和其他文件，确定应收账款是否已被贴现、质押或出售，应收账款贴现业务属质押还是出售，其会计处理是否正确。

10. 对应收账款实施关联方及其交易审计程序

标明应收关联方[包括持股5%以上（含5%）股东]的款项，实施关联方及其交易审计程序，并注明合并财务报表时应予抵销的金额；对关联企业、有密切关系的主要客户的交易事项作专门核查。

11. 确定应收账款的列报是否恰当

如果被审计单位为上市公司，则其财务报表附注通常应披露期初、期末余额的账龄分析，期末欠款金额较大的单位账款，以及持有5%以上（含5%）股份的股东单位账款等情况。

（三）坏账准备的实质性程序

企业会计准则规定，企业应当在期末对应收款项进行检查，并合理预计可能产生的坏账损失。应收款项包括应收票据、应收账款、预付款项、其他应收款和长期应收款等，下面以应收账款相关的坏账准备为例，阐述坏账准备审计常用的实质性程序。

(1)取得或编制坏账准备明细表，复核加计是否正确，与坏账准备总账数、明细账合计数核对是否相符。

(2)将应收账款坏账准备本期计提数与资产减值损失相应明细项目的发生额核对是否相符。

(3)检查应收账款坏账准备计提和核销的批准程序，取得书面报告等证明文件，评价计提坏账准备所依据的资料、假设及方法。

(4)实际发生坏账损失的，检查转销依据是否符合有关规定，会计处理是否正确。对于被审计单位在被审计期间内发生的坏账损失，注册会计师应检查其原因是否清楚，是否符合有关规定，有无授权批准，有无已作坏账处理后又重新收回的应收账款，相应的会计处理是否正确。对有确凿证据表明确实无法收回的应收账款，如债务单位已撤销、破产、资不抵债、现金流量严重不足等，企业应根据管理权限，经股东（大）会或董事会，或经理（厂长）办公会或类似机构批准作为坏账损失，冲销提取的坏账准备。

(5)已经确认并转销的坏账重新收回的，检查其会计处理是否正确。

(6)检查函证结果。对债务人回函中反映的例外事项及存在争议的余额，注册会计师应查明原因并作记录。必要时，应建议被审计单位作相应的调整。

(7)实施分析程序。通过比较前期坏账准备计提数和实际发生数，以及检查期后事项，评价应收账款坏账准备计提的合理性。

(8)确定应收账款坏账准备的披露是否恰当。企业应当在财务报表附注中清晰地说明坏账的确认标准、坏账准备的计提方法和计提比例。

【同步案例9—2】

注册会计师在对甲公司进行审计时，考虑对下表所列应收账款进行函证，在不考虑样本量的前提下，请指出注册会计师应选择的函证对象，并说明理由。

单位名称	金　额	账　龄	备　注
A公司	20 000 000	2.5年	
B公司	100 000	1年内	

续表

单位名称	金　额	账　龄	备　注
C公司	30 000	2年	因产品质量问题发生纠纷
D公司	4 000	1.5年	甲公司的子公司
E公司	200 000	3年	

解：注册会计师应选择A、C、D、E公司进行函证。

A公司，属于金额大的应收账款，而且账龄较长，注册会计师应采用积极式函证。

C公司，属于有纠纷的应收账款，注册会计师应采用积极式函证。

D公司，属于关联方的应收账款，注册会计师应采用积极式函证。

E公司，属于账龄长的应收账款，注册会计师应采用积极式函证。

★★★ 应知考核 ★★★

1.整个销售与收款循环的起点是(　　)。

A.批准赊销信用　　B.顾客提出订货要求

C.向顾客开具账单　　D.按销售单供货

2.在接受顾客订单阶段，如果提出订货要求的顾客没有被列入已批准的顾客名单，则通常需要由(　　)的主管来决定是否同意销售。

A.销售单管理部门　　B.财务部门　　C.信用管理部门　　D.装运部门

3.下列属于证明管理层有关销售交易"发生"认定的凭据之一，同时也是此笔销售的交易轨迹的起点的是(　　)。

A.顾客订货单　　B.销售单　　C.发运凭证　　D.销售发票

4.对通过函证无法证实的应收账款，注册会计师应当执行的最有效的审计程序是(　　)。

A.执行分析程序　　B.重新测试相关的内部控制

C.审查与应收账款相关的销售凭证　　D.审查资产负债表日后的收款情况

5.甲公司2014年12月20日记录的一笔大额主营业务收入，经审查原始凭证发现，发票开具日期为12月20日，出库单和发运凭证均在2015年1月20日，但货款已收到。对此，注册会计师A询问了有关人员，得到的答复是，按合同应于12月发货，但因某些特殊情况将发货日推迟到1月20日。下面是注册会计师A可能采取的措施，正确的是(　　)。

A.可以确认收入，无需进行调整

B.不能确认收入，应以发货日期为收入的确认日

C.应实施追加审计程序，以得到进一步的证实

D.如果甲公司不做适当的调整，由于金额重大，出具保留意见的审计报告

6.与"由信用管理部门批准赊销"这一控制政策最相关的认定是(　　)。

A.存在　　B.完整性　　C.分类和可理解性　　D.计价和分摊

7.在对应收账款进行函证时，注册会计师采用的以下做法不正确的是(　　)。

A.注册会计师通常以资产负债表日为截止日，在资产负债表日后适当时间内实施函证

B.对个别欠款金额较大的账户采用积极式函证

C.将回函不符的金额汇总后要求被审计单位调整

D.以被审计单位的名义发函,并要求回函直接寄至会计师事务所

8.应收账款询证函应当由(　　)签章。

A.注册会计师　　B.会计师事务所　　C.审计项目负责人　D.被审计单位

9.乙公司在2015年12月11日销售一批商品,增值税专用发票上注明的售价是20 000元,增值税额3 400元。现金折扣的条件为:2/10、1/20、n/30(假定计算折扣时不考虑增值税)。12月19日付款23 000元,其中400元为现金折扣。2015年3月15日该商品在审计结束前退回,乙公司收到退回货款,但未进行账务处理。助理人员的建议调整意见正确的是(　　)。(注:不考虑成本的调整及其他税金、各种准备、分配的影响,并假设乙公司2014年财务报表于2015年3月20日对外报出)

A.调整2014年的财务报表:

借:主营业务收入　19 658

应交税费——应交增值税(销项税额)　3 342

贷:其他应付款　23 000

B.调整2014年的财务报表:

借:营业收入　20 000

应交税费——应交增值税(销项税额)　3 400

贷:其他应付款　23 000

财务费用　400

C.调整2015年的会计账目:

借:以前年度损益调整　19 658

应交税费——应交增值税(销项税额)　3 342

贷:银行存款　23 000

D.调整2014年的会计账目:

借:主营业务收入　20 000

应交税费——应交增值税(销项税额)　3 400

贷:银行存款　23 400

10.注册会计师在对大额逾期应收账款进行再次函证后,仍未收到回函,拟执行以下审计程序,注册会计师认为合理的是(　　)。

A.增加对应收账款的内部控制测试

B.提请被审计单位加大计提坏账准备的比例

C.认为未获取充分适当的审计证据而出具保留意见

D.检查销售订单、销售发票副本及发运凭证等凭证

二、多项选择题

1.以下关于应收账款函证相关的表述中,正确的有(　　)。

A.对于因无法投递而退回的信函,应查明原因,如因地址不详导致询证函退回的应收款项,按50%计提坏账准备

B.如果应收账款函证结果相符,则注册会计师可以合理地推论全部应收款项总体是正确的

C.对于地址错误的,注册会计师应找到正确地址再次发函

D.对回函金额与函证金额不一致的应收款项,根据回函金额调整应收款项

2.注册会计师实施应收账款函证的正确做法有(　　)。

A.以资产负债表日为截止日,充分考虑对方复函时间,在期后适当时间内实施函证

B.实施审计工作时,注册会计师收到被询证者回函的传真件,要求被询证者寄回函证回函原件

C.实施审计工作时,注册会计师让被审计单位的会计人员拿着询证函到被询证方盖章

D.当选择资产负债表日前适当日期实施函证时,注册会计师需对所函证项目截止日起至资产负债表日止发生的变动执行测试程序

3.下列有关销售业务的实质性程序中,难以帮助注册会计师实现发生目标的有(　　)。

A.从发运凭证追查至发票存根和主营业务收入明细账

B.将销货业务登记入账的日期与发运凭证的日期核对

C.从主营业务收入明细账追查至发票存根、发运凭证等原始凭证

D.追查发票上的详细资料至发运凭证、商品价目表和顾客订单

4.销售与收款的内部控制所检查的主要内容包括(　　)。

A.销售与收款交易相关岗位及人员的设置情况

B.销售和收款的管理情况

C.销售退回的管理情况

D.销售与收款交易授权批准制度的执行情况

5.对于被审计单位在被审计期间内发生的坏账损失,注册会计师应检查(　　)。

A.有无已做坏账处理后又重新收回的应收账款

B.前后各期是否一致

C.发生坏账损失的原因是否清楚

D.有无授权批准

三、简答题

1.简述销售与收款循环涉及的主要凭证与会计记录。

2.简述销售交易的内部控制。

3.简述收款交易的内部控制。

4.简述主营业务收入的实质性程序。

5.简述应收账款的实质性程序。

四、技能案例

1.ABC会计师事务所接受委托,审计X公司2014年度的财务报表。注册会计师A了解和测试了与应收账款相关的内部控制,并将控制风险评估为高水平。注册会计师A取得2014年12月31日的应收账款明细表,并于2015年1月15日采用积极式函证方式对所有重要客户寄发了询证函。

注册会计师A将与函证结果相关的重要异常情况汇总于下表。

异常情况	函证编号	客户名称	询证金额（元）	回函日期	回函内容
(1)	22	甲	300 000	2015年1月22日	购买X公司300 000元货物属实，但款项已于2014年12月25日用支票支付
(2)	56	乙	500 000	2015年1月19日	因产品质量不符合要求，根据购货合同，于2014年12月28日将货物退回
(3)	64	丙	640 000	2015年1月19日	2014年12月10日收到X公司委托本公司代销的货物640 000元，尚未销售
(4)	134	丁	600 000		因地址错误，被邮局退回

思考与讨论：

针对上述各种异常情况，请问注册会计师A应分别相应实施哪些重要审计程序？

2.ABC会计师事务所接受D公司委托，审计了D公司2015年度财务报表。D公司是上市公司，2013年度、2014年度公司经营均亏损，2015年度扭亏为盈。ABC会计师事务所审计人员对D公司实施了风险评估程序后，初步怀疑D公司有虚增销售收入的可能。审计人员将营业收入虚增列入重大错报风险领域。

思考与讨论：

(1)填写下表：根据上述情况，请回答高估销售收入主要的三类情形是什么？并简要设计出相应的应对程序。

高估收入主要的三类情形	相应的程序

(2)①注册会计师拟重点实施营业收入截止测试。填写下表，分别回答截止测试三条审计路线中的起点是什么？每条路线的截止测试程序是什么？每条路线主要测试的目的是什么？

截止测试路线	测试起点	实施的截止测试程序	实施的主要目的
1			
2			
3			

②请回答注册会计师认为被单位有虚增销售收入的可能时，应重点实施的截止测试路线的起点是什么？

★★★ 应会考核 ★★★

【考核项目】

应收账款函证分析工作底稿。

【背景资料】

在对H公司2014年度财务报表进行审计时，注册会计师N负责审计应收账款。注册会计师N对截止日为2014年12月31日的应收账款实施了函证程序，并于2015年2月15日编制了以下应收账款函证分析工作底稿。

H公司应收账款函证分析工作底稿 资产负债表日:2014年12月31日	索引号	B—3	
	编制人	日期	
	复核人	日期	
一、函证	笔数	金额(元)	百分比
2014年12月31日应收账款	4 000	4 000 000√★	100%
其中:积极函证	108	520 000	13%
消极函证	280	40 000	10%
寄发询证函小计	388	560 000	23%
选定函证但客户不同意函证的应收账款	12		
选择函证合计	400		
二、结果			
(一)函证未发现不符			
积极函证:确认无误部分 W/P B—4	88 C	360 000	9%
消极函证:未回函或回函确认无误部分 W/P B—4	240 C	32 000	0.8%
函证未发现不符小计	328	392 000	9.8%
(二)函证发现不符			
积极函证 W/P B—5	4 CX	20 000	0.5%
消极函证 W/P B—5	40 CX	8 000	0.2%
函证发现不符小计	44	28 000	0.7%
(三)选定函证但客户不同意函证的应收账款	12		
标识说明: √与应收账款明细账核对相符 ★与应收账款总账核对相符 C回函相符 CX回函不符			
总体结论:回函不符金额28 000元低于可容忍错报,应收账款得到公允反映。			

【考核要求】

(1)当同时存在哪些情况时,注册会计师可考虑采用消极的函证方式?

(2)工作底稿中存在的缺陷是什么?

(3)针对工作底稿中显示的实施函证时遇到的问题和回函结果,注册会计师N应当实施哪些审计程序?

★★★ 项目实训 ★★★

【实训项目】

销售业务和应收款项的实质性测试。

【实训1】销售业务的实质性测试

【实训目的】

通过实践,掌握销售业务的实质性测试方法并进行调账。

【实训情境】

某注册会计师对某企业2015年度的利润表进行审计时,抽查了12月份的有关账簿,发现下列情况：

(1)企业销售A产品，采用预收账款方式，12月5日收到货款70 200元，货物尚未发出。企业收到货款时的账务处理是：借记“银行存款”70 200元，贷记“主营业务收入”60 000元，贷记“应交税金——应交增值税(销项额)”10 200元。

(2)12月11日企业采用托收承付结算方式销售A产品100台，已到银行办妥结算手续，货物已发出，但企业未作账务处理。

(3)12月15日企业福利部门领用本厂生产的B产品20台，主营业务收入明细账未作记录。

(4)12月20日采用交款提货方式销售给某单位B产品200台，但仅在主营业务收入明细账中作了记录，产成品明细账和主营业务成本明细账未记入。

(5)12月25日，上月售出的B产品50台，由于质量问题全部退回。产品已入库，但企业未作账务处理。A产品单位售价1 000元，单位成本500元，B产品单位售价1 200元，单位成本800元。增值税的税率为17%。

【实训要求】指出该厂在销售业务中存在的问题，并计算应调整的销售利润。

【实训2】应收款项的实质性测试

【实训目的】

通过实践，掌握应收款项的实质性测试方法及调账。

【实训情境】

注册会计师A2015年1月审查伟世股份有限公司的应收票据，发现2014年12月20日贴现的票面面额为200 000元、利率为8%、90天到期的计息应收票据，该公司已持有60天，按10%的贴现率进行贴现，该公司账户资料记载所得贴现款为198 300元，无银行出具的有关凭证，账务处理为：借记“银行存款”198 300元，贷记“财务费用”1 700元，贷记“应收票据”200 000元。

【实训要求】

根据上述资料，审查该笔贴现业务的公允性，指出存在的问题，并编制调整分录。

项目十　采购与付款循环审计

知识目标

理解：采购与付款循环的特点。

熟知：采购与付款循环的内部控制和控制测试。

掌握：采购与付款循环的实质性程序。

技能目标

能够充分认识和理解采购与付款循环的特点及内部控制和控制测试，学会并分析相关的会计操作。

知识支撑

任务一　采购与付款循环的特点

一、涉及的主要账户

采购与付款循环是指企业购买商品、劳务和固定资产，以及企业在经营活动中为获取收入而发生的直接或间接支出等活动。采购与付款循环经济业务影响的财务报表项目中重要的有预付款项、存货、固定资产、在建工程、工程物资、固定资产清理、无形资产、开发支出、商誉、长期待摊费用、应付票据、应付账款、长期应付款和管理费用等。

二、涉及的主要凭证与会计记录

采购与付款交易通常要经过请购—订货—验收—付款这样的程序，同销售与收款交易一样，在内部控制比较健全的不同行业类型的企业，处理采购与付款交易通常也需要使用很多凭证与会计记录，如表10－1所示。

表10－1　　不同行业类型的采购与付款交易

行业类型	典型的采购和费用支出
贸易业	产品的选择和购买、产品的存储和运输、广告促销、售后服务费用
一般制造业	生产过程所需的设备支出，原材料、易耗品、配件的购买与存储支出，市场经济费用，把产成品运达顾客或零售商所发生的运输费用，管理费用
专业服务业	律师、会计师、财务顾问的费用支出，包括印刷、通信、差旅费、电脑、车辆等办公设备的购置和租赁，书籍资料和研究设施的费用

续表

行业类型	典型的采购和费用支出
金融服务业	建立专业化的安全的计算机信息网络和用户自动存取款设备的支出，给付储户的存款利息，支付其他银行的资金拆借利息、手续费，支付现金存放、现金运送和网络银行设施的安全维护费用，支付客户关系维护的费用
建筑业	建材支出，建筑设备和器材的租金或购置费用，支付给分包商的费用；保险支出和安保成本；建筑保证金和通行许可审批方面的支出；交通费、通信费等。当在外地施工时，还会发生建筑工人的住宿费用

典型的采购与付款循环所涉及的主要凭证与会计记录有以下几种：

（一）请购单

请购单是由产品制造、资产使用等部门的有关人员填写，送交采购部门，申请购买商品、劳务或其他资产的书面凭证。

（二）订购单

订购单是由采购部门填写，向另一企业购买订购单上所指定的商品、劳务或其他资产的书面凭证。

（三）验收单

验收单是收到商品、资产时所编制的凭证，列示从供应商处收到的商品、资产的种类和数量等内容。

（四）卖方发票

卖方发票（供应商发票）是供应商开具的，交给买方以载明发运的货物或提供的劳务、应付款金额和付款条件等事项的凭证。

（五）付款凭单

付款凭单是采购方企业的应付凭单部门编制的，载明已收到的商品、资产或接受的劳务、应付款金额和付款日期的凭证。付款凭单是采购方企业内部记录和支付负债的授权证明文件。

（六）转账凭证

转账凭证是指记录转账交易的记账凭证，它是根据有关转账交易（即不涉及库存现金、银行存款收付的各项交易）的原始凭证编制的。

（七）付款凭证

付款凭证包括现金付款凭证和银行存款付款凭证，是指用来记录库存现金和银行存款支出交易的记账凭证。

（八）应付账款明细账

应付账款科目核算企业因购买材料、商品和接受劳务供应等而应付给供应单位的款项。该科目应按购货单位设置三栏式明细账进行明细分类核算。

（九）库存现金日记账和银行存款日记账

库存现金日记账和银行存款日记账不论在何种账务处理程序下，都是根据收款凭证和付款凭证逐日逐笔顺序登记的。

（十）供应商对账单

供应商对账单是由供应商按月编制的，标明期初余额、本期购买、本期支付给供应商的款项和期末余额的凭证。供应商对账单是供应商对有关交易的陈述，如果不考虑买卖双方在收发货物上可能存在的时间差等因素，其期末余额通常应与采购方相应的应付账款期末余额一致。

三、涉及的主要业务活动

（一）请购商品和劳务

仓库负责对需要购买的已列入存货清单的项目填写请购单，其他部门也可以对所需要购买的未列入存货清单的项目编制请购单。为加强控制，每张请购单必须经过对这类支出预算负责的主管人员签字批准。请购单是证明有关采购交易的“发生”认定的凭据之一，也是采购交易轨迹的起点。

（二）编制订购单

采购部门在收到请购单后，只能对经过批准的请购单发出订购单。对每张订购单，采购部门应确定最佳的供应来源。对一些大额、重要的采购项目，应采取竞价方式来确定供应商，以保证供货的质量、及时性和成本的低廉。

订购单应正确填写所需要的商品品名、数量、价格、厂商名称和地址等，预先予以顺序编号并经过被授权的采购人员签名。其正联应送交供应商，副联则送至企业内部的验收部门、应付凭单部门和编制请购单的部门。随后，应独立检查订购单的处理，以确定是否确实收到商品并正确入账。这项检查与采购交易的“完整性”认定有关。

（三）验收商品

有效的订购单代表企业已授权验收部门接受供应商发运来的商品。验收部门首先应比较所收商品与订购单上的要求是否相符，如商品的品名、摘要、数量、到货时间等，然后再盘点商品并检查商品有无损坏。

验收后，验收部门应对已收货的每张订购单编制一式多联、预先按顺序编号的验收单，作为验收和检验商品的依据。验收人员将商品送交仓库或其他请购部门时，应取得经过签字的收据，或要求其在验收单的副联上签收，以确立他们对所采购的资产应负的保管责任。验收人员还应将其中的一联验收单送交应付凭单部门。

验收单是支持资产或费用以及与采购有关的负债的“存在或发生”认定的重要凭证。定期独立检查验收单的顺序以确定每笔采购交易都已编制凭单，则与采购交易的“完整性”认定有关。

（四）储存已验收的商品

将已验收商品的保管与采购的其他职责相分离，可减少未经授权的采购和盗用商品的风险。存放商品的仓储区应相对独立，限制无关人员接近。这些控制与商品的“存在”认定有关。

（五）编制付款凭单

记录采购交易之前，应付凭单部门应编制付款凭单。这项功能的控制包括：①确定供应商发票的内容与相关的验收单、订购单的一致性。②确定供应商发票计算的正确性。③编制有预先顺序编号的付款凭单，并附上支持性凭证（如订购单、验收单和供应商发票等）。这些支持性凭证的种类，因交易对象的不同而不同。④独立检查付款凭单计算的正确性。⑤在付款凭单上填入应借记的资产或费用账户名称。⑥由被授权人员在凭单上签字，以示批准照此凭单要求付款。

（六）确认与记录负债

正确确认已验收货物和已接受劳务的债务，要求准确、及时地记录负债。该记录对企业财务报表和实际现金支出具有重大影响。与应付账款确认和记录相关的部门一般有责任核查购置的财产，并在应付凭单登记簿或应付账款明细账中加以记录。在收到供应商发票时，应付账款部门应将发票上所记载的品名、规格、价格、数量、条件及运费与订购单上的有关资料核对，如有可能，还应与验收单上的资料进行比较。

（七）付款

通常是由应付凭单部门负责确定未付凭单在到期日付款。企业有多种款项结算方式，以支票结算方式为例，编制和签署支票的有关控制包括：①独立检查已签发支票的总额与所处理的付款凭单的总额的一致性。②应由被授权的财务部门的人员负责签署支票。③被授权签署支票的人员应确定每张支票都附有一张已经适当批准的未付款凭单，并确定支票收款人姓名和金额与凭单内容一致。④支票一经签署就应在其凭单和支持性凭证上用加盖印戳或打洞等方式将其注销，以免重复付款。⑤支票签署人不应签发无记名甚至空白的支票。⑥支票应预先顺序编号，保证支出支票存根的完整性和作废支票处理的恰当性。⑦应确保只有被授权的人员才能接近未经使用的空白支票。

（八）记录现金、银行存款支出

仍以支票结算方式为例，在手工系统下，会计部门应根据已签发的支票编制付款记账凭证，并据以登记银行存款日记账及其他相关账簿。以记录银行存款支出为例，有关控制包括：①会计主管应独立检查记入银行存款日记账和应付账款明细账的金额的一致性，以及与支票汇总记录的一致性。②通过定期比较银行存款日记账记录的日期与支票副本的日期，独立检查入账的及时性。③独立编制银行存款余额调节表。

任务二　采购与付款循环的内部控制和控制测试

一、采购交易的内部控制

（一）内部控制目标、关键内部控制与常用的控制测试等的关系

采购交易的内部控制目标、关键内部控制与常用控制测试等的关系如表10—2所示。

表10—2

内部控制目标	关键内部控制	常用控制测试	常用交易实质性程序
所记录的采购都确已收到商品或已接受劳务（存在）	请购单、订购单、验收单和卖方发票一应俱全，并附在付款凭单后 采购经适当级别批准 注销凭证以防止重复使用 对卖方发票、验收单、订购单和请购单作内部核查	查验付款凭单后是否附有完整的相关单据 检查批准采购的标记 检查注销凭证的标记 检查内部核查的标记	复核采购明细账、总账及应付账款明细账，注意是否有大额或不正常的金额 检查卖方发票、验收单、订购单和请购单的合理性与真实性 追查存货的采购至存货永续盘存记录 检查取得的固定资产
已发生的采购交易均已记录（完整性）	订购单均经事先连续编号并将已完成的采购登记入账 验收单均经事先连续编号并已登记入账 应付凭单已经事先连续编号并已登记入账	检查订购单连续编号的完整性 检查验收单连续编号的完整性 检查应付凭单连续编号的完整性	从验收单追查至采购明细账 从卖方发票追查至采购明细账

续表

内部控制目标	关键内部控制	常用控制测试	常用交易实质性程序
所记录的采购交易估价正确(准确性、计价和分摊)	对计算准确性进行内部核查 采购价格和折扣的批准	检查内部核查的标记 检查批准采购价格和折扣的标记	将采购明细账中记录的交易卖方发票、验收单和其他证明文件比较 复算包括折扣和运费在内的卖方发票填写金额的准确性
采购交易的分类的正确(分类)	采用适当的会计科目表 分类的内部核查	检查工作手册和会计科目表 检查有关凭证上内部核查的标记	参照卖方发票,比较会计科目表上的分类
采购交易按正确的日期记录(截止)	要求收到商品或接受劳务后及时记录采购交易 内部核查	检查工作手册并观察有无未记录的卖方发票存在 检查内部核查的标记	将验收单和卖方发票上的日期与采购明细账中的日期进行比较
采购交易被正确记入应付账款和存货等明细账中,并正确汇总(准确性、计价和分摊)	应付账款明细账内容的内部核查	检查内部核查的标记	通过加计采购明细账,追查过入采购总账和应付账款、存货明细账的数额是否正确,用以测试过账和汇总的正确性

(二)采购交易的内部控制内容

1. 适当的职责分离

如前所述,适当的职责分离有助于防止各种有意或无意的错误。与销售和收款交易一样,采购与付款交易也需要适当的职责分离。企业应当建立采购与付款交易的岗位责任制,明确相关部门和岗位的职责、权限,确保办理采购与付款交易的不相容岗位相互分离、制约和监督。采购与付款交易不相容岗位至少包括:请购与审批;询价与确定供应商;采购合同的订立与审批;采购与验收;采购、验收与相关会计记录;付款审批与付款执行。这些都是对企业提出的、有关采购与付款交易相关职责适当分离的基本要求,以确保办理采购与付款交易的不相容岗位相互分离、制约和监督。

2. 内部核查程序

企业应当建立对采购与付款交易内部控制的监督检查制度。采购与付款交易内部控制监督检查的主要内容通常包括:

(1)采购与付款交易相关岗位及人员的设置情况。重点检查是否存在采购与付款交易不相容职务混岗的现象。

(2)采购与付款交易授权批准制度的执行情况。重点检查大宗采购与付款交易的授权批准手续是否健全,是否存在越权审批的行为。

(3)应付账款和预付账款的管理。重点审查应付账款和预付账款支付的正确性、时效性和合法性。

(4)有关单据、凭证与文件的使用和保管情况。重点检查凭证的登记、领用、传递、保管、注销手续是否健全,使用和保管制度是否存在漏洞。

二、付款交易的内部控制

采购与付款循环包括采购和付款两个方面。在内部控制健全的企业,与采购相关的付款交易即支出交易同样有其内部控制目标和内部控制，注册会计师应针对每个主要的具体内部控制目标确定关键的内部控制，并对此实施相应的控制测试和交易的实质性程序。付款交易中的控制测试的性质取决于内部控制的性质，而付款交易的实质性程序的实施范围，在一定程度上取决于关键控制是否存在以及控制测试的结果。由于采购和付款交易同属一个交易循环，联系紧密，因此，对付款交易的部分测试可与测试采购交易一并实施。当然，另一些付款交易测试仍需单独实施。

三、固定资产的内部控制

在本教材的业务循环划分中，固定资产归属采购与付款循环，固定资产与一般的商品在内部控制和控制测试问题上有许多共性的地方，但固定资产还具有不少特殊性，有必要对其单独加以说明。就许多从事制造业的被审计单位而言，固定资产在其资产总额中占有很大的比重，固定资产的购建会影响其现金流量，而固定资产的折旧、维修等费用则是影响其损益的重要因素。固定资产管理一旦失控，所造成的损失将远远超过一般的商品存货等流动资产。为了确保固定资产的真实、完整、安全和有效利用，被审计单位应当建立和健全固定资产的内部控制。

（一）固定资产的预算制度

预算制度是固定资产内部控制中最重要的部分。通常，大中型企业应编制旨在预测与控制固定资产增减和合理运用资金的年度预算；小规模企业即使没有正规的预算，对固定资产的购建也要事先加以计划。

（二）授权批准制度

完善的授权批准制度包括：企业的资本性预算只有经过董事会等高层管理机构批准方可生效；所有固定资产的取得和处置均需经企业管理层书面认可。

（三）账簿记录制度

除固定资产总账外，被审计单位还需设置固定资产明细分类账和固定资产登记卡，按固定资产类别、使用部门和每项固定资产进行明细分类核算。固定资产的增减变化均应有充分的原始凭证。

（四）职责分工制度

对固定资产的取得、记录、保管、使用、维修、处置等，均应明确划分责任，由专门部门和专人负责。

（五）资本性支出和收益性支出的区分制度

企业应制定区分资本性支出和收益性支出的书面标准。通常需明确资本性支出的范围和最低金额，凡不属于资本性支出的范围、金额低于下限的任何支出，均应列作费用并抵减当期收益。

（六）固定资产的处置制度

固定资产的处置，包括投资转出、报废、出售等，均要有一定的申请报批程序。

（七）固定资产的定期盘点制度

对固定资产的定期盘点，是验证账面各项固定资产是否真实存在、了解固定资产放置地点和使用状况以及发现是否存在未入账固定资产的必要手段。

（八）固定资产的维护保养制度

固定资产应有严密的维护保养制度，以防止其因各种自然和人为的因素而遭受损失，并应建立日常维护和定期检修制度，以延长其使用寿命。

四、评估重大错报风险

影响采购与付款交易的重大错报风险包括以下方面：

1. 管理层错报费用支出的偏好和动因

被审计单位管理层可能为了完成预算，满足业绩考核要求，以从银行获得额外的资金，吸引潜在投资者，误导股东，影响公司股价，或通过把私人费用计入公司进行个人盈利而错报支出。

2. 费用支出的复杂性

例如，被审计单位以复杂的交易安排购买一定期间的多种服务，管理层对于涉及的服务受益与付款安排所涉及的复杂性缺乏足够的了解。这可能导致费用支出分配或计提的错误。

3. 管理层凌驾于控制之上和员工舞弊的风险

例如，通过与第三方串通，把私人费用计入企业费用支出，或有意无意地重复付款。

4. 采用不正确的费用支出截止期

将本期采购并收到的商品计入下一会计期间；或者将下一会计期间采购的商品提前计入本期；未及时计提尚未付款的已经购买的服务支出等。

5. 低估

在承受反映较高盈利水平和营运资本的压力下，被审计单位管理层可能试图低估准备和应付账款，包括低估对存货、应收账款应计提的减值准备以及对已售商品提供的担保（如售后服务承诺）应计提的准备。

6. 不正确地记录外币交易

当被审计单位进口用于出售的商品时，可能由于采用不恰当的外币汇率而导致该项采购的记录出现差错。此外，还存在未能将诸如运费、保险费和关税等与存货相关的进口费用进行正确分摊的风险。

7. 舞弊和盗窃的固有风险

如果被审计单位经营大型零售业务，由于所采购商品和固定资产的数量及支付的款项庞大，交易复杂，容易造成商品发运错误，员工和客户发生舞弊和盗窃的风险较高。如果那些负责付款的会计人员有权接触应付账款主文档，并能够通过在应付账款主文档中擅自添加新的账户来虚构采购交易，风险也会增加。

8. 存货的采购成本没有按照适当的计量属性确认

如果这样，结果可能导致存货成本和销售成本的核算不正确。

9. 存在未记录的权利和义务

这可能导致资产负债表分类错误以及财务报表附注不正确或披露不充分。

五、控制测试

（一）以内部控制目标为起点的控制测试

（1）注册会计师应当通过控制测试获取支持将被审计单位的控制风险评价为中或低的证据。如果能够获取这些证据，注册会计师就可以接受较高的检查风险，并在很大程度上可以通过实施实质性分析程序获取进一步的审计证据，同时减少对采购与付款交易和相关余额实施细节测试的依赖。

（2）考虑到采购与付款交易控制测试的重要性，注册会计师通常对这一循环采用属性抽样审计方法。在测试该循环中的大多数属性时，注册会计师通常选择相对较低的可容忍误差。

(3)采购与付款交易涉及的八项主要业务活动中，前三项分别是请购商品和劳务、编制订购单、验收商品。注册会计师在实施控制测试时，应抽取请购单、订购单和商品验收单，检查请购单、订购单是否得到适当审批，验收单是否有相关人员的签名，订购单和验收单是否按顺序编号。

(4)对于编制付款凭单、确认与记录负债这两项主要业务活动，被审计单位的内部控制通常要求应付账款记账员将采购发票所载信息与验收单、订购单进行核对，核对相符应在发票上加盖"相符"印戳。对此，注册会计师在实施控制测试时，应抽取订购单、验收单和采购发票，检查所载信息是否一致，发票上是否加盖了"相符"印戳。

(5)对于付款这项主要业务活动，有些被审计单位内部控制要求，由应付账款记账员负责编制付款凭证，并附相关单证，提交会计主管审批。对此，注册会计师在实施控制测试时，应抽取付款凭证，检查其是否经由会计主管复核和审批，并检查款项支付是否得到适当人员的复核和审批。

(6)固定资产的内部控制测试。结合前面固定资产内部控制的讨论内容和顺序，注册会计师在对被审计单位的固定资产实施控制测试时应注意对固定资产的预算制度、授权批准制度、账簿记录制度、职责分工制度、处置制度、定期盘点制度等进行相应操作。

(7)在建工程的内部控制测试。如果被审计单的在建工程项目比较重要，占其资产总额的比重较大，则对在建工程项目的内部控制测试，注册会计师应注意对工程项目业务相关岗位及人员的设置情况、业务授权批准制度的执行情况等进行重点检查。

(二)以风险为起点的控制测试

在审计实务中，注册会计师还可以识别的重大错报风险为起点实施控制测试。表10－3列示了采购与付款交易相关的风险、旨在降低这些风险的计算机控制和人工控制以及相应的控制测试程序，供参考。

表10－3

风险	计算机控制	人工控制	控制测试
		订购商品和劳务	
未经授权的供应商可能进入经批准的供应商主文档	程序设定只允许经授权的人员修改经批准的供应商主文档	只有采购部门高级员工才被授权在供应商主文档中增加新供应商信息	询问管理层并检查证明书这些控制完成情况的文件
可能向未经批准的供应商采购	处理之前，计算机自动与供应商主文档中每一份订购单比对。将不符事项记录于例外报告中	复核例外报告并解决问题。绕过控制的人工处理经恰当审批	检查复核例外报告的证据，以及批准僭越控制的人工处理的恰当签名
采购可能由未经授权的员工执行	访问控制只允许经授权的员工处理订购单，菜单层面的控制授权限定至单个员工	复核正式的授权级别并定期修订，采购人员有权在限额内进行采购或处理某些类型的支出。僭越控制的、人工接受的订购单，需经采购主管或高级管理层批准	询问、检查授权批准和授权越权的文件。检查订购单并确定其是否在授权批准的范围之内

续表

风险	计算机控制	人工控制	控制测试
订购的商品或劳务可能未被提供	计算机自动对所有发出的订购单事先编号，并与随后的采购入库通知单和供应商发票进行比对。比对不符的订购单被单独打印	长期未执行的订购单被记录于未执行订购单的文件上，并采取跟进行动	询问并检查文件，以证实对未执行的订购单的跟进情况
采购订购单的项目或数量可能不准确	计算机将订购单上的产品摘要和存货代码与存货主文档明细进行比对。当再订货数量超过存货主文档记录的再订货数量，或者现有的存货项目数量超过再订货水平时，生成订货例外报告	由采购部门复核例外报告，取消订购单或经过恰当授权后处理	检查例外报告，证实问题已被适当处理
	收到商品和劳务		
收到商品可能未被记录	当商品接收仓库索取订购单以核对货物时，计算机生成一份事先编号的采购入库通知单 定期打印未完成订购单	由采购部门复核和追踪未完成订购单报告 定期将报表余额调整至应付账款余额	检查打印文件并追踪未完成订购单 检查应付账款的调整，并重新执行这些程序，以获取其是否正确的证据
收到的商品可能不符合订购单的要求或可能已被损坏	收货人员将收到的商品情况、实际收货数量录入采购入库通知单，将采购入库通知单与订购单上的具体信息进行比对，并就比对不符商品的情况和数量生成例外报告	清点从供应商处收到的商品，将商品的情况、收货数量与订购单进行核对。检查货物的状况。复核例外报告并解决所有差异	询问、观察商品实物并与订购单进行核对。检查打印文件以获取复核和跟进的证据
	记录采购和应付账款		
收到的商品可能未被计入采购	由计算机打印一份没有相应发票记录的采购入库通知单的完整清单。在一些计算机系统中，可能根据订购单上的采购价格在临时文档中生成一份预开单据，当实际收到供应商发票时，再按发票金额转账	由会计部门人员追踪遗失的发票	询问、检查例外报告和其他文件，以追踪商品已收到但发票未到、未作采购记录的情况
对发票已到，但商品或劳务尚未收到的可能作采购记录，或者可能重复作采购记录	由计算机比对订购单、采购入库通知单和发票，只有比对一致后，采购才能被记录至总分类账；将比对不符和重复的发票生成例外报告 在分批次处理系统中，由计算机控制各采购入库通知单金额的总额，并与相应的供应商发票金额比对，对出现的差异打印成例外报告	由会计部门人员追踪例外报告中提及的供应商发票与订购单或采购入库通知单比对不一致问题或重复问题	询问和检查例外报告，并追踪已收到但比对不符的发票

续表

风险	计算机控制	人工控制	控制测试
采购发票可能未被记录于正确的会计期间	由计算机将记录采购的日期和采购入库通知单上的日期进行比对，如果这些日期归属不同的会计期间，应生成打印文档	由会计人员输入必要的分录，确保对计入当期的负债的核算是恰当的	询问和检查打印文件并重新执行截止程序
记录的采购价格可能不正确	由计算机将供应商发票上的单价与订购单上单价进行比对，如有差异应生成例外报告	复核例外报告，并解决问题	询问和检查打印文件，以及解决差异的证据。通过对照发票价格与订购单上的价格，重新执行价格测试
供应商发票可能未被分配至正确的应付账款账户	由计算机将订购单和采购入库通知单上的代码与发票上的供应商名称和代码进行比对，并将其与应付账款账户明细核对	由会计部门人员追踪例外报告上供应商名称和代码，比对不符的情况	询问和观察例外报告，以及处理例外情况的证据。重新执行分配费用支出的测试
发票可能未分配至个人客户的账户，或者在更新时使用了错误的应付账款文档	更新后，由计算机将应付账款期初余额合计数，加上本期购货，减去本期支付，得到应付账款期末余额合计数，与应付账款总分类的期末余额进行比对。每次更新前，由计算机检查日期和更新前的版本号。每次更新后，应付账款主文档会注明日期或顺序编号	由适当的会计人员执行连续运行总额调节。复核未分配采购发票的例外报告。利用外部文件标签和整理功能来标明使用哪一版本的主文档	检查连续运行控制总额的打印文件。询问对 IT 程序的一般控制，以确保应付账款主文档使用正确的版本
在记录或处理采购发票时可能出现错误	在处理运行过程中检查发票计算的准确性；检查商品数量，将数量乘以单价与发票总额核对，并计算得出应收的折扣	每月根据供应商对账单调整应付账款金额，编制汇款通知单并邮寄给供应商。询问处理供应商付款的人员是否与记录采购发票的人员职责分离。应付账款明细账合计数应调节至与应付账款总分类账一致	询问、检查并重新执行应付账款总分类账的调节程序
购买的商品或劳务可能未被记录于正确的费用或资产账户	由计算机将订购单、采购入库通知单和发票上的账户代码与总分类账上的账户代码进行比对。定期（如按周或按月）打印采购交易中费用和资产的分配	复核交易打印文件的合理性	询问和检查打印文件，以获取经管理层复核的证据。询问对于发现的错误是否采取了改正措施
上述所有风险		由管理层根据关键业绩指标复核实际业绩。例如，实际采购、计划采购及月度趋势分析；实现的毛利率；应付账款的周转天数	检查用于证明已经识别和解决的、与关键业绩指标不符的实际业绩问题的文件。询问管理层针对这一问题采取的措施。行政机关执行复核和跟进程序

续表

风险	计算机控制	人工控制	控制测试
记录开具的支票和电子货币转账支付			
开具的支票和电子货币转账支付凭证可能未被记录	在开具支票过程中，由计算机生成事先顺序编号的支票。对空白支票实施接触控制，只有得到授权的员工才能接触。由支票支付系统打印所有开具的支票	如果支票是手工开具的，应控制尚未签发的事先顺序编号的支票表；由高级员工开具支票；按顺序检查支票编号；调节银行存款余额	询问并观察实物控制和接触控制。重新执行顺序检查和调节银行余额的程序
电子货币转账支付可能由未经授权的人员执行	只有得到授权、掌握密码的员工才能接触电子货币转账专用终端机	授权执行电子货币支付交易的人员，根据支付次数的多少，按月、按周或按日复核电子货币支付清单打印文件，以发现不正常或未经授权的支付	询问、观察实物控制和接触控制
可能向不正确的供应商银行账户进行电子货币转账支付	对于为处理电子货币转账支付而从银行下载的供应商的银行账户详细信息，实施严格的控制	只授权高级员工出于处理电子货币转账支付的目的，在银行记录中变更或增加供应商银行信息。详细信息由供应商书面提供，并在供应商文档中保存。依靠银行的安全控制对此进行监督	询问和检查经恰当授权签字的记录
开具的支票和电子货币转账支付凭证可能未被及时记录或分配到正确的应付账款账户	付款被自动记入相关应付账款或费用账户和银行存款账户。每一次开具支票后，及时调节相关总分类账的变动	定期进行银行存款调节。按月根据银行存款余额调节表对应付账款账户余额进行调节	检查并重新执行调节程序
可能就虚构或未经授权的采购开具支票和电子货币转账支付凭证	由计算机比对订购单、采购入库通知单和发票，以及经批准的供应商主文档上的供应商账户代码和名称，打印例外报告	如果支票由人工开具，由支票开具人员检查所有支持性文件，包括支票开具供应商的应付账款调节表和汇款通知。由管理层复核应付账款明细表以发现非正常的支付	询问和观察支票开具流程。检查例外报告并追踪问题的解决
可能重复开具支票和电子货币转账支付	由计算机将付款金额和应付账款余额进行比对，并就支付金额超过应付金额的情况生成例外报告	支持性凭证应该注明“已付讫”标记以防止重复支付。复核例外报告并检查例外事项的处理	检查例外报告，以确定任何付款额超过应付余额的情况是否已得到解决。检查已注明“已付讫”标记的凭据
开具支票和电子货币转账支付的金额可能不正确	由计算机比对订购单、采购入库通知单、发票以及在每一应付账款记录中的供应商账户代码和金额	如果支票由人工开具，由支票开具人员检查所有支持性文件，包括支票开具前供应商的应付账款调节表和汇款通知	询问和观察支票开具流程，并重新执行调节程序

续表

风险	计算机控制	人工控制	控制测试
上述所有风险		管理层的监控主要涉及以下方面：日常零用现金或现金支付清单应该反映分摊到应付账款、费用或资产总分类账户的金额，并就异常的金额对供应商进行询问；定期复核应付账款的账龄分析，追踪异常的金额或不熟悉的供应商名称；监控关键业绩指标	询问、观察管理层的复核程序以及对任何异常的事项的追踪。方便时执行复核和追踪程序

任务三　采购与付款循环的实质性程序

一、采购与付款交易的实质性程序

对采购与付款交易实施的实质性程序通常包括以下两个方面：

（一）实质性分析程序

（1）根据对被审计单位的经营活动、供应商的发展历程、贸易条件和行业惯例的了解，确定应付账款和费用支出的期望值。

（2）根据本期应付账款余额组成与以前期间交易水平和预算的比较，确定采购和应付账款可接受的重大差异额。

（3）识别需要进一步调查的差异并调查异常数据关系，如与周期趋势不符的费用支出。

（4）通过询问管理层和员工，调查重大差异额是否存在重大错报风险，是否需要设计恰当的细节测试程序以识别和应对重大错报风险。

（5）形成结论，即实质性分析程序是否能够提供充分、适当的审计证据，或需要对交易和余额实施细节测试以获取进一步的审计证据。

（二）采购与付款交易和相关余额的细节测试

1. 交易的细节测试

（1）注册会计师应从被审计单位业务流程层面的主要交易流中选取样本，检查其支持性证据。例如，从采购和付款记录中选取样本：①检查支持性的订购单、商品验收单、发运凭证和发票，追踪至相关费用或资产账户以及应付账款账户。②必要时，检查其他支持性文件，如交易合同条款。③检查已用于付款的支票存根或电子货币转账付款证明以及相关的汇款通知。如果付款与发票对应，则检查相关供应商发票，并追踪付款至相关的应付账款或费用账户。

（2）对主要交易流实施截止测试。采购交易的截止测试包括：①选择已记录采购的样本，检查相关的商品验收单，保证交易已计入正确的会计期间。②确定期末最后一份验收单的顺序号码并审查代码报告，以检测记录在本会计期间的验收单是否存在更大的顺序号码，或因采购交易被漏记或错计入下一会计期间而在本期遗漏的顺序号码。

付款交易的截止测试包括：①确定期末最后签署的支票的号码，确保其后的支票支付未被当作本期的交易予以记录；②追踪付款至期后的银行对账单，确定其在期后的合理期间内被支付；③询问期末已签署但尚未寄出的支票，考虑该项支付是否应在本期冲回，计入下一会计期间。

2. 余额的细节测试

(1)复核供应商的付款通知,与供应商对账,获取发票遗漏、未计入正确的会计期间的证据。询问并检查对收费存在争议的往来信函,确定在资产负债表日是否应增加一项应计负债。

(2)在特殊情况下,注册会计师需要决定是否应通过供应商来证实被审计单位期末的应付余额。这种情况通常在被审计单位对采购与付款交易的控制出现严重缺失,记录被毁损时才会发生,或者在怀疑存在舞弊或会计记录在火灾或水灾中遗失时才会发生。

二、应付账款的实质性程序

(一)应付账款的审计目标

应付账款的审计目标一般包括:确定资产负债表中记录的应付账款是否存在;确定所有应当记录的应付账款是否均已记录;确定资产负债表中记录的应付账款是否为被审计单位应当履行的现时义务;确定应付账款是否以恰当的金额记录在财务报表中,与之相关的计价调整是否已恰当记录;确定应付账款是否已按照企业会计准则的规定在财务报表中做出恰当的列报。

(二)应付账款的实质性程序

(1)获取或编制应付账款明细表。

(2)根据被审计单位实际情况,选择以下方法对应付账款执行实质性分析程序:①将期末应付账款余额与期初余额进行比较,分析波动原因。②分析长期挂账的应付账款,要求被审计单位做出解释,判断被审计单位是否缺乏偿债能力或利用应付账款隐瞒利润,并注意其是否可能无须支付。③计算应付账款与存货的比率、应付账款与流动负债的比率,并与以前年度相关比率对比分析,评价应付账款整体的合理性。④分析存货和营业成本等项目的增减变动,判断应付账款增减变动的合理性。

(3)函证应付账款。进行函证时,注册会计师应选择较大金额的债权人,以及那些在资产负债表日金额不大,甚至为零,但为被审计单位重要供应商的债权人,作为函证对象。函证最好采用积极函证方式,并具体说明应付金额。与应收账款的函证一样,注册会计师必须对函证的过程进行控制,要求债权人直接回函,并根据回函情况编制及分析函证结果汇总表,对未回函的,应考虑是否再次函证。

如果存在未回函的重大项目,注册会计师应采用替代审计程序。比如,可以检查决算日后应付账款明细账及库存现金和银行存款日记账,核实其是否已支付,同时检查该笔债务的相关凭证资料,如合同、发票、验收单,核实应付账款的真实性。

(4)检查应付账款是否计入了正确的会计期间,是否存在未入账的应付账款。如果注册会计师通过审计程序发现某些未入账的应付账款,应将有关情况详细记入审计工作底稿,并根据其重要性确定是否需建议被审计单位进行相应的调整。

(5)针对已偿付的应付账款,追查至银行对账单、银行付款单据和其他原始凭证,检查其是否在资产负债表日前真实偿付。

(6)针对异常或大额交易及重大调整事项(如大额的购货折扣或退回,会计处理异常的交易,未经授权的交易,或缺乏支持性凭证的交易等),检查相关原始凭证和会计记录,以分析交易的真实性、合理性。

(7)被审计单位与债权人进行债务重组的,检查不同债务重组方式下的会计处理是否正确。

(8)标明应付关联方[包括持5%以上(含5%)表决权股份的股东]的款项,执行关联方及其交易审计程序,并注明合并报表时应予抵销的金额。

(9)检查应付账款是否已按照企业会计准则的规定在财务报表中做出恰当列报。一般来说,“应付账款”项目应根据“应付账款”和“预付账款”科目所属明细科目的期末贷方余额的合计数填列。

如果被审计单位为上市公司,则通常在其财务报表附注中应说明有无欠持有5%以上(含5%)表决权股份的股东账款;同时说明账龄超过3年的大额应付账款未偿还的原因,并在期后事项中反映资产负债表日后是否偿还。

【视野拓展10－1】 审计人员王军审查海河公司应付账款明细账时,发现2015年A公司明细账有贷方余额97 000元,经查证有关凭证,是2015年向A公司购买木料的货款。

要求:分析可能出现的问题,说明是否需要进一步审查。如需要,说明如何审查,并提出审计意见。

解析:应付账款A公司明细账可能存在下列问题:

1. 该公司与A公司在业务上有纠纷,故拒付货款;

2. 该公司故意拖欠货款,占有A公司的资金;

3. 可能是记账差错。

要查明事实真相,应作进一步审查,方法是采用面询或函询的方法到A公司进行调查。针对不同的情况,做出不同的处理;若是纠纷,双方协商解决;若是故意拖欠,应尽快归还欠款;若是记账差错,则要及时加以更正。

三、固定资产的实质性程序

(一)固定资产的审计目标

固定资产的审计目标一般包括:确定资产负债表中记录的固定资产是否存在;确定所有应记录的固定资产是否均已记录;确定记录的固定资产是否由被审计单位拥有或控制;确定固定资产以恰当的金额记录在财务报表中,与之相关的计价或分摊已恰当记录;确定固定资产原价、累计折旧和固定资产减值准备是否已按照企业会计准则的规定在财务报表中做出恰当列报。

(二)固定资产——账面余额的实质性程序

(1)获取或编制固定资产和累计折旧分类汇总表,检查固定资产的分类是否正确并与总账数和明细账合计数核对是否相符,结合累计折旧、减值准备科目与报表数核对是否相符。

(2)对固定资产实施实质性分析程序。①基于对被审计单位及其环境的了解,通过进行以下比较,并考虑有关数据间关系的影响,建立有关数据的期望值:分类计算本期计提折旧额与固定资产原值的比率,并与上期比较;计算固定资产修理及维护费用占固定资产原值的比例,并进行本期各月、本期与以前各期的比较。②确定可接受的差异额。③将实际情况与期望值相比较,识别需要进一步调查的差异。④如果其差额超过可接受的差异额,调查并获取充分的解释和恰当的佐证审计证据,如检查相关的凭证。⑤评估实质性分析程序的测试结果。

(3)实地检查重要固定资产,确定其是否存在,关注是否存在已报废但仍未核销的固定资产。

(4)检查固定资产的所有权或控制权。对各类固定资产,注册会计师应获取、收集不同的证据以确定其是否归被审计单位所有:对外购的机器设备等固定资产,通常经审核采购发票、采购合同等予以确定;对于房地产类固定资产,需查阅有关的合同、产权证明、财产税单、抵押借款的还款凭据、保险单等书面文件。

(5)检查本期固定资产的增加。固定资产的增加有多种途径,审计中应注意:①询问管理层当年固定资产的增加情况,并与获取或编制的固定资产明细表进行核对。②检查本年度增加固定资产的计价是否正确,手续是否齐备,会计处理是否正确。③检查固定资产是否存在弃置费用,如果存在弃置费用,检查弃置费用的估计方法和弃置费用现值的计算是否合理、会计处理是否正确。

(6)检查本期固定资产的减少。固定资产的减少主要包括出售、向其他单位投资转出、向债权人抵债转出、报废、毁损、盘亏等。审计固定资产减少的主要目的就在于查明业已减少的固定资产是否已作适当的会计处理。

(7)检查固定资产的后续支出,确定固定资产有关的后续支出是否满足资产确认条件;如不满足,该支出是否在该后续支出发生时计入当期损益。

(8)检查固定资产的租赁。企业在生产经营过程中,有时可能有闲置的固定资产供其他单位租用;有时由于生产经营的需要,又需租用固定资产。租赁一般分为经营租赁和融资租赁两种。在经营租赁中,租入固定资产的企业的固定资产价值并未因此而增加,企业对以经营性租赁方式租入的固定资产,不在"固定资产"账户内核算,只是另设备查簿进行登记。而租出固定资产的企业,仍继续提取折旧,同时取得租金收入。在融资租赁中,租入企业在租赁期间,对融资租入的固定资产应按企业自有固定资产一样管理,并计提折旧、进行维修。

(9)获取暂时闲置固定资产的相关证明文件,并观察其实际状况,检查是否已按规定计提折旧,相关的会计处理是否正确。

(10)获取已提足折旧仍继续使用固定资产的相关证明文件,并作相应记录。

(11)获取持有待售固定资产的相关证明文件,并作相应记录,检查对其预计净残值调整是否正确、会计处理是否正确。

(12)检查固定资产保险情况,复核保险范围是否足够。

(13)检查有无与关联方的固定资产购售活动,是否经适当授权,交易价格是否公允。对于合并范围内的购售活动,记录应予合并抵销的金额。

(14)对应计入固定资产的借款费用,应根据企业会计准则的规定,结合长短期借款、应付债券或长期应付款的审计,检查借款费用[借款利息、折(溢)价摊销、汇兑差额、辅助费用]资本化的计算方法和资本化金额,以及会计处理是否正确。

(15)检查购置固定资产时是否存在与资本性支出有关的财务承诺。

(16)检查固定资产的抵押、担保情况。结合对银行借款等的检查,了解固定资产是否存在重大的抵押、担保情况。如存在,应取证,并作相应的记录,同时提请被审计单位作恰当披露。

(17)确定固定资产是否已按照企业会计准则的规定在财务报表中做出恰当列报。

【同步案例 10—1】

审计人员对A厂某年财务决算进行审计,在审查固定资产增减业务时,发现下列问题:

(1)上年度9月购入专用设备一台,买价300 000元,共发生运杂费2 000元和设备安装费2 500元,后两笔费用都计入管理费用。该项专用设备于当年9月份投入使用(直线法折旧,折旧率为10%)。

(2)发现上年度经批准出售机床一台,原价57 200元,已累计提取折旧12 840元,净值44 360元,出售所得价款35 560元,该厂的会计处理是:

借:银行存款　35 560

　贷:实收资本　35 560

借:累计折旧　12 840

　营业外支出　44 360

　贷:固定资产　57 200

要求:根据上述资料,分析指出所存在的问题,并根据审计结果,分别编制调整分录。

审计分析:

1. 第一笔业务属于固定资产增加计价错误。购入固定资产的原值包括买价(含增值税)、运杂费和安装调试费。由于计价错误,进而影响折旧、本年度损益和资产负债表中资产项目。调整分录为:应补提折旧数=4 500×10%÷12×3=112.5(元)

借:固定资产　4 500

　贷:累计折旧　112.5

　　以前年度损益调整　4 387.5

相应调整所得税、盈余公积等项目,资产负债表中固定资产原值增加4 500元,累计折旧增加112.5元。

2. 第二笔业务属于固定资产减少会计处理错误。减少固定资产,均应通过"固定资产清理"账户。正确的会计分录为:

借:固定资产清理　44 360

　累计折旧　12 840

　贷:固定资产　57 200

借:银行存款　35 560

　贷:固定资产清理　35 560

借:营业外支出　8 800

　贷:固定资产清理　8 800

该厂的会计分录使实收资本和营业外支出同时虚增了35 560元,因此要调整。而营业外支出已转入本年利润,在上年度已结账的情况下,应使用"以前年度损益调整"账户进行调整,转出多计的营业外支出,使上年利润增加35 560元。调整分录为:

借:实收资本　35 560

　贷:以前年度损益调整　35 560

调整所得税、盈余公积等项目,资产负债表中,实收资本减少35 560元。

(三)固定资产——累计折旧的实质性程序

固定资产可以长期参加生产经营而仍保持其原有实物形态,但其价值将随着固定资产的使用而逐渐转移到生产的产品中,或构成经营成本或费用。这部分在固定资产使用寿命内,按照确定的方法对应计折旧额进行的系统分摊就是固定资产的折旧。累计折旧的实质性程序通常包括:

(1)获取或编制累计折旧分类汇总表,复核加计是否正确,并与总账数和明细账合计数核对是否相符。

(2)检查被审计单位制定的折旧政策和方法是否符合相关会计准则的规定,确定其所采用的折旧方法能否在固定资产预计使用寿命内合理分摊其成本,前后期是否一致,预计使用寿命和预计净残值是否合理。

(3)复核本期折旧费用的计提和分配。

(4)将“累计折旧”账户贷方的本期计提折旧额与相应的成本费用中的折旧费用明细账户的借方相比较,以查明所计提折旧金额是否已全部摊入本期产品成本或费用。若存在差异,应追查原因,并考虑是否应建议作适当调整。

(5)检查累计折旧的减少是否合理、会计处理是否正确。

(6)确定累计折旧的披露是否恰当。

【同步案例 10-2】

资料:审计人员审查某企业 2015 年 12 月基本生产车间设备计提折旧情况,在审阅固定资产明细账和制造费用明细账时,发现如下记录:

(1)11 月末该车间设备计提折旧额为 12 000 元,年折旧率为 6%;

(2)11 月份购入设备一台,原值 20 000 元,已安装完工交付使用;

(3)11 月份融资租入一台设备投入车间使用,入账价值 10 000 元;

(4)11 月份交外单位大修设备一台,原值 50 000 元;

(5)11 月份进行技术改造设备一台,当月交付使用,该设备原值为 200 000 元,技改支出 50 000 元,变价收入 20 000 元;

(6)12 月份该车间设备计提折旧 21 000 元。

要求:假定企业 2015 年 11 月末计提折旧数正确,验证该企业 12 月份计提折旧数是否正确。如不正确,请做审计调整分录。

审计分析:

11 月份购入设备一台,原值 20 000 元,已安装完工交付使用;11 月份融资租入一台设备投入车间使用;两者 12 月开始均应计提折旧。

11 月份交外单位大修设备一台,原值 50 000 元。大修理设备仍应计提折旧,12 月不应增加计提折旧。

11 月份进行技术改造设备一台,当月交付使用,该设备原值为 200 000 元,技改支出 50 000元,变价收入 20 000 元;12 月应按重新调整的账面价值计提折旧。

该企业 2015 年 12 月份应计提折旧额

=12 000+[20 000+10 000+(200 000+50 000-20 000)]×6%/12=13 300(元)

多提折旧额=21 000-13 300=7 700(元)

调账分录为:

借:累计折旧 7 700

贷:制造费用 7 700

(四)固定资产——固定资产减值准备的实质性程序

固定资产的可收回金额低于其账面价值称为固定资产减值。这里的可收回金额应当根据固定资产的公允价值减去处置费用后的净额与资产预计未来现金流量的现值两者之间的较高者确定。这里的处置费用包括与固定资产处置有关的法律费用、相关税费、搬运费以及为使固定资产达到可销售状态所发生的直接费用等。固定资产减值准备的实质性程序一般包括:

(1)获取或编制固定资产减值准备明细表,复核加计是否正确,并与总账数和明细账合计数核对是否相符。

(2)检查被审计单位计提固定资产减值准备的依据是否充分、会计处理是否正确。

(3)获取闲置固定资产的清单,并观察其实际状况,识别是否存在减值迹象。

(4)检查资产组的认定是否恰当,计提固定资产减值准备的依据是否充分,会计处理是否正确。

(5)计算本期末固定资产减值准备占期末固定资产原值的比率,并与期初该比率比较,分析固定资产的质量状况。

(6)检查被审计单位处置固定资产时原计提的减值准备是否同时结转,会计处理是否正确。

(7)检查是否存在转回固定资产减值准备的情况。按照企业会计准则的规定,固定资产减值损失一经确认,在以后会计期间不得转回。

(8)确定固定资产减值准备的披露是否恰当。

★★★ 应知考核 ★★★

1.甲公司2015年度固定资产原值的变动如下:

固定资产原值	金 额
年初余额	75 000万元
本年增加	20 000万元
本年减少	8 000万元
年末余额	87 000万元

甲公司2014年12月31日经审计的固定资产原值中,房屋建筑物和机器设备约各占50%。甲公司房屋建筑物和机器设备的折旧年限分别为30年和10年,预计净残值为零。注册会计师A注意到,甲公司2015年新增固定资产是9月份达到预定可使用状态的机器设备,2015年减少的固定资产是6月份拆除的房屋建筑物。假定不考虑其他因素,估算的甲公司2015年度折旧费用与以下数额最接近的是(　　)。

A.5 344万元　　B.5 367万元　　C.5 511万元　　D.5 534万元

2.在测试未记录的报废资产时,注册会计师最可能(　　)。

A.从账簿记录中选取设备项目,并在参观工厂时确认它们的存在

B.将累计折旧明细账分录与以前年度的累计折旧明细账分录相比较,以寻找已提足折旧的设备

C.审查在参观工厂中观察到的设备项目,并追查它们至设备主文件

D.审阅总账中异常的设备增加项目以及修理和维护费用借方金额的变化

3.注册会计师实施的下列程序中,可能对查找未入账的应付账款无效的是(　　)。

A.从供应商发票、验收报告或入库单追查至应付账款明细账

B.检查资产负债表日后应付账款明细账贷方发生额的相关购货发票等凭证

C.从财务部门获取被审计单位与其供应商之间的对账单并与应付账款进行核对

D.针对资产负债表日后付款项目,检查银行对账单及有关付款凭证(如银行划款通知、供应商收据等)

4.注册会计师认为被审计单位固定资产折旧计提不足的迹象是(　　)。

A.经常发生大额的固定资产清理损失

B.累计折旧与固定资产原值的比率较大

C.提取折旧的固定资产账面价值庞大

D.固定资产保险额大于其账面价值

5.在对L公司在建工程进行审计时，注册会计师A注意到下列四项在建工程未结转到固定资产中，其中处理正确的是(　　)。

A.甲在建工程已经试运行，且已经能够生产合格产品，但产量尚未达到设计生产能力

B.乙在建工程已经试运行，产量已经达到设计生产能力，但生产的产品中仅有少量合格产品

C.丙在建工程不需试运行，其实体建造和安装工程全部完成，并已达到预定可使用状态，但尚未办理验收手续

D.丁在建工程不需试运行，其实体建造和安装工程全部完成，并已达到预定可使用状态，但资产负债表日后尚发生少量的购建支出

6.A公司从银行专门借入一笔款项，于2014年2月1日采用出包方式开工兴建一栋办公楼，2015年10月5日，工程按照合同要求全部完工，10月31日工程验收合格，11月10日办理工程竣工决算，11月20日完成全部资产移交手续，12月1日办公楼正式投入使用。则注册会计师审计时认为该公司专门借款利息停止资本化的时点应当为2015年(　　)。

A.10月5日　　B.10月31日　　C.11月10日　　D.12月1日

7.被审计单位因付款后退货及预付货款等原因，导致应付账款借方余额过大时，注册会计师应(　　)。

A.提请被审计单位编制重分类的分录，并将其借方余额在资产负债表中列为资产

B.提请被审计单位在财务情况说明书中说明

C.提请被审计单位将其借方余额冲抵应付账款，并在资产负债表附注中说明

D.在工作底稿中编制建议调整的重分类调整分录，以便将其借方余额在资产负债表中列为资产

8.应付账款函证对象的选择标准是(　　)。

A.较大金额的债权人

B.金额为零且不是企业重要供货人的债权人

C.在资产负债表日金额不大不小但不是企业重要供货人的债权人

D.金额较小且不是企业重要供货人的债权人

9.为了防止企业低估负债，注册会计师应检查被审计单位有无故意漏记应付账款行为，下列举例中，不属于这种情形的是(　　)。

A.结合存货监盘，检查被审计单位在资产负债表日后是否存在有原材料入库凭证但未收到购货发票的经济业务

B.检查资产负债表日后收到的购货发票，关注购货发票的日期，确认其入账时间是否正确

C.检查资产负债表日后应付账款明细账贷方发生额的相应凭证，确认其入账时间是否正确

D.注册会计师还可以通过询问被审计单位的会计和采购人员，查阅资本预算、工作通知单和基建合同来进行

10.下列不属于审计预付账款的实质性程序的是(　　)。

A.获取或编制预付账款明细表，复核加计正确，并与报表数、总账数和明细账合计数核对相符

B.结合应付账款明细账，检查有无重复付款或将同一笔已付清的账款在预付账款和应付账款这两个项目同时挂账的情况

C.检查预付账款长期挂账的原因

D.检查对预付账款的授权与批准控制是否有效运行

二、多项选择题

1.采购与付款循环的主要业务活动包括(　　)。

A.请购商品和劳务　　B.对外订购

C.验收商品　　D.储存商品

E.付款、记账

2.注册会计师根据被审计单位实际情况,对应付账款进行分析程序,主要包括(　　)。

A.对本期末应付账款余额与上期期末余额进行比较,分析其波动原因

B.对本期末应付账款构成、账龄与上期期末进行比较,分析其波动原因

C.分析长期挂账的应付账款,要求被审计单位作出解释,判断被审计单位是否缺乏偿债能力或利用应付账款隐瞒利润

D.计算应付账款对存货的比率、应付账款对流动负债的比率,并与以前期间对比分析,评价应付账款整体的合理性

3.下列各类凭证中,属于采购与付款循环涉及的主要凭证的有(　　)。

A.请购单　　B.订购单　　C.验收单　　D.付款凭单

4.注册会计师在验证资产负债表日应付账款是否真实存在,通常实施的审计程序有(　　)。

A.将应付账款清单加总

B.从应付账款清单追查卖方发票和卖方对账单

C.函证应付账款,重点是大额、异常项目

D.对未列入本期的负债进行测试

5.固定资产的审计目标应包括(　　)。

A.确定固定资产是否存在

B.确定固定资产及其累计折旧增减变动是否完整

C.确定固定资产预算是否合理

D.确定固定资产计价的期末余额是否正确

三、简答题

1.简述采购与付款循环涉及的主要凭证与会计记录。

2.简述采购与付款循环涉及的主要业务活动。

3.简述采购交易的内部控制。

4.简述付款交易的内部控制。

5.简述固定资产的内部控制、固定资产减值准备的实质性程序。

四、技能案例

1.思考与讨论:分别指出下列固定资产实质性程序所涉及的管理层的认定:

(1)检查当年固定资产增加的有关文件;

(2)实地观察固定资产,并查明其产权的归属;

(3)查明有无以固定资产担保或抵押等情况；

(4)审查提取折旧的方法是否适当。

2.甲注册会计师审计X公司2015年度财务报表的“固定资产”和“累计折旧”项目时，发现下列情况：

(1)“生产用固定资产”中有固定资产——A设备已于2015年1月份停用，并转入“未使用固定资产”。

(2)公司所使用的单冷空调，当年计提折旧仅按实际使用的月份(5～9月)提取。

(3)5月份购入设备一台，价值65万元，当月达到预定可使用状态，8月份交付使用，X公司从9月份起开始计提折旧。

(4)公司对设备B采用平均年限法计提折旧。该设备预计可使用年限10年，预计净残值率为5%，公司确定的该设备的年折旧率为10%。

思考与讨论：

针对上述情况，分别指出注册会计师应关注的存在或可能存在的问题。

★★★ 应会考核 ★★★

【考核项目】

采购与付款循环审计。

【背景资料】

B股份有限公司(以下简称B公司)产品采购以B公司仓库为交货地点。B公司目前主要采用手工会计系统。注册会计师C和D负责于2015年10月25日至11月10日对B公司的内部控制进行了解、测试与评价。

(1)对需要购买的已经列入存货清单的项目由仓库负责填写请购单，对未列入存货清单的由相关需求部门填写请购单。请购单未设置编号，但每张请购单须由对该类采购支出负责预算的主管人员签字批准。

(2)采购部收到经批准的请购单后，由其职员E进行询价并确定供应商，再由其职员F负责编制和发出预先连续编号的订购单。订购单一式四联，经被授权的采购人员签字后，分别送交供应商、负责验收的部门、提交请购单的部门和负责采购业务结算的部门。

(3)验收部门根据订购单上的要求对所采购的材料进行验收，完成验收后，将原材料交由仓库人员存入库房，并编制预先连续编号的验收单交仓库人员签字确认。验收单一式三联，其中两联分送应付凭单部门和仓库部门，一联留存验收部门。

(4)应付凭单部门核对供应商发票、验收单和订购单，并编制预先连续编号的付款凭单。会计部门收到附有供应商发票的付款凭单后即应及时编制有关的记账凭证，并登记原材料和应付账款账簿。

【考核要求】

针对资料中第(1)至第(4)项，判断B公司的内部控制程序在设计上是否存在缺陷。请分别予以指出，并简要说明理由，如果存在缺陷，提出改进建议。

★★★ 项目实训 ★★★

【实训项目】

采购与付款循环的控制测试。

【实训目的】

通过实践,掌握购货与付款循环的控制测试程序与方法。

【实训情境】

注册会计师到K公司进行审计,在审计存货项目时发现下列事项:购货由采购部门负责,根据自己填制的采购单进行采购,货品进厂后由隶属于采购部门的验收部门负责验收;如果验收合格,就在采购单上盖"货已验收"的印章,然后交给会计部门付款;对于验收不合格的货品,则直接退给供货商,验收部门不负责开验收报告单;验收后的货品直接堆放在机器旁边准备加工。

【实训要求】

就以上的情况分析该公司购货内部控制制度存在的缺陷并提出改进措施。

项目十一　生产与存货循环审计

知识目标

理解：生产与存货循环的特点。
熟知：生产与存货循环的内部控制和控制测试。
掌握：生产与存货循环的实质性程序。

技能目标

能够对生产与存货循环进行控制测试和实施实质性程序，对存货舞弊进行审计。

知识支撑

任务一　生产与存货循环的特点

一、涉及的主要账户

以制造类企业为例，生产与存货循环由将原材料转化为产成品的有关活动组成。该循环包括制订生产计划，控制、保持存货水平以及与制造过程有关的交易和事项，涉及领料、生产加工、销售产成品等主要环节。

生产与存货循环经济业务影响的项目主要有生产成本、制造费用、期间费用、材料采购、在途物资、原材料、材料成本差异、库存商品、发出商品、商品进销差价、委托加工物资、委托代销商品、受托代销商品、周转材料、生产成本、制造费用、劳务成本、存货跌价准备等。

二、涉及的主要凭证与会计记录

生产与存货循环所涉及的凭证和记录主要包括：

（一）生产指令

生产指令又称“生产任务通知单”或“生产通知单”，是企业下达制造产品等生产任务的书面文件，用以通知供应部门组织材料发放、生产车间组织产品制造、会计部门组织成本计算。广义的生产指令也包括用于指导产品加工的工艺规程，如机械加工企业的“路线图”等。

（二）领发料凭证

领发料凭证是企业为控制材料发出所采用的各种凭证，如材料发出汇总表、领料单、限额领料单、领料登记簿、退料单等。

（三）产量和工时记录

产量和工时记录是登记工人或生产班组在出勤时间内完成产品数量、质量和生产这些产品所耗费工时数量的原始记录。产量和工时记录的内容与格式是多种多样的，在不同的生产企业中，甚至在同一企业的不同生产车间中，由于生产类型不同而采用不同格式的产量和工时记录。常见的产量和工时记录主要有工作通知单、工序进程单、产量报告、产量通知单、产量明细表、废品通知单等。

（四）工薪汇总表及工薪费用分配表

工薪汇总表是为了反映企业全部工薪的结算情况，并据以进行工薪总分类核算和汇总整个企业工薪费用而编制的，它是企业进行工薪费用分配的依据。工薪费用分配表反映了各生产车间各产品应负担的生产工人工薪及福利费。

（五）材料费用分配表

材料费用分配表是用来汇总反映各生产车间各产品所耗费的材料费用的原始记录。

（六）制造费用分配汇总表

制造费用分配汇总表是用来汇总反映各生产车间各产品所应负担的制造费用的原始记录。

（七）成本计算单

成本计算单是用来归集某一成本计算对象所应承担的生产费用，计算该成本计算对象的总成本和单位成本的记录。

（八）存货明细账

存货明细账是用来反映各种存货增减变动情况和期末库存数量及相关成本信息的会计记录。

三、涉及的主要业务活动

同样以制造业为例，生产与存货循环所涉及的主要业务活动包括：计划和安排生产；发出原材料；生产产品；核算产品成本；储存产成品；发出产成品等。上述业务活动通常涉及以下部门：生产计划部门、仓库部门、生产部门、会计部门、销售部门等。

（一）计划和安排生产

生产计划部门的职责是根据客户订购单或者对销售预测和产品需求的分析来决定生产授权。如决定授权生产，即签发预先顺序编号的生产通知单。该部门通常应将发出的所有生产通知单进行顺序编号并加以记录控制。此外，通常该部门还需要编制一份材料需求报告，列示所需要的材料和零件及当前库存。

（二）发出原材料

仓库部门的责任是根据从生产部门收到的领料单发出原材料。领料单上必须列示所需材料的数量和种类，以及领料部门的名称。领料单可以一料一单，也可以多料一单，通常需一式三联。仓库发料后，将其中一联连同材料交给领料部门，一联留在仓库登记材料明细账，一联交会计部门进行材料收发核算和成本核算。

（三）生产产品

生产部门在收到生产通知单及领取原材料后，便将生产任务分解到每一个生产工人，并将所领取的原材料交给生产工人，据以执行生产任务。生产工人在完成生产任务后，将完成的产品交生产部门查点，然后转交检验员验收并办理入库手续；或是将所完成的产品移交下一个部门，作进一步加工。

（四）核算产品成本

为了正确核算并有效控制产品成本，会计部门必须建立健全成本会计制度，将生产控制和成本核算有机结合在一起。一方面，生产过程中的各种记录、生产通知单、领料单、计工单、入库单等文件资料都要汇集到会计部门，由会计部门对其进行检查和核对，了解和控制生产过程中存货的实物流转；另一方面，会计部门要设置相应的会计账户，会同有关部门对生产过程中的成本进行核算和控制。成本会计制度可以非常简单，只是在期末记录存货余额；也可以是完善的标准成本制度，持续地记录所有材料处理、在产品和产成品，并形成对成本差异的分析报告。

（五）储存产成品

产成品入库，需由仓库部门先行点验和检查，然后签收。签收后，将实际入库数量通知会计部门。据此，仓库部门确立了本身应承担的责任，并对验收部门的工作进行验证。除此之外，仓库部门还应根据产成品的品质和特征分类存放，并填制标签。

（六）发出产成品

产成品的发出需由独立的发运部门进行。装运产成品时必须持有经有关部门核准的发运通知单，并据此编制出库单。出库单一般为一式四联：一联交仓库部门；一联由发运部门留存；一联送交顾客；一联作为给顾客开发票的依据。

任务二　生产与存货循环的内部控制和控制测试

一、生产与存货循环的内部控制

总体上看，生产与存货循环的内部控制主要包括存货的内部控制和成本会计制度的内部控制两项内容。本任务对生产与存货循环的内部控制的讨论，以及对以控制目标和认定为起点的相关控制测试的讨论，主要关注成本会计制度，较少涉及存货方面的相关内容。表11－1列示了成本会计制度的内部控制目标、关键内部控制和常用控制测试等的关系。

表11－1

内部控制目标	关键内部控制	常用控制测试	常用交易实质性程序
生产业务是根据管理层一般或特定的授权进行的（发生）	对以下三个关键点，应履行恰当手续，经过特别审批或一般审批：①生产指令的授权批准；②领料单的授权批准；③工薪的授权批准	检查凭证中是否包括这三个关键点并经恰当审批	检查生产指令、领料单、工薪等是否经过授权
记录的成本为实际发生的而非虚构的（发生）	成本的核算是以经过审核的生产通知单、领发料凭证、产量和工时记录、工薪费用分配表、材料费用分配表、制造费用分配表为依据的	检查有关成本的记账凭证是否附有生产通知单、领发料凭证、产量和工时记录、工薪费用分配表、材料费用分配表、制造费用分配表等，原始凭证的顺序编号是否完整	对成本实施分析程序；将成本明细账与生产通知单、领发料凭证、产量和工时记录、工薪费用分配表、材料费用分配表、制造费用分配表相核对

续表

内部控制目标	关键内部控制	常用控制测试	常用交易实质性程序
所有耗费和物化劳动均已反映在成本中(完整性)	生产通知单、领发料凭证、产量和工时记录、工薪费用分配表、材料费用分配表、制造费用分配表均事先编号并已经登记入账	检查生产通知单、领发料凭证、产量和工时记录、工薪费用分配表、材料费用分配表、制造费用分配表的顺序编号是否完整	对成本实施分析程序;将生产通知单、领发料凭证、产量和工时记录、工薪费用分配表、材料费用分配表、制造费用分配表与成本明细账相核对
成本以正确的金额,在恰当的会计期间及时记录于适当的账户(发生、完整性、准确性、计价和分摊)	采用适当的成本核算方法,并且前后各期一致;采用适当的费用分配方法,并且前后各期一致;采用适当的成本核算流程和账务处理流程;内部核查	选取样本测试各种费用的归集和分配以及成本的计算;测试是否按照规定的成本核算流程进行核算和账务处理	对成本实施分析程序;抽查成本计算单,检查各种费用的归集和分配以及成本的计算是否正确;对重大在产品项目进行计价测试
对存货实施保护措施,保管人员与记录、批准人员相互独立(存在、完整性)	存货保管人员与记录人员职务相分离	询问和观察存货与记录的接触控制以及相应的批准程序	
账面存在与实际存货定期核对相符(存在、完整性、计价和分摊)	定期进行存货盘点	询问和观察存货盘点程序	以存货实施监盘程序

二、评估重大错报风险

采购与付款循环的固有风险和检查风险的讨论内容,对生产与存货循环基本上是适用的,不再赘述。当然,生产与存货循环也有其自身的特点,以制造类企业为例,影响生产与存货循环和余额的重大错报风险还可能包括:

1. 交易的数量和复杂性

制造类企业交易的数量庞大,业务复杂,这就增加了错误和舞弊的风险。

2. 成本基础的复杂性

制造类企业的成本基础是复杂的。虽然原材料和直接人工等直接费用的分配比较简单,但间接费用的分配可能较为复杂,并且同一行业中的不同企业也可能采用不同的认定和计量基础。

3. 产品的多元化

这可能需要聘请专家来验证其质量、状况或价值。另外,计算库存数量的方法也可能是不同的。例如,计量煤堆、筒仓里的谷物或糖、钻石或者其他贵重的宝石、化工品和药剂产品的存储量的方法都可能不一样。

4. 某些存货项目的可变现净值难以确定

例如,价格受全球经济供求关系影响的存货,由于其可变现净值难以确定,会影响存货采购价格和销售价格的确定,并将影响注册会计师对与存货计价认定有关的风险进行的评估。

5. 将存货存放在很多地点

大型企业可能将存货存放在很多地点,并且可以在不同的地点之间配送存货,这将增加商品途中毁损或遗失的风险,或者导致存货在两个地点被重复列示,也可能产生转移定价的错误或舞弊。

6. 寄存的存货

有时候存货虽然还存放在企业，但可能已经不归企业所有；反之，企业的存货也可能被寄存在其他企业。

三、控制测试

(一)以内部控制目标为起点的控制测试

下面对实施生产与存货循环的控制测试时应当注意的一些内容进行介绍，并对成本会计制度的控制测试进行简单介绍。

(1)注册会计师应当通过控制测试获取支持将被审计单位的控制风险评价为中或低的证据。如果能够获取这些证据，注册会计师就可以接受较高的检查风险，并在很大程度上可以通过实施实质性分析程序获取进一步的审计证据，减少对生产与存货循环和营业成本、存货等相关项目的细节测试的依赖。

(2)对于计划和安排生产这项主要业务活动，有些被审计单位的内部控制要求，根据经审批的月度生产计划书，由生产计划经理签发预先按顺序编号的生产通知单。对此，注册会计师在实施控制测试时，应抽取生产通知单检查是否与月度生产计划书中的内容一致。

(3)对于发出原材料这项主要业务活动，注册会计师在实施控制测试时应当：①抽取出库单及相关的领料单，检查是否正确输入并经适当层次复核；②抽取原材料盘点明细表并检查是否经适当层次复核，有关差异是否得到处理。

(4)对于生产产品和核算产品成本这两项主要业务活动，注册会计师在实施控制测试时应当：①抽取原材料领用凭证，检查是否与生产记录日报表一致，是否经适当审核，如有差异是否及时处理；②抽取核对记录，检查差异是否已得到处理；③抽取生产成本结转凭证，检查与支持性文件是否一致并经适当复核；④检查预设的分摊公式和方法是否存在变更，变更是否经适当审批。当然，必要时应当考虑利用计算机专家的工作。

(5)对于储存产成品和发出产成品这两项主要业务活动，注册会计师在实施控制测试时应当：①抽取产成品验收单、产成品入库单，检查输入信息是否准确；②抽取发运通知单和出库单，并检查是否一致；③抽取发运单和相关销售订购单，检查内容是否一致；④抽取销售成本结转凭证，检查与支持性文件是否一致并适当复核；⑤抽取产成品存货盘点报告，检查是否经适当层次复核，有关差异是否得到处理。

(6)成本会计制度的控制测试，包括直接材料成本控制测试、直接人工成本控制测试、制造费用控制测试和生产成本在当期完工产品与在产品之间分配的控制测试四项内容。

【同步案例 11-1】 注册会计师审查希尔有限公司在产品成本，收集到有关资料如下：该企业采用约当产量法计算在产品成本，甲产品本月完工 180 件，月末在产品 90 件；甲在产品的投料率为 80%，完工率为 50%。生产成本明细如下表所示：

生产成本明细账

单位：元

2015 年		摘　要	直接材料	直接人工	制造费用	合　计
月	日					
3	1	月初在产品	18 000	4 500	6 750	29 250

续表

2015年		摘 要	直接材料	直接人工	制造费用	合 计
月	日					
	31	本月生产费用	82 800	11 250	29 250	123 300
	31	生产费用合计	100 800	15 750	36 000	152 550
	31	结转完工产品成本	57 000	10 500	25 800	93 300
	31	月末在产品成本	43 800	5 250	10 200	59 250

要求：根据上述资料，指出企业存在的问题并提出改进意见。

解析：注册会计师抽查有关会计凭证，并与产品成本、明细账核对，账证数额相符，盘点在产品实物数量符合实际，验证投料率和完工率也符合实际情况，根据成本计算单，验证在产品成本为：

直接材料＝100 800÷(180＋90×80%)×90×80%＝28 800(元)

直接人工＝15 750÷(180＋90×50%)×90×50%＝3 150(元)

制造费用＝36 000÷(180＋90×50%)×90×50%＝7 200(元)

在产品成本合计＝28 800＋3 150＋7 200＝39 150(元)

在产品多留材料费＝43 800－28 800＝15 000(元)

在产品多留人工费＝5 250－3 150＝2 100(元)

在产品多留制造费用＝10 200－7 200＝3 000(元)

多留在产品成本合计＝15 000＋2 100＋3 000＝20 100(元)

验算结果表明，该企业多留在产品成本、少转完工产品成本20 100元。注册会计师向有关会计人员询问，证实是因计算失误而发生的差错，建议企业补转少转的完工产品成本，并调整有关账簿记录。

(二)以风险为起点的控制测试

在审计实务中，注册会计师还可以识别的重大错报风险为起点实施控制测试。表11－2列示了生产与存货循环相关的风险、旨在降低这些风险的计算机控制和人工控制以及相应的控制测试程序，供参考。

表11－2

风险	计算机控制	人工控制	控制测试
计划和开始生产			
生产规模可能不适当；可能因生产过量导致存货滞销，或者因产量不足导致存货脱销	根据销售需求量对存货生产数量实施计算机化监督，以显示具体存货项目的再次订购数量和经济订购数量	计划和生产进度由生产部门监控，并取得生产经理批准	检查授权生产的证据
产品可能没有按照客户要求的规格生产，导致顾客拒收而滞销		生产开始前，获取客户对于产品设计和规格的认可。计划和生产进度由生产部门监控，并取得生产经理批准	检查客户签署的认可函和生产经理批准的证据

续表

风险	计算机控制	人工控制	控制测试
发出原材料			
原材料的发出可能未经授权或者发出用于生产的原材料可能不正确 原材料缺货可能导致生产延误 发出的原材料可能未分配或者未正确分配到生产任务中	将事先编号的原材料通知单录入系统，生成发出原材料给工厂以供生产的原材料发出通知单 每日打印发出至生产过程的原材料，以及包含在生产任务通知单中的原材料发出通知单代码 每日打印未完成的原材料通知单和没有分配到特定生产任务的原材料发出通知单	由经授权的生产人员签署所有生产任务或供生产使用的原材料通知单 由生产经理复核载有每日发出至生产过程中的原材料信息的打印文件，并与由生产人员签署的原材料通知单核对一致 由生产人员监督没有完成的原材料通知单，并跟踪发出原材料的延误 由生产人员分别就每个生产阶段逐个签署生产任务通知单，以表明为每一项生产任务所记录的原材料是完整和准确的	检查生产经理复核生产任务通知单、跟踪未分配的原材料和未完成的原材料通知单的情况 特别地，在期末要查询没有分配的原材料发出通知单对于在产品的影响
原材料可能被盗		确保原材料仓储的实物安全，仅允许经授权的人员进入原材料仓库 在生产地点安置监控录像机，控制安全通道。对于生产价值高或高度危险的产品地方，设置严密的安保系统	通过询问和观察以获取控制被执行的证据
在生产阶段间转移商品			
直接人工工时可能未被记录或者未被分配至正确的生产任务 直接机器工时可能未被记录或者未被分配至正确的任务	每天在各生产任务上花费的人工时间要与按照每个员工的计时工资时间或工时记录比对一致 对分配到生产任务中的直接人工工时与每天的工时记录的差异要打印在例外报告上 每天计入生产任务的机器工时要与机器生产能力总数比对一致，未分配的工时要打印在例外报告上 每日生产报告累计所有生产任务所耗费的工时，并与每日工时总数比对一致	由管理层复核每日生产报告以及直接人工总工时分配的调节表 由管理层复核例外报告，并改正分配直接人工工时和机器工时中的错误	检查管理层复核生产报告和工时调节表的证据 检查管理层复核工时差异例外报告的证据，并检查其纠正例外报告所反映的错误的证据

续表

风险	计算机控制	人工控制	控制测试
在产品可能未被包括移送下一个生产阶段之前的所有累计成本	记录各个生产阶段中的产品移动。但在产品转移到下一个阶段前需经授权的生产人员的电子签名 出于这一目的，通过密码和菜单对授权人员的进入实施控制 下一生产阶段的成本核算直到前一生产阶段已经完成才能进行记录 每日生产报告记录生产任务从一个阶段转移到下一阶段的日期和时间，并识别授权转移的员工 每个连续性生产阶段最后的累计成本也要在每日生产报告中反映	经授权人员的电子签名要显示在生产任务通知单和每日生产报告中，以表明在批准向下一阶段转移生产任务之前，该人员已经检查并确认所有的直接材料、人工和机器工时成本是正确和完整的 生产管理层检查已分配的成本，并询问不一致的情况	对于期末在产品，检查授权将生产任务转移至下一阶段的相关签名 比较原材料、人工工时和机器工时与完成该阶段生产任务的说明书，并检查生产经理监督和更正差异的证据
转移产品至产成品仓库			
产成品仓库人员可能未记录接收的已完成产品，或接收了生产的残次品	转移完工产品前需要生产经理的电子签名 产成品仓库人员通过电子签名显示接收已完工产品，以完成产品从在产品到完工产品的转移 由计算机将已完工产品转移的数量和成本记录至完工产品存货主文档 由计算机生成关于所有生产任务已转移至产成品存货的完工生产报告	由质量控制人员检查每一生产阶段完工的存货，以确保其在送达产成品仓库前符合质量标准 损坏的产品或者不符合质量标准的产品应当立即撤出并处理 检查人员认为满意后在生产任务通知单上签字 除了电子签名，产成品仓库人员还应当通过在有关生产任务通知单上的签章证明已经接收了有关的产成品 生产经理每日检查完工生产报告，询问并调整所有与预期不一致的成本和数量	检查接收完工产品到产成品仓库的证据 检查管理层复核完工生产报告和追踪出现的误差的证据 使用计算机辅助审计方法，将完成的生产任务与转移到产成品仓库的完工产品进行比对，检查转移的数量、成本是否一致
产成品可能被盗	定期打印存货主文档中的产成品记录，反映仓库中的存货项目	对产成品进行实物保护，如仅有经授权的员工才可以进入仓库 在产成品仓库有选择地安装监控摄像机 由管理层持续地对存货进行盘点，并调整存货实物数量和存货主文档中存货余额之间的差异 对接收的产成品、采购和销售的商品实施截止测试	询问并观察安全措施的充分性 监盘和观察客户持续或定期的盘点程序，并调整记录在存货主文档中的存货余额 检查由于存货损耗和对期末完工产品、采购商品、销售商品实施截止测试产生的调整

续表

风险	计算机控制	人工控制	控制测试
记录生产的产品			
分配至生产的存货的成本可能存在错误，包括：分配至生产的原材料的金额发生错误；直接人工工时和机器工时未正确分配到生产任务或分配的金额不正确	每日生产报告详细记录分配给各项任务的直接材料、人工和机器工时，并将其与发出原材料、计时工资记录和机器工时记录进行比较 将比对不一致的直接成本生成例外报告	由管理层复核每日生产报告和例外报告，并采取措施纠正在产品在各阶段转移过程中的错误和分配错误	检查每日生产报告和例外报告，获取管理层复核及采取相关措施的证据
分配至在产品和产成品的间接费用成本可能没有正确计算，可能未分配至正确的生产任务，或导致应该被费用化的部分可能被记入存货成本	计算机通常以直接人工、直接机器工时或者其他特定的生产流程为基础来分配间接成本 每日生产报告应该反映标准成本差异以及间接费用的分配	由管理层定期审批间接费用分配率和分配基础或分配至在产品的标准成本 由管理层定期复核并调查标准成本差异，并根据市场中的有关销售价格考虑产品的可变现净值	检查管理层对标准成本、费用的分配率和分配基础的审批 询问会计政策的一贯性 检查管理层复核标准成本差异的证据以及产品可变现净值的证据
已完工产品的生产成本可能没有转移到产成品中	每日完工产品报告中反映了转移到产成品中的成本，以及经授权的生产人员批准这一转移，经授权的产成品仓库人员接收完工产品至产成品仓库的签字	由生产管理层复核每日的产成品报告，询问并调整报告与预期不一致的成本或产量	使用计算机辅助审计方法，将完工产品与产成品仓库接收的产品的成本和数量进行核对 检查每日完工产品报告以及管理层复核的证据
保管存货和维护存货主文档			
记录的存货数量可能与实际存货数量不一致		定期或者持续执行存货盘点，调整存货主文档中的存货余额和总分类的余额 对于接收的完工产品、外购和销售的商品实施截止测试	检查存货盘点记录的存货余额。 检查授权调整已记录存货余额的证据
存货主文档中总额可能与存货总分类账的金额不一致	由计算机将总分类账和存货主文档中的总额进行持续的比对，并打印比对不一致的交易和余额的例外报告	对接收的产成品、外购和销售的商品实施截止测试。对于存货主文档和存货总分类账中存货的损耗和错误进行调整	检查管理层复核和经授权调整的证据
存货过时或者状况恶化，以至于其账面价值可能超过了可变现净值	打印出各存货项目的销售量，以及与现有销售需求对应的当前库存情况	经常复核过时毁损的存货，定期对存货项目计提减值的准备作出决定 期末按照过往经验和一贯的会计政策计算存货跌价准备。 检查存货的销售情况以及各存货项目的最后销售日，以便识别销售缓慢和没有销售出去的存货	检查管理层复核存货过时和存货减值的证据 询问计算存货减值准备人员的胜任能力 确认行业标准并考虑被审计单位的假设是否合理 测试确定存货销售量的程序化的控制

续表

风险	计算机控制	人工控制	控制测试
控制环境和控制活动可能未能使管理层关注存货的变动、计量或者计价，以及与之高度相关的财务报表中可能存在潜在错误、错报和舞弊		高级管理层的监控主要涉及以下方面：生产量和生产成本；原材料和产成品存货水平；根据存货盘点的数量和存货主文档以及存货的损耗和丢失情况进行调整；与销售需求有关的脱销和储存过量情况；标准成本差异和间接费用分配应当与企业的实际情况和行业的一般情况匹配；监控关键业绩指标	检查管理层监控程序和关键业绩指标的有效性，以防止、发现并纠正生产与存货循环和余额相关的错误和舞弊

【同步案例 11－2】 审计人员审查某企业材料采购业务时，发现本年内一笔业务的处理如下：从外地购进原材料一批，共 8 500 千克，计价款 293 250 元，运杂费 1 500 元。财会部门将原材料价款计入原材料成本，运杂费计入管理费用。材料入库后，仓库转来材料入库验收单，发现材料短缺 80 千克，查明 60 千克是运输部门责任引起的短缺，20 千克是运输途中的合理损耗，材料买价为每千克 34.5 元。

要求：(1)根据上述资料，指出企业在材料采购管理工作中存在的问题。

(2)指出是否要求企业做出调整分录？如不需要，为什么？如需要，应如何调整？

解析：(1)上述资料讲述的材料采购业务，财会部门记账在前，仓库验收在后，财会部门并不以验收单作为记账依据，说明该企业未能很好地执行材料记账、验收相互牵制的内部控制制度，不但采购业务容易出错，账簿记录也易混乱或造成账实不符。

财会部门对材料采购成本的处理有误，外地运杂费应计入材料采购成本，而不应计入当期的期间费用。

(2)应要求企业做调整分录，具体为：

借：原材料　　1 500

　　贷：管理费用　　1 500

对于由于运输部门责任引起的材料短缺应追究其责任，要求赔偿。赔偿前做分录：

借：其他应收款(60×34.50)　　2 070

　　贷：原材料　　2 070

同时，应当调整材料明细账的实际入库数量、总成本和单价。

实际入库数量＝8 500－80＝8 420(千克)

实际总成本＝293 250＋1 500－2 070＝292 680(元)

实际单位成本＝292 680÷8 420＝34.76(元)

任务三　生产与存货循环的实质性程序

一、生产与存货交易的实质性程序

生产与存货交易的实质性程序包括实质性分析程序、生产与存货交易和相关余额的细节测试两个方面。

（一）实质性分析程序

(1)根据对被审计单位的经营活动、供应商的发展历程、贸易条件、行业惯例和行业现状的了解，确定营业收入、营业成本、毛利以及存货周转和费用支出项目的期望值。

(2)根据本期存货余额组成、存货采购、生产水平与以前期间和预算的比较，确定营业收入、营业成本和存货可接受的重大差异额。

(3)比较存货余额和预期周转率。

(4)计算实际数与预计数之间的差异，并同管理层使用的关键业绩指标进行比较。

(5)通过询问管理层和员工，调查实质性分析程序得出的重大差异额是否表明存在重大错报风险，是否需要设计恰当的细节测试程序以识别和应对重大错报风险。

(6)形成结论，即实质性分析程序能够提供充分、适当的审计证据，或需要对交易和余额实施细节测试以获取进一步的审计证据。

（二）生产与存货交易和相关余额的细节测试

1. 交易的细节测试

(1)注册会计师应从被审计单位存货业务流程层面的主要交易流中选取一个样本，检查其支持性证据。

(2)对期末前后发生的诸如采购、销售退回、销售、产品存货转移等主要交易流，实施截止测试。

2. 存货余额的细节测试

存货余额的细节测试内容很多，比如，观察被审计单位存货的实地盘存；通过询问确定现有存货是否存在寄存情形，或者被审计单位存货在盘点日是否被寄存在他人处：获取最终的存货盘点表，并对存货的完整性、存在和计量进行测试；检查、计算、询问和函证存货价格；检查存货的抵押合同和寄存合同；检查、计算、询问和函证存货的可变现净值等。这些将在下面另外介绍。

二、存货的实质性程序

（一）存货审计概述

在通常情况下，存货对企业经营特点的反映能力强于其他资产项目。存货对于生产制造行业、贸易行业十分重要。通常，存货的重大错报对于财务状况和经营成果会产生直接的影响。审计中，许多复杂和重大的问题与存货有关。存货、产品生产和销售成本构成了会计、审计乃至企业管理中最为普遍、重要和复杂的问题。

（二）存货监盘

1. 存货监盘的作用

存货监盘针对的主要是存货的存在认定、完整性认定以及权利和义务认定，注册会计师进行存货监盘的目的在于获取有关存货数量和状况的审计证据，以确证被审计单位记录的所有存货确实存在、已经反映了被审计单位拥有的全部存货，并属于被审计单位的合法财产。存货监盘作为存货审计的一项核心审计程序，通常可同时实现上述多项审计目标。

2. 存货监盘的计划

(1)制订存货监盘计划的基本要求。注册会计师应当根据被审计单位存货的特点、盘存制度和存货内部控制的有效性等情况，在评价被审计单位管理层制定的存货盘点程序的基础上，编制存货监盘计划，对存货监盘做出合理安排。

(2)制订存货监盘计划应考虑的相关事项。在编制存货监盘计划时，注册会计师需要考虑以下事项：①与存货相关的重大错报风险。②与存货相关的内部控制的性质。③对存货盘点是否制定了适当的程序，并下达了正确的指令。④存货盘点的时间安排。⑤被审计单位是否一贯采用永续盘存制。⑥存货的存放地点（包括不同存放地点的存货的重要性和重大错报风险），以确定适当的监盘地点。⑦是否需要专家协助。

(3)存货监盘计划的主要内容。存货监盘计划应当包括以下主要内容：①存货监盘的目标、范围及时间安排。②存货监盘的要点及关注事项。③参加存货监盘人员的分工。④检查存货的范围。

3. 存货监盘程序

在存货盘点现场实施监盘时，注册会计师应当实施下列审计程序：

(1)评价管理层用以记录和控制存货盘点结果的指令和程序。

(2)观察管理层制定的盘点程序（如对盘点时及其前后的存货移动的控制程序）的执行情况。

(3)检查存货。在存监盘过程中检查存货，虽然不一定确定存货的所有权，但有助于确定存货的存在，以及识别过时、毁损或陈旧的存货。

(4)执行抽盘。在对存货盘点结果进行测试时，注册会计师可以从存货盘点记录中选取项目追查至存货实物，以及从存货实物中选取项目追查至盘点记录，以获取有关盘点记录准确性和完整性的审计证据。

(5)需要特别关注的情况。这包括：①存货盘点范围。②特殊类型存货的监盘。表11－3列举了被审计单位特殊存货的类型、通常采用的盘点方法与存在的潜在问题，以及可供注册会计师实施的审计程序。

表11－3　　特殊类型存货的监盘程序

存货类型	盘点方法与潜在问题	可供实施的审计程序
木材、钢筋盘条、管子	通常无标签，但在盘点时会做上标记或用粉笔标识 难以确定存货的数量或等级	检查标记或标识 利用专家或被审计内部有经验人员的工作
堆积型存货（如糖、煤、钢废料）	通常既无标签也不做标记 在估计存货数量时存在困难	运用工程估测、几何计算、高空勘测，并依赖详细的存货记录 如果堆场中的存货堆不高，可进行实地监盘，或通过旋转存货堆加以估计
使用磅秤测量的存货	在估计存货数量时存在困难	在监盘前和监盘过程中均应检验磅秤的精准度，并留意磅秤的位置移动与重新调校程序 将检查和重新衡量程序相结合 检查称量尺度的换算问题
散装物品（如贮窖存货以及使用桶、箱、罐、槽等容器储存的液体、气体、谷类粮食、流体存货等）	在盘点时通常难以识别和确定 在估计存货数量时存在困难 在确定存货质量时存在困难	使用容器进行监盘或通过预先编号的清单列表加以确定 使用浸蘸、测量棒、工程报告并依赖永续存货记录 选择样品进行化验与分析，或利用专家的工作
贵金属、石器、艺术品与收藏品	在存货辨认与质量确定方面存在困难	选择样品进行化验与分析，或利用专家的工作

续表

存货类型	盘点方法与潜在问题	可供实施的审计程序
生产纸浆用木材，牲畜	在存货辨认与数量确定方面存在困难 可能无法对此类存货的移动实施控制	通过高空摄影以确定其存在性，对不同时点的数量进行比较，并依赖永续存货记录

(6)存货监盘结束时的工作。在被审计单位存货盘点结束前，注册会计师应当：①再次观察盘点现场，以确定所有应纳入盘点范围的存货是否均已盘点。②取得并检查已填用、作废及未使用盘点表单的号码记录，确定其是否连续编号，查明已发放的表单是否均已收回，并与存货盘点的汇总记录进行核对。

4. 特殊情况的处理

(1)在存货盘点现场实施存货监盘不可行。在某些情况下实施存货监盘可能是不可行的。这可能是由存货性质和存放地点等因素造成的，例如，存货存放在对注册会计师的安全有威险的地点。如果在存货盘点现场实施存货监盘不可行，注册会计师应当实施替代审计程序（如检查盘点日后出售盘点日之前取得或购买的特定存货的文件记录），以获取有关存货的存在和状况的充分、适当的审计证据。

(2)因不可预见的情况导致无法在存货盘点现场实施监盘。有时，由于不可预见情况而可能导致无法在预定日期实施存货监盘，两种比较典型的情况包括：一是注册会计师无法亲临现场，即由于不可抗力导致其无法到达存货存放地实施存货监盘；二是气候因素，即由于恶劣的天气导致注册会计师无法实施存货监盘程序，或由于恶劣的天气无法观察存货，如木材被积雪覆盖。如果由于不可预见的情况无法在存货盘点现场实施监盘，注册会计师应当另择日期实施监盘，并对间隔期内发生的交易实施审计程序。

(3)由第三方保管或控制的存货。如果由第三方保管或控制的存货对财务报表是重要的，注册会计师应当实施下列一项或两项审计程序，以获取有关该存货存在和状况的充分、适当的审计证据：①向持有被审计单位存货的第三方函证存货的数量和状况。②实施检查或其他适合具体情况的审计程序。

(三)存货计价测试

监盘程序主要是对存货的结存数量予以确认。为验证财务报表上存货余额的真实性，还必须对存货的计价进行审计，即确定存货实物数量和永续盘存记录中的数量是否经过正确计价和汇总。存货计价测试主要是针对被审计单位所使用的存货单位成本是否正确所做的测试，当然，广义上看，存货成本的审计也可以被视为存货计价测试的一项内容：

(1)样本的选择。计价审计的样本，应从存货数量已经盘点、单价和总金额已经记入存货汇总表的结存存货中选择。选择样本时应着重选择结存余额较大且价格变化比较频繁的项目，同时考虑所选样本的代表性。抽样方法一般采用分层抽样法，抽样规模应足以推断总体的情况。

(2)计价方法的确认。存货的计价方法多种多样，被审计单位应结合企业会计准则的基本要求选择符合自身特点的方法。注册会计师除应了解掌握被审计单位的存货计价方法外，还应对这种计价方法的合理性与一贯性予以关注，没有足够理由，计价方法在同一会计年度内不得变动。

(3)计价测试。进行计价测试时，注册会计师首先应对存货价格的组成内容予以审核，然后按照所了解的计价方法对所选择的存货样本进行计价测试。测试时，应尽量排除被审计单位已有计算程序和结果的影响，进行独立测试。测试结果出来后，应与被审计单位账面记录对比，编制对比分析表，分析形成差异的原因。如果差异过大，应扩大测试范围，并根据审计结果考虑是否应提出审计调整建议。

【同步案例 11－3】

注册会计师 A 负责对常年审计客户甲公司 2015 年度财务报表进行审计。甲公司从事橡胶制品的生产和销售业务，存货占其资产总额的 56%。除自营业务外，甲公司还接受来料加工等特殊的定制业务。根据以往的经验和期中测试的结果，注册会计师 A 认为甲公司有关存货的内部控制基本有效。注册会计师 A 计划于 2015 年 12 月 31 日实施存货监盘程序，注册会计师 A 编制的存货监盘计划部分内容摘录如下：

①监盘人员根据甲公司确定的盘点范围选取抽点的存货项目；

②抽点过程中根据甲公司仓库管理人员清点的存货数量记录监盘抽点表；

③在存货监盘过程中，监盘人员除关注存货的数量外，还需要特别关注存货是否出现毁损、陈旧、过时及残次等情况；

④在存货监盘结束时，监盘人员将除作废的盘点表单以外的所有盘点表单的号码记录于监盘工作底稿。

要求：

(1)针对上述①～④项，逐项指出是否存在不当之处。如果存在，简要说明理由；

(2)如果因道路发生塌方导致监盘人员于原定存货监盘日未能到达盘点现场，指出注册会计师 A 应当采取哪些替代审计程序。

解析：(1)监盘计划的不当之处：

第①项存在不当之处。在到达存货盘点现场后，监盘人员需观察所有来料加工的存货是否已经单独存放并予以标明，确定其未被纳入存货盘点范围，并根据正确的盘点范围确定抽点项目。

第②项存在不当之处。监盘人员应当亲自复点，而不是直接记录仓库管理人员的清点数量，必要的时候，监盘人员还需要打开外包装进行复点。

第③项不存在不当之处。

第④项存在不当之处。监盘人员应当取得所有已填用、作废及未使用盘点表单的号码记录。

(2)注册会计师 A 应当采取的替代审计程序：①重新确定一个存货监盘日期；②对资产负债表日与改变后的存货监盘日之间的交易进行测试，倒推出资产负债表日存货的数量。

★★★ 应知考核 ★★★

一、单项选择题

1.如果将与存货相关的内部控制评估为高风险，注册会计师可能(　　)。

A.增加测试与存货相关的内部控制的范围

B.在期末前或后实施存货监盘程序，并测试盘点日至期末发生的存货交易

C.要求乙公司在期末实施存货盘点

D.检查购货、生产、销售的记录和凭证，以确定期末存货余额

2.在对存货实施监盘程序时,以下有关说法中不正确的是(　　)。

A.对于受托代存的存货,实施向存货所有权人函证等审计程序

B.对于已作质押的存货,向债权人函证与被质押存货相关的内容

C.对于因性质特殊而无法监盘的存货,实施向顾客或供应商函证等审计程序

D.存货的监盘目标是检查被审计单位实施盘点的有效性

3.在对存货实施检查程序时,以下做法中,注册会计师应该选择的是(　　)。

A.尽量将难以盘点或隐蔽性较大的存货纳入检查范围

B.事先就拟抽取测试的存货项目与乙公司沟通,以提高存货监盘的效率

C.从存货盘点记录中选取项目追查至存货实物,以测试盘点记录的完整性

D.如果盘点记录与存货实物存在差异,要求乙公司更正盘点记录

4.乙公司的主营业务成本均为所销售产品的成本,乙公司存货项目余额和生产成本发生额如下(金额单位:人民币万元):

存货项目余额	2015 年 12 月 31 日	2014 年 12 月 31 日
原材料余额	7 500	4 800
在产品余额	6 800	5 300
产成品余额	13 700	12 400

	2015 年度	2014 年度
生产成本发生额	175 000	119 000

假定不考虑其他因素,注册会计师在审计时,认为乙公司 2015 年度主营业务成本应为(　　)。

A.169 500 万元　　B.172 200 万元　　C.175 800 万元　　D.169 200 万元

6.注册会计师在对存货进行审计的过程中,发现被审计单位对存货计提了存货跌价准备,注册会计师认为在编制资产负债表时,"存货跌价准备"科目的贷方余额应列示为(　　)。

A.存货跌价准备

B.在流动负债下设项目列示

C.记入"待摊费用"项目

D.作为存货项目的抵减项目并在存货项目予以列示

7.注册会计师对营业成本进行审计,下列属于实质性程序的是(　　)。

A.审查有关记账凭证是否附有原始凭证,及原始凭证的顺序编号是否完整

B.询问和观察存货的盘点及接触、审批程序

C.对营业成本实施分析程序

D.审查有关凭证是否进行适当审批

8.注册会计师观察被审计单位存货盘点的主要目的是(　　)。

A.鉴定存货的质量

B.了解盘点指示是否得到贯彻执行

C.查明客户是否漏盘某些重要的存货项目

D.获得存货期末是否实际存在及其状况的证据

9.如果存在由于存货的性质或位置较为特殊无法实施监盘程序,或者由于一些不可预见的因素导致无法在预定日期实施存货监盘等情况,注册会计师应当(　　)。

A.直接视为审计范围受到限制,发表保留意见或无法表示意见的审计报告
B.直接视为审计范围受到限制,发表保留意见或否定意见的审计报告
C.考虑能否实施替代审计程序
D.征询专家意见

10.下列属于被审计单位健全有效的存货内部控制需要由独立的采购部门负责的是(　　)。

A.编制购货订单
B.编制请购单
C.检验购入货物的数量和质量
D.控制存货水平以免出现积压

二、多项选择题

1.对存货实施截止测试,主要实现的审计目标有(　　)。

A.存在　B.权利和义务　C.完整性　D.计价和分摊

2.注册会计师对于被审计单位委托其他单位保管或已作质押的存货,应实施的审计程序有(　　)。

A.向保管人或债权人函证
B.实施监盘
C.利用其他注册会计师的工作
D.向受托代管的单位获取委托代管存货的书面确认函

3.在被审计单位存货盘点结束前,注册会计师应当(　　)。

A.复核盘点结果汇总记录,评估其是否正确地反映了实际盘点结果
B.再次观察盘点现场,以确定所有应纳入盘点范围的存货是否均已盘点
C.取得并检查已填用、作废及未使用盘点表单的号码记录,确定其是否连续编号,查明已发放的表单是否均已收回,并与存货盘点的汇总记录进行核对
D.如果存货盘点日不是资产负债表日,注册会计师应当实施适当的审计程序,确定盘点日与资产负债表日之间存货的变动是否已作正确的记录

4.下列项目中,应确认为购货企业存货的有(　　)。

A.购货方已付款购进,但尚在运输途中的商品
B.购销双方已签协议约定,但尚未办理商品购买手续
C.未收到销售方结算发票,但已运抵购货方并验收入库的商品
D.已符合收入确认的条件,并确认了收入的实现,但销售方尚未发运给购货方的商品

5.存货监盘计划的主要内容包括(　　)。

A.存货监盘的目标、范围及时间安排
B.抽查的范围
C.参加存货监盘人员的分工
D.存货监盘的要点及关注事项

三、简答题

1.简述生产与存货循环涉及的主要凭证与会计记录。
2.简述生产与存货循环涉及的主要业务活动。
3.简述影响生产与存货交易和余额的重大错报风险的内容。
4.简述存货监盘的作用。
5.简述在编制存货监盘计划时,注册会计师需要考虑的因素。

四、技能考核

注册会计师赵昂在审计工作底稿中记录所了解的有关生产与存货业务循环的控制，部分内容摘录如下：

(1)仓库管理员刘金山将原材料领用申请单编号、领用数量、规格等信息输入存货信息系统，经仓储经理齐天翔复核并以电子签名方式确认后，系统自动更新材料明细台账。

(2)系统每月末根据汇总的产成品销售数量及各产成品的加权平均单位成本自动计算主营业务成本，自动生成结转主营业务成本的会计分录并过入相应的账簿。

(3)每月末进行存货盘点，仓库管理员王旭涛根据盘点中发现的毁损、陈旧、过时及残次存货编制不良存货明细表，交采购经理张龙海和销售经理李致齐分析该存货的可变现净值，如需要计提存货跌价准备的，由会计主管刘晓莉编制存货价值调整表，并安排相关人员进行账务处理。

思考与讨论：

针对(1)～(3)项，假定不考虑其他条件，逐项判断上述控制在设计上是否存在缺陷。如果存在缺陷，分别予以指出，并简要说明理由，提出改进建议。

★★★ 应会考核 ★★★

【考核项目】

存货监盘计划。

【背景资料】

注册会计师B接受委托，对常年审计客户丙公司2015年度财务报表进行审计。丙公司为玻璃制造企业，存货主要有玻璃、煤炭和烧碱，其中少量玻璃存放于外地公用仓库。另有丁公司部分水泥存放于丙公司的仓库。丙公司拟于2015年12月29日至12月31日盘点存货，以下是注册会计师B撰写的存货监盘计划的部分内容。

存货监盘计划

一、存货监盘的目标

检查丙公司2015年12月31日存货数量是否真实完整。

二、存货监盘范围

2015年12月31日库存的所有存货，包括玻璃、煤炭、烧碱和水泥。

三、监盘时间

存货的观察与检查时间均为2015年12月31日。

四、存货监盘的主要程序

1.与管理层讨论存货监盘计划。

2.观察丙公司盘点人员是否按照盘点计划盘点。

3.检查相关凭证以证实盘点截止日前所有已确认为销售但尚未装运出库的存货均已纳入盘点范围。

4.对于存放在外地公用仓库的玻璃，主要实施检查货运文件、出库记录等替代程序。

……

【考核要求】

(1)如果丙公司存货中存在不良资产,审计人员需要实施哪些审计程序?

(2)请指出存货监盘计划中目标、范围和时间存在的错误,并简要说明理由。

(3)请判断存货监盘计划中列示的主要程序是否恰当,若不恰当,请予以修改。

★★★ 项目实训 ★★★

【实训项目】

存货的截止测试、存货监盘

【实训】

存货的截止测试

【实训目的】

通过实践,掌握存货的截止测试方法。

【实训情境】

审计人员对新力公司2014年12月31日的期末会计资料进行审查时,发现临近结账日前后所发生的业务事项如下:

(1)2015年1月2日收到价值为20 000元的货物,入账日期为1月4日,发票上注明由供应商负责运送,目的地交货开票日期为2014年12月26日。

(2)当实地盘点时,该公司1包价值8 000元的产品已放在装运处,因包装纸上注明"有待发运"字样而未计入存货内。经调查发现,顾客的订货单日期为2014年12月20日,顾客于2015年1月4日后收到货物后付款。

(3)2015年1月6日收到价值为700元的物品,并于当天登记入账。该物品2014年12月28日按供货商离厂交货条件运送,因2009年12月31日尚未收到,故未计入结账日存货。

(4)按顾客特殊订单制作的某产品,于2014年12月31日完工,并送装运部门,顾客已于该日付款。该产品于2015年1月5日送出,但未包括在2014年12月31日的存货内。

【实训要求】

你认为上述四种情况中的物品,是否应包括在2014年12月31日的存货内,并说明理由。

项目十二　人力资源和工薪循环审计

知识目标

理解：人力资源与工薪循环的特点。

熟知：人力资源与工薪循环的内部控制和控制测试。

掌握：人力资源与工薪循环的实质性程序。

技能目标

能够对人力资源和工薪循环进行控制测试，对应付职工薪酬实施实质性程序，对职工薪酬会计处理进行审计。

知识支撑

任务一　人力资源与工薪循环的特点

一、不同行业工薪的性质

在计划审计工作时，注册会计师需要了解工薪费用的重要性：一是人力资源政策的相对重要性及其对工薪费用和工薪负债的影响。二是所支付补偿的性质和复杂程度，包括小时工薪、月薪。三是企业在处理和保持员工记录时对计算机程序的依赖程度，以及是否工薪工作外包给了服务商。四是可能使管理层和高级员工产生对财务成果进行错报动机的性质，如与利润目标挂钩的股票期权和奖金。

在分析人力资源风险时，注册会计师应当考虑业绩指标。假如雇用政策或补偿政策不能吸引具有较高技能的员工，或不能留住这些员工，则企业持续经营的能力将面临风险。管理层应当很好地识别出关键职位，以及该职位所必需的人员数量与资格，并要求就这些关键职位的空缺程度提供定期报告。

二、涉及的主要凭证与会计记录

人力资源与工薪循环开始于对员工的雇用，一般结束于对员工支付工薪。典型的人力资源与工薪循环涉及的主要凭证与会计记录有以下几种：

(一)人事和雇用记录

1. 人事记录

这包括雇用日期、工薪率、业绩评价、雇用关系终止等方面的记录。

2. 扣款核准表

这是核准工薪预扣款的表格，包括预先扣除个人所得税。

3. 工薪率核准表

这是根据工薪合同和管理层的授权、董事会对管理层的授权，核准工薪率的一种表格。

(二)工时记录和工薪表

1. 工时卡

这是记录员工每天上下班时间和工时数的书面凭证。对大多数员工来说，工时卡是根据时钟或打卡机自动填列的。

2. 工时单

这是记录员工在既定时间内完成工作的书面凭证。通常在员工从事不同岗位的工作，或没有固定部门时使用。

3. 工薪交易文件

这是由计算机生成的文件，包括一定期间(如一个月)内，通过会计系统处理的所有工薪交易。该文件含有输入系统的所有信息和每项交易的信息，如员工的姓名、日期、支付总额、支付净额、各种预扣金额和账户类别。

4. 应付职工薪酬明细账或清单

这是由工薪交易文件生成的报告，主要包括每项交易的员工的姓名、日期、工薪总额、工薪净额、预扣金额和账户类别等信息。

5. 工薪主文档

这是记录每位员工的每一工薪交易和保留已付员工总额的一种计算机文件。记录包括在每个工薪期间的工薪总额、预扣金额、工薪净额、支票号和日期等。

(三)支付工薪记录

这包括向员工支付劳务的转账资金。转账资金应等于工薪总额减去税金和其他预扣款。

(四)个人所得税纳税申报表

个人所得税纳税申报表，即向税务部门申报的纳税表。

三、涉及的主要业务活动

(一)批准招聘

批准雇用的文件，应当由负责人力资源与工薪相关事宜的人员编制，最好由在正式雇用过程中负责制定批准雇用、支付率和工薪扣除等政策的人力资源部门履行该职责。同时，人力资源部门还负责编制支付率变动及员工合同期满的通知。

(二)记录工作时间或产量

这是员工工作的证据，以工时卡或考勤卡的形式产生，通过监督审核和批准程序予以控制。如果支付工薪的依据是产量而不是时间，数量也同样应经过审核，并且与产量记录或销售数据进行核对。

(三)计算工薪总额和扣除

在计算工薪总额和扣除时，需要将每名员工的交易数据，即本工薪期间的工作时间或产量记录，与基准数据进行匹配。在确定相关控制活动已经执行后，应当由一名适当的人员批准工薪的支付。同时，由一名适当的人员审核工薪总额和扣除的合理性，并批准该金额。

(四)支付工薪净额

利用电子货币转账系统，将工薪支付给员工，有时也会使用现金支付方式。批准工薪支票，通常是工薪计算中不可分割的一部分，包括比较支票总额和工薪总额。有关使用支票支付工薪的职能划分，应该与使用现金支付的职责划分相同。

任务二　人力资源与工薪循环的内部控制和控制测试

一、内部控制目标、内部控制与控制测试的关系

表 12－1 列示了内部控制目标、关键内部控制与常用控制测试等的关系。

表 12－1

内部控制目标	关键内部控制	常用控制测试	常用交易实质性程序
工薪账项均经恰当的批准(发生)	对以下五个关键点，应履行恰当的批准手续，经过特别审批或一般审批：批准上工；工作时间，特别是加班时间；工薪、薪金或佣金；代扣款项；工薪结算表和工薪汇总表	检查人事档案；检查工时卡的有关核准；检查工薪记录中有关内部检查标记；检查人事档案中的授权；检查工薪记录中有关核准的标记	将工时与工时记录等进行比较
记录的工薪为实际发生的而非虚构的(发生)	工时卡经领班核准；用生产记录钟记录工时	检查工时卡的核准说明；检查工时卡；复核人事政策、组织结构图	对本期工薪费用实施分析程序；将有关费用明细账与工薪费用分配表、工薪汇总表、工薪结算表相核对
所有已发生的工薪支出已记录(完整性)	工薪分配表、工薪汇总表完整反映已发生的工薪支出	检查工薪分配表、工薪汇总表、工薪结算表，并核对员工工薪手册、员工手册等	对本期工薪费用的发生情况实施分析程序；将工薪费用分配表、工薪汇总表、工薪结算表与有关费用明细账相核对
工薪以正确的金额，在恰当的会计期间及时记录于适当的账户(发生、完整性、准确性、计价和分摊)	采用适当的工薪费用分配方法，并且前后各期一致；采用适当的账务处理流程	选取样本测试工薪费用的归集和分配；测试是否按照规定的账务处理流程进行账务处理	对本期工薪费用实施分析程序；检查工薪的计提是否正确，分配方法是否与上期一致
从事、考勤、工薪发放、记录之间相互分离(准确性)	从事、考勤、工薪发放、记录等职务相互分离	面向和观察各项职责执行情况	

二、人力资源与工薪循环的内部控制

人力资源与工薪循环的内部控制主要包括以下几个方面：

1. 适当的职责分离

为了防止向员工过量支付工薪，或向不存在的员工虚假支付工薪，责任分离非常重要。人力资源部门应独立于工薪职能，负责确定员工的雇用、解雇及其支付率和扣减额的变化。

2. 适当的授权

人力资源部门应当对员工的雇用与解雇负责。支付率和扣减额也应当进行适当授权。每一个员工的工作时间，特别是加班时间，都应经过主管人员的授权。所有工时卡都应表明核准情况，例外的加班时间也应当经过核准。

3. 适当的凭证和记录

适当的凭证和记录依赖于工薪系统的特性。例如,工时卡或工时记录只针对计时工薪,有些员工的工薪以计件工薪为基础。

4. 资产和记录的实物控制

应当限制接触未签字的工薪支票。支票应由有关专职人员签字,工薪应当由独立于工薪计算和考勤职能之外的人员发放。

5. 工作的独立检查

工薪的计算应当独立验证,包括将审批工薪总额与汇总报告进行比较。管理层成员或其他负责人应当复核工薪金额,以避免明显的错报和异常的金额。

三、评估重大错报风险

工薪处理和余额的重大错报风险主要是由于以下原因产生的:

(1)在工薪单上虚构员工;

(2)由一位可以更改员工数据主文档的员工在没有授权的情况下更改总工薪的付费标准;

(3)为员工并未工作的工时支付工薪;

(4)在进行工薪处理过程中出错;

(5)工薪扣款可能是不正确的,或未经员工个人授权,导致应付工薪扣款的返还和支付不正确;

(6)电子货币转账系统的银行账户不正确;

(7)将工薪支付给错误的员工;

(8)由于工薪长期未支付造成挪用现象;

(9)支付应付工薪扣款的金额不正确。

企业有时会向员工赠送或低价出售股票或股票期权。持股计划和股票期权对主管、高级行政人员及其他员工来说是通常采用的补偿方式。上述交易可能产生的重大错报风险包括:

(1)由工薪委员会(薪酬委员会)或未获得股东批准的董事会发起未经授权的股份支付交易。

(2)由于以下原因,为进行股份支付交易确定了不正确的公允价值:①管理层不正确的假设或决定权益价值的经营环境变动;②在估价模型中使用了不一致或不可靠的数据;③发起交易人员和进行估价人员之间不充分的职责分离。

(3)股份支付的交易价值不正确。

(4)已取消的股份支付以不正确的价值处理。

四、控制测试

(一)以内部控制目标为起点的控制测试

在测试工薪内部控制时,首先,应选择若干月份工薪汇总表,作如下检查:计算复核每一份工薪汇总表;检查每一份工薪汇总表是否已经授权批准;检查应付工薪总额与人工费用分配汇总表中的合计数是否相符;检查其代扣款项的账务处理是否正确;检查实发工薪总额与银行付款凭单及银行存款对账单是否相符,并正确过入相关账户。其次,从工薪单中选取若干个样本(应包括各种不同类型人员),作如下检查:检查员工工薪卡或人事档案,确保工薪发放有依据;检查员工工薪率及实发工薪额的计算;检查实际工时统计记录(或产量统计报告)与员工工时卡(或产量记录)是否相符;检查员工加班记录与主管人员签名的月度加班费汇总表是否相符;

检查员工扣款依据是否正确；检查员工的工薪签收证明；实地抽查部分员工，证明其确在本公司工作，如已离开本企业，需获得管理层证实。

（二）以风险为起点的控制测试

表12－2列示了人力资源和工薪循环的风险、计算机控制、人工控制和控制测试。

表12－2

风险	计算机控制	人工控制	控制测试
员工的雇用、解雇以及固定数据的变更			
员工名单中可能会有虚构的员工，或已解雇员工仍然保留在工薪单上的情况 总工薪率的变动、员工身份以及员工主文档中固定数据的扣除未经授权	逻辑存取控制只允许经授权的员工在员工主文档中添加新员工或记录员工的解聘 员工主文档中所有固定数据的变更都生成打印记录 逻辑存取控制只允许经授权的高级员工更改员工主文档中的固定数据 员工主文档中所有固定数据的变更都生成打印记录	有权雇用和解雇员工的人员不应具有其他工薪职能 人力资源部门人员按照正式的程序对员工的雇用和解雇进行授权。只有经授权的人力资源员工能够开启连续编号的员工变动表格，改变员工主文档 所有关于员工固定数据变动所产生的打印文件都由高级管理层复核，以确保只有经授权的变更才有效。未付工薪受到严格的控制 只有经授权的人力资源员工才可以修改员工固定数据，这种修改可以通过修改工薪率和其他扣除进行 所有关于员工固定数据变动的打印文件都由高级管理层复核，确保只做出了经授权的变更	通过询问和观察程序，确定有权雇用和解雇员工的人员不具有其他工薪方面的职能 检查员工变动表及解雇信，是否由经授权的人员签发，并且包含在员工个人档案中 检查管理层复核员工雇用和解雇打印文件的证据 检查解雇之后第一期间的工薪单以确保不存在此类员工。现场参加工薪的发放，观察员工薪水的分配，记录未领工薪情况，并追查该员工的个人档案，以及后期的发放证据 获取员工主文档中所有员工的记录信息，清点员工人数，同时检查员工卡片 检查由经授权的人员签发的员工变更表 检查管理层复核固定数据变更的证据 对固定数据变更进行抽样，检查相关支持性文档，以获取关于身份、工薪发放率、扣除率变动的证据
记录工作时间			
记录工作时间时出现错误或舞弊	使用员工智能卡，自动更新工作时间记录 使用程序化控制保证总工作时间与生产工时、其他费用核心工时或空闲时间相等 周或月度工薪打印单，包括向相关费用中心或正在进行中工作的分配	对员工打卡上下班进行监督以确保员工仅为其本人打卡 由生产管理人员、领班人员复核并签署周度时间卡片，批准正常工作时间和加班工作时间 如果总工作时间是根据时间卡片上的信息人工计算得出的，应当在将总工作时间输入系统之前对时间计算进行独立检查 如果时间记录职能实现了电算化，保证工时的打印文件都经过了复核的授权	观察打卡上下班的程序以确定该行为受到监督，并确定不存在为他人打卡的可能 检查工时卡或工作时间输出记录的样本，以获取正常工作时间和加班时间已经批准的证据，检查工作时间计算的准确性

续表

风险	计算机控制	人工控制	控制测试
工薪的编制和记录			
在处理月薪时可能由于数据不正确或数据丢失而产生错误。工薪扣款可能是错误的或未经员工授权的	对工作时间进行程序化的限制和合理性检查，包括对员工姓名和编码的输入检验 自动根据工时记录和工薪率计算月薪，以及工薪扣款和费用分配的计算，自动生成工薪打印文件和员工工薪单 对于重复或遗漏的员工姓名或编码、加班时间、超出特定界限的总工薪率，以及遗失数据（如未分配费用）生成例外报告	由工薪人员复核打印输出文件并批准总体控制总额 复核例外报告并采取措施及时纠正错误 复核工薪的变动与员工数量的变化是否一致——用前月（或周）加新增员工减解雇员工，并检查员工固定数据在期间内的变动 由员工本人检查工薪单，如果发现错误金额，允许提出质疑 复核例外报告，纠正错误，重新提交报告	选取部分周度和月度工薪记录的打印文件，检查负责核对准确性和授权的人员在上面的签名 检查证明已根据雇用和解雇情况调节工薪单员工数量的证据 检查是否存在员工提出质疑的情况及问题解决情况 检查例外报告及跟进情况
记录工薪交易			
工薪交易可能被分配至不正确的总分类账户或根本未予以记录	工薪处理过程的程序化控制自动更新相关总分类账户 对未分配至总分类账但暂时记在其他账户的金额出具例外报告，直到纠正并重新出具为止	由工薪人员进行监控，复核月薪以及例外报告以发现错误和遗漏 对工薪临时账户和应付扣款账户编制调节表与申报表	检查证明已监控例外报告、编制和核对调节表并更正错误的证据 检查编制和核对工薪调节表的证据
工薪的发放			
工薪发放可能给不正确的员工或通过电子支付系统支付给不正确的银行账号	对员工银行账号记录和银行信息变更执行逻辑存取控制 通过电子支付系统从预付工薪账户输出所有的员工净支付金额		现场参加工薪的发放，观察工薪的控制运行。检查工薪打印单上工薪发放负责人员的签字（通常是两个人的签字） 检查月度银行对账的证据（对账针对预付工薪银行账户，并由高级管理层复核） 检查电子货币转账系统授权的证据，以及对员工主文档中固定数据变更进行复核的证据
工薪扣款并未完全支付或未及时支付		针对特定的应付扣款的返还和支付设置不同的职责 每一笔工薪记录的扣款金额加上企业缴纳的部分应当等于应缴纳的扣款总额 应付工薪扣款金额已支付并在相关总分类账上记录 对应付扣款账户进行调整或由工薪管理人员或高级会计人员定期复核，调查并纠正差异	检查定期返还，调节后进行工薪扣款分析和总分类账户分析的证据 检查高级管理人员复核与付出金额或退还金额相匹配的证据

续表

风险	计算机控制	人工控制	控制测试
工薪监控			
上述所有风险		由相应层级的高级管理人员对以下问题实施监控：①每月根据雇用或解雇的人员流动情况调整员工总人数；②改变员工主文档中的固定数据；③将总工薪数分配至相关费用中心；④工薪调节至预付银行账户调节；⑤员工对不正确支付的抱怨 监控的关键业绩指标，包括实现的权益目标	检查管理层实施监控程序的有效性以及使用关键业绩指标以防止或发现并纠正错误和舞弊的证据

任务三　人力资源与工薪循环的实质性程序

一、实质性分析程序

在人力资源和工薪循环的审计中，注册会计师为收集大多数审计证据，通常采用实质性分析程序。实质性分析程序在识别因错误或舞弊而导致的重大错报领域或证实支出列报和披露的公允性时非常有用。

注册会计师为了实现审计目标，通常实施以下实质性分析程序：

(1)针对已识别需要运用分析程序的有关项目，并基于对被审计单位及其环境的了解，通过进行以下比较，同时考虑有关数据间关系的影响，以建立有关数据的期望值：

①比较被审计单位员工人数的变动情况，检查被审计单位各部门各月工薪费用的发生额是否有异常波动，若有，则查明波动原因是否合理。

②比较本期与上期工薪费用总额以及预期的工薪费用总额，要求被审计单位解释其增减变动或差异原因，或取得公司管理层关于员工工薪标准的决议。

③结合员工社保缴纳情况，明确被审计单位员工范围，检查是否与关联公司员工工薪混淆列支。

④核对下列相互独立部门的相关数据：工薪部门记录的工薪支出与出纳记录的工薪支付数；工薪部门记录的工时与生产部门记录的工时。

⑤比较本期应付职工薪酬余额与上期应付职工薪酬余额，是否有异常变动。

(2)确定可接受的差异额。

(3)将实际的情况与期望值相比较，识别需要进一步调查的差异。

(4)如果其差额超过可接受的差异额，调查并获取充分的解释和恰当的佐证审计证据(如通过检查相关的凭证)。

(5)评估分析程序的测试结果。

二、应付职工薪酬的审计

(一)审计目标

应付职工薪酬的审计目标一般包括：确定资产负债表中记录的应付职工薪酬是否存在；确

定所有应当记录的应付职工薪酬是否均已记录；确定记录的应付职工薪酬是否为被审计单位应当履行的现时义务；确定应付职工薪酬是否以恰当的金额包括在财务报表中，与之相关的计价调整是否已恰当记录；确定应付职工薪酬是否已按照企业会计准则的规定在财务报表中作出恰当列报。

（二）应付职工薪酬的实质性程序

应付职工薪酬的实质性程序通常包括：

(1)获取或编制应付职工薪酬明细表，复核加计是否正确，并与报表数、总账数和明细账合计数核对是否相符。

(2)实施实质性分析程序。①针对已识别需要运用分析程序的有关项目，并基于对被审计单位及其环境的了解，通过进行相关比较，同时考虑有关数据间关系的影响，以建立有关数据的期望值。②确定可接受的差异额。③将实际的情况与期望值相比较，识别需要进一步调查的差异。④如果其差额超过可接受的差异额，调查并获取充分的解释和恰当的佐证审计证据(如通过检查相关的凭证)。⑤评估实质性分析程序的测试结果。

(3)检查工薪、奖金、津贴和补贴。①计提是否正确，依据是否充分。②检查分配方法与上年是否一致。③检查发放金额是否正确，代扣的款项及其金额是否正确。④检查是否存在属于拖欠性质的职工薪酬，并了解拖欠的原因。

(4)检查社会保险费(包括医疗、养老、失业、工伤、生育保险)、住房公积金、工会经费和职工教育经费等计提(分配)和支付(使用)的会计处理是否正确、依据是否充分。

(5)检查辞退福利。

(6)检查非货币性福利。

(7)检查以现金与职工结算的股份支付。

(8)检查应付职工薪酬的期后付款情况，并关注在资产负债表日至财务报表批准报出日之间，是否有确凿证据表明需要调整资产负债表日原确认的应付职工薪酬事项。

(9)检查应付职工薪酬是否已按照企业会计准则的规定在财务报表中做出恰当的列报。

【同步案例 12－1】

华兴制衣有限公司资产负债表上应付职工薪酬项目的余额为 274 549.50 元。应付职工薪酬项目的审计目标为：

(1)应付职工薪酬的金额确实为 274 549.50 元。

(2)应付职工薪酬确实属于被审计单位的义务。

(3)所有应记录的应付职工薪酬都已包含在 274 549.50 元之内。

(4)应付职工薪酬已在资产负债表上恰当披露。

星海会计师事务所审计人员王华对华兴制衣有限公司资产负债表上列示的应付职工薪酬进行审计，设计出了应付职工薪酬审计程序表(见表 12－3)。

表 12—3

应付职工薪酬审计程序表

星海会计师事务所　　索引号:FF2

审计程序	执行情况			
	审计重点	索引号	执行人	日期
1. 获取或编制应付职工薪酬明细账,复核加计正确,并与报表数、总账数和明细账合计数核对相符。	实质性分析程序:异常波动;分配;等等	FF1	王华	1.15
2. 对本期职工薪酬执行实质性分析程序: (1)检查各月职工薪酬的发生额是否存在异常波动,若有,应查明波动原因并做出记录;		FF2		1.15
(2)将本期职工薪酬总额与上期进行比较,要求被审计单位解释大幅增减变动的原因,并取得被审计单位管理层关于职工薪酬标准的决议;		FF3		1.15
		FF4		1.15
(3)了解被审计单位本期平均职工人数,计算人均薪酬水平,与上期或者同行业水平进行比较。		FF5		1.15
3. 检查本项目的核算内容是否包括:工资、职工福利、社会保险费、住房公积金、工会经费、职工教育经费、解除职工劳动关系补偿、股份支付等明细项目。外商投资企业按规定从净利润中提取的职工奖励及福利基金,也应在本项目核算。		FF6		1.15
4. 检查职工薪酬的计提是否正确,分配方法是否合理,与上期是否一致,分配计入各项目的金额占本期全部职工薪酬的比例与上期比较是否有重大差异。将应付职工薪酬计提数与相关科目进行勾稽。				
5. 检查应付职工薪酬的计量和确认。				
6. 审阅应付职工薪酬明细账,抽查应付职工薪酬各明细项目的支付和使用情况,检查是否符合有关规定、是否履行审批程序。				
7. 检查被审计单位的工薪制度。				
8. 检查应付职工薪酬期末余额中是否存在拖欠性质的职工薪酬,了解拖欠的原因。				
9. 检查被审计单位的辞退福利核算是否符合有关规定。				
10. 确定应付职工薪酬的披露是否恰当。				

(一)获取或编制应付职工薪酬明细表,复核加计是否正确,并与报表数、总账数和明细账合计数核对是否相符。

填列应付职工薪酬审定表(见表 12—4)未审数。

任务分析:

华兴制衣有限公司应付职工薪酬明细见表 12—4。

表 12—4

华兴制衣有限公司应付职工薪酬明细表

星海会计师事务所　　索引号:FF3

客户:华兴制衣有限公司　　编制:王华　　日期:2015.1.15

会计期间或截止日:2014.12.31　　复核:王刚　　日期:2015.1.16

应付职工薪酬明细表				
	期初余额	本期支付	本期计提	期末余额
工资	60 000.00	2 060 102.95	1 460 102.95	
职工福利费		137 250.89	137 250.89	
社会保险费	124 628.61	318 521.33	405 145.93	211 253.21
基本养老保险费	68.21(借方余额)	196 079.58	217 519.90	21 372.12

续表

应付职工薪酬明细表				
医疗保险费	123 125.79	99 779.67	160 788.03	184 134.15
失业保险费	5.43	13 979.10	15 507.29	1 533.61
工伤保险费	117.47(借方余额)	2 193.38	2 433.23	122.38
生育保险费	1 683.07	6 489.60	8 897.48	4 090.95
住房公积金		140 683.20	140 683.20	
工会经费	27 560.86	39 723.45	25 941.64	13 770.06
职工教育经费	30 070.00		19 456.23	49 526.23
非货币性福利		17 411.20	17 411.20	
合　计	782 259.48	2 713 702.03	2 205 992.05	274 549.50

(二)实质性分析程序。

1. 比较被审计单位员工人数的变动情况,检查被审计单位各部门各月工资费用的发生额是否有异常波动,若有,则查明波动原因是否合理。

2. 比较本期与上期工资费用总额,要求被审计单位解释其增减变动原因,或取得公司管理部门关于员工工资标准的决议。

3. 结合员工社保缴纳情况,明确被审计单位员工范围,检查是否与关联公司员工工资混淆列支。

4. 核对下列相互独立部门的相关数据:

①工资部门记录的工资支出与出纳记录的工资支付数;

②工资部门记录的工时与生产部门记录的工时。

5. 比较本期应付职工薪酬余额与上期应付职工薪酬余额,是否有异常变动。

任务分析:

从华兴制衣有限公司应付职工薪酬明细表可以看出,本期应付职工薪酬项目余额较上期减少 507 709.98 元,主要原因是应付工资余额减少了 600 000 元。应付工资期初余额为 600 000元,是公司于 2013 年 11 月计提的年终奖,在 2014 年 3 月已发放,本期由于公司效益不佳,没有计提奖金,本期应付工资余额为 0。应付职工薪酬大额抽查表见表 12—5。

表 12—5　　应付职工薪酬大额抽查表

星海会计师事务所　　索引号:FF4

客户:华兴制衣有限公司　　编制:王华　　日期:2015.1.15

会计期间或截止日:2014.12.31　　复核:王刚　　日期:2015.1.16

序号	时　间	凭证号	业务内容	金　额	对方科目	后附原始凭证	备　注
1	2014—1—24	现付—50	付 2013 年度年终奖	853 250.00	现金	2013 年度年终奖及副食贴发放清单	
2	2014—1—26	现付—68	付 2014 年度工资	201 700.00	现金	2014 年度工资	
3	2014—4—3	现收—2	2014 年度工资	17 211.00	现金	人力资源部付款通知单	
4	2014—8—18	现付—81	2014 年度工资	6 800.00	现金	人力资源部付款通知单	
5	2014—10—22	转—120	计提应付职工薪酬	1 470.00	管理费用	计算单	
6	2014—10—22	转—120	计提应付职工薪酬	3 240.00	应付福利费	计算单	

续表

序号	时　间	凭证号	业务内容	金　额	对方科目	后附原始凭证	备　注
7	2014—10—22	转—120	计提应付职工薪酬	56 770.00	制造费用	计算单	
8	2014—10—22	转—120	计提应付职工薪酬	15 740.00	生产成本	计算单	
审计结论:金额可以确认。							

(三)检查工资、奖金、津贴和补贴。

1. 计提是否正确,依据是否充分。

将执行的工资标准与有关规定核对,并对工资总额进行测试;被审计单位如果实行工效挂钩的,应取得有关主管部门确认的效益工资发放额认定证明,结合有关合同文件和实际完成的指标,检查其计提额是否正确、是否应作纳税调整。

2. 检查分配方法与上年是否一致。

(1)应由生产产品、提供劳务负担的职工薪酬,计入产品成本或劳务成本。

(2)应由在建工程、无形资产负担的职工薪酬,计入建造固定资产或无形资产。

(3)检查发放金额是否正确,代扣的款项及其金额是否正确。

(4)检查是否存在属于拖欠性质的职工薪酬,并了解拖欠的原因。

任务分析:

华兴制衣有限公司没有拖欠职工工资,计提与分配方法和上年一致,具体计提分配金额见表12—6。

表12—6　　华兴制衣有限公司应付职工薪酬分配表

星海会计师事务所　　索引号:FF5

客户:华兴制衣有限公司　　编制:王华　　日期:2015.1.15

会计期间或截止日:2014.12.31　　复核:王刚　　日期:2015.1.16

应付职工薪酬分配表				
生产成本	销售费用	管理费用		合　计
		应付职工薪酬	研发费用	
856 339.92	204 241.00	616 113.45	529 297.62	2 205 992.05

审计人员核对了应付职工薪酬与生产成本、销售费用、管理费用的勾稽关系,未发现异常。

(四)检查社会保险费(包括医疗、养老、失业、工伤、生育保险)、住房公积金、工会经费和职工教育经费等计提(分配)和支付(或使用)的会计处理是否正确、依据是否充分。

(五)检查应付职工薪酬是否已按照《企业会计准则》的规定在财务报表中做出恰当的列报。

审计人员填列完整应付职工薪酬审定表,见表12—7。

表12—7　　完整应付职工薪酬审定表

星海会计师事务所　　索引号:FF1

客户:华兴制衣有限公司　　编制:王华　　日期:2015.1.15

会计期间或截止日:2014.12.31　　复核:王刚　　日期:2015.1.16

项目名称	期末未审数	账项调整		重分类调整		期末审定数	上期末审定数	索引号
		借方	贷方	借方	贷方			
工资	0.00					0.00		

续表

项目名称	期末未审数	账项调整		重分类调整		期末审定数	上期末审定数	索引号
		借方	贷方	借方	贷方			
职工福利费	0.00					0.00		
社会保险费	211 253.21					211 253.21		
基本养老保险费	21 372.12					21 372.12		
医疗保险费	184 134.15					184 134.15		
失业保险费	1 533.61					1 533.61		
工伤保险费	122.38					122.38		
生育保险费	4 090.95					4 090.95		
住房公积金								
工会经费	13 770.06					13 770.06		
职工教育经费	49 526.23					49 526.23		
非货币性福利								
合　计	274 549.50					274 549.50		
审计结论： 经审计，可以认可被审计单位的应付职工薪酬余额。								

三、管理费用的审计

（一）管理费用的审计目标

管理费用的审计目标主要包括：确定管理费用的记录是否完整；确定管理费用的计算是否正确；确定管理费用在会计报表上的披露是否恰当。

（二）管理费用的实质性程序

管理费用的审计程序主要包括：

（1）取得或编制管理费用明细表，复核加计正确，与报表数、总账数及明细账数合计数核对是否相符。

（2）检查管理费用项目的核算内容与范围是否符合规定。

（3）将本期、上期管理费用各明细项目作比较分析。必要时比较各月份管理费用，对有重大波动和异常情况的项目应查明原因，考虑是否提请被审计单位调整。

（4）将管理费用中列支的职工薪酬、研究费用、折旧费以及无形资产、长期资产的摊销费用、其他长期资产的摊销费用等项目与相关项目进行交叉勾稽，并做出相应记录。

（5）选择管理费用中数额较大，以及本期与上期相比变化异常的项目追查至原始凭证。

（6）抽查资产负债表日前后一定数量的凭证，实施截止测试，对重大跨期事项，建议作必要调整。

（7）检查管理费用的披露是否恰当。

【同步案例 12—2】

审计人员在审查某企业上半年“应付工资”账户时，发现 12 月份比 11 月份多出 40 000 元，审计人员怀疑其中有虚列工资或其他项目的问题，故决定做进一步审查。

审计人员调阅 12 月份应付工资的原始凭证，发现在“工资结算单”中，食堂人员工资 38 000元，附食堂负责人收据一张，未具体列明发放工资人员名单。查问食堂负责人时，供认因本企业工会活动费超支，财务科长让其领取的，并提供了原始凭证。财务科长对此供认不讳。假定该企业适用的所得税税率为 25%，福利费计提比例为 14%。

要求：指出该企业存在的问题，并提出处理意见。

解析：该企业违反财务制度的规定，利用“应付工资”账户，掩饰超支的业务招待费，偷漏所得税款。审计人员应责成该企业调整有关账簿记录，会计分录如下：

借：以前年度损益调整　　16 150

　　应付福利费(38 000×14%)　　5 320

　贷：应交税金——应交所得税[(38 000+5 320)×25%]　　10 830

★★★ 应知考核 ★★★

一、单项选择题

1. 下列程序中，实现记录的工薪为实际发生的而非虚构的目标最佳的实质性程序是(　　)。

A. 将有关费用明细账与工薪费用分配表、工薪汇总表、工薪结算表相核对

B. 将工薪费用分配表、工薪汇总表、工薪结算表与有关费用明细账相核对

C. 检查工时卡

D. 检查工薪的计提是否正确，分配方法是否与上期一致

2. 对本期工薪费用实施分析程序不相关的认定是(　　)。

A. 发生　　B. 完整性　　C. 准确性　　D. 分类和可理解性

3. 关于人力资源与工薪循环的内部控制和审计测试，以下说法中不正确的是(　　)。

A. 将工薪费用分配表、工薪汇总表、工薪结算表与有关费用明细账核对可以实现完整性

B. 支票应由有关专职人员签字，工薪应当由独立于工薪和考勤职能之外的人员发放

C. 有权雇用和解雇员工的人员可兼管工薪的编制和记录

D. 在对人力资源与工薪循环实施审计时，管理层在实施监控程序时实施的高层次控制是注册会计师拟信赖的特别重要的控制

4. 为了防止向员工过量支付工薪，或向不存在的员工虚假支付工薪，下列最有效的内部控制措施是(　　)。

A. 资产和记录的实物控制　　B. 适当的凭证和记录

C. 适当的授权　　D. 适当的职责分离

5. 下列关于人力资源与工薪循环的内部控制中，恰当的是(　　)。

A. 甲职员负责考勤制度的审核、工资的计算，乙职员负责工资的发放和审核

B. 甲职员负责考勤制度的管理、审核和工资的计算，同时对乙职员的工资发放过程进行监督

C. 甲职员负责工薪支付的批复，乙职员负责工薪总额的计算审核和扣除额审核，并批准该金额

D.甲职员负责工资支付的全过程

6.下列控制测试中可以证实记录的工薪为实际发生的而非虚构的有(　　)。

A. 检查工薪分配表　　B. 检查工时卡的核准说明

C. 检查工薪结算表　　D. 检查工薪汇总表

7.下列属于人力资源和工薪循环中人工控制的是(　　)。

A.有权雇用和解雇员工的人员不应具有其他工薪职能

B.员工主文档中所有固定数据的变更都生成打印记录

C.对工作时间进行程序化的限制和合理性检查,包括对员工姓名和编码的输入校验

D.对未分配至总分类账,但暂时记在其他账户的金额出具例外报告,直到纠正并重新出具为止

8.为测试被审计单位的工薪账项是否均经恰当的批准这一内部控制目标,注册会计师通常应当实施的实质性程序是(　　)。

A. 将工时卡与工时记录进行比较　　B. 检查工时卡的有关核准

C. 检查工薪记录中有关内部检查标记　　D. 检查工薪记录中有关核准的标记

9.在人力资源与工薪循环的审计中,注册会计师为了识别和评估工薪账项的重大错报风险而收集审计证据的是(　　)。

A.细节测试　　B.实质性分析程序　　C.控制测试　　D.风险评估程序

10.对于固定薪水的员工,注册会计师通过实施实质性分析程序和获取对期末余额的声明就能够对工薪交易的余额的下列认定获取高度的保证水平,其中不正确的是(　　)。

A.完整性　　B.截止　　C.发生　　D.权利和义务

二、多项选择题

1.下列可能导致工薪交易和余额产生重大错报风险的有(　　)。

A.将工薪支付给错误的员工

B.在工薪单上虚构员工

C.在进行工薪处理过程中出错

D.电子货币转账系统的银行账户不正确

2.对本期工薪费用实施分析程序,检查工薪的计提是否正确、分配方法是否与上期一致,可以实现的审计目标有(　　)。

A.完整性　　B.发生　　C.准确性　　D.计价和分摊

3.通常核对相互独立部门的相关数据的效果会更好一些,下列属于这种类型的分析程序有(　　)。

A.比较本期与上期工薪费用总额

B.工薪部门记录的工薪支出与出纳记录的工薪支付数

C.比较本期应付职工薪酬余额与上期应付职工薪酬余额

D.工薪部门记录的工时与生产部门记录的工时

4.应付职工薪酬的核算内容包括(　　)。

A.职工福利费　　B.现金结算的股份支付

C.职工教育经费　　D.住房公积金

5.注册会计师正在对被审计单位的应付职工薪酬实施分析程序,下列分析可能发现数据

异常波动的有( )。

A.比较被审计单位员工人数的变动情况,检查被审计单位各部门各月工资费用的发生额

B.比较本期与上期工资费用总额

C.结合员工社保缴纳情况,明确被审计单位员工范围

D.比较本期应付职工薪酬余额与上期应付职工薪酬余额

三、简答题

1.简述人力资源与工薪循环的主要凭证与会计记录。

2.简述人力资源与工薪循环涉及的主要业务活动。

3.简述人力资源与工薪循环的内部控制主要包括的内容。

4.简述工薪交易和余额的重大错报风险的主要原因。

5.简述应付职工薪酬的实质性程序。

四、技能案例

甲公司主要从事小型电子消费品的生产和销售。A注册会计师负责审计甲公司2015年度财务报表。在了解人力资源与工薪循环时,发现下列问题:

(1)发现实际的员工人数要比员工名单中的员工少。

(2)发现其中员工A的打卡记录与实际到岗时间不一致,实际到岗时间为9:15,而手打卡记录为9:00。

(3)在工资发放的时候发现支付的银行卡号并不是该员工之前提交的银行卡号。

思考与讨论:

针对上述发现的问题应当设置哪些相应的人工控制和计算机控制?

★★★ 应会考核 ★★★

【考核项目】

人力资源和工薪循环审计的评估重大错报风险。

【背景资料】

【资料1】

2015年初,甲公司董事会决定将每月薪酬发放日由当月最后1日推迟到次月5日,同时将员工薪酬水平平均上调10%。甲公司2015年员工队伍基本稳定。

【资料2】

A注册会计师在审计工作底稿中记录了所获取的甲公司合并财务数据,部分内容摘录如下(金额单位:万元):

年 份	未审数	已审数
	2015年	2014年
应付职工薪酬	12	10

【资料3】

A注册会计师在审计作底稿中记录了实施的相关实质性程序，部分内容摘录如下：

根据不同类别员工的薪酬标准和平均人数，估算2015年度应计提的员工薪酬，与2015年度实际计提的金额进行比较。

【考核要求】

(1)针对资料1，结合资料2，假定不考虑其他条件，指出资料1所列事项是否可能表明存在重大错报风险。如果认为存在，简要说明理由，并说明该风险主要与哪些账务报表项目有关。

(2)针对资料3所列示的实质性程序，假定不考虑其他条件，指出该实质性程序与已识别的重大错报风险是否直接相关，并简要说明理由。

★★★ 项目实训 ★★★

【实训项目】

应付职工薪酬的审查。

【实训目的】

通过实践，掌握应付职工薪酬的审查。

【实训情境】

审计人员在审查某企业上半年"应付工资"账户时，发现9月份比8月份多出20 000元，审计人员怀疑其中有虚列工资或其他项目的问题，故决定做进一步审查。

审计人员调阅9月份应付工资的原始凭证，发现在"工资结算单"中，工会人员工资18 000元，附工会负责人收据一张，未具体列明发放工资人员名单。查问工会负责人时，供认因本企业工会活动费超支，财务科长让其领取的，并提供了原始凭证。财务科长对此供认不讳。

假定该企业适用的所得税税率为25%，福利费计提比例为14%。

【实训要求】

请指出该企业存在的问题，并提出处理意见。

项目十三　投资与筹资循环审计

知识目标

理解:投资与筹资循环的特点。

熟知:投资与筹资循环的内部控制与控制测试、筹资活动的内部控制和控制测试。

掌握:投资交易的实质性程序、筹资交易的实质性程序。

技能目标

能够对投资和筹资循环进行控制测试;对短期借款、长期借款、长期股权投资、实收资本、资本公积实施实质性程序。

知识支撑

任务一　投资与筹资循环的特点

一、投资与筹资循环的性质

投资与筹资循环由投资活动和筹资活动的交易事项构成。投资活动主要由权益性投资交易和债权性投资交易组成。筹资活动主要由借款交易和股东权益交易组成。注册会计师应当考虑投资与筹资循环的如下性质:

(1)对一般工商企业而言,与其他循环相比,企业每年投资与筹资循环涉及的交易数量较少,而每笔交易的金额通常较大。这就决定了对该循环涉及的财务报表项目审计,更可能采用实质性方案。

(2)筹资活动在遵守国家法律、法规和相关合同的规定下进行。例如,债务合同可能限定借款人向股东分配利润,或规定借款单位的流动比率和速动比率不能低于某一水平。注册会计师了解被审计单位的筹资活动,可能对评估财务报表舞弊的风险、从性质角度考虑审计重要性、评估持续经营假设的适用性等有重要影响。

(3)漏记或不恰当地对一笔业务进行会计处理,将会导致重大错误,从而对企业财务报表的公允反映产生较大的影响。对于从事衍生金融工具交易的企业而言,尤为如此。公允价值的确定和交易记录的完整性等可能存在重大错报风险。

二、涉及的主要凭证与会计记录

(一)投资活动的凭证和会计记录

(1)债券投资凭证。它是载明债券持有人与发行企业双方所拥有的权利与义务的法律性文件，其内容一般包括：债券发行的标准、债券的明确表述、利息或利息率、受托管理人证书、登记和背书。

(2)股票投资凭证。买入凭证记载股票投资购买业务，包括购买股票数量、被投资公司、股票买价、交易成本、购买日期、结算日期、结算日应付金额合计。卖出凭证记载股票投资卖出业务，包括卖出股票数量、被投资公司、股票卖价、交易成本、卖出日期、结算日期、结算日金额合计。

(3)股票证书。它是载明股东所有权的证据，记录所有者持有被投资公司的股票数量。如果被投资公司发行了多种类型的股票，也反映股票的类型，如普通股、优先股。

(4)股利收取凭证。它是向所有股东分发股利的文件，标明股东、股利数额、每股股利、被审计单位在交易最终日期持有的总股利金额。

(5)长期股权投资协议。

(6)投资总分类账。对被投资单位所持有的投资，记录所有的详细信息，包括所获得或收取的投资收益。总分类账中的投资账户记录初始购买成本和之后的账面价值。

(7)投资明细分类账。由投资单位保存，以用来记录所有的非现金性投资交易，如期末的市场对市场调整、公允价值的反映，以及记录与处置投资相关的损益。

(二)筹资活动的凭证和会计记录

(1)公司债券。公司依据法定程序发行、约定在一定期限内还本付息的有价证券。

(2)股本凭证。公司签发的证明股东所持股份的凭证。

(3)债券契约。载明债券持有人与发行企业双方所拥有的权利与义务的法律性文件，内容包括：债券发行的标准；债券的明确表述；利息或利息率；受托管理人证书；登记和背书；如系抵押债券，其所担保的财产；债券发生拖欠情况如何处理，以及对偿债基金、利息支付、本金返还等的处理。

(4)股东名册。发行记名股票的公司记载股东的凭证，内容包括：股东的姓名或者名称及住所；股东所持股份数；股东所持股票的编号；股东取得其股份的日期。发行无记名股票的，公司应当记载其股票数量、编号及发行日期。

(5)公司债券存根簿。发行记名公司债券时记载债券持有人的凭证，内容包括：债券持有人的名称及住所；债券持有人取得债券的日期及债券的编号：债券总额、债券的票面金额、债券的利率、债券还本付息的期限和方式；债券的发行日期。发行无记名债券的应当在公司的债券存根簿上记载债券总额、利率、偿还期限、偿还方式、发行日期和债券编号。

(6)承销或包销协议。公司向社会公开发行股票或债券时，应当由依法设立的证券经营机构承销或包销，公司应与其签订承销或包销协议。

(7)借款合同或协议。公司向银行或其他金融机构借入款项时应与其签订合同或协议。

三、投资与筹资循环所涉及的主要业务活动

(一)投资所涉及的主要业务活动

针对权益性投资的购买和出售的业务活动应当包括：

1. 投资交易的发生

由管理层对所有投资交易进行授权。交易的数量越多，授权程序必须越正式。对上市性投资的购买应当由交易经纪人的买入公告支持，对非上市性投资的购买应当由相关合同支持。两者都应当由董事会纪要(或其他授权文件)批准购买。高级员工应当在结算买价之前核对这

些文件。本项职能应当同投资购买业务的批准和记录职能分离。

2. 有价证券的收取和保存

企业所收到的凭证和有价证券应当保存在其经纪人处或由企业的银行保存在保管箱里。注册会计师应当对这些凭证和有价证券的真实性以及管理层伪造或修改这些凭证和有价证券的风险保持警惕。如果注册会计师怀疑可能存在上述情况，则应当向被投资企业询证以确定投资企业是否对其真正投资。

3. 投资收益的取得

企业收到股利和利息支票时应当予以记录并追查至银行存款单。如果企业发生了大量的投资活动，企业应当设立单独的银行账户，所有的投资收益都应当存入该账户。如果企业的经纪人安全保管着其上市股票凭证，应当由经纪人直接收取股利并存入企业的银行账户。企业应当针对相关银行账户定期编制调节表。

4. 监控程序

管理层的定期复核应当包括：

(1)定期检查持有股票凭证或有价证券的月度报表，并与投资账户余额(提供有价证券存在性的证据)相比较。

(2)检查所有的购买和销售交易，如果交易的数量有限则检查授权的证据；如果企业作为经纪人拥有大量的交易，则在测试的基础上检查有价证券完整性和发生的证据。

(3)检查经纪人的买入和卖出公告，如果交易的数量有限则可作为所有买入和卖出交易的支持性信息，如果企业作为经纪人拥有大量的交易，则在测试的基础上将投资清单的详细信息同总分类账相核对，以获取有价证券完整性、发生和估价的审计证据。

(4)将所收到的现金或所付出的支票与相关买入、卖出交易和收益的收据的授权信息相核对。

(5)针对实际业绩定期制定关键业绩指标并监控，以识别不佳的业绩或回报。

进行此项复核的证据通常应当是高级管理层在相关记录或管理层会议纪要中的签字。

(二)筹资所涉及的主要业务活动

(1)审批授权。企业通过借款筹集资金需经管理层的审批，其中债券的发行每次均要由董事会授权；企业发行股票必须依据国家相关法规或企业章程的规定，报经企业最高权力机构(如董事会)及国家有关管理部门批准。

(2)签订合同或协议。向银行或其他金融机构融资须签订借款合同，发行债券须签订债券契约和债券承销或包销合同。

(3)取得资金。企业实际取得银行或金融机构划入的款项或债券、股票的融入资金。

(4)计算利息或股利。企业应按有关合同或协议的规定，及时计算利息或股利。

(5)偿还本息或发放股利。银行借款或发行债券应按有关合同或协议的规定偿还本息，对融入的股本根据股东大会的决定发放股利。

任务二　投资与筹资循环的内部控制和控制测试

一、内部控制目标、内部控制与控制测试等的关系

下面的表13－1和表13－2分别列示与投资交易和筹资交易有关的内部控制目标、关键内部控制以及常用控制测试等的关系。

表12－1

内部控制目标	关键内部控制	常用控制测试	常用交易实质性程序
记录的投资交易均系真实发生的交易（存在或发生）	投资经过授权审批	索取投资授权批准文件，检查审批手续是否齐全	检查与投资有关的原始凭证，包括投资授权文件、被投资单位出具的股权或债权证明、投资付款记录和相关有价证券等
投资交易均已记录（完整性）	投资管理层根据交易流水单，对每笔投资交易记录进行核对、存档，并在交易结束后一个工作日内将交易凭证交投资记账员。投资记账员编制转账凭证，并附相关单据，提交会计主管复核。复核无误后进行账务处理。每周末，投资管理员与投资记账员就投资类别、资金统计进行核对，并编制核对表，分别由投资管理经理、财务经理复核并签字。如有差异，将立即调查。 对所投资的有价证券或金融资产定期盘点，并与账面记录相核对 定期与被投资单位或交易对方核对账目	询问投资业务的职责分工情况及内部对账情况 检查被审计单位是否定期与交易对方或被投资方核对账目	检查董事会会议记录、投资合同、交易对方提供的对账单、盘点报告等，确定有无未入账的交易
投资交易均已以恰当的金额计入恰当的期间	定期与被投资单位或交易对方核对账目 会计主管复核	检查被审计单位是否定期与债权人核对账目 检查会计主管复核印记	将借款记录与所附的原始凭证进行细节比对
投资交易均已记入恰当的账户	使用会计科目核算说明 会计主管复核	询问会计科目表的使用情况 检查会计主管复核印记	将投资记录与所附的原始凭证进行细节比对

注：本表以初始投资交易为例，不包括收到投资收益、收回或变现投资、期末对投资计价进行调整等交易。

表13－2

内部控制目标	关键内部控制	常用控制测试	常用交易实质性程序
记录的筹资交易均系真实发生的交易（存在或发生）	借款经过授权审批 签订借款合同或协议等相关法律文件	索取借款的授权批准文件，检查审批手续是否齐全 检查借款合同或协议	检查支持借款记录的原始凭证

续表

内部控制目标	关键内部控制	常用控制测试	常用交易实质性程序
筹资交易均已记录（完整性）	负责借款业务的信贷管理层根据综合授信协议或借款合同，逐笔登记借款备查簿，并定期与信贷记账的借款明细账核对 定期与债权人核对账目	询问借款业务的职责分工情况及内部对账情况 检查被审计单位是否定期与债权人核对账目	检查董事会会议记录、借款合同、银行询证函等，确定有无未入账的交易
筹资交易均已以恰当的金额计入恰当的期间	负责借款业务的信贷管理层根据综合授信协议或借款合同，逐笔登记借款备查簿，并定期与信贷记账员的借款明细账核对 定期与债权人核对账目 会计主管复核	询问借款业务的职责分工情况及内部对账情况 检查被审计单位是否定期与债权人核对账目 检查会计主管复核印记	将借款记录与所附的原始凭证进行细节比对
筹资交易均已记入恰当的账户	使用会计科目核算说明 会计主管复核	询问会计科目表的使用情况 检查会计主管复核印记	将借款记录与所附的原始凭证进行细节比对

注：本表以获得初始借款交易为例，不包括偿还利息和本金交易。

二、投资交易的内部控制和控制测试

（一）投资交易的内部控制

一般来讲，投资交易的内部控制主要包括下列内容：

1. 合理的职责分工

这是指合法的投资业务，应在业务的授权、业务的执行、业务的会计记录以及投资资产的保管等方面都有明确的分工，不得由一人同时负责上述任何两项工作。比如，投资业务在企业高层管理机构核准后，可由高层负责人员授权签批，由财务经理办理具体的股票或债券的买卖业务，由会计部门负责进行会计记录和财务处理，并由专人保管股票或债券。这种合理的分工所形成的相互牵制机制有利于避免或减少投资业务中发生错误或舞弊的可能性。

2. 健全的资产保管制度

企业对投资资产（指股票和债券资产）一般有两种保管方式：一种方式是由独立的专门机构保管，如在企业拥有较多的投资资产的情况下，委托银行、证券公司、信托投资公司等机构进行保管。另一种方式是由企业自行保管，在这种方式下，必须建立严格的联合控制制度，即至少要由两名以上人员共同控制，不得一人单独接触证券。

3. 详细的会计核算制度

企业的投资资产无论是自行保管还是由他人保管，都要进行完整的会计记录，并对其增减变动及投资收益进行相关会计核算。具体而言，应对每一种股票或债券分别设立明细分类账，并详细记录其名称、面值、证书编号、数量、取得日期、经纪人（证券商）名称、购入成本、收取的股息或利息等；对于联营投资类的其他投资，也应设置明细分类账，核算其他投资的投出及其投资收益和投资收回等业务，并对投资的形式（如流动资产、投资性房地产、无形资产）、投向（即接受投资单位）、投资的计价和投资收益等做出详细的记录。

4. 严格的记名登记制度

除无记名证券外，企业在购入股票或债券时应在购入的当日尽快登记于企业名下，切忌登记于经办人员名下，防止发生冒名转移并借其他名义牟取私利的舞弊行为。

5. 完善的定期盘点制度

对于企业所拥有的投资资产，应由内部审计人员或不参与投资业务的其他人员进行定期盘点，检查是否确实存在，并将盘点记录与账面记录相互核对以确认账实的一致性。

（二）评估投资交易的重大错报风险

注册会计师应当考虑重大错报风险对投资交易的影响，并对被审计单位可能发生的特定风险保持警惕。与投资交易和余额相关的特定固有风险包括：

（1）管理层错误表述投资业务或衍生金融工具业务的偏见和动机，包括为了满足预算、提高绩效奖金、提高财务报表上的报告收益、确保从银行获得额外资金、吸引潜在投资购买者或影响股价以误导投资者。

（2）所取得资产的性质和复杂程度可能导致确认和计量的错误。尽管多数被审计单位可能只拥有少量的投资，并且买入和卖出的业务不频繁，但交易的复杂性可能导致做出会计处理时出现错误。如果会计人员没有意识到不同类型投资计量或计价的复杂性，管理层通常难以发现这些错误。

（3）所持有投资的公允价值可能难以计量。

（4）管理层凌驾于控制之上，可能导致投资交易未经授权。

（5）如果对有价证券的控制不充分，权益性有价证券的舞弊和盗窃风险可能很高，从而影响投资的存在性。

（6）关于资产的所有权以及相关权利与义务的审计证据可能难以获得。获取的权益可能较为复杂，例如，在企业集团中包含有跨国公司的情形以及公司处理大量衍生金融工具交易的情形。

（7）如果负责记录投资处置业务的人员没有意识到某项投资已经卖出，则对投资的处置业务可能未经记录。对于这种处置业务，只能通过在期末进行实物检查来发现。

（三）投资交易的控制测试

投资交易的控制测试一般包括如下内容：

1. 检查控制执行留下的轨迹

注册会计师应抽取投资业务的会计记录和原始凭证，确定各项控制程序运行情况。

2. 审阅内部盘点报告

注册会计师应审阅内部审计人员或其他授权人员对投资资产进行定期盘点的报告。应审阅其盘点方法是否恰当、盘点结果与会计记录相核对情况以及出现差异的处理是否合规。如果各期盘核报告的结果未发现账实之间存在差异（或差异不大），说明投资资产的内部控制得到了有效执行。

3. 分析企业投资业务管理报告

对于企业的长期投资，注册会计师应对照有关投资方面的文件和凭据，分析企业的投资业务管理报告。在做出长期投资决策之前，企业最高管理层（如董事会）需要对投资进行可行性研究和论证，并形成一定的纪要。投资业务一经执行，又会形成一系列的投资凭据或文件，如证券投资的各类证券以及联营投资中的投资协议、合同及章程等。负责投资业务的财务经理须定期向企业最高管理层报告有关投资业务的开展情况（包括投资业务内容和投资收益实现情况及未来发展预测），即提交投资业务管理报告书，供最高管理层投资决策和控制。注册会计师应认真分析这些投资管理报告的具体内容，并对照前述有关文件和凭据资料，判断企业长期投资业务的管理情况。

三、筹资活动的内部控制和控制测试

(一)筹资活动的内部控制

筹资活动主要由借款交易和股东权益交易组成。如果股东权益增减变动的业务较少而金额较大,注册会计师在审计中一般直接执行实质性程序。企业的借款交易涉及短期借款、长期借款和应付债券,这些内部控制基本类似。因此,我们以应付债券为例说明筹资活动的内部控制和控制测试。无论是否依赖内部控制,注册会计师均应对筹资活动的内部控制获得足够的了解,以识别错报的类型、方式及发生的可能性。一般来讲,应付债券内部控制的主要内容包括:

(1)应付债券的发行要有正式的授权程序,每次均要由董事会授权。

(2)申请发行债券时,应履行审批手续,向有关机关递交相关文件。

(3)应付债券的发行,要有受托管理人来行使保护发行人和持有人合法权益的权利。

(4)每种债券发行都必须签订债券契约。

(5)债券的承销或包销必须签订有关协议。

(6)记录应付债券业务的会计人员不得参与债券发行。

(7)如果企业保存债券持有人明细分类账,应同总分类账核对相符,若这些记录由外部机构保存,则须定期同外部机构核对。

(8)未发行的债券必须由专人负责保管。

(9)债券的回购要有正式的授权程序。

如果企业应付债券业务不多,注册会计师可根据成本效益原则采取实质性方案;如果企业应付债券业务繁多,注册会计师就可考虑采取综合性方案。如果决定采取综合性方案,则应进行控制测试。

(二)评估重大错报风险

注册会计师应当在了解被审计单位的基础上考虑影响筹资交易的重大错报风险,并对被审计单位业务中可能出现的特别风险保持警惕。考虑到严格的监管环境和董事会针对筹资活动设计的严格控制,除非注册会计师对管理层的诚信产生疑虑,否则重大错报风险一般应当评估为低水平。

在实施实质性程序之前,注册会计师应当评估权益、借款、利息、股利交易和余额在报表层次与认定层次上的重大错报风险。注册会计师应当通过询问、检查文件记录、观察控制程序等方法获得确切的信息以支持对重大错报风险的评估,识别特定账户余额的影响,并设计适当的审计程序以发现和纠正剩余重大错报风险。

(三)控制测试

由于前述原因,注册会计师对股东权益、长期借款账户和余额的重大错报风险通常评估为低水平,除非筹资活动形成一种重要的交易类型,如果注册会计师拟依赖内部控制,则应实施控制测试。因此,检查风险的可接受水平较高,注册会计师应主要采用实质性分析程序和有限的细节测试。如果有不经常出现的特别风险则应当将业务环境考虑在内。

注册会计师尝试对有限数量的筹资交易实施控制测试程序是明显无效率的,对投资和筹资环境也通常如此。如果注册会计师主要实施实质性程序,则需要对控制活动进行记录以识别可能产生的重大错报风险,以确保实施的实质性程序能够恰当应对所识别的重大错报风险。

任务三　投资和筹资循环的实质性程序

一、投资交易的实质性程序

（一）实质性分析程序

实质性分析程序的有效性取决于企业的权益性投资和债权性投资交易及其余额的重要性。如果会计期间内投资交易的买入和卖出业务较少，注册会计师可以通过细节测试有效地获取充分适当的审计证据。然而，如果投资交易业务频繁和重要，注册会计师可以考虑通过比较投资和投资收益本期数、前期数与预期数等实质性分析程序来获取充分适当的审计证据。

如果被审计单位持有不同类型的投资业务，如各种类型的上市性投资、债券和贷款，企业应当对持有的投资组合制定政策，管理层可能使用关键业绩指标来进行管理。注册会计师应当重新计算相关比率以测试管理层所使用的关键业绩指标的有效性。如果该指标不符合预期，注册会计师应当询问管理层所采取的行动。任何偏差或未预期的趋势都应当同管理层讨论，因为它们可能表明存在潜在的错误或舞弊。

（二）交易的细节测试

(1)投资购入。在制造业企业或贸易行业中，投资交易往往较少发生，审计方法通常是细节测试。然而，如果投资交易业务量较大，注册会计师应当评估对内部控制的依赖程度，复核管理层证实该复核程序是否频繁执行。注册会计师应当检查购买业务的授权情况。如果投资是通过证券交易买入的，则买入的证据是经纪人的交易清单。

(2)投资卖出。注册会计师应当检查出售的授权情况。

(3)投资收益。持有公司股票所获得的收益来源于该公司所宣告的股利。如果注册会计师已就上年度期末持有股票的存在性和所有权进行了审计，并就本年度股票的买入和卖出情况获取了审计证据，则注册会计师可以此为基础进一步检查相关公司宣告的股利是否已经收到并记录。

通常与投资相关的重要项目包括长期股权投资和投资收益审计等。下面介绍这些项目的审计。

（三）长期股权投资审计

1. 长期股权投资的审计目标

长期股权投资的审计目标一般包括：确定资产负债表中列示的长期股权投资是否存在；确定所有应当列示的长期股权投资是否均已列示；确定列示的长期股权投资是否由被审计单位拥有或控制；确定长期股权投资是否以恰当的金额包括在财务报表中，与之相关的计价调整是否已恰当记录；确定长期股权投资是否已按照企业会计准则的规定在财务报表中作出恰当列报。

2. 长期股权投资的实质性程序

长期股权投资的实质性程序通常包括：

(1)获取或编制长期股权投资明细表，复核加计正确，并与总账数和明细账合计数核对相符；结合长期股权投资减值准备科目与报表数核对相符。

(2)根据有关合同和文件，确认股权投资的股权比例和持有时间，检查股权投资核算方法是否正确。

(3)对于重大的投资，向被投资单位函证被审计单位的投资额、持股比例及被投资单位发放股利等情况。

(4)对于应采用权益法核算的长期股权投资，获取被投资单位已经注册会计师审计的年度财务报表；如果未经注册会计师审计，则应考虑对被投资单位的财务报表实施适当的审计或审阅程序。

(5)对于采用成本法核算的长期股权投资，检查股利分配的原始凭证及分配决议等资料，确定会计处理是否正确；对被审计单位实施控制而采用成本法核算的长期股权投资，比照权益法编制变动明细表，以备合并报表使用。

(6)对于成本法和权益法相互转换的，检查其投资成本的确定是否正确。

(7)确定长期股权投资的增减变动的记录是否完整。

(8)期末对长期股权投资进行逐项检查，以确定长期股权投资是否已经发生减值。

(9)结合银行借款等的检查，了解长期股权投资是否存在质押、担保情况。如有，则应详细记录，并提请被审计单位进行充分披露。

(10)确定长期股权投资在资产负债表中已恰当列报。与被审计单位人员讨论确定是否存在被投资单位由于所在国家和地区及其他方面的影响，其向被审计单位转移资金的能力受到限制的情况。如存在，应详细记录受限情况，并提请被审计单位充分披露。

(四)投资收益审计

1. 投资收益的审计目标

投资收益的审计目标一般包括：确定利润表中列示的投资收益是否已真实赚取，且与被审计单位有关；确定所有应当列示的投资收益是否均已列示；确定与投资收益有关的金额及其他数据是否已恰当记录；确定投资收益是否已反映于正确的会计期间；确定投资收益是否已记录于恰当的账户；确定投资收益是否已按照企业会计准则的规定在财务报表中作出恰当的列报。

2. 投资收益的实质性程序

投资收益的实质性程序通常包括：

(1)获取或编制投资收益分类明细表，复核加计正确，并与总账数和明细账合计数核对相符，与报表数核对相符。

(2)与以前年度投资收益比较，结合投资本期的变动情况，分析本期投资收益是否存在异常现象；如有，应查明原因，并做出适当的调整。

(3)与长期股权投资、交易性金融资产、交易性金融负债、可供出售金融资产、持有至到期投资等相关项目的审计结合，验证确定投资收益的记录是否正确，确定投资收益被计入正确的会计期间。

(4)确定投资收益已恰当列报。检查投资协议等文件，确定国外的投资收益汇回是否存在重大限制；若存在重大限制，应说明原因，并做出恰当披露。

二、筹资活动的实质性程序

(一)实质性分析程序

实质性分析程序包括与上年度或预算的比较、比率分析、财务与非财务信息的比较等，是在注册会计师对企业业务进行了解的基础上实施的。当对权益和借款交易与余额执行实质性分析程序时，这些步骤为：

1. 建立预测或预期

主要采用资本绩效和财务管理有关的比率。资本绩效和财务管理比率可能在行业基础上并不具有可比性，但对企业不同时间内经营业绩的比较来说可能是不错的办法。

2. 计算真实数据与预期之间的差异

计算差异包括各种比率的计算，包括管理层用来监控企业的关键业绩指标。将计算结果与上期结果、预算数以及与客户的历史记录相比较。对管理层所使用关键业绩指标的计算，以及对发现问题时相关纠正措施的询问程序，可以提供管理层监控程序运行是否有效的证据。

3. 调查重大差异并运用判断

注册会计师应当根据前述预期值来进行比率分析。任何未预期的波动都应当与管理层进行讨论，并在必要时进一步调查。

4. 确定重大差异或临界值

注册会计师应当通过询问程序确定管理层用来作为关键业绩指标的比率或基准数据是否存在重大错报风险，并考虑影响盈利能力、现金流量、业务持续性和管理层监控程序的趋势。

5. 记录得出结论的基础

注册会计师应当就所收集到的审计证据能否支持所选择的认定或审计目标得出结论。

(二)交易的细节测试

注册会计师对筹资活动实施的细节测试，主要包括就借款和权益的发生、完整性、准确性、截止和分类认定获取审计证据。在期末，注册会计师应当主要就账户余额的存在性、权利和义务、完整性、计价和分摊认定，以及借款和权益以账面价值列报与披露的情况获取审计证据。

借款是企业承担的一项经济义务，是企业的负债项目，包括短期借款、长期借款和应付债券。注册会计师对于负债项目的审计，主要是防止企业低估债务。低估债务经常伴随着低估成本费用，从而高估利润的目的。因此，注册会计师在执行借款业务审计时，应将被审计单位是否低估借款作为一个关注的要点。

所有者权益，是企业投资者对企业净资产的所有权，包括投资者对企业的投入资本以及企业存续过程中形成的资本公积、盈余公积和未分配利润。根据资产负债表的平衡原理，所有者权益在数量上等于企业的全部资产减去全部负债后的余额，即企业净资产数额。如果注册会计师能够对企业的资产和负债进行充分的审计，证明两者的期初余额、期末余额和本期变动都是正确的，这便从侧面为所有者权益的期末余额和本期变动的正确性提供了有力的证据。同时，由于所有者权益增减变动的业务较少、金额较大的特点，注册会计师在审计了企业的资产和负债之后，往往只需花费相对较少的时间对所有者权益进行审计。尽管如此，在审计过程中，对所有者权益进行单独审计仍是十分必要的。

下面择要说明对借款项目(短期借款和长期借款)和所有者权益项目(长期股权投资、实收资本和资本公积)的审计。

(三)短期借款的审计

1. 短期借款的审计目标

短期借款的审计目标一般包括：确定资产负债表中列示的短期借款是否存在；确定所有应当列示的短期借款是否均已列示；确定列示的短期借款是否为被审计单位应当履行的现时义务；确定短期借款是否以恰当的金额列示在财务报表中，与之相关的计价调整是否已恰当记录；确定短期借款是否已按照企业会计准则的规定在财务报表中做出恰当列报。

2. 短期借款的实质性程序

短期借款的实质性程序通常包括：

(1)获取或编制短期借款明细表。注册会计师应首先获取或编制短期借款明细表，复核其加计数是否正确，并与明细账和总账核对相符。

(2)函证短期借款的实有数。注册会计师应当对银行借款及与金融机构往来的其他重要信息实施函证程序，除非有充分证据表明某一借款及金融机构往来的其他重要信息对财务报表不重要且与之相关的重大错报风险很低。如果不对某一借款及与金融机构往来的其他重要信息实施函证程序，注册会计师应当在审计工作底稿中说明理由。

(3)检查短期借款的增加。对年度内增加的短期借款，注册会计师应检查借款合同和授权批准，了解借款数额、借款条件、借款日期、还款期限、借款利率，并与相关会计记录相核对。

(4)检查短期借款的减少。对年度内减少的短期借款，注册会计师应检查相关记录和原始凭证，核实还款数额。

(5)检查有无到期未偿还的短期借款。注册会计师应检查相关记录和原始凭证，检查被审计单位有无到期未偿还的短期借款，如有，则应查明是否已向银行提出申请并经同意后办理延期手续。

(6)复核短期借款利息。注册会计师应根据短期借款的利率和期限，复核被审计单位短期借款的利息计算是否正确，有无多算或少算利息的情况，如有未计利息和多计利息，应做出记录，必要时进行调整。

(7)检查外币借款的折算。如果被审计单位有外币短期借款，注册会计师应检查外币短期借款的增减变动是否按业务发生时的市场汇率或期初市场汇率折合为记账本位币金额；期末是否按市场汇率将外币短期借款余额折合为记账本位币金额；折算差额是否按规定进行会计处理；折算方法是否前后期一致。

(8)检查短期借款在资产负债表中的列报是否恰当。企业的短期借款在资产负债表中通常设“短期借款”项目单独列示，对于因抵押而取得的短期借款，应在资产负债表附注中揭示，注册会计师应注意被审计单位对短期借款项目的披露是否充分。

(四)长期借款的审计

1. 长期借款的审计目标

长期借款的审计目标一般包括：确定资产负债表中列示的长期借款是否存在；确定所有应当列示的长期借款是否均已列示；确定列示的长期借款是否为被审计单位应当履行的现时义务；确定长期借款是否以恰当的金额列示在财务报表中，与之相关的计价调整是否已恰当记录；确定长期借款是否已按照企业会计准则的规定在财务报表中做出恰当列报。

2. 长期借款的实质性程序

长期借款的实质性程序通常包括：

(1)获取或编制长期借款明细表，复核其加计数是否正确，并与明细账和总账核对相符。

(2)了解金融机构对被审计单位的授信情况以及被审计单位的信用等级评估情况，了解被审计单位获得短期借款和长期借款的抵押与担保情况，评估被审计单位的信誉和融资能力。

(3)对年度内增加的长期借款，应检查借款合同和授权批准，了解借款数额、借款条件、借款日期、还款期限、借款利率，并与相关会计记录相核对。

(4)检查长期借款的使用是否符合借款合同的规定，重点检查长期借款使用的合理性。

(5)向银行或其他债权人函证重大的长期借款。

(6)对年度内减少的长期借款，注册会计师应检查相关记录和原始凭证，核实还款数额。

(7)检查年末有无到期未偿还的借款，逾期借款是否办理了延期手续，分析计算逾期借款的金额、比率和期限，判断被审计单位的资信程度和偿债能力。

(8)计算短期借款、长期借款在各个月份的平均余额,选取适用的利率匡算利息支出总额,并与财务费用的相关记录核对,判断被审计单位是否高估或低估利息支出,必要时进行适当调整。

(9)检查非记账本位币折合记账本位币时采用的折算汇率,折算差额是否按规定进行会计处理。

(10)检查借款费用的会计处理是否正确。借款费用,指企业因借款而发生的利息及其他相关成本,包括折价或溢价的摊销、辅助费用以及因外币借款而发生的汇兑差额。按照《企业会计准则第17号——借款费用》的规定,企业发生的借款费用,可直接归属于符合资本化条件的资产的购建或生产的,应当予以资本化,计入相关资产成本;其他借款费用,应当在发生时根据其发生额确认费用,计入当期损益。

(11)检查企业抵押长期借款的抵押资产的所有权是否属于企业,其价值和实际状况是否与抵押契约中的规定相一致。

(12)检查企业重大的资产租赁合同,判断被审计单位是否存在资产负债表外融资的现象。

(13)检查长期借款是否已在资产负债表中充分披露。

(五)长期股权投资的审计

长期股权投资的实质性审计程序为:

(1)获取或编制长期借款明细表。注册会计师应首先获取或编制长期借款明细表,复核其加计数是否正确,并与明细账和总账核对相符。

(2)函证长期借款的实有数。

(3)检查长期借款的增加。对年度内增加的长期借款,注册会计师应检查借款合同和授权批准,了解借款数额、借款条件、借款日期、还款期限、借款利率,并与相关会计记录相核对;检查长期借款的减少。对年度内减少的长期借款,注册会计师应检查相关记录和原始凭证,核实还款数额,检查有无到期未偿还的长期借款。

(4)复核长期借款利息。

(5)检查长期借款在资产负债表上的列报是否恰当。企业的长期借款在资产负债表上通常设"长期借款"项目单独列示,对于因抵押而取得的长期借款,应在资产负债表附注中揭示。注册会计师应注意被审计单位对长期借款项目的披露是否充分。

(六)实收资本审计

实收资本的实质性审计程序为:

(1)取得或编制实收资本(股本)明细表,复核其加计数是否准确,并与明细账、总账和报表有关项目的余额进行核对。对于股份制公司,应与公司股东登记簿进行核对。

(2)索取法定验资机构对实收资本(股本)的验资报告、股份有限公司设立的批准文件及公司合同章程、股东大会和董事会决议中有关注册资本的规定,检查投入资本是否真实存在、是否符合国家法律法规的规定、是否记录完整。

(3)检查明细账、记账凭证及原始凭证。

(4)检查实收资本(股本)是否已在会计报表中恰当披露。重点检查是否在报表附注中披露。

(5)完成实收资本(股本)审定表。

(七)资本公积的审计

资本公积的实质性审计程序为:

(1)检查资本公积增减变动的内容及其依据,并查阅相关会计记录和原始凭证,以确认其增减变动的合法性和正确性。

(2)资本折算差额的会计处理是否正确。验证接受的实物捐赠是否按同类资产的市场价格或根据所提供的有关凭证所确定的价值入账。

(3)验证对财产价值进行重估产生的增值是否经国有资产管理部门等机构确认,其会计处理是否正确。

(4)验证资本公积转增股本(实收资本)是否经授权批准。

(5)验明资本公积是否已在资产负债上恰当披露。

【同步案例 13-1】

某注册会计师和一位助理人员对某公司 2014 年 12 月 31 日会计报表进行审计。该公司用剩余现金购置了数量较大的长期投资有价证券,并存放于当地某银行的保险箱,并规定只有公司总经理或财务部经理才可以开启保险箱。由于 12 月 31 日公司的总经理和财务部经理不能共同去银行盘点有价证券,经约定,2015 年 1 月 11 日由助理审计人员和财务经理一同至银行盘点。

要求:(1)假定该助理人员以前未参与过有价证券盘点,该注册会计师应要求在盘点时执行哪些审计步骤?

(2)假定该助理人员盘点后得知,公司财务经理于 1 月 4 日曾开启保险箱,并声称开启保险箱是为了查阅一份文件。由于财务经理的上述行动,该注册会计师应增加哪些审计程序?

解析:(1)应当执行的审计程序包括:①询问保险箱开启的内部管理制度,如在何种情况下可开启、需有几人同时在场、应当做出哪些记录、保险箱内所保管物品一般是什么物品、是否建立了详细的书面记录。②注意观察保管条件,是否确能保证物品的安全、完整。③审查开启记录,是否均做出完整、详细的记录。④审查所保管物品的书面记录,验证其增减变动是否已做出详细记录。⑤认真清点所保管物品的数量,并做出详细记录,对于有价证券,还应记录其数量、面值、编号、户名、发行单位等。⑥编制盘点表,并请相关人员签名、盖章。⑦核对保险箱内的实存物品是否与书面记录一致。

(2)应当补充执行程序:①审查开启记录,是否有 1 月 4 日开启的记录,并验证其开启记录是否符合相关规定。②是否有财务经理所称的文件、那份文件现在何处。③当前所保管的证券与 1 月 4 日之前证券的是否相同,若不符,应进一步查明其原因。

【同步案例 13-2】

某注册会计师对家丽公司 2014 年会计报表进行审计。在该年度内,家丽公司向银行申请到了一笔长期贷款。贷款合同规定:

(1)贷款以公司存货和应收账款为担保。

(2)家丽公司债务与所有者权益之比应经常保持不高于 2∶1

(3)非经银行同意不得派发股利。

(4)自 2015 年 7 月 1 日起分期偿还贷款。

要求:如果不考虑相关的内部控制制度,该注册会计师审查上述长期贷款项目时,应包括哪些审计程序?

解析:应当实施的审计程序包括:

(1)审查相关的贷款合同,查明合同规定的贷款条件。

(2)审查管理当局的会议纪要,查明该贷款是否经过了最高管理当局的批准,有无批准文件。

(3)复核相关利息费用的计算及其账务处理是否合规、正确。

(4)审查贷款担保物是否安全、完整?债务与所有者权益之比是否合规?即是否遵循了贷款合同规定的条件。

(5)若当年度发放股利,则还应查明是否已获得贷款银行的同意。

(6)是否已在会计报表附注进行了充分披露。

★★★ 应知考核 ★★★

一、单项选择题

1.检查被审计单位的长期借款业务时,如发现有逾期未偿还的长期借款,注册会计师首先应当实施的审计程序是(　　)。

A.核实是否办理了延期还款手续　　B.判断被审计单位的偿债能力

C.判断被审计单位的资信程度　　D.计算逾期贷款的金额和比率

2.注册会计师李明在执行天星公司年度审计业务时,为确认被审计单位借款和所有者权益的增减变动及其利息和股利已登记入账这一认定目标,应执行的实质性程序是(　　)。

A.检查股东是否已按合同、协议、章程约定时间缴付出资额,其出资额是否经注册会计师审验

B.向银行或其他金融机构、债券包销人函证,并与账面余额核对

C.检查年度内借款和所有者权益增减的原始凭证,核实变动的真实性和合规性,检查授权批准手续是否完备、入账是否及时准确

D.确定借款和所有者的披露是否恰当,注意一年内到期的借款是否列入流动负债

3.A注册会计师拟对H公司与借款活动相关的内部控制进行测试,下列程序中不属于控制测试程序的是(　　)。

A.索取借款的授权批准文件,检查批准的权限是否恰当、手续是否齐全

B.观察借款业务的职责分工,并将职责分工的有关情况记录于审计工作底稿中

C.计算短期借款、长期借款在各个月份的平均余额,选取适用的利率匡算利息支出总额,并与财务费用等项目的相关记录核对

D.抽取借款明细账的部分会计记录,按原始凭证到明细账再到总账的顺序核对有关会计处理过程,以判断其是否合规

4.在确认应分担被投资单位发生的净亏损时,应首先冲减长期股权投资的账面价值,其次冲减其他实质上构成对被投资单位净投资的长期权益账面价值(如长期应收款等);如果按照投资合同和协议约定被审计单位仍需承担额外损失义务的,注册会计师认为应按预计承担的义务确认(　　)。

A.资本公积　　B.应付账款　　C.其他应付款　　D.预计负债

5.2015年1月1日M公司取得N公司25%的股权且具有重大影响,按权益法核算。取得长期股权投资时,被投资方某项长期资产的账面价值为80万元,M公司确认的公允价值为120万元,其他资产、负债的账面价值与公允价值相符,2015年12月31日,该项长期资产的可收回金额为60万元,N公司确认了20万元减值损失。2015年N公司实现净利润500万元,则注册会计师认为被审计单位M公司应确认投资收益是(　　)万元。

A.150　　B.144　　C.138　　D.115

6.被审计单位M企业于2015年1月1日用一批原材料对N企业进行长期股权投资，占N企业60%的股权。投出的原材料账面余额为5 000万元，公允价值为5 500万元；投资时N企业可辨认净资产公允价值为11 000万元。假设M、N公司不存在关联关系，属于非同一控制下的企业合并。双方增值税税率均为17%。则被审计单位投资时长期股权投资的初始入账价值为(　　)万元。

A.6 435　　B.5 500　　C.5 000　　D.6 600

7.企业发生的下列事项中，影响“投资收益”的是(　　)。

A.交易性金融资产持有期间收到不属于包含在买价中的现金股利

B.期末交易性金融资产的公允价值大于账面余额

C.期末交易性金融资产的公允价值小于账面余额

D.交易性金融资产持有期间收到包含在买价中的现金股利

8.被审计单位以下内部控制中不妥当的是(　　)。

A.由企业自行保管的，由两名以上人员共同控制，不得一人单独接触证券

B.投资业务在企业高层管理机构核准后，由高层负责人员授权签批，由财务经理办理具体的股票或债券的买卖业务，由会计部门负责进行会计记录和财务处理

C.除无记名证券外，企业在购入股票或债券时应在购入的当日尽快登记于经办人员名下

D.对于企业所拥有的投资资产，由内部审计人员或不参与投资业务的其他人员进行定期盘点

9.投资与筹资循环的特征是，影响本循环账户余额的业务数量较少，但每笔业务的金额通常很大。基于这个特点，在审计时，可以采用的审计方法是(　　)。

A.抽样　　B.实质性分析程序　　C.大量的控制测试　　D.细节测试

10.在投资活动内部控制良好的前提下，对投资业务具有审批授权的是(　　)。

A.财务经理　　B.高层管理机构　　C.股东大会　　D.证券投资部经理

二、多项选择题

1.注册会计师在审查北方公司的对外投资内部控制中，检查被审计单位办理对外投资中属于不相容岗位的有(　　)。

A.有价证券投资总账和明细账登记　　B.转让有价证券的执行与审批

C.有价证券投资预算的编制与审批　　D.证券部从事证券买卖与会计记录

2.下列各项活动中，属于筹资涉及的主要业务活动的有(　　)。

A.筹资的审批授权　　B.签订合同或协议　　C.取得资金　　D.计算利息或股息

3.下列凭证或会计记录中，属于筹资活动涉及的主要凭证和会计记录的有(　　)。

A.债券契约　　B.股东名册　　C.经纪人通知书　　D.股票或债券登记簿

4.下列各种内部控制程序中，属于控制“借款和所有者权益的增减变动及其利息和股利已登记入账”的有(　　)。

A.如保存债券持有人的明细资料，应同总分类账核对相符

B.借款或发行股票经过授权审批

C.筹资业务的会计记录、授权和执行等方面明确职责分工

D.借款合同或协议由专人保管

5.为了验证被审计单位投资账面余额是否为资产负债表日确实存在的投资，注册会计师通常实施的控制测试审计程序包括(　　)。

A.索取投资的授权批文，检查权限是否恰当、手续是否齐全

B.观察并描述业务的职责分工

C.索取投资合同或协议，检查是否合理有效

D.了解证券资产的保管制度，检查被审计单位自行保管时，存取证券是否进行详细的记录并由所有经手人员签字

三、简答题

1.简述投资与筹资循环的性质。

2.简述投资与筹资循环的主要凭证与会计记录。

3.简述投资交易的实质性分析程序。

4.简述长期股权投资的实质性程序。

5.简述应付债券内部控制的主要内容。

四、技能案例

1.2015年2月8日通达会计师事务所接受委托对昌盛公司2014年度财务报表进行审计，注册会计师张怡在对昌盛公司2014年度财务报表进行审计过程中，发现以下事项，应当如何处理？

(1)长期股权投资账面价值为200万元，被投资企业已破产。

(2)被投资企业为海外公司，长期股权投资占股权份额为40%，累计确认投资收益600万元，其中本年度确认200万元，但无法获取被投资企业的财务报表。

(3)2014年1月1日对华清公司进行股权投资，所占份额为60%，但昌盛公司按照权益法对华清公司进行核算。

2.审计人员对鸿华股份公司2015年度财务报表进行审计时，发现该公司在2015年度注册资本增加800万元。

思考与讨论：

(1)指出上述增加注册资本的可能来源。

(2)怎样审查其合法性？

3. 注册会计师在审查ABC公司2015年度财务报表时发现，2015年3月1日，ABC公司经批准按面值发行了30 000万元二年期、到期还本付息的企业债券，债券票面月利率4‰，其中的18 000万元用于建造生产厂房(2015年12月31日尚未完工)，12 000万元用于补充流动资金。ABC公司对债券发行做了相应的会计处理，但未计提2015年度的债券利息。

思考与讨论：

判断上述事项的会计处理是否恰当，提出调整。

★★★ 应会考核 ★★★

【考核项目】

投资与筹资循环审计

【背景资料】

ABC会计师事务所承接了乙上市公司2015年度的财务报表审计业务。注册会计师A负责本次审计工作，在审计过程中发现以下事项：

(1)2015年4月1日，乙公司经批准按面值发行20 000万元三年期、票面月利率4‰、到期一次还本付息的公司债券。所筹资金60%用于基建工程(工期二年)，40%用于补充流动资金。乙公司当年未计提债券利息，只是进行了债券发行的账务处理。

(2)乙公司对投资性房地产采用公允价值计量模式。2015年1月1日，该企业将一项固定资产转换为投资性房地产。该固定资产的账面余额为100万元，已提折旧20万元，已经计提的减值准备为10万元。该投资性房地产的公允价值为150万元。乙公司将该项投资性房地产的公允价值与账面价值的差额计入到了其他业务收入。

(3)2015年1月1日，由于丁公司增加了新的投资者和资本，使乙公司在丁公司中持有的股权比例由原来的45%降至15%。乙公司因此将对丁公司的长期股权投资核算方法由权益法改为成本法，冲回自2010年至2013年原按权益法核算已计入投资收益中的属于30%的部分，共计1 200万元，相应调整为2015年度的投资损失。

(4)乙公司于2015年2月10日，购入某上市公司股票10万股，每股价格为15元(其中包含已宣告发放但尚未领取的现金股利每股0.5元)，甲公司购入的股票暂不准备随时变现，划分为可供出售金融资产，甲公司购买该股票另支付手续费等10万元。2015年末该股票的公允价值达到了每股18元，乙公司对年末股票公允价值的变更没有做任何处理。

(5)A注册会计师发现2015年9月8日，乙公司支付价款106万元从二级市场购入A公司发行的股票10万股，每股价格10.6元(含已宣告但尚未发放的现金股利0.6元)，另支付交易费用1万元。

甲公司做了如下会计处理：

借：交易性金融资产——成本　　101

　　应收股利　　6

　　贷：银行存款　　107

A注册会计师了解到该股票年末市场价格为每股15元，乙公司将持有的A公司股权划分为交易性金融资产，且持有A公司股权后对其无重大影响。甲公司年末对该股票按公允价格做了如下会计处理：

借：交易性金融资产——公允价值变动　　50

　　贷：资本公积——其他资本公积　　50

【考核要求】

针对资料中的五个事项，如果注册会计师A认为均比较重要，则应就乙公司2015年度财务报表及其附注，向乙公司分别提出何种审计建议？若应当建议作出审计调整的，请列示审计调整分录(不考虑分录对所得税费用、营业税金及附加、期末结转损益类科目及对利润分配的影响)。

★★★ 项目实训 ★★★

【实训项目】

长期贷款项目审计。

【实训目的】

通过实践，掌握长期贷款项目审计。

【实训情境】

注册会计师对家丽公司2014年度会计报表进行审计。在该年度内，家丽公司向银行申请到了一笔长期贷款。贷款合同规定：

(1)贷款以公司存货和应收账款为担保。

(2)家丽公司债务与所有者权益之比应经常保持不高于2∶1

(3)非经银行同意不得派发股利。

(4)自2015年7月1日起分期偿还贷款。

【实训要求】

如果不考虑相关的内部控制制度，该注册会计师审查上述长期贷款项目时，应包括哪些审计程序？

项目十四　货币资金审计

知识目标

理解：货币资金与交易循环、涉及的主要凭证和会计记录、货币资金内部控制。
熟知：库存现金审计和银行存款审计的目标。
掌握：库存现金审计和银行存款审计的内部控制测试与实质性程序。

技能目标

能够对库存现金、银行存款和其他货币资金进行审计。

知识支撑

任务一　货币资金审计概述

一、货币资金与交易循环

货币资金与各交易循环均直接相关，如图14－1所示。需要说明的是，图14－1仅选取各业务循环中具有代表性的会计科目或财务报表项目予以列示，并未包括各业务循环中与货币资金有关的全部会计科目或财务报表项目。

二、涉及的主要凭证和会计记录

货币资金涉及的凭证和会计记录主要有：①现金盘点表；②银行对账单；③银行存款余额调节表；④有关科目的记账凭证；⑤有关会计账簿。

三、货币资金内部控制概述

（一）岗位分工及授权批准

（1）企业应当建立货币资金业务的岗位责任制，明确相关部门和岗位的职责权限，确保办理货币资金业务的不相容岗位相互分离、制约和监督。出纳人员不得兼任稽核、会计档案保管和收入、支出、费用、债权债务账目的登记工作。企业不得由一人办理货币资金业务的全过程。

（2）企业应当对货币资金业务建立严格的授权批准制度，明确审批人对货币资金业务的授权批准方式、权限、程序、责任和相关控制措施，规定经办人办理货币资金业务的职责范围和工作要求：审批人应当根据货币资金授权批准制度的规定，在授权范围内进行审批，不得超越审批权限。经办人应当在职责范围内，按照审批人的批准意见办理货币资金业务。对于审批人

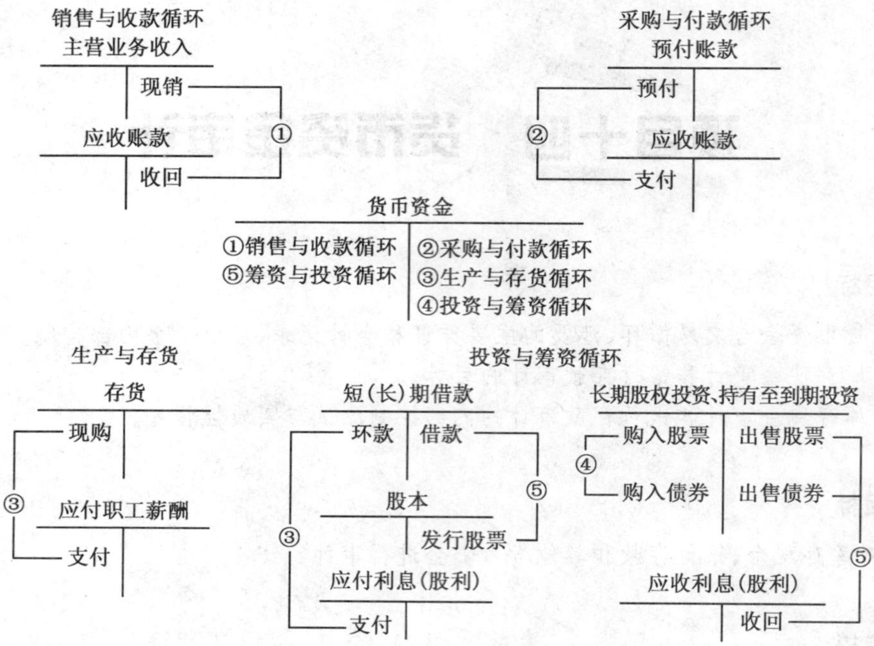

图 14－1　货币资金与交易循环的关系

超越授权范围审批的货币资金业务，经办人员有权拒绝办理，并及时向审批人的上级授权部门报告。

(3)企业应当按照规定的程序办理货币资金支付业务。

(4)企业对于重要货币资金支付业务，应当实行集体决策和审批，并建立责任追究制度，防范贪污、侵占、挪用货币资金等行为。

(5)严禁未经授权的机构或人员办理货币资金业务或直接接触货币资金。

(二)现金和银行存款的管理

(1)企业应当加强现金库存限额的管理，超过库存限额的现金应及时存入银行。

(2)企业必须根据《现金管理暂行条例》的规定，结合本企业的实际情况，确定本企业现金的开支范围。不属于现金开支范围的业务应当通过银行办理转账结算。

(3)企业现金收入应当及时存入银行，不得用于直接支付企业自身的支出。因特殊情况需坐支现金的，应事先报经开户银行审查批准。企业借出款项必须执行严格的授权批准程序，严禁擅自挪用、借出货币资金。

(4)企业取得的货币资金收入必须及时入账，不得私设“小金库”，不得账外设账，严禁收款不入账。

(5)企业应当严格按照《支付结算办法》等国家有关规定，加强银行账户的管理，严格按照规定开立账户，办理存款、取款和结算。

(6)企业应当严格遵守银行结算纪律，不准签发没有资金保证的票据或远期支票，套取银行信用；不准签发、取得和转让没有真实交易与债权债务的票据，套取银行和他人资金；不准无理拒绝付款，任意占用他人资金；不准违反规定开立和使用银行账户。

(7)企业应当指定专人定期核对银行账户(每月至少核对一次)，编制银行存款余额调节表，使银行存款账面余额与银行对账单调节相符。如调节不符，应查明原因，及时处理。

(8)企业应当定期和不定期地进行现金盘点，确保现金账面余额与实际库存相符。发现不符，及时查明原因，做出处理。

(三)票据及有关印章的管理

(1)企业应当加强与货币资金相关的票据的管理，明确各种票据的购买、保管、领用、背书转让、注销等环节的职责权限和程序，并专设登记簿进行记录，防止空白票据的遗失和被盗用。

(2)企业应当加强银行预留印鉴的管理。财务专用章应由专人保管，个人名章必须由本人或其授权人员保管。严禁一人保管支付款项所需的全部印章。

按规定需要有关负责人签字或盖章的经济业务，必须严格履行签字或盖章手续。

(四)监督检查

(1)企业应当建立对货币资金业务的监督检查制度，明确监督检查机构或人员的职责权限，定期和不定期地进行检查。

(2)货币资金监督检查的内容主要包括：①货币资金业务相关岗位及人员的设置情况。②货币资金授权批准制度的执行情况。③支付款项印章的保管情况。④票据的保管情况。

(3)对监督检查过程中发现的货币资金内部控制中的薄弱环节，应当及时采取措施，加以纠正和完善。

任务二 库存现金审计

一、库存现金审计目标

库存现金的审计目标一般应包括(括号内的为相应的财务报表认定)：

(1)确定被审计单位资产负债表的货币资金项目中的库存现金在资产负债表日是否确实存在。(存在)

(2)确定被审计单位所有应当记录的现金收支业务是否均已记录完毕，有无遗漏。(完整性)

(3)确定记录的库存现金是否为被审计单位所拥有或控制。(权利和义务)

(4)确定库存现金以恰当的金额包括在财务报表的货币资金项目中，与之相关的计价调整已恰当记录。(计价和分摊)

(5)确定库存现金是否已按照企业会计准则的规定在财务报表中做出恰当列报。(列报)

二、库存现金内部控制测试

(一)库存现金内部控制的特点

一般而言，一个良好的现金内部控制应该达到以下几点：①现金收支与记账的岗位分离。②现金收支要有合理、合法的凭据。③全部收入及时准确入账，全部支出要有核准手续。④控制现金坐支，当日收入现金应及时送存银行。⑤按月盘点现金，以做到账实相符。⑥加强对现金收支业务的内部审计。

(二)库存现金内部控制的测试

1. 了解现金内部控制

一般来说，了解现金内部控制时，注册会计师应当注意检查库存现金内部控制的建立和执行情况，重点包括：①库存现金的收支是否按规定的程序和权限办理；②是否存在与被审计单位经营无关的款项收支情况；③出纳与会计的职责是否严格分离；④库存现金是否妥善保管，是否定期盘点、核对等。

2. 抽取并检查收款凭证

为测试现金收款的内部控制，注册会计师应按现金的收款凭证分类，选取适当的样本量，作如下检查：①核对现金日记账的收入金额是否正确。②核对现金收款凭证与应收账款明细账的有关记录是否相符。③核对实收金额与销货发票是否一致等。

3. 抽取并检查付款凭证

为测试现金付款内部控制，注册会计师应按照现金付款凭证分类，选取适当的样本量，作如下检查：①检查付款的授权批准手续是否符合规定。②核对现金日记账的付出金额是否正确。③核对现金付款凭证与应付账款明细账的记录是否一致。④核对实付金额与购货发票是否相符等。

4. 抽取一定期间的库存现金日记账与总账核对

注册会计师应抽取一定期间的库存现金日记账，检查其加总是否正确无误，库存现金日记账是否与总分类账核对相符。

5. 检查外币现金的折算方法是否符合有关规定，是否与上年度一致

对于有外币现金的被审计单位，注册会计师应检查外币库存现金日记账及“财务费用”、“在建工程”等账户的记录，确定企业有关外币现金的增减变动是否采用交易发生日的即期汇率将外币金额折算为记账本位币金额，或者采用按照系统合理的方法确定的、与交易发生日即期汇率近似的汇率折算为记账本位币，选择采用汇率的方法前后各期是否一致；检查企业的外币现金的期末余额是否采用期末即期汇率折算为记账本位币金额；折算差额的会计处理是否正确。

6. 评价库存现金的内部控制

注册会计师在完成上述程序之后，即可对库存现金的内部控制进行评价。评价时，注册会计师应首先确定库存现金内部控制可信赖的程度以及存在的薄弱环节和缺点，然后据以确定在库存现金实质性程序中对哪些环节可以适当减少审计程序，对哪些环节应增加审计程序并作重点检查，以减少审计风险。

三、库存现金的实质性程序

(1)核对库存现金日记账与总账的金额是否相符，检查非记账本位币库存现金的折算汇率及折算金额是否正确。注册会计师测试现金余额的起点是，核对库存现金日记账与总账的金额是否相符。如果不相符，应查明原因，必要时应建议做出适当调整。

(2)监盘库存现金。监盘库存现金是证实资产负债表中货币资金项目下所列库存现金是否存在的一项重要审计程序。盘点和监盘库存现金的步骤与方法主要有：

①制订监盘计划，确定监盘时间。对库存现金的监盘最好实施突击性的检查，时间最好选择在上午上班前或下午下班时，盘点的范围一般包括被审计单位各部门经管的现金。在进行现金盘点前，应由出纳员将现金集中起来存入保险柜。必要时可加以封存，然后由出纳员把已办妥现金收付手续的收付款凭证登入库存现金日记账。如被审计单位库存现金存放部门有两处或两处以上的，应同时进行盘点。

②审阅库存现金日记账，并同时与现金收付凭证相核对。一方面检查库存现金日记账的

记录与凭证的内容和金额是否相符；另一方面了解凭证日期与库存现金日记账日期是否相符或接近。

③由出纳员根据库存现金日记账加计累计数额，结出现金结余额。

④盘点保险柜内的现金实存数，同时由注册会计师编制“库存现金监盘表”（参见表14－1），分币种、面值列示盘点金额。

⑤将盘点金额与库存现金日记账余额进行核对，如有差异，应要求被审计单位查明原因，必要时应提请被审计单位做出调整；如无法查明原因，应要求被审计单位按管理权限批准后做出调整。

⑥若有冲抵库存现金的借条、未提现支票、未作报销的原始凭证，应在“库存现金监盘表”中注明，必要时应提请被审计单位做出调整。

⑦在非资产负债表日进行盘点和监盘时，应调整至资产负债表日的金额。

表14－1　　**库存现金监盘表**

被审计单位：________　　索引号：________

项目：________　　财务报表截止日/期间：________

编制：________　　复核：________

日期：________　　日期：________

检查盘点记录

项目		项次	人民币	美元	某外币
上一日账面库存余额		①			
盘点日未记账传票收入金额		②			
盘点日未记账传票支出金额		③			
盘点日账面应有金额		④=①+②－③			
盘点实有库存现金数额		⑤			
盘点日应有与实物差异		⑥=④－⑤			
差异原因分析	白条抵库（张）				
追溯调整	报表日至审计日库存现金付出总额				
	报表日至审计日库存现金收入总额				
	报表日库存现金应有余额				
	报表日账面汇率				
	报表日余额折合本位币金额				

实有库存现金盘点记录

面额	人民币		美元		某外币	
	张	金额	张	金额	张	金额
1 000元						
500元						
100元						
50元						
10元						
5元						
2元						
1元						
0.5元						
0.2元						
0.1元						
合计						

续表

检查盘点记录					实有库存现金盘点记录
本位币合计					

出纳员：　　　　会计主管人员：　　　　监盘人：　　　　检查日期：

审计说明：

(3)分析被审计单位日常库存现金余额是否合理，关注是否存在大额未缴存的现金。

(4)抽查大额库存现金收支。检查大额现金收支的原始凭证是否齐全、原始凭证内容是否完整、有无授权批准、记账凭证与原始凭证是否相符、账务处理是否正确、是否记录于恰当的会计期间等项内容。

(5)抽查资产负债表日前后若干天的、一定金额以上的现金收支凭证实施截止测试。被审计单位资产负债表的货币资金项目中的库存现金数额，应以结账日实有数额为准。因此，注册会计师必须验证现金收支的截止日期，以确定是否存在跨期事项、是否应考虑提出调整建议。

(6)检查库存现金是否在财务报表中做出恰当列报。根据有关规定，库存现金在资产负债表的“货币资金”项目中反映，注册会计师应在实施上述审计程序后，确定“库存现金”账户的期末余额是否恰当，进而确定库存现金是否在资产负债表中恰当披露。

【同步案例 14－1】

2015 年 1 月 10 日上午 8:00，江南市审计局派出的审计人员对永兴公司的库存现金进行实击盘点。经过盘点，实际的情况如下：

(1)现钞有 100 元币 10 张，50 元币 13 张，10 元币 16 张，5 元币 19 张，2 元币 22 张，1 元币 25 张，5 角币 30 张，2 角币 20 张，1 角币 40 张，硬币 5 角 8 分，总计 1 997.58 元。

(2)已收款尚未入账的收款凭证 3 张，计 130 元。

(3)已收款尚未入账的付款凭证 5 张，计 520 元，其中有马明借条一张，日期为 2014 年 7 月 15 日，金额 200 元，未经批准和说明用途。

(4)盘点的库存现金账面余额为 1 890.20 元，2015 年 1 月 1 日至 2015 年 1 月 10 日收入现金 4 560.16 元，支出现金 4 120 元。2014 年 12 月 31 日库存现金账面余额为 1 060.04 元。

要求：1. 请说明上述资料是如何获得的？

2. 根据资料编制库存现金盘点表，计算盈亏，并推算 2014 年 12 月 31 日库存现金实存额。

3. 指明企业存在的问题，提出处理意见。

解析：1.(1)通过对库存现金实施突击盘点获得；(2)和(3)可通过询问出纳（"是否有已收付现金但尚未入账的收付款凭证"），并检查相关的收付款凭证来获得；(4)可通过现金日记账，并对2015年1月1日至2015年1月10日现金收付款凭证进行检查与汇总（或对某时段现金日记账现金收入、支出情况进行汇总）来获得。

2.2014年12月31日库存现金实有额＝2015年1月10日库存现金实有额＋2015年1月1日至2015年1月10日现金支出总额－2015年1月1日至2015年1月10日现金收入总额＋未入账的现金支出总额－未入账的现金收入总额＝1 997.58＋4 120－4 560.16＋520－390＝1 947.42元。2014年12月31日库存现金盘盈额＝1 947.42－1 060.04 ＝ 887.38元。

3. 存在的主要问题及改进建议：(1)库存现金盘盈，应当及时查明原因，并进行相关的处理；(2)现金收支入账不及时，应当做到现金收支及时入账，并做到日清月结；(3)有白条抵库的情况，应当对出纳进行批评教育，并及时追回未经批准的借款。

任务三　银行存款审计

一、银行存款审计目标

银行存款的审计目标一般应包括（括号内的为相应的财务报表认定）：

(1)确定被审计单位资产负债表的货币资金项目中的银行存款在资产负债表日是否确实存在。（存在）

(2)确定被审计单位所有应当记录的银行存款收支业务是否均已记录完毕，有无遗漏。（完整性）

(3)确定记录的银行存款是否为被审计单位所拥有或控制。（权利和义务）

(4)确定银行存款以恰当的金额包括在财务报表的货币资金项目中，与之相关的计价调整已恰当记录。（计价和分摊）

(5)确定银行存款是否已按照企业会计准则的规定在财务报表中做出恰当列报。（列报）

二、银行存款的控制测试

（一）银行存款内部控制的特点

一般而言，一个良好的银行存款的内部控制与现金的内部控制一样，也应具备以下几点：①银行存款收支与记账的岗位分离；②银行存款收支要有合理、合法的凭据；③全部收支及时准确入账，全部支出要有核准手续；④按月编制银行存款余额调节表，以做到账实相符；⑤加强对银行存款收支业务的内部审计。

（二）银行存款的控制测试

1. 了解银行存款的内部控制

注册会计师对银行存款内部控制的了解一般应与对现金的内部控制的了解同时进行。

2. 抽取并检查银行存款收款凭证

注册会计师应选取适当的样本量，作如下检查：①核对银行存款收款凭证与存入银行账户的日期和金额是否相符。②核对银行存款日记账的收入金额是否正确。③核对银行存款收款凭证与银行对账单是否相符。④核对银行存款收款凭证与应收账款明细账的有关记录是否相符。⑤核对实收金额与销货发票是否一致等。

3. 抽取并检查银行存款付款凭证

为测试银行存款付款内部控制，注册会计师应选取适当的样本量，作如下检查：①检查付款的授权批准手续是否符合规定。②核对银行存款日记账的付出金额是否正确。③核对银行存款付款凭证与银行对账单是否相符。④核对银行存款付款凭证与应付账款明细账的记录是否一致。⑤核对实付金额与购货发票是否相符等。

4. 抽取一定期间的银行存款日记账与总账核对

注册会计师应抽取一定期间的银行存款日记账，检查其有无计算错误，并与银行存款总分类账核对。

5. 抽取一定期间银行存款余额调节表，查验其是否按月正确编制并经复核

为证实银行存款记录的正确性，注册师必须抽取一定期间的银行存款余额调节表，将其与银行对账单、银行存款日记账及总账进行核对，确定被审计单位是否按月正确编制并复核银行存款余额调节表。

6. 检查外币银行存款的折算方法是否符合有关规定，是否与上年度一致

对于有外币银行存款的被审计单位，注册会计师应检查外币银行存款日记账及“财务费用”、“在建工程”等账户的记录，确定有关外币银行存款的增减变动是否采用交易发生日的即期汇率将外币金额折算为记账本位币金额，或者采用按照系统合理的方法确定的、与交易发生日即期汇率近似的汇率折算为记账本位币，选择采用汇率的方法前后各期是否一致；检查企业的外币银行存款的余额是否采用期末即期汇率折算为记账本位币金额；折算差额的会计处理是否正确。

7. 评价银行存款的内部控制

注册会计师在完成上述程序之后，即可对银行存款的内部控制进行评价。评价时，注册会计师首先确定银行存款内部控制可信赖的程序以及存在的薄弱环节和缺点，然后确定在银行存款实质性程序中对哪些环节可以适当减少审计程序，对哪些环节应增加审计程序并作重点检查，以减少审计风险。

三、银行存款的实质性程序

银行存款的实质性程序一般包括：

(1)获取或编制银行存款余额明细表，复核加计是否正确，并与总账数和日记账合计数核对是否相符；检查非记账本位币银行存款的折算汇率及折算金额是否正确。注册会计师测试银行存款余额的起点是核对银行存款日记账与总账的余额是否相符。如果不相符，应查明原因，必要时应建议做出适当调整。

(2)实施实质性分析程序。计算银行存款累计余额应收利息收入，分析比较被审计单位银行存款应收利息收入与实际利息收入的差异是否恰当，评估利息收入的合理性，检查是否存在高息资金拆借，确认银行存款余额是否存在，利息收入是否已经完整记录。

(3)检查银行存单。编制银行存单检查表，检查是否与账面记录金额一致，是否被质押或限制使用，存单是否为被审计单位所拥有。

(4)取得并检查银行存款余额对账单和银行存款余额调节表。取得并检查银行存款余额对账单和银行存款余额调节表是证实资产负债表中所列银行存款是否存在的重要程序。银行

存款余额调节表通常应由被审计单位根据不同的银行账户及货币种类分别编制，其格式如表14—2所示。

表 14—2　　**银行存款余额调节表**

年　月　日

编制人：　　日期：　　索引号：

复核人：　　日期：　　页次：

户别：　　币别：

项　目
银行对账单余额（　年　月　日）
加：企业已收、银行尚未入账金额 其中：1. ________元 2. ________元 减：企业已付、银行尚未入账金额 其中：1. ________元 2. ________元 调整后银行对账单金额 企业银行存款日记账金额（　年　月　日） 加：银行已收，企业尚未入账金额 其中：1. ________元 2. ________元 减：银行已付，企业尚未入账金额 其中：1. ________元 2. ________元 调整后企业银行存款日记账金额
经办会计人员：（签字） 会计主管：（签字）

（5）函证银行存款余额，编制银行函证结果汇总表，检查银行回函。应注意：

①向被审计单位在本期存过款的银行发函，包括零余额账户和本期内注销的账户。

②确定被审计单位账面余额与银行函证结果的差异，对不符事项做出适当处理。

表14—3列示了银行询证函格式，供参考。

表 14—3 **银行询证函**

××(银行)： 编号：

本公司聘请的××会计师事务所正在对本公司××年度财务报表进行审计，按照中国注册会计师审计准则的要求，应当询证本公司与贵行相关的信息。下列信息出自本公司记录，如与贵行记录相符，请在本函下端"信息证明无误"处签章证明；如有不符，请在"信息不符"处列明不符项目及具体内容；如存在与本公司有关的未列入本函的其他重要信息，也请在"信息不符"处列出其详细资料。回函请直接寄至××会计师事务所。

回函地址： 邮编： 电话： 传真： 联系人：

截至××年×月×日止，本公司与贵行相关的信息列示如下：

1. 银行存款

账户名称	银行账号	币种	利率	余额	起止日期	是否被质押、用于担保或存在其他使用限制	备注

除上述列示的银行存款外，本公司并无在贵行的其他存款。

注："截止日期"一栏仅适用于定期存款，如为活期或保证金存款，可只填写"活期"或"保证金"字样。

2. 银行借款

借款人名称	币种	本息余额	借款日期	到期日期	利率	借款条件	抵(质)押品担保人	备注

除上述列示的银行借款外，本公司并无借自贵行的其他借款。

注：此项仅函证截至资产负债表日本公司尚未归还的借款。

3. 截至函证日之前 12 个月内注销的账户

账户名称	银行账号	币　种	注销账户日期

除上述列示的账户外，本公司并无截至函证日之前 12 个月内在贵行注销的其他账户。

4. 委托存款

账户名称	银行账号	借款方	币种	利率	余额	存款起止日期	备注

除上述列示的委托存款外，本公司并无通过贵行办理的其他委托存款。

续表

5. 委托贷款

账户名称	银行账号	资金使用方	币种	利率	本金	利息	贷款起止日期	备注

除上述列示的委托贷款外,本公司并无通过贵行办理的其他委托贷款。

6. 担保

(1)本公司为其他单位提供的、以贵行为担保受益人的担保。

被担保人	担保方式	担保金额	担保期限	担保事由	担保合同编号	被担保人与贵行就担保事项往来的内容(借款等)	备注

除上述列示的担保外,本公司并无其他以贵行为担保受益人的担保。

注:如采用抵押或质押方式提供担保的,应在备注中说明抵押物或质押物情况。

(2)贵行向本公司提供的担保。

被担保人	担保方式	担保金额	担保期限	担保事由	担保合同编号	被担保人与贵行就担保事项往来的内容(借款等)	备注

除上述列示的担保外,本公司并无贵行提供的其他担保。

7. 本公司名称为出票人且由贵行承兑而尚未支付的银行承兑汇票

银行承兑汇票	票面金额	出票日	到期日

除上述列示的银行承兑汇票外,本公司并无由贵行承兑而尚未支付的其他银行承兑汇票。

8. 本公司向贵行已贴现而尚未到期的商业汇票

商业汇票号码	付款人名称	承兑人名称	票面金额	票面利率	出票日	到期日	贴现日	贴现率	贴现净额

续表

除上述列示的商业汇票外，本公司并无向贵行已贴现而尚未到期的其他商业汇票。

9. 本公司为持票人且由贵行托收的商业汇票

商业汇票号码	承兑人名称	票面金额	出票日	到期日

除上述列示的商业汇票外，本公司并无由贵行托收的其他商业汇票。

10. 本公司为申请人，由贵行开具的、未履行完毕的不可撤销信用证

信用证号码	受益人	信用证金额	到期日	未使用金额

除上述列示的不可撤销信用证外，本公司并无由贵行开具的、未履行完毕的其他不可撤销信用证。

11. 本公司与贵行之间未履行完毕的外汇买卖合约

类　别	合约号码	买卖币种	未履行的合约买卖金额	汇　率	交收日期
贵行卖予本公司					
本公司卖予贵行					

除上述列示的外汇买卖合约外，本公司并无与贵行之间未履行完毕的其他外汇买卖合约。

12. 本公司存放于贵行的有价证券或其他产权文件

有价证券或其他产权文件名称	产权文件编号	数　量	金　额

除上述列示的有价证券或其他产权文件外，本公司并无存放于贵行的其他有价证券或其他产权文件。

注：此项不包括本公司存放在贵行保管箱中的有价证券或其他产权文件。

13. 其他重大事项

注：此项应填列注册会计师认为重大且应予函证的其他事项，如信托存款等；如无则应填写“不适用”

（公司盖章）

年　月　日

以下仅供被询证银行使用

续表

结论：1. 信息证明无误。 （银行盖章） 经办人：　　年　月　日
2. 信息不符，请列示不符项目及具体内容（对于在本函前述第 1 项至第 13 项中漏列的其他重要信息，请列出详细资料）。 （银行盖章） 经办人：　　年　月　日

(6)检查银行存款账户存款人是否为被审计单位，若存款人非被审计单位，应获取该账户户主和被审计单位的书面声明，确认资产负债表日是否需要提请被审计单位进行调整。

(7)关注是否存在质押、冻结等对变现有限制或存在境外的款项。如果存在，是否已提请被审计单位作必要的调整和披露。

(8)对不符合现金及现金等价物条件的银行存款在审计工作底稿中予以列明，以考虑对现金流量表的影响。

(9)抽查大额银行存款收支的原始凭证，检查原始凭证是否齐全、记账凭证与原始凭证是否相符、账务处理是否正确、是否记录于恰当的会计期间等项内容。检查是否存在非营业目的的大额货币资金转移，并核对相关账户的进账情况；如有与被审计单位生产经营无关的收支事项，应查明原因并作相应的记录。

(10)检查银行存款收支的截止是否正确。选取资产负债表日前后若干张、一定金额以上的凭证实施截止测试，关注业务内容及对应项目，如有跨期收支事项，应考虑是否提请被审计单位进行调整。

(11)检查银行存款是否在财务报表中做出恰当列报。根据有关规定，企业的银行存款在资产负债表的“货币资金”项目中反映，所以，注册会计师应在实施上述审计程序后，确定银行存款账户的期末余额是否恰当，进而确定银行存款是否在资产负债表中恰当披露。此外，如果企业的银行存款存在抵押、冻结等使用限制情况或者潜在回收风险，注册会计师应关注企业是否已经恰当披露有关情况。

【同步案例 14－2】

审计人员在 2015 年 8 月 14 日检查了某企业 7 月份银行存款日记账的收支业务并与银行对账核对。7 月 31 日银行对账单余额为 223 546 元，银行存款日记账为 220 000 元，核对后发现有下列不符情况：

1. 7 月 8 日，银行对账单上收到外地汇款 8 500 元（查系外地某乡镇企业），但日记账上无此记录。

2. 7 月 22 日，对账单上有存款利息 460 元，日记账上为 454 元（查系记账凭证写错）。

3. 7 月 25 日，对账单付出 8 500 元（查系转账支票），但日记账无此记录。

4. 7 月 26 日，日记账上付出 40 元，对账单上无此记录（查系记账员误记）。

5.7 月 31 日,日记账上有存入转账支票 4 000 元,但对账单上无此记录。

6.7 月 31 日,日记账上有付出转账支票 4 000 元,但对账单上无此记录。

7. 对账单有 7 月 31 日收到托收款 5 500 元,但日记账无此记录。

要求:1. 根据上述资料编制银行余额存款调节表。

2. 指出该企业银行存款管理上存在的问题。

审计分析:

1. 根据所给资料,编制银行存款余额调节表如下:

银行存款余额调节表

2015 年 7 月 31 日

企业账项	金 额	银行账项	金 额
企业"银行存款"账户余额	220 000	银行"对账单"余额	223 546
加:银行已收企业未收	5 500	加:企业已收银行未收	4 000
改正错误	46	减:企业已付银行未付	2 000
调整后的余额	225 546	调整后的余额	225 546

2. 存在的问题:第 1 笔和第 3 笔经济业务有出租出借银行账户的问题,需检查;银行存款日记账有错记、漏记情况。

★★★ 应知考核 ★★★

一、单项选择题

1.N 公司某银行账户的银行对账单余额为 585 000 元,在审查 N 公司编制的该账户银行存款余额调节表时,A 注册会计师注意到以下事项:N 公司已收、银行尚未入账的某公司销货款 100 000 元;N 公司已付、银行尚未入账的预付某公司材料款 50 000 元;银行已收、N 公司尚未入账的某公司退回的押金 35 000 元;银行已代扣、N 公司尚未入账的水电费 25 000 元。假定不考虑审计重要性水平,A 注册会计师审计后确认该账户的银行存款日记账余额应是(　　)。

A. 625 000 元　　B. 635 000 元　　C. 575 000 元　　D. 595 000 元

2.N 公司某银行账户的银行存款对账单余额与银行存款日记账余额不符,A 注册会计师应当执行的最有效的审计程序是(　　)。

A.重新测试相关的内部控制

B.审查银行对账单中记录的该账户资产负债表日前后的收付情况

C.审查银行存款日记账中记录的该账户资产负债表日前后的收付情况

D.审查该账户的银行存款余额调节表

3.下列工作中,出纳还可以从事的工作是(　　)。

A.会计档案保管　　B.记录收入、支出、费用的明细账

C.记录银行存款、现金日记账　　D.编制银行存款余额调节表

4.N 公司采购了一项大型设备(金额重大),采购已批准,验收后需要付款,下面有关支付的内部控制最适当的是(　　)。

A.由采购员确定是否支付　　B.由出纳根据银行存款存量确定何时支付

C.由采购部经理确定审批　　　　　　　　D.由经理会议审批

5.下列不符合现金管理暂行条例的是(　　)。

A.单位应当加强现金库存的管理，超过库存限额的现金应及时存入银行

B.单位现金收入应当及时存入银行，如果存在紧急使用资金的情况可以从收入的现金中直接支付

C.单位应当定期检查，清理银行账户的开立及使用情况，发现问题，及时处理

D.单位应当定期和不定期地进行库存现金盘点

6.下列审计程序中属于银行存款控制测试的是(　　)。

A.核对银行存款日记账与总账的余额是否相符

B.检查是否存在未入账的利息收入和利息支出

C.抽取一定期间银行存款余额调节表，查验其是否按月正确编制并经复核

D.对未质押的定期存款，检查开户证实书原件

7.下列不属于银行存款函证涉及的内容的是(　　)。

A.客户的银行贷款余额

B.本期银行存款增减净额

C.银行存款余额为零的账户

D.被审计单位为其他单位提供的、以银行为担保受益人的担保

8.下列货币资金内部控制中，存在重大缺陷的是(　　)。

A.财务专用章由专人保管，个人名章由本人或其授权人员保管

B.对重要货币资金支付业务，实行集体决策

C.现金收入及时存入银行，特殊情况下，经主管领导审查批准方可坐支现金

D.指定专人定期核对银行账户，每月核对一次，编制银行存款余额调节表，使银行存款账面余额与银行对账单调节相符

9.监盘库存现金是注册会计师证实被审计单位资产负债表所列现金是否存在的一项重要程序，被审计单位必须参加盘点的人员是(　　)。

A.会计主管人员和内部审计人员　　　　B.出纳员和会计主管人员

C.现金出纳员和财务经理　　　　　　　D.出纳员和财务总监

10.下列对函证银行存款的处理正确的是(　　)。

A.注册会计师委托出纳将函证信送交银行

B.对存款余额为零的开户银行也要进行函证

C.对存款余额较小的开户行采用的是消极式函证

D.函证银行存款的同时，不需要对银行借款和借款抵押的情况进行函证

二、多项选择题

1.下列各项审计程序中属于控制测试程序的有(　　)。

A.函证所有银行存款账户余额

B.盘点库存现金，并倒挤出期末截止日库存现金的真正余额

C.抽取大额现金支票存根，检查是否都经签字批准

D.检查银行存款收支是否按规定的程序和权限办理

2.下列描述的情形中，属于银行存款函证内容的有(　　)。

A.银行贷款余额　　　　　　　　　B.各银行存款账户余额

C.银行贷款担保或抵押情况　　　　D.各银行存款户性质

3.注册会计师实施的下列各项审计程序中，能够证实银行存款是否存在的有(　　)。

A.检查银行存款余额调节表

B.计算银行存款累计余额应收利息收入

C.函证银行存款余额

D.计算存放于非银行金融机构的存款占银行存款的比例

4.下列说法中正确的有(　　)。

A. 出纳人员不得兼任稽核、会计档案的保管，但可以登记收入、支出的账簿

B. 检查付款的授权批准手续是否符合规定属于库存现金控制测试的内容

C. 对于库存现金的盘点应当事先告知被审计单位，以使其协助注册会计师的审计工作

D. 注册会计师应向被审计单位在本年存过款的所有银行发函，包括企业存款账户已结清的银行，但如果注册会计师已直接从某一银行取得了银行对账单和所有已付支票则无需再向这一银行发出询证函

5. 在监盘现金时，下列处理不恰当的有(　　)。

A.监盘应采用预告方式进行

B.监盘时应有出纳人员在场

C.监盘表只能由出纳人员签字，以明确责任

D.注册会计师亲自盘点

三、简答题

1.简述货币资金审计涉及的主要凭证和会计记录。

2.简述库存现金审计目标。

3.简述库存现金内部控制的特点和实质性程序。

4.简述银行存款的审计目标和银行存款内部控制的特点。

5.简述银行存款的实质性程序。

四、技能案例

1.注册会计师在对某企业2015年度银行存款进行审计时，发现以下情况：12月31日银行存款日记账账面余额是67 875元，开户银行送来的对账单中银行存款余额是64 500元，经查发现以下几笔未达账项：

(1)12月30日，委托银行收款7 250元，银行已入该企业账户，收款通知尚未送达企业。

(2)12月29日，该企业开出转账支票一张，金额1 200元，企业已减少存款，银行尚未入账。

(3)12月30日，银行已代付企业电费1 125元，银行已经入账，企业尚未收到付款通知。

(4)12月30日，企业收到外单位的转账支票一张，金额9 000元，企业已收款入账，银行尚未记账。

思考与讨论：

(1)编制银行存款余额调节表。

(2)假定银行对账单所列企业银行存款余额正确无误，试问在编制银行存款余额调节表时发现的错误数额是多少？属于什么性质的错误？12月31日银行存款日记账账面的正确余额

是多少？

2.A公司编制的2015年12月末银行存款余额调节表显示存在120 000元的未达账项，其中包括A公司已付而银行未付的材料采购款100 000元。

思考与讨论：

为了证实材料采购未达账项的真实性，请分析审计人员可以实施哪些审计程序。

★★★ 应会考核 ★★★

【考核项目】

货币资金内部控制。

【背景资料】

大兴公司是一个中小型贸易企业，在一次审计中发现出纳员周梅有以下舞弊行为：从公司收发室截取了顾客张宏给公司的分期付款的1 500元支票，存入了由她负责的公司零用金银行存款户中。然后，在该存款户中以支付劳务费为由开了一张以自己为收款人的3 600元支票，签名后从银行中兑取了现金。在与客户对账时，她将"应收账款——张宏"账户余额扣减1 500元后作为对账金额发给陈宏对账单，表示1 500元已经收到。10天后，周梅编制了一笔会计分录，借记"银行存款"，贷记"应收账款——张宏"1 500元，将"应收账款——张宏"账户调整到正确余额，但银行存款账面余额却比银行对账单多列了1 500元。月底，在编制银行存款余额调节表时，周梅在调节表上虚列了两笔未达账项，将银行存款余额调节表调平。

【考核要求】

就上述情况分析大兴公司内部控制制度中存在的重要缺陷，并提出改进的建议。

★★★ 项目实训 ★★★

【实训项目】

银行存款审计。

【实训目的】

通过实践，掌握银行存款的审计。

【实训情境】

乙注册会计师在对P公司2014年度财务报表进行审计时，对P公司的银行存款实施的部分审计程序为：

(1)取得2014年12月31日银行存款余额调节表；

(2)向开户银行寄发银行询证函，并直接收取寄回的询证函回函；

(3)取得开户银行2015年1月31日的银行对账单。

【实训要求】

(1)请问乙注册会计师向开户银行询证的作用有哪些？

(2)请问乙注册会计师应采取什么方式才能直接收回开户银行的询证函回函？目的是什么？

(3)请问乙注册会计师取得银行存款余额调节表后，应检查哪些内容？

(4)请问乙注册会计师索取开户银行2015年1月31日的银行对账单，能证实2014年12月31日银行存款余额调节表的哪些内容？

参考文献

[1]中国注册会计师协会.审计[M].北京:经济科学出版社,2015.
[2]上官晓文,廖声华.审计学[M].上海:上海财经大学出版社,2013.
[3]牛胜芹等.审计学[M].上海:上海财经大学出版社,2013.
[4]杨华.审理原理与实务[M].北京:人民邮电出版社,2014.
[5]胡中艾.审计[M].大连:东北财经大学出版社,2014.
[6]黄良杰,肖瑞利.审计[M].大连:东北财经大学出版社,2013.
[7]刘晓波,王娟.审计基础与实务[M].大连:东北财经大学出版社,2015.
[8]黄良杰,肖瑞利.审计训练手册[M].大连:东北财经大学出版社,2013.
[9]胡中艾.审计习题与实训[M].大连:东北财经大学出版社,2014.
[10]丁瑞玲.审计学[M].北京:中国财政经济出版社,2009.
[11]王英姿.审计原理与实务[M].上海:上海财经大学出版社,2012.
[12]刘明辉,史德刚.审计(精编版)[M].大连:东北财政经济出版社,2012.
[13]傅胜.审计习题与案例(精编版)[M].大连:东北财政经济出版社,2012.